阅读成就思想……

Read to Achieve

亲密关系与
家庭治疗**系列**

重拳之下

亲密关系和家庭暴力犯罪

第 5 版
Fifth Edition

[美] 丹尼丝·欣德斯基·戈塞林 _ 著
(Denise Kindschi Gosselin)

张蔚 _ 译 马皑 _ 审译

Heavy Hands

An Introduction to
the Crimes of Intimate and Family Violence

中国人民大学出版社
·北京·

图书在版编目（CIP）数据

重拳之下：亲密关系和家庭暴力犯罪：第5版 / （美）丹尼丝·欣德斯基·戈塞林著；张蔚译. -- 北京：中国人民大学出版社，2021.1
ISBN 978-7-300-28763-8

Ⅰ. ①重… Ⅱ. ①丹… ②张… Ⅲ. ①家庭问题－暴力－犯罪－研究－世界 Ⅳ. ①D914.04

中国版本图书馆CIP数据核字(2020)第248865号

重拳之下：亲密关系和家庭暴力犯罪（第5版）
［美］丹尼丝·欣德斯基·戈塞林（Denise Kindschi Gosselin） 著
张　蔚　译
马　皑　审译
Zhongquan zhi Xia: Qinmi Guanxi he Jiating Baoli Fanzui (Di 5 Ban)

出版发行	中国人民大学出版社		
社　址	北京中关村大街31号	邮政编码	100080
电　话	010-62511242（总编室）	010-62511770（质管部）	
	010-82501766（邮购部）	010-62514148（门市部）	
	010-62515195（发行公司）	010-62515275（盗版举报）	
网　址	http://www.crup.com.cn		
经　销	新华书店		
印　刷	天津中印联印务有限公司		
规　格	170mm×230mm　16开本	版　次	2021年1月第1版
印　张	23.75　插页1	印　次	2021年1月第1次印刷
字　数	428 000	定　价	99.00元

版权所有　　侵权必究　　印装差错　　负责调换

推荐序

2020年5月7日，最高人民检察院、国家监察委员会、教育部、公安部、民政部、司法部、国家卫生健康委员会、中国共产主义青年团中央委员会、中华全国妇女联合会《关于建立侵害未成年人案件强制报告制度的意见（试行）》正式下发，进一步完善了对未成年人的法律保护。2020年7月，杭州许某杀妻案引发了高度的社会关注和媒体讨论，亲密关系犯罪一时间上升为人人自危的刺激源。

在我国，来自家庭内部、亲密关系人之间的暴力与侵害行为一直没有得到应有的遏制，特别是在经济尚不发达、文化程度相对落后的地区，封建意识浓厚、法制观念淡薄的家庭中这种情况仍然司空见惯。亲密关系犯罪的受害者大多是妇女、儿童和老人，而主要的发生场景是我们每个人的家庭。从理性层面，对自己最亲密甚至有血缘关系的人施以暴力应该是匪夷所思的事情，但在现实中我们每个人其实都难以独善其身，也经常会在情绪、责任、权力的驱动下做出非理性的选择。究其原因，大致有以下几点。

首先，最核心的问题是妇女、儿童、老人在家庭中拥有怎样的法律权利，以及该权利怎样维护和由谁来落实。从目前的情况看，从有法可依、违法必究、执法必严的基本要求来看，立法层面确实在不断完善，而违法必究、执法必严似乎还有很长的路要走。虽然不缺少政策与法律在宏观层面的高度重视，但确实缺少刚性的落实措施，以及执法部门不作为而应承担的责任归属。

其次，家庭暴力的行为人在实施行为的过程中有太多的合理化和外在归责等启动心理防御机制以减轻行为违法性的方法，简言之，他们不认为自己的行为有什么过错，也就很难从自身的角度控制行为的频率。为督促孩子学习进步而体罚，因妻子未做家务而殴打，认为老人分配遗产"不公"而虐待，施暴者总是给自己的行为贴上正当性标签，从而在事实上剥夺了被害人应有的人身不受他人侵害的基本权益。

再次，将家庭视为个人领地，将家庭成员视为个人财产，以及家丑不得外扬的陋习都限制了社会和法律对亲密关系犯罪中的受害人进行保护和救济。被害者的权利伸张往往引发变本加厉的虐待，或者从身体虐待转向为更为残忍的精神虐待。长期困扰受害者的"向谁说、怎么说、有什么用、后果又如何"的两难问题，最后都趋于忍耐和归于人生轮回的因果。亲密关系犯罪报案率低的主要原因仍然在于报案后的结果如何，如果不解决这一瓶颈问题，全社会减少家庭暴力等犯罪的理想是难以成为现实的。

最后，我们从大量案例的分析中可以看到，许多施暴者本身存在明显的心理问题，既反映为人格层面的攻击性强，也表现为吸毒、酒精依赖、情绪控制差，等等。亲密关系中施暴者普遍具有的心理特点是：冲动、好斗和怀有敌意的个性；精神病态尤其是反社会人格；长期抑郁、压抑；明显的情感依赖；缺乏安全感；冲动控制能力低下，缺少情绪调节能力；共情能力低下；低收入，缺少控制力；自恋与自我中心；沟通和社交技能差，缺少压力缓解渠道；有受虐或施虐史；对家庭生活的不适应以及对配偶的极度失望或仇恨。

亲密关系和家庭暴力犯罪是全球性问题，而且既是法律问题，也是心理问题，特别适合法律心理学的介入。在心理层面，由于伤害源于身边信任、依赖的人，它给被害人带来的心理疼痛往往是折磨式的伤口撒盐，不予及时治疗反而会恶逆变为相互伤害。在减少、控制亲密关系犯罪和家庭暴力犯罪方面，西方国家由于男女平权意识萌芽得早，对儿童的法律保护实施得早，无论在立法、执法、司法还是社会救济方面都有着可供我们国家借鉴的经验。由丹尼丝·欣德斯基·戈塞林所著的《重拳之下：亲密关系和家庭暴力犯罪（第5版）》一书从纵横两条线上全景式地为我们呈现了世界许多国家尤其是美国所走过的探索之路。

本书从综述现象入手，用较为翔实的资料汇总了世界各国在亲密关系与家庭暴力犯罪方面的状况与数据，清晰地梳理了美国等国家在此领域的立法背景与过程，特别是对执法与司法的程序进行了介绍，对各种社会组织介入的法律依据和具体方法进行了推介，对于我们国家今后在该领域的理论与实践有着他山之石可以攻玉的借鉴。

感谢我的博士生张蔚同学的孜孜以求，他对本书的翻译应景及时，不仅可以回答现实中的问题，而且能够让许多饱受亲密关系暴力侵害的弱势群体看到正义的希望。

马皑

中国心理学会理事

法律心理学专业委员会主任

中国政法大学社会学院学术委员会主席

译者序

家庭暴力之于你我，或许很遥远，或许在身边，又或许你可能是在这几年才频繁地听到这个词汇。很多人可能会说，这是因为那些公众人物的新闻事件盖不住了，或者是我们通过社交媒体让这件事情暴露在了更多人的面前，所以才会有这样的关注度出现。其实细想一下，你会发现并不是，其根本的原因是人们意识的觉醒。

仅就家庭暴力这个行为来说，很多年前说起来的时候，和这个行为联系在一起的最多的描述就是"家庭纠纷"了。这个词代表着，家庭暴力行为并不是一个犯罪行为，并且不需要任何外人，包括执法的介入就能够得到很好的解决。但真的是这样吗？当家庭暴力被认为是家庭纠纷时，这个行为真的可以关起门来很好地解决吗？

答案多数是否定的，仅仅依靠本就处在家庭暴力环境中的施暴者和受害者，很难打破这种很可能已经形成暴力循环的框架，几次之后，受害者将变得绝望、遍体鳞伤，承受着巨大的心理压力，甚至失去生命。

本书就是在用各种研究数据来阐述这样一个事实：我们需要更多的、社会各方的力量，在受害者需要帮助的时候，去介入那些发生在门后的家庭暴力行为，因为这种行为是不折不扣的犯罪行为，会对受害者产生深远的影响、巨大的伤害。

同时有一个问题出现了，即我们对于家庭暴力的理解应该一直局限于传统认知中的家庭的框架下吗？家庭暴力所保护的是处在家庭关系中的个体，我们谈到这个话题的时候，会很直接地说出夫妻关系、亲子关系、亲戚之间的关系，但是本书在这方面给了我们一些新的内容，这里面应该还要包括同性组成的家庭关系，以及其他所有只要是可以称之为家庭或者让人有合理依据认为是家庭的关系在内，这部分之前被忽略或被遗忘的家庭关系，并不能被排除在反家庭暴力的努力之外。

另外，从书名可以很直接地看出本书涉及的另一个关键词——亲密关系。什么样的关系可以称之为亲密关系呢？亲密关系是不是应该包含家庭关系在内？这都是本书试图说明的问题。带着这个问题去看这本书，相信会对你之前的知识体系进行一次革新。而在这种革新之后，你也会意识到这本书的另一个核心所在——亲密伴侣暴力。

我第一次接触亲密伴侣暴力这个词的时候是有一些困惑的，因为当时我觉得如果不属于家庭关系的范畴，那直接按照故意伤害去论处就好了，为什么还需要去界定这样一个专业领域呢？随着对亲密伴侣暴力的了解，我逐渐发现亲密伴侣暴力的双方有着和家庭暴力双方很多的相似之处，暴力都发生在相对隐蔽的情况下，基本都伴有心理和情感虐待，也都是基于情感关系发生，甚至受害人很可能基于情感关系不进行举报或求助。

两者如此相似，在我们试图对家庭暴力受害者施以更多支持和保护的时候，那些亲密伴侣受害者（比如情侣、正在约会的对象），又是否应该得到同样的关注呢？

必须得到关注。亲密伴侣间的暴力在我们周围频繁地发生着，比如过度的管制、交友社交限制、经济管控、自杀威胁不分手、跟踪甚至是约会强奸等，这些行为的受害者很多时候并不知道自己正在遭受亲密伴侣暴力，在这方面，我们可能慢了一步。本书所描述的美国有着明确的立法来制止亲密伴侣暴力的发生。

在还没有组成家庭的时候，就遭受这样的暴力对待，如果不加制止，不进行受害者支持和保护，那这些受害者又要带着怎样的状态去继续以后的亲密关系呢？又能否重新开启一段健康的关系，找到一个合适的亲密伴侣呢？

《重拳之下：亲密关系和家庭暴力犯罪（第 5 版）》这本书，我一共用了 220 个小时进行前后的翻译和校对，不单单是因为这本书的内容极其丰富、知识点密集、数据集中，另外一个层面的原因是，当我在翻译过程中去细读作者的这些文字时，我看到了一幅蓝图，即一幅作者所希望的亲密伴侣暴力与家庭暴力受害者获得保护的蓝图，并且我与这一切产生了共鸣。

这本书中的数据和话语、图片和案例很可能是直接的、现实的、赤裸的，但不管怎么样，我依旧希望它是一本可以改变你我观念的书、一本唤醒反亲密伴侣暴力和反家庭暴力意识的书。

前 言

自第 1 版《重拳之下：亲密关系和家庭暴力犯罪》出版以来，已经过去了十多个年头，尤记得当时的第 1 版被称为"开创性"的出版物，而且也是第一个没有在大学课堂上教授的课程。十几年后，这部经典可以说已经变得枝繁叶茂，其内容不仅被数百种不同路径的尝试和探索证明过，也被广泛地运用于美国本土和海外的相关领域，并始终与快速变化的家庭暴力领域保持着同步。

在反家庭暴力的实践、政策和研究领域，不断地发生着许多重要的改变，比如我们已经知晓的家庭暴力的刑事定罪和由此产生的那些争议，以及亲密关系暴力受害者的常见保护来源——家庭暴力保护令，而罪犯通常则会被转介到施暴者治疗项目中去等。我们现在还认识到，老年受害者遭受的虐待可能来自其配偶或亲密的家庭成员，而不仅仅是来自有压力的看护者，而虐待儿童也已经成了刑事司法和警察调查的一个重要焦点。另外，亲密关系暴力和凶杀的发生率也已经呈现出下降的趋势。同时，针对男性、男同性恋和女同性恋人群的暴力行为现在也得到了认可，人们所期待的亦不再是那些放之四海而皆准的回应，基本上所有的事情都在发生着变化。

在这么多年的时间里，刑事司法已经逐渐发展成为一个重视高等教育和研究的专业领域，这次修订的第 5 版同样伴随着刑事司法发展的脚步在前进。这个版本囊括了家庭暴力领域中许多研究者感兴趣的主题的最新信息，虽然本书不能做到涵盖一切，但其依旧提供了家庭暴力相关研究的所有基本信息，内容全面且容易理解。不仅如此，修订的第 5 版还对文本进行了重新的组织，使各章都相对独立，对广义家庭暴力问题的不同部分分别予以探讨。例如，关于虐待儿童的所有信息都可以在关于该主题的两个章节中找到，青少年犯罪者和成年犯罪者在不同的章节中进行讨论，执法和司法的应对策略也进行了章节的区分讨论，这样做可以使读者更容易找到他们感兴趣的信息。另外，每章结尾都会用一个实际的场景来做收尾，这样做是为了让读者通过现实生活中的情况来测试他们对本章知识的掌握程度。

之前，很多读者在评论本书时都会提到"全球家庭暴力"这一章节写得很好，鉴于此，第5版专门针对世界各地暴力侵害妇女的行为汇编了一个章节，这也就意味着修订对之前版本的章节进行了扩展，新加入了包括当代定义和当今家庭暴力现状的内容。修订后的第3章也对涉及刑事司法研究和方法的问题进行了解读，其中可以很明显地看到，对亲密关系暴力的举报现在强调社会和结构的多样性，即除了种族和少数民族群体中的暴力发生率之外，还囊括了对军事人员和警察虐待的响应。另外，应对不同文化的能力应是刑事司法专业人员未来工作议程上的重要内容。所以，除了关于同性亲密关系暴力的章节外，读者还将对他们自己可能抱有的种族和性别方面的偏见进行学习。

1980年，我从马萨诸塞州警察学院毕业后不久，就不得不面对自己对家庭暴力所持有的那种偏见。当时我还沉浸在自己就读警察学院获得的成就中，而一通家庭暴力求助电话则瞬间让我如梦初醒、回到现实中，以至于直到今天，我都还记得自己走进那所房子前门时那种揪心的感觉。在事发现场，我不知道该做什么，因为受害者是一名男子，而且身高超过一米八。事情的起因是他想要搬出去，但是他的女朋友却不想让他离开，两个人发生了争吵和推搡，当受害男子刚拿起电话向警察求助时，他的女朋友一把夺过电话，猛击其头部，血溅得到处都是。之后，受害者被送医，头部缝了很多针。治疗过后，我把受害男子送回了家，并针对这件事给了他们两人一些建议。现在看来，我当时的做法是不正确的！

让人感到幸运的是，对家庭暴力的干预运动已经开始，而我也为这种转变付出了自己的努力。西北地区检察官 W. 迈克尔·瑞安（W. Michael Ryan）激发了我对家庭暴力问题的兴趣，我欠他一个人情，当我被派到他的部门当侦探期间，他的办公室为我提供了培训和支持，我们在马萨诸塞州建立了第一个多学科团队对虐待儿童的指控进行筛选和调查，在授权报告制度带来的如潮水般的性虐待和身体虐待投诉堆满的办公室中打拼，并通过与社会科学部门、检察官、医生、受害者辩护人和心理健康机构的合作，使成功起诉的案例数量增加。

我们的成功部分应归功于大家对家庭暴力行为的积极调查，这表现在对待家庭暴力行为上我们是被等同于其他严重犯罪行为的。比如，儿童受害者的陈述通常会被录像，以确保其准确性；成年受害者会受到平等和尊重的对待，无论他们的性取向、性别、种族或性格如何。我们从不放过任何一个通过搜查证搜集证据证明家庭暴力行为的机会，也只有经过了彻底的调查，施暴者才会被逮捕和起诉。面谈和审讯也变成了每起案件的常态。

在州警察部队工作了12年后，我成为马萨诸塞州斯普林菲尔德西新英格兰大学的一名教育工作者，而我对家庭暴力发展动态和刑事司法所起到的作用的热情，也促使我在1992年开设了一门传授家庭暴力相关知识的课程。自那时至今，该课程已经讲了无数次，每次都有更新，并已发展成为一门基于广义家庭暴力概念开展的课程。我在课程中一般会提出一些社会法律层面的、倾向于刑事司法的观点，而这门课程现在也已经成为我们学院的一门通识课程，并且跨专业学生也可以选修，即刑事司法或社会学专业的本科生都可以学习。关于家庭暴力这个问题，我们要学习的东西有很多，本书尽管涵盖了基本类型的家庭暴力信息，但对这门课题的研究来说，仅仅起到抛砖引玉的作用。

本书的内容体系是根据我多年来讲授的课程内容来设计的，其目的就是帮助具有专业背景却缺乏实践经验的教育工作者，使其更好地为社会科学专业的学生去讲述关于家庭暴力的理论和实践，并达到一种理论与实践的融合。同时，这本书在破除关于受害者和犯罪者的那些错误观念方面也具有一定的实践意义，因为它把女性和男性成为受害者的过程和原因展现在读者面前，并指出老年人和儿童既有可能是犯罪者，也有可能是受害者。另外，这本书还指出，异性恋者和同性恋者都可能是暴力的、约会关系可能是危险的，等等。总而言之，把任何人排除在外，某种程度上都可以被视为对家庭暴力带来的痛苦和折磨的忽视。

当听到这个专业发展路上存在的那些偏差时，刑事司法专业的学生可能很快就会感到厌倦。因此，我写这本书时把眼光放得远了一些，主要着眼于未来，而不是在过去的偏差和错误中徘徊。我希望所有读者都认识到家庭暴力犯罪的存在，并理解其可能造成的后果，我在书中尽可能描述犯罪者的特征，并对受害情况不断地举例说明。我的目的就是，从刑事司法的角度为读者提供一本积极且有启发性的书，将家庭暴力产生的原因和随之带来的后果以及刑事司法的应对策略结合起来。

家庭关系给人类造成的苦难比历史上所有战争所造成的苦难加起来还要多，这种关系的本质决定了它们是不完美的、波动的或者终结的。但是，我们并不认为失败或有缺陷的关系所导致的不快是异乎寻常的，这里面让人反而不能接受的是，一个人会故意给另一个人带来痛苦。当不可避免的人类不和谐越界成为虐待，一方选择对另一方施以重拳时，不管这种虐待是以何种形式出现，身体也好，情感也罢，抑或是性暴力的形式，都已坐实为虐待。那些在公共政策和刑事执法领域处于领先地位的国家，都已经对这种行为通过制定法律予以管制，这将成为这个领域未来发展的一股浪潮，这意味着更多的法律也将随之而来，更多的国家将紧随其后，我们中更多的人会高举认同的双手、振臂高呼：重拳之下是完全错误的！

在这里要我谨向许多亲密关系暴力的受害者表示感谢，他们向我吐露了那些异常可怕以至于很难叙述的暴行。我没有忘记你们中的任何人，是你们教会了我尊严的价值和平等执法的重要性。对于那些曾经遭受过家庭暴力的女人、男人、男孩和女孩们，你们所展现出的韧性让我惊叹，同时也让我为你们充满勇气的生活喝彩。

目 录

第1章　世界范围内针对女性的暴力行为　001

暴力侵害女性行为：全球关注的问题　/ 003
联合国　/ 005
世界各地暴力侵害妇女的情况　/ 006
总结　/ 023

第2章　家庭暴力史　025

家庭暴力情况示例　/ 027
早期社会与法制史　/ 030
美国早期的婚姻关系　/ 034
当代的家庭暴力是什么　/ 040
亲密关系暴力的形式　/ 045
法定家庭关系　/ 046
常用术语定义　/ 047
总结　/ 048

第3章　研究与理论聚焦　051

历史上的应用研究　/ 053
研究方法　/ 057
家庭暴力数据来源　/ 059
来源与引用　/ 066
家庭暴力理论　/ 069
古典学派　/ 070
实证学派　/ 072
实证学派 - 生物学理论　/ 073
实证学派 - 社会学理论　/ 075
实证学派 - 心理学理论　/ 076
冲突学派　/ 079
总结　/ 081

第 4 章　儿童虐待　　083

- 虐待儿童史 / 086
- 虐待儿童的定义来源 / 093
- 情感或心理虐待 / 097
- 遗弃 / 099
- 身体虐待 / 101
- 性虐待 / 103
- 虐待儿童行为的受害者 / 104
- 授权举报 / 106
- 儿童受害者与刑法 / 107
- 家庭暴力和儿童监护 / 109
- 刑事管辖权 / 109
- 总结 / 110

第 5 章　虐待儿童事件调查　　113

- 残疾儿童 / 116
- 躯体虐待概述 / 117
- 家庭成员绑架 / 124
- 孟乔森症候群 / 125
- 婴儿震颤综合征 / 126
- 虐待导致的儿童死亡 / 126
- 性虐待导论 / 130
- 性虐待的形式 / 131
- 性虐待导致的症状 / 133
- 性虐待分类 / 134
- 警察在虐待儿童案件中的作用 / 138
- 儿童面谈 / 138
- 总结 / 141

第 6 章　青少年犯罪者　　143

- 家庭基础理论 / 145
- 虐待和忽视儿童的后果 / 147
- 青少年犯罪模式 / 152
- 兄弟姐妹之间的虐待 / 158
- 青少年约会暴力 / 160
- 虐待父母 / 161
- 恋童癖 / 162
- 儿童色情制品 / 163
- 总结 / 164

第 7 章　亲密关系暴力　　167

- 受虐妇女保护运动 / 169
- 健康和安全问题 / 170
- 对妇女的暴力 / 176
- 对男性的暴力 / 182
- 亲密关系暴力理论 / 186
- 性犯罪 / 188
- 约会暴力受害者 / 190
- 总结 / 192

第 8 章　同性伴侣虐待　　195

定义 / 198
虐待的发生率 / 200
虐待的形式 / 204
理论解释 / 207
男同性恋关系中的犯罪者 / 210

女同性恋关系中的犯罪者 / 210
司法干预 / 211
向警方报案的因素 / 212
法律问题 / 215
总结 / 215

第 9 章　对老年人的虐待　　217

定义 / 220
发生率 / 222
虐待的类型 / 222
家庭虐待 / 223
机构虐待 / 224
自我忽视和自我虐待 / 228
虐待的形式 / 228
性传播疾病 / 232

老年人虐待的受害者 / 236
脆弱性与不当影响 / 238
虐待老年人的后果 / 240
民事与刑事诉讼 / 240
授权举报 / 242
多学科团队响应 / 242
警方响应 / 243
总结 / 244

第 10 章　成年犯罪者　　247

施暴者特征 / 249
酒精和药物的作用 / 255
虐待动物行为的作用 / 257
施暴警察 / 258
军事人员 / 260

有虐待行为的男性 / 263
有虐待行为的女性 / 267
侵害老年人的犯罪者 / 268
总结 / 271

第 11 章　亲密关系暴力的警方响应　　273

亲密关系暴力的刑事定罪 / 275
警察角色 / 277
警察培训 / 279
逮捕程序 / 281

警察如何介入 / 286
逮捕还是不逮捕：这是个问题 / 288
合理依据 / 289
搜查和扣押 / 290

面谈 / 292

犯罪嫌疑人审讯 / 296

受害者保护 / 296

跨州界的亲密关系暴力 / 298

迷思与现实 / 300

总结 / 301

第12章　跟踪和杀人　　303

跟踪 / 305

什么是跟踪 / 306

跟踪受害者 / 312

跟踪行为的犯罪者 / 314

跟踪相关法律 / 316

调查策略 / 319

杀人类型 / 322

亲密关系杀人 / 325

亲密关系杀人受害者 / 326

亲密关系凶杀案被告 / 328

杀人-自杀 / 328

男女同性伴侣杀人 / 329

晚年杀人 / 330

调查策略 / 331

总结 / 334

第13章　亲密关系暴力的法庭回应　　337

辩护人角色 / 339

法庭角色 / 342

法院管辖权 / 346

法官的角色 / 350

民事保护令 / 353

亲密关系暴力的同性恋受害者 / 359

施暴者干预计划 / 360

男性犯罪者项目实施步骤 / 362

女性犯罪者项目实施步骤 / 363

程序干预能停止虐待吗 / 364

总结 / 365

第 1 章

世界范围内针对女性的暴力行为

HEAVY

HANDS

即使没有确切的受害者人数，家庭暴力也无疑对美国和世界其他地方的数百万女性、男性和儿童产生着影响。这不仅仅是遭受暴力的单个家庭的问题，而是正如你将在本书中注意到的那样，这是一场影响到我们所有人的危机。我们如何予以应对，取决于暴力的性质以及文化、经济、社会和政治背景。这种暴力的后果会对整个社会、社区及其儿童产生影响。除了人员伤亡之外，其他影响还包括经济生产下降，以及暴力代际传递造成的政治和社会不稳定。

女性是亲密关系暴力中最常见的被害群体，而亲密关系暴力是针对女性的一种主要暴力形式。第 1 章着眼于暴力侵害妇女行为的概述，为读者接下来会学到的关于家庭暴力的章节做一个铺垫。本章概述了世界上 15 个国家普遍存在的暴力侵害妇女行为，大多数暴力事件都秘密地发生在亲密伴侣之间。通过本章内容，我们还可以对当前全球范围内就女性在家庭内外所受待遇的关注有所理解，而本章后半部分，还将对各种形式的暴力进行定义，介绍美国现有的应对方案，及其涉及的理论解释，并进一步针对家庭暴力的刑事司法对策进行深入的审查。

联合国秘书长所做的所有侵害妇女的暴力行为的深入研究报告称，全球女性遭受的最常见暴力形式就是亲密关系暴力，通常称为配偶虐待。家庭中对妇女的暴力是一个普遍和长期的问题，尽管直到最近才被视为如此，这种行为同样也被认为是一场受害占比惊人的全球性危机。

暴力侵害女性行为：全球关注的问题

国际上并没有针对暴力侵害妇女行为的严重程度的全面总结记录，这更像是一种全球性的流行病，世界上任何国家的女性都无法免受暴力的侵害。暴力行为包括但不限于暴力威胁、胁迫或任意剥夺自由，无论这些行为是发生在公共生活还是私人生活中。因此，暴力侵害女性行为包括但不限于以下内容。

- 家庭中发生的身体、性和心理暴力，包括殴打、家庭中对儿童的性虐待、与嫁妆有关的暴力、婚内强奸、女性生殖器官阉割，以及其他对妇女有害的传统习俗、非配偶暴力和以剥削为目的暴力。

- 普通社区内发生的身体、性和心理暴力，包括强奸、性虐待、工作和教育机构及其他场所的性骚扰和恐吓、贩卖妇女和强迫卖淫等。
- 国家（政府）实施或纵容的身体、性和心理暴力，无论发生在何处。

家庭暴力案件受害者的法律顾问认为，在美国，有 25% 的女性受到暴力行为的影响，放眼全球，其比例更加惊人。2005 年，世界卫生组织曾在 10 个国家进行了一项专门调查，其中孟加拉国、埃塞俄比亚、秘鲁和坦桑尼亚有超过 50% 的女性报告曾遭受过亲密伴侣的身体暴力或性暴力，埃塞俄比亚农村的这一数字达到惊人的 71%。唯有日本女性报告遭受亲密关系暴力事件的比例不到 20%。在 15 岁至 44 岁的女性中，暴力侵害妇女行为造成的死亡和残疾人数比因罹患癌症、疟疾及因交通伤害和战争加在一起还要多。世界卫生组织早先的一项研究显示，在英国，曾经遭受伴侣或前伴侣身体虐待的女性人数占比为 30%，在美国为 22%。欧洲政务委员会指出，亲密关系暴力是欧洲 16 岁至 44 岁女性死亡和致残的主要原因，这一数字超过因罹患癌症或交通事故造成的死亡人数。

美国致力于消除世界各地对女性所实施的暴力行为。2012 年，美国发布了第一个预防和应对性别暴力的全球战略，其中谈到了提高世界各地女性地位的努力是政府致力于预防和应对性别暴力的基石。该战略阐述了以下四个关键目标：

- 加强美国政府机构之间，以及与其他利益相关方之间关于性别暴力预防和应对工作的协调；
- 将性别暴力预防和应对工作纳入美国政府现有的工作程序；
- 改进研究和数据的收集、分析和使用，以加强性别暴力预防和应对工作；
- 对美国政府制定的解决性别暴力的方案进行加强或完善。

该预防性别暴力的全球战略还包括了将性别暴力预防纳入在美国境外进行的警察和军事人员培训中。例如，美国警察培训和咨询小组在四名口译员的协助下，对阿富汗警察受训人员进行实用性实际操作的培训（如图 1–1 所示）。在培训期间，除了交通事故调查、熟悉武器、车辆搜查、社区警务、爆炸物检测、刑事条款、警棍培训、手铐使用和各种其他执法技能之外，受训警察还需要学习如何对亲密关系暴力行为开展调查。

第 110 届美国国会提出了《国际反暴力侵害妇女法》(The International Violence Against Women Act, I-VAWA)，以确保将反暴力侵害妇女行为纳入国家外交政策，并提供预防暴力、保护受害者和起诉罪犯的最佳做法。虽然该法案未获通过，但仍然在第 111 届和第 112 届会议上再次被提出。反暴力侵害妇女支持者希望它在不久的将来能够获得通过。《国际反暴力侵害妇女法》将永久授权国务院全球女性问题办公室在全球范围内对

图1-1 对阿富汗警察进行培训演示

注：在阿富汗阿萨达巴德附近的库纳尔PRT训练基地，海军二级士官、库纳尔省重建队的米隆奇克（Mironchik）被戴上手铐，海军海员小布赖恩·L.博伊德（Brian L. Boyd Jr.）与阿富汗国家辅警计划的学生在训练课上进行观看。

资料来源：照片由美国海军授权部门提供。

受害女性提供支持，其措施将包括支持向世界主要国家的女性暴力受害者提供卫生、法律、经济、社会和人道主义援助。

联合国

联合国也一直带领着全世界在保护弱势妇女和女孩方面进行着努力。联合国大会于1993年通过了《消除对妇女的暴力行为宣言》(the Declaration on the Elimination of Violence against Women)。该宣言强调暴力侵害女性行为是对人权的侵犯，并建议会员国和专门机构制定战略消除这种行为。联合国第四次妇女问题世界会议于1995年在北京举行。会议对暴力侵害妇女的问题进行了专门性强调，标志着世界范围内为消除亲密关系暴力所做的努力。

联合国为消除针对女性的暴力行为而采取的积极行动，促使人们为实现这一目标而进行着努力。为了向促进妇女人权、政治参与和经济安全的创新方案和战略提供财政和技术援助，联合国妇女发展基金（UNIFEM）随后建立，该发展基金促进性别平等，并通过推动合作和提供性别平等主流化，结合其本身在妇女赋权战略方面的技术专长，将妇女问题和对该问题的关切与国家、区域和全球议程联系起来。基于联合国妇女发展基金支持所开展的培训，使柬埔寨各地的警察与村长的合作更加密切，并且促成了受害者支持模式的改变，比如对妻子施暴的男子现在必须签署一份声明，声明他们将停止威胁行为，如果继续暴力行为，该声明将被用在法庭上成为对该男子不利的证据。

> **了解更多** ●●●
>
> ### 女性生殖器官阉割
>
> "女性生殖器官阉割"一词是指所有涉及部分或全部切除女性外生殖器或出于非医学原因对女性生殖器官造成其他伤害的手术。该术语几乎专门用来描述这种父母因未成年人的年龄而必须同意的外科手术。这种做法会在许多方面对妇女和女孩造成伤害。除了疼痛之外，这种手术还会干扰身体的正常功能，并造成一些短期和长期的健康后果。据报道，女性生殖器官阉割在世界各地都有发生。联合国儿童基金会于 2013 年的数据称，吉布提、埃及、几内亚和索马里有超过 90% 的 15 岁至 49 岁女性生殖器官被阉割，但其发生率存在很大差异，从索马里的 98% 到喀麦隆、乌干达和赞比亚的 1%。

2012 年 12 月，联合国大会接受了一项关于消除女性生殖器官阉割的决议。女性生殖器官阉割包括出于非医学原因故意改变或伤害女性生殖器官的所有类型的手术，这种手术从受害者婴儿期到 15 岁之间都有可能被实施，对健康没有丝毫的益处可言，并且通常会导致严重的出血和排尿问题，随后可能会导致囊肿、感染、不孕，以及分娩并发症和新生儿死亡风险的增加。世界卫生组织 2013 年的报告显示，目前全世界约有 1.4 亿女童和妇女生活在女性生殖器官阉割的阴影下，仅在非洲此数字就有大约 1.01 亿。

欧洲妇女反对暴力组织（Women Against Violence Europe, WAVE）根据 1995 年在北京举行的联合国第四次妇女问题世界会议上提出的一项倡议成立。该组织总部设立在奥地利维也纳，现拥有 46 个成员国和 4000 多个妇女帮扶组织，参与联合国关于暴力侵害妇女行为的研究和其他相关研究项目，除了收集和输送关于暴力侵害妇女和儿童的数据之外，它还管理着欧洲反暴力信息中心，该中心是那些为欧洲妇女提供援助的组织之间的枢纽。

世界各地暴力侵害妇女的情况

美国律师协会的一项法律分析研究显示，欧洲国家已经启动立法改革，以防止亲密关系暴力的发生。这项研究显示了两个共同的法律观点。

1. 所有亲密关系暴力行为都应被视为犯罪行为，属于刑法典所管辖的范畴。然而，只有西班牙和瑞典这两个欧洲国家将亲密关系暴力行为定为特定的犯罪行为，在其他国家，如英国、德国、奥地利、比利时、保加利亚和土耳其，受害者和施暴者之间的关系是犯罪行为的一个加重情节；在法国，这种关系是前两种的结合，可能是加重情节，也可能是犯罪成立的要件。
2. 受害者可以要求国家采取保护措施。这些措施各不相同，从瑞典对受害者的财政援助到英国和奥地利对施暴者发出的禁制令等。在加拿大，对禁制令的违反可能属于一种加重处罚的情况。

联合国秘书长2006年所做报告显示，已有89个国家对亲密关系暴力行为做出了某种形式的立法禁止，其中包含60个已经制定了具体反亲密关系暴力法的国家；同一时间，也有越来越多的国家加入了制订制止暴力侵害妇女行为的国家行动计划的行列。与2003年联合国妇女发展基金对反暴力立法进行的调查结果相比，这是一个明显的增长，2003年的结果显示，只有45个国家有关于亲密关系暴力的具体法律，仍有102个国家没有针对此类行为的具体法律规定。在婚内强奸这个类型上，至少有104个国家可以对行为人的婚内强奸行为予以起诉，不予起诉的国家有53个；另外，90个国家有某种形式的禁止性骚扰的立法规定。研究还发现，只有93个国家（在审查的191个国家中）有禁止贩卖人口的立法规定。许多地方的法律存在漏洞，导致犯罪者逍遥法外。比如一些国家的刑法规定，如果强奸犯与受害者结婚，罪犯就可以被释放。

阿富汗

尽管阿富汗妇女困苦的生活现实显而易见，但近年来该国还是进行了大量的法律改革。其中2004年的《阿富汗伊斯兰共和国宪法》(*The Constitution of the Islamic Republic of Afghanistan*) 和2009年批准的《消除暴力侵害妇女行为法》(*the Elimination of Violence against Women, EVAW*)，被誉为在促进人权、促进妇女权利和将暴力界定为严重犯罪方面取得的重大成就。阿富汗没有关于亲密关系暴力的正式报告，所以此行为的发生率并不明确，但是某组织的研究表明，国家的一些习俗或传统会被用来使家庭成员对妇女的暴力伤害和致死行为合法化。

在阿富汗，暴力侵害妇女是一个引人注目的问题，这其中包括了强迫童婚、身体虐待、性虐待、公开处决，以及女孩因施暴者逍遥法外而绝望地自焚致死等行为。除了类似于强迫离婚、高额嫁妆的索取、拒绝提供教育和驱逐出家门等做法之外，经济虐待也使该国在残酷对待妇女方面显得独树一帜。在阿富汗，70%的针对妇女的暴力行为是由受害者自己的丈夫实施的，10%的暴力侵害妇女行为是由陌生人实施的；剩下的20%则是受害者的其他家庭成员所为，包括父母、兄弟、姐妹、儿子和姻亲。

名誉杀人是一种传统习俗，在这种习俗中，男性会杀死一名被认为因强迫或疑似婚外性行为而给家族或社区带来耻辱的女性亲属。虽然父亲通常要为名誉杀人负责，但他们经常与女儿的兄弟、叔叔甚至女性亲属一起实施此行为。侵犯穆斯林女儿"名誉"的行为是对宗教和部落传统进行的最严重的侮辱，许多这样的移民家庭由此诞生。会被惩罚的行为包括拒绝穿戴希贾布（或头巾）、结交非穆斯林的男朋友或非穆斯林的男性朋友、性生活活跃、拒绝包办婚姻、积极寻求就业和受教育机会，还有最重要的，即试图接受与融入西方文化。

2005年的某组织报告称，阿富汗境内试图用汽油放火自焚的妇女和女孩数量惊人，这些女性非死即伤，一辈子承受着严重烧伤带来的痛苦。2003年至2004年度的数据显示，380多起通过自焚手段自杀未遂和既遂的案件被记录在案，其中80%被认为是由家庭暴力引起，但并不清楚这个火是家人放的还是受害者自己放火自焚。同时，还有很多没有自杀行为的受害者报告说，由于家庭暴力，她们曾试图自杀。

新闻报道

名誉杀人：古代与现代的碰撞

根据《旧金山纪事报》（the San Francisco Chronicle）的一篇报道，在美国、加拿大和欧洲一些国家，年轻的穆斯林妇女会成为暴力的目标。人们可能会认为，这主要是由基于仇恨的犯罪行为带来的结果，但事实并非如此，侵害者其实是她们自己的亲属。我们了解到，由于此类犯罪的私密性以及很少被报道，相关统计数据是非常难获得的，但联合国人口基金估计，全球每年有多达5000名妇女在名誉杀人中被害。

澳大利亚

西澳大利亚警方在2008年至2009年度的12个月间，对30 933起家庭暴力事件做出了回应。澳大利亚全国犯罪受害情况调查的数据显示，在西澳大利亚之外的地区，2011年度约有22 000名对至少一名家庭成员就袭击行为提出指控，其中澳大利亚北部地区女性受害者家庭成员提出指控的比例最高，达62%；其次是新南威尔士，这个比例达49%；在南澳大利亚，相同情况的女性受害者占到44%；在澳大利亚首都直辖区，这个比例也有43%。在美国的情况也基本类似，女性要比男性更容易受到来自伴侣或家庭成员而不是陌生人的攻击。

澳大利亚一些州和地区所收集的有关杀人案件中，涉案双方所属关系的信息并不完整，因此并不能根据这些数据对整个国家的情况进行预估。根据澳大利亚个人安全调查，2008年5月至2009年4月，西澳大利亚有17人直接因家庭暴力而丧生。澳大利亚全国犯罪受害情况调查显示，在所有凶杀案中，受害者被伴侣杀害的比例为6.9%~17.0%，而这些受害者中，男性占了绝大部分并且通常都与犯罪者互相认识，这一特点与美国相似。

为了应对家庭暴力问题，澳大利亚进行了一些足以影响警方应对措施的立法改革，这样的改革赋予了警察更大的权利，以及调查家庭和亲密关系暴力行为的法律义务。例如，警方现在可以在没有搜查令的情况下进入房屋并进行搜查（但须经督察或以上级别的高级官员批准），以确定是否有亲密关系暴力行为的发生，并为受害者提供保护。

出于调查或确保涉事人员人身安全的目的，警方现在可以根据需求延长在现场逗留的时间。根据这项立法，如果警察进入一个场所或对其进行调查，他们必须就此行为申请暴力限制令（violence restraining order，VRO）或发出警察令，或者是就未采取行动的原因写一份报告。与以前不同的是，警察命令的发布现在可以直接在现场进行，这些命令的法律效力可以在没有受害者同意的情况下持续24小时，或在受害者同意的情况下持续72小时，并可以在不需要证据指控的前提下，有效地将涉嫌对他人构成危险的人驱逐出住所。比如虽然警方没有掌握对嫌疑人进行指控的足够证据，但又明确地认识到，如果犯罪嫌疑人（通常是男性）离其伴侣很近，暴力升级的风险就会很大。那么，在这种情况下，警察命令对警方来说就显得特别有价值了。

澳大利亚警方需要对不同的人口结构进行识别并想办法去应对，仅在西澳大利亚，澳大利亚原住民群体中就包含了700个传统社会形态，所讲的语言多达200多种。而这其中，原住民妇女作为暴力受害者的比例高得令人难以置信。2011年的数据显示，北部地区、昆士兰州和南澳大利亚的原住民和托雷斯海峡岛民的性侵犯受害比率是非原住民的四倍。

对原住民群体所遭受的家庭暴力这个问题上存在的文化敏感反应，导致我们采取了一种注重预防、保护和后期支持的平衡方法。适合原住民社区的干预模式显示出一种对家庭暴力事件进行冷处理而非刑事定罪的倾向，这就导致民众对妇女庇护所、福利机构和警察服务机构等一线反应机构普遍存在怀疑。强调服务的文化适宜性的目的，就是试图减少原住民群体对使用刑事司法方法所持有的怀疑，并且要确保原住民妇女所获得的来自法律服务的适当干预，都是通过澳大利亚原住民家庭暴力预防法律服务机构来实现的。

加拿大

与其他国家所面临的情况类似，暴力侵害妇女行为在加拿大也同样是一个持续存在的问题。《加拿大刑法典》(the Canadian Criminal Code)中并没有关于对女性实施暴力或配偶攻击行为规定具体的罪行，最常用于暴力侵害妇女案件的法典条款包括伤害、性侵犯、被视为刑事罪的骚扰、暴力威胁、强制监禁和杀人罪。《衡量暴力侵害妇女行为：统计趋势》(Measuring Violence Against Women: Statistical Trends)一书揭示了加拿大家庭暴力的以下信息。

- 调查数据表明，近年来，涉及男性和女性的配偶杀人犯罪率，以及以女性为目标实施的非致命性攻击的严重程度都有所下降。
- 在60%受害者为女性的配偶杀人案件中，凶手存在家庭暴力前科。
- 性侵犯率在2010年有所上升，2011年则保持稳定。
- 女性比男性更有可能成为最恶性亲密关系攻击及亲密关系杀人、性侵犯和刑事骚扰（跟踪）的受害者。
- 人身恐吓行为约占警方报告的所有暴力侵害妇女罪行的一半，紧随其后的是威胁（占13%）、严重的人身攻击（占10%）、很少涉及或没有涉及身体伤害的性侵犯（占7%）以及跟踪纠缠（占7%）。
- 对妇女和男性实施的暴力侵害给受害者和社会造成的健康、刑事司法、社会服务和生产力损失，换算成经济成本，估计约为70亿美元。
- 2001年至2011年期间，每百万人口中有26名女婴和36名男婴被害身亡。

印度

在这个国家，对妇女的暴力行为由于"嫁妆之死"而变得更加复杂。嫁妆之死是亲密关系暴力的一种形式，尽管法律严格禁止索要嫁妆，但这仍然是一种常见的做法。新德里最高法院认为，嫁妆是女孩父母在结婚期间、之前或之后向姻亲支付的金钱或物品；对于法律所禁止之非法嫁妆的认定，必须以所给予的现金和礼物与实际婚姻挂钩为基础。在印度，每年约有6000多名妇女因为她们的姻亲认为嫁妆给得不够而被杀害。索奁焚妻就是"嫁妆之死"的一个例子，在索奁焚妻的案件中，一名男子或他的家人通常会用煤油、汽油或其他易燃液体往其妻子身上浇，并随后点燃，导致受害人被活活烧死。据悉，

2008年至2010年期间，就有超过24 946起违反了1961年的《禁止嫁妆法》(the Dowry Prohibition Act)而造成的嫁妆之死事件发生。

这个国家每年有成百上千的新生女婴仅因性别就被杀害，成年妇女也几乎不受尊重。一份英国医学杂志在其2006年初的报道中指出，在过去的20年里，印度有多达1000万女胎被流产，即使是现在，这个数字每年仍有大约50万，这种行为被称为堕除女胎，而其定义实际上就是因为胎儿性别是女性，而进行的堕胎行为。2008年，印度总理将这种随处可见的对女性胎儿进行流产的行为描述为"国家耻辱"，并且呼吁要更严格地执行禁止非法堕除女胎的法律。2011年的临时人口普查数据显示，性别比例（每1000名男性中的女性人数）还在持续下降，在0岁至6岁年龄组，这一比例从927降至914。

印度一直在通过法律保护妇女免受亲密关系暴力方面做着努力，但这里始终存在一个主要的问题，就是这些法律往往与社会现实相冲突，很少能得到执行。1983年，《印度刑法典》(the Indian Penal Code)增设了第498-A条，首次将亲密关系暴力认定为一种具体的刑事犯罪行为，并且自增设之日起，已经过数次修订，其中关于本节所论述的丈夫或其家人对已婚妇女的残忍行为，所面临的刑罚是最高三年的监禁并处罚金，对残忍行为的控诉不必由受害者自己提出，任何亲属都可以代表她提出此项控诉。此法律主要对四种残忍行为进行处理：

- 可能导致女性自杀的行为；
- 可能对妇女的生命、肢体或健康造成严重伤害的行为；
- 以强迫妇女或其亲属给予部分财产为目的的骚扰行为；
- 因为妇女或其亲属不给或不屈服于更多的钱财要求而实施的骚扰行为。

法院所认定的"残忍"包括以下形式：

- 持续拒绝给予食物；
- 坚持进行反常的性行为；
- 经常性地把妇女锁在住所门外；
- 拒绝妇女与未成年子女接触，从精神上对其进行折磨；
- 肢体暴力；
- 奚落、挫伤和贬低妇女，意图造成精神折磨；
- 将妇女限制在家中，不允许她进行正常的社交活动；
- 当着母亲的面对儿童进行虐待，意图造成精神折磨；
- 对孩子父亲的身份进行否认，意图造成精神痛苦；

- 威胁离婚，除非给予嫁妆。

印度国家犯罪记录局（National Crime Records Bureau）的数据显示，印度针对妇女的犯罪率持续呈现上升趋势，2011年至2012年度针对妇女的总犯罪率上升了7%，其中强奸、绑架（诱拐）、嫁妆之死以及丈夫和亲属实施酷刑的情况有显著的增加。总体而言，印度遭受过身体或性暴力的妇女比例占到总妇女人数的35%，其中包括了40%的已婚妇女，另外还有33%的已婚妇女称自己曾被丈夫掌掴，12%～15%的人说她们的手臂曾经被非正常地扭过；被推、晃动、踢、拖或殴打；或被用东西砸过，10%的人报告称自己被丈夫强迫进行性行为，14%的已婚妇女因配偶暴力而遭受身体伤害。

母亲被父亲殴打的妇女，其本身婚姻中存在虐待行为的可能性是母亲没有被殴打的情况的两倍。对于大多数经历过配偶暴力的妇女来说，暴力行为会在婚姻的头两年内首次出现，但是只有25%经历过暴力的妇女会寻求帮助来结束这种暴力关系，还有37%的女性既没有寻求帮助，也没有将暴力事件告诉任何人；另外，在单一性暴力受害女性中，只有12%的人告诉过其他人或寻求过帮助。需要注意的是，这些受害者最常寻求帮助的主体是自己的家庭，而非警察或社会服务组织等机构。

马来西亚

马来西亚的独特之处在于它存在伊斯兰教法和民法的双轨制法律制度。这两种法律制度互相独立，保护着60%的穆斯林人口。1994年的《马来西亚反家庭暴力法》（Domestic Violence Act 1994）将家庭伴侣定义为已婚或曾有过婚姻关系的男女、18岁以下的儿童和与他人同住的无行为能力成年人。该法还对虐待保护应涉及的方面进行了规定，包括身体、性、情感和心理虐待及恐吓（包括骚扰和跟踪）等方面，而对虐待的控诉则应该向社会福利署提出，警察有权对犯罪行为人实施24小时的拘留，并有权决定涉及虐待行为的控诉或起诉是否恰当，法院则可以就虐待行为签发禁制令。

马来西亚妇女援助组织（Malaysian Women's Aid Organisation）的年度报告显示，大约75%寻求庇护的妇女是家庭暴力的受害者，其中有超过90%的人遭受过来自亲密伴侣的身体攻击，该援助组织通过庇护所、咨询和热线服务为妇女和儿童提供教育和支持。马来西亚境内的庇护所至少有28个，这些庇护所被称为"鲁玛努尔"或阳光之家。

马来西亚理科大学的妇女发展研究中心（Women's Development Research Centre）最近发现，马来西亚在性别研究方面存在着差距。自1995年以来，马来西亚就没有对暴力侵害妇女行为进行过大规模的政府研究，而关于家庭暴力的信息来源主要依托警方报告和医院报告。专家认为，绝大多数被虐待的妇女是不会站出来的，因为她们觉得警察并不会做任何事情来帮助她们。在一份罕见的关于马来西亚家庭暴力的报告中，警方统计数据显示，家庭暴力案件的报告从 2006 年的 3264 起上升到 2008 年的 3769 起。

1994 年，出现了一个巨大的变革，马来西亚通过在吉隆坡医院建立一站式危机中心（the One Stop Crisis Centre，OSCC），成为应对家庭暴力的前哨。一站式危机中心模式要求医疗检查和治疗机构间的反应与每个州立医院的咨询和支持服务相协调。也就是说，当妇女因家庭暴力向医院报告、控诉时，她们不仅能得到及时的医疗护理，而且可以在该机构获得应对家庭暴力的咨询和支持服务。根据马来西亚卫生部的授权，到 1997 年，全马来西亚 90% 的政府医院都建立了一站式危机中心。但是，咨询和支持服务却因为随后出现的资金短缺而被逐渐撤销，也正是因为缺乏对该模式的财政配套，所以马来西亚民众对一站式危机中心目前的有效性和未来的存在情况产生了质疑。

墨西哥

在世界前 20 大经济体中，墨西哥位列女性生活条件最差国家的前五名。《信托法调查》（the Trust Law）指出，生活在墨西哥的妇女所遭受的极端暴力、社会和经济不平等以及有限的医疗保健机会是墨西哥获得这个令人沮丧的评级的原因之一。该国还要面对数百起悬而未决的杀害和绑架妇女和女童案件所带来的困扰，这其中许多受害者都曾经被施以酷刑或遭受强奸，仅 2011 年一年，华雷斯市就发生了 300 多起谋杀妇女的案件。社会对暴力侵害妇女行为的默许是墨西哥普遍存在的问题。

墨西哥政府对其国内妇女生存条件恶劣、家庭暴力程度高的情况予以承认，并积极寻求解决其社会问题的方法，这其中就包括建立国家统计和地理研究所（the National Institute of Statistics，Geography and Informatics），其目的是收集信息、推动消除男女歧视相关政策的具体落实。国家统计和地理研究所 2011 年的家庭关系动态全国调查数据显示，有超过 49% 的妇女在目前的关系中经历过亲密关系暴力，或在过去曾经经历过来自前配偶或伴侣的暴力，其中 15 岁至 49 岁的妇女在家中遭受虐待的风险最高。进一步数据显示，墨西哥每五名妇女中就有一名生活在身体和/或性虐待关系中，家庭虐待被认为是该国最为普遍的暴力形式。

改革派声称，虽然记录在案的暴力侵害妇女行为的发生率看上去并不乐观，但国家统计和地理研究所 2003 年及 2006 年的调查数据是有助于改变墨西哥公共政策和对妇女的法律保护的，这其中显著的法律完善举措包括在州和地方一级已经存在类似法规的基础上，于 2006 年 8 月通过了《男女平等总则》（the General Act for Equality between Women and Men），以及 2007 年墨西哥第一部专门打击家庭暴力和其他虐待妇女行为的联邦法律《妇女享有无暴力生活一般法》(the 2007 General Act on Women's Access to a Life Free of Violence），这些法律规定了帮助暴力受害者的紧急保护令签发，将施暴者逐出住所，暂停施暴者对儿童的探视，以及冻结施暴者资产以保证赡养费的支付等。然而，由于墨西哥的联邦政府制度，不支付儿童抚养费行为仅在其中一些州会受到法律的制裁。

对最近进行的立法改革持反对意见的人认为，墨西哥通过的反家庭暴力法对其社会的宗法结构并没有造成什么挑战，比如在其新通过的反家庭暴力立法中，就存在一个有争议的条款，一个被称为"和解"的调解程序。这个调解程序涉及受害者和施暴者之间的面对面会晤，并且以此作为应对家庭暴力争端的第一措施和结束虐待的一种手段，这一举措的目的也很明显，希望达到夫妻和解。但是，有人担心这种做法可能反而无法为受害者提供保护，甚至很可能增加受害者的挫折感，因为暴力在调解过程中并没有被当成刑事问题去处理。受害者支持机构的反应同样也遭受着来自官方的繁文缛节、资源不足和对伴侣虐待受害者偏见的困扰。墨西哥全国妇女协会主席向联合国报告说，自该协会成立以来，墨西哥在妇女法律保护方面取得了很大进展，截至 2011 年，墨西哥 32 个州中已有 26 个州通过了男女平等法，18 个州颁布了打击人口贩卖的法律，并且所有 32 个州都已经被纳入了联邦法律管辖之内。同时，联邦政府将贩卖人口明确认定为犯罪，32 个州中的 10 个已通过法律将杀害妇女（即仅因性别杀害妇女的行为）认定为犯罪。杀害妇女行为的法律定义已经明确，包括对被害妇女尸体实施的残害或其他形式的伤害、袭击者对受害者之前的骚扰行为以及公共场所抛尸等都被纳入其中。墨西哥的父权制、男权主义和女性歧视文化被认为是女性平等最大的敌人，对保护妇女的法律的实施和执行是墨西哥面临的挑战之一。

> **新闻报道**
>
> **墨西哥城立法机构考虑试婚选择权**
>
> 墨西哥城的立法机构在 2011 年提出了一项改变传统婚姻含义的法案。根据新闻报道，对本国高达 50% 的离婚率的担忧促使立法者提出了一项争议性法案，新法案将允许民众领取临时结婚证，两年后婚姻关系自动解除，无须办理离婚，或当临时结婚证到期时，夫妻双方可以选择将婚姻延长一段时间。批评者声称这样的措施将催生一次性婚姻文化。这一措施对家庭关系的未来又意味着什么？

一份提交给联合国的报告显示，墨西哥已经设立了全国性的受害者庇护所网络，该措施自 2009 年以来，已经为总计 293 名妇女和 92 名儿童提供了庇护所援助服务，与此同时，还设立了四个司法中心，以协助受害者获得保护令或禁制令。尽管在受害者保护方面取得了一些进展，但国际机构"人权观察"依旧认为墨西哥的妇女和女孩并没有得到充分的法律保护，以免受家庭暴力和性虐待的伤害。

莫桑比克

莫桑比克是南部非洲的一个沿海国家，1975年脱离葡萄牙统治后独立，随后就发生了内战和自然灾害。该国75%的人口现在生活在贫困线以下，民众获得水和保健服务等基本需求的机会非常有限，国民预期寿命平均在41岁至47岁之间，生活质量很差。

根据2003年的数据，一夫多妻是当地普遍存在的现象，全国43%的15岁至19岁女孩处于已婚、离婚或丧偶状态。社会机构和性别指数报告显示，尽管该国最近对家庭法进行了改革，但由于家庭习俗、婚姻和一夫多妻制的影响，莫桑比克妇女的地位依旧远远低于男性。

在立法改革之前，家庭暴力和婚内强奸在莫桑比克并不属于犯罪，直到2009年，才出现将家庭暴力和婚内强奸定为公共犯罪的专门性立法，从而使这一情况发生了改变。新法律明确了罪犯实施社区服务、监禁等相关条款，也对警方进行了授权，警方现在有权对包括受害者和第三方在内的任何人提出的此类控诉采取行动；另一方面，法院则有权发布保护令，禁止罪犯进入双方的住所，阻止罪犯出售家庭财产，并限制罪犯接触子女。该法律还规定，明知感染传染病而从事性活动属非法行为。

但是，最近进行的针对性立法改革，似乎并没有对莫桑比克严重和广泛的家庭暴力问题起到抑制作用，依旧有超过50%的妇女被认为是家庭暴力的受害者。引起普遍怀疑的焦点是执法部门的态度，即是否会认真执行保护妇女和儿童免受强奸和虐待的法律，因为据调查，现在并没有对感染艾滋病毒或确诊艾滋病期间从事性活动的人进行逮捕的执法案例出现。

压迫妇女的习俗持续对莫桑比克的妇女平等构成威胁。比如说，在穆斯林中，新娘的家人通常支付婚礼费用并提供小礼物，而新郎家则会向新娘家以金钱、牲畜或其他商品的形式提供彩礼，一些人认为，这些彩礼很容易促成一种妻子是丈夫私有财产的想法。另外有一种一直存在的仪式称为洗罪，它要求寡妇与其已故丈夫的家庭成员进行无保护措施的性行为。而未进行洗罪，被认为是超过50%寡妇在丈夫死后失去继承权的主要原因。

社区服务机构注意到残疾、家庭暴力和感染艾滋病毒或确诊艾滋病情况蔓延之间存在的联系，并开展了一场运动，教育妇女了解和提高对家庭暴力及其带来的健康和经济问题的认识。非政府组织"力量国际"参与其中的一个运营着 21 个无线电俱乐部的组织，它通过电台对受害者进行教育，以此来打击家庭暴力。同时，也有迹象表明，莫桑比克社会对家庭暴力文化的接受态度正在发生改变。人们普遍希望该运动可以充分提高民众对家庭暴力的认识，以克服歧视性习俗和做法。

中国

由于联合国和世界各地妇女组织的国际参与，媒体和活跃团体已经开始了对中国亲密关系暴力行为的关注。自 2005 年启动"和平家庭"计划以来，中华全国妇女联合会、公安部和其他政府机构就在解决亲密关系暴力问题上进行着共同的努力，并通过这一为妇女提供咨询、法律援助和其他服务的动作，在全国各地建立了 27 000 多个组织和 400 个庇护所。中国中部湖南省的省会城市长沙已经成立了中国第一个由 20 名男性组成的家庭暴力预防工作小组，同时该市还建立了家庭暴力伤害评估中心和 176 个投诉中心，为家庭暴力受害者提供法律和心理服务，并开通了反家庭暴力热线。

学术界和社会活动家们对妇女权利相关问题的讨论始于 20 世纪 90 年代，除了参与其中的政党和政府组织外，还有一些非政府组织也相继成立，北京的妇女法律研究与服务中心就是一个比较突出的例子，它一直从事着相关法律研究，提供法律咨询，并提供电话热线服务。

亲密关系暴力是现代中国社会妇女和儿童面临的一个严重问题。由中华全国妇女联合会和国家统计局联合发起和组织的第三次中国妇女社会地位调查是一项 10 年进行一次的全国性调查。其调查报告称，中国有 24% 的家庭妇女经历过亲密关系暴力，然而，性虐待在中国却是一个很少被研究的话题。中国境内总共约有 28 座城市、地区或省份制定了反家庭暴力的相关法规，女性权益支持者和女权主义者一直希望政府对反家庭暴力法进行立法，以应对在中国发生的亲密关系暴力情况。

尽管中国政府对亲密关系暴力情况很重视，也存在一些广义的规定明确禁止对妇女实施暴力行为，但却依旧没有具体的法律对受害者进行保护。在反家庭暴力立法的呼声越来越高的情况下，最高人民法院对此展开了调查，并发现现行法律不足以保护妇女免受家庭暴力的伤害，其中缺乏调查或起诉的程序规定。这说明了中国关于亲密关系暴力的法律规定过于笼统，刑事司法层面的应对措施有待完善。[①]

---

① 《中华人民共和国民法典》于 2020 年 5 月 28 审议通过，其中第一千零四十二条规定"禁止家庭暴力，禁止家庭成员间的虐待和遗弃"。——译者注

秘鲁

家庭暴力在秘鲁是一个严重且长期存在的问题。1993 年颁布的《防止家庭暴力法》（the 1993 Law for Protection from Family Violence）虽然于 1997 年得到了修订，但对受害者辩护人和亲密关系暴力的受害者来说，修订之后的法律依旧让人感到失望。虽然此法律明确了对妇女权利的保障，比如其中包括了妇女所享有的免受强奸和配偶虐待的权利，以及配偶强奸被认定为犯罪行为等，但这些规定在执行上却很薄弱，很少有人因为这些行为被起诉。2011 年颁布的一项新法律规定，杀害身为家庭伴侣或直系亲属的妇女属于非法行为，一经定罪，犯罪者将面临至少 15 年的有期徒刑，以及勒令停止暴力行为、离开居住地等刑罚。另外，针对非致死家庭暴力行为的处罚则是一个月至六年不等的有期徒刑。

一些调查报告指秘鲁的法律系统对家庭暴力投诉的反应非常缓慢，警察和法院并未认真对待来自受害者的控诉，而是将家庭暴力作为大男子主义行为的一种来为犯罪者开脱，并指责受害者。一个案件平均需要两到三年的时间才能做出有罪的判决。仅 2011 年，被家庭暴力施暴者杀害的妇女就比因家庭相关罪行被起诉的人多，全年只有 35 名男子因家庭暴力相关罪行被判刑，但是却有 77 名妇女被杀，另有 60 起企图杀害妇女的事件发生。

世界卫生组织将秘鲁列为世界上亲密伴侣实施身体和/或性暴力比例最高的国家之一，其亲密关系暴力的发生率为 70%，这一比率与埃塞俄比亚持平。2010 年的一份报告显示，秘鲁平均每个月就有 12 名妇女被丈夫杀害，在 2008 年 9 月至 2009 年 10 月期间，109 起凶杀案中有 97 起与家庭暴力有关，全国大约 40% 的妇女是家庭暴力的受害者。根据新闻报道，2009 年至 2012 年间，秘鲁有 269 名妇女被现任或前任伴侣谋杀，大多数受害者年龄在 18 岁至 34 岁之间，每月平均约有 11 名妇女被杀害。

尽管民众对此反应强烈，但问题似乎并没有得到改善。在秘鲁，为家庭暴力受害者提供帮助的志愿者通常被称为"社区卫士"，这些人接受过虐待动态分析方面的培训，负责对其他人讲述反家庭暴力相关知识，开展受害者支持工作，并试图推动相关政策的改变完善。自 1999 年以来，社区卫士的队伍一直在不断地壮大，从最开始的 40 人增加到目前的 450 人。尽管如此，政府有力回应的缺失仍旧把秘鲁妇女置于家庭安全的泥沼之中。

菲律宾

菲律宾法律明确将家庭成员对妇女和儿童所造成的身体、性和心理伤害认定为犯罪。

然而，有证据表明，一些政府部门并没有对这些罪行予以高度的重视。没有严格执行这些反亲密关系暴力和强奸的法律，是菲律宾面临的一个严重问题。援引警方报告可以发现，2010年全年菲律宾总共发生了9255起家庭暴力案件，与2009年全年数据相比，增加了91%。

人权报告称，由于菲律宾的官员腐败和严重的政治暴力问题，导致对妇女的保护变得困难重重。以警察拘留中常见的强奸和身体虐待妇女案件为例，在某些情况下，有的政府官员甚至会要求妇女在家庭暴力控诉被采纳之前给一些好处费，甚至与官员有关系的男子还可以避免因为家庭暴力犯罪被起诉。2011年，警方报告显示，全年有8332起针对妇女和儿童的家庭暴力事件发生，但是，通常我们认为向警方报案的数量会远低于家庭暴力实际发生的数量，菲律宾的情况也相差无几。除了警方的应对措施外，菲律宾社会福利和发展部还向760名受害者提供援助。

非政府组织和菲律宾妇女委员会（the Philippine Commission on Women，PCW）报告说，它们已经向警官提供了关于性别敏感性的培训，以帮助其处理涉及家庭暴力受害者的问题，菲律宾国家警察在全国有1823个涉及妇女和儿童犯罪的专门调查部门。

女性权益倡导者认为，家庭暴力发生率高可能与政府未能为女性受害者提供离开施暴丈夫的途径有关，除罗马梵蒂冈城外，菲律宾是世界上唯一一个法律明令禁止离婚的国家，而2010年提出的两项寻求离婚合法化的法案——《众议院法案1799》（*House Bill 1799*）和《众议院法案4368》（*House Bill 4368*）——也都在2012年被否决，在这种情况下，菲律宾的受害妇女只能通过申请合法分居或婚姻无效来离开施暴者。

伊拉克

在陷入战争的三年中（2003年至2006年），有超过223 000名伊拉克人死亡，虽然战争已经结束，但成年人的死亡率却一直居高不下，造成这种情况最常见的原因就是暴力。在一个暴力普遍发生的国家，妇女很容易就会变成家庭暴力犯罪、性犯罪、谋杀和人口贩卖的目标，我们很难获得关于伊拉克境内暴力侵害妇女行为规模的可靠统计数据，政府通常对暴力侵害妇女行为持忽视和轻视的态度，虐待妇女行为也很少被报告。

政府通过法律制度对其宗法制度进行支持，在2005年第一次全国选举之后，宪法被重新起草，新宪法明确指出个人和家庭问题属于适用社区宗教法律管辖的范围，而根据伊拉克刑法，"名誉性动机"被认定可以作为包括谋杀在内的、针对妇女实施的严重犯罪行为的减轻要件。伊拉克的大多数成年男性都对家庭暴力行为持支持的态度，并以此来展现对妇女权利的难以容忍，而伊拉克的年轻人也普遍存在这样的情况，一半以上的伊拉克人口不满 19 岁，这一代人保持着强烈的父权态度，其中大约 80% 的年轻人认为女性只能随其伴侣出去旅行，92% 的年轻人认为女性在没有得到丈夫或男性家庭成员许可的情况下不应该工作。

更值得关注的是，在一项调查中所展现的伊拉克男子对妇女的态度。该报告显示，大多数伊拉克男人认为他们有权殴打自己的妻子，阻止妻子去医院接受治疗，控制妻子遵循着装规范，强迫一名未达到法定结婚年龄的女童结婚。遭受家庭虐待的妇女获得的社会资源很少，在库尔德斯坦以外的地区，甚至没有政府建立的妇女庇护所存在。

超过 80% 的伊拉克丈夫会通过持续报告所在位置等行为控制手段来操控他们的妻子，超过 21% 的 15 岁至 49 岁的伊拉克已婚妇女遭受过来自丈夫的肢体暴力，大约 14% 的受害妇女在遭受虐待时有孕在身。另外，根据世界卫生组织估计，超过 33% 的伊拉克已婚妇女遭受过丈夫的情感暴力，而在伊拉克境内，遭受性虐待和家庭虐待妇女的真实比例可能高达 73%。

指控一名妇女侮辱了她的家庭，是中东地区名誉杀人的原因之一。联合国报告称，名誉杀人是伊拉克最严重的侵犯人权行为之一，也被认为是土耳其、伊拉克和伊朗库尔德地区每天都会发生的事情。对妇女的暴力行为在伊拉克已经愈演愈烈，目前每月至少有 10 名妇女被杀害，有些是被枪击致死并抛尸在垃圾堆里，有些则是被斩首或肢解。据政府报告记载，仅在巴士拉，2007 年一年就有 133 名妇女被杀害，其中 79 名受害者死因是"违反伊斯兰教义"，另有 47 人死于名誉杀人。年轻人的态度则反映了成年男性的态度，超过 60% 的年轻人对家庭成员因亵渎家庭名誉而杀害女孩的行为持接受态度。

有足够的证据表明，名誉杀人在伊拉克仍然是一个很严重的问题，而且想要弄清楚名誉杀人的实际数量是很困难的，因为许多名誉杀人行为都被伪装成事故或自杀，这其中也包括了被视为侵犯家庭名誉的妇女自己选择自杀，以此来避免被家庭成员杀害。伊拉克人权部门的一份报告称，2010 年有 249 名妇女被谋杀，其中肯定包括了出于"名誉"原因的谋杀，尽管名誉杀人的具体数字并没有在总数中单独体现。

罗马尼亚

2003 年 1 月，罗马尼亚开始了历史上第一次反亲密关系暴力运动。伴侣关系和平等中心此前进行的一项研究，得出了一个难以置信的结论，即 80% 的受害者没有向当局报告暴力事件，部分原因是受害者认为警方不会保护他们，还有几乎一半的受访受害者不知道亲密关系暴力是非法的，并表示妇女就应该不时地予以暴力对待！贫困和酗酒被认为是导致这种暴力的成因，而在罗马尼亚，也没有报告亲密关系暴力案件的法律义务存在，因此，也就没有可靠的亲密关系暴力统计数据。

根据暴力侵害妇女项目的调查，尽管进行了法律上的改革，亲密关系暴力在罗马尼亚仍旧很普遍。有数据显示，2004 年至 2008 年期间，200 多名妇女死于家庭虐待，仅在布加勒斯特，2007 年一年就记录了 7430 起亲密关系暴力案件，其中 50 名妇女死亡。警方是没有专门针对妇女的犯罪或亲密关系暴力的统计数据的，2004 年的一份警方报告中，提供了按暴力双方间关系进行分列的杀人案件信息，这些发现如图 1-2 所示。

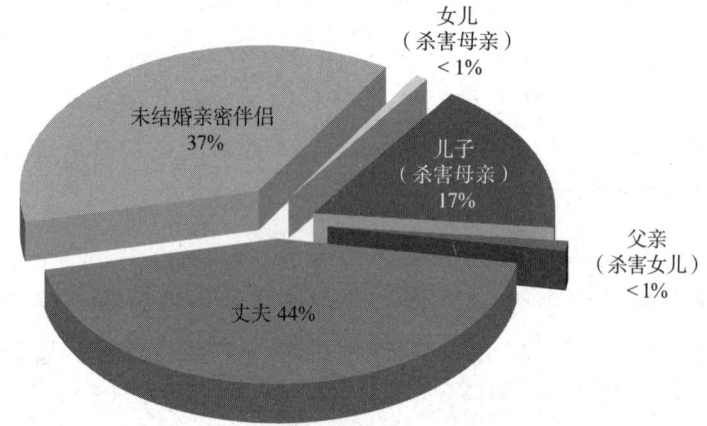

图 1-2　罗马尼亚家庭杀人案（2004 年）

注：罗马尼亚开放社会研究所（Open Society Institute）根据 2004 年警方杀人报告确定，当一名成年人被家庭成员谋杀时，丈夫是最常见的杀手。

资料来源：基于开放社会研究所 2007 年的数据。

- 杀人：丈夫对妻子，有 61 起；一妾对另一妾，有 51 起；父亲对女儿，有 1 起；儿子对母亲，有 23 起；女儿对母亲，有 1 起。
- 谋杀未遂：丈夫对妻子，有 23 起；一妾对另一妾，有 26 起；父亲对女儿，有 1 起；儿子对母亲，有 1 起；母亲对女儿，有 3 起。
- 伤害致死：丈夫对妻子，有 11 起；一妾对另一妾，有 9 起；儿子对母亲，有 7 起；母亲对女儿，有 1 起。
- 严重身体伤害：丈夫对妻子，有 10 起；一妾对另一妾，有 6 起；父亲对女儿，有 2 起。

为了确定罗马尼亚家庭暴力的发生率，一套医疗法律联动方案应运而生。临床机构检查病人的受伤情况，确定是否因家庭暴力所致，随后每个受害者都必须在法庭上出示伤情鉴定证明，以此证明自己受到了家庭暴力的侵害，而虐待发生地所属城镇则必须为受害者支付其鉴定费用。但是，由于家庭暴力案件在执法过程中并不会被优先考虑，所以这种情况实际上很少发生。为了改进罗马尼亚诊所的诊断方法，展开了一项对寻求家庭暴力证明的妇女和男子所受伤害的研究，但是，几乎 75% 的寻求家庭暴力证明人士以害怕遭到施暴者的报复为理由，拒绝参与这项研究，剩下的样本中虽然女性占比达到了 90%，但剩下 10% 的男性受害者普遍受伤情况却更重。根据研究者的说法，大多数位于头部、面部和颈部的伤被认定是轻伤，但同时需要注意的是，在谋杀案件中，针对颈部实施的行为，比如勒死，却是很常见的致死手段。

即使亲密关系暴力的受害者成功获得必要的临床诊断和伤情鉴定证明，犯罪者被绳之以法的可能性依旧很小，当受害者为妻子时，类似于殴打、造成严重身体伤害或足以致命的伤害行为等案件都不会受到很严厉的起诉，而婚内强奸也并不违法，因为与伴侣生活在一起的人并不能成为强奸罪的主体；另外，反家庭暴力相关倡议的资助在罗马尼亚也被视为一种奢侈品。

俄罗斯

在俄罗斯，大约 20%～30% 的谋杀发生在家庭内部，而且这一数字正在逐年增加。然而，在俄罗斯，为暴力受害者提供的服务非常有限，受害者权益倡导者声称，俄罗斯警方认为家庭暴力事件是很有趣的事情，其中一名受虐妇女的经历最准确地描述了警方对暴力控诉的普遍反应。这位受虐妇女在打电话给当地警察分局寻求帮助时，被警察告知说："你还活着。当我们见到尸体时，我们就会进行调查了。"俄罗斯刑法并不承认亲密关系暴力是一项单独犯罪，而需要起诉的案件也是治安法官经手处理的，并不会经过普通刑事法院，这就意味着该妇女必须以个人的公民身份提起自诉，并对证据进行收集，寻找证人。

整个俄罗斯联邦只有 40 个亲密关系暴力受害者庇护所，除了偶尔出现的非周期性小额捐赠之外，非政府组织不会获得本国政府的资助来开展亲密关系暴力受害者的援助工作，这些组织一般都依靠国际资金存活。

苏格兰地区

在苏格兰地区，存在多种类型的法律命令来保护亲密伴侣或前伴侣在其家庭、工作场所和学校免受家庭暴力侵害。保护令，也被称为（法庭）禁令，作用主要是为了防止某人实施非法行为或禁止该人前往特定地点，另外还有禁扰令和驱逐令。苏格兰还通过 2011 年的《反家庭虐待法》(*the Domestic Abuse Act of 2011*) 使申请禁扰令的程序得到了简化，驱逐令则是一种法庭命令，可以中止已婚人士、民事结合伴侣或同居者在家庭住所居住的权利。

受到2011年颁布的反强迫婚姻等法律的影响，苏格兰地区最近通过了一系列法庭命令，这些民事命令可以通过安全保护手段或对存在境外强迫结婚风险的人提供帮助来满足特定的受害者需求。2011年11月28日，又一项法律生效，将以强迫结婚为目的进行的威胁认定为犯罪行为，并可被处以罚款或两年有期徒刑，或二者并罚。2011年苏格兰至少有35起强迫结婚案件被媒体报道，而专家也指出，此类事件的实际发生数量要比报道出来的数量多得多。在大不列颠及北爱尔兰联合王国的其他地区，即英格兰和威尔士，也通过了类似的法律来保护女性和男性免遭强迫结婚的侵害。

法律语言的性别化可以对已婚、同居或其他类型的伴侣，或者是前伴侣进行保护，而不论其婚姻状况或性别如何，所以女同性恋、男同性恋、双性恋和跨性别者的性少数群体同性伴侣也会受到法律的同等保护，如果违反了相关法律，则可能面临包括罚款或监禁在内的处罚；另外，警察有权在某些情况下对施暴者实施逮捕，并在任何其他情况下，保留行使这一权力的酌处权。

在苏格兰，警方平均每10分钟就会收到一次家庭暴力事件报案，2008年至2009年，一共有53 681起被报告事件，而2009年至2010年，这一数字比上一年度下降了4%，为51 926起。这些被报告的事件中，有大约60%涉及刑事犯罪，最常见的罪行是轻微的伤害行为或一些破坏关系和谐的行为。苏格兰地区政府就此数据指出，其中有大约15%的事件涉及男性受害者和女性施暴者，但始终不能忽略一个事实，就是绝大多数给女性受害者带来持续影响的亲密关系暴力行为是男性行为人实施的。

遭受虐待的妇女可以通过遍布苏格兰地区的44个地方机构（如庇护所等）来获得反家暴信息和辩护法律援助等方面的支持。以2011年的数据来看，庇护所除了对839名妇女提供前述支持之外，每天还为374名妇女和359名儿童或青年提供庇护。自2007年以来，政府对受害者项目的支持增加了一倍，男性受害者最近也被划入了政府支持的范围之内，政府希望可以通过教育、热线服务和与男性受害相关的研究来满足男性受害者在获得救助方面与女性不同的需求。

苏格兰地区性少数群体家庭虐待项目的数据显示，有约25%的性少数群体者受到亲密关系暴力的影响。自2007年以来，除了提高对性少数群体家庭虐待的认识之外，在苏格兰的第一个性少数群体国家项目——性少数群体家庭虐待项目中，还包含了向苏格兰许多地区的服务提供机构和其从业人员提供相关培训的部分，而其运营的网站还对社会上存在的一些针对性少数群体家庭暴力特有的偏见进行了揭露,并为社区成员提供案例研究支持。

苏格兰地区的相关研究发现并提出了"老年"家庭暴力受害者所具有的羸弱和易受伤害的特点,并且发现,与其他类型的受害者相反,年长的受害者往往在经济上依赖于施暴者,同时年长受害者还要考虑更多的家庭和医疗问题。因此,与年轻受害者相比,年长受害者通常在决定不离开施暴者时所面临的其实是一个复杂得多的情况。

泰国

2007年,泰国通过了反家庭暴力立法,即《保护家庭暴力受害者法》(Protection of Domestic Violence Victims Act),该法典第2550编(2007,2012)将家庭暴力广义地定义为旨在造成伤害或通过胁迫导致某人犯罪的任何行为。在家庭关系的定义上,则采取了与美国相似的界定,包括配偶、前配偶或同居者(现任或前任),以及亲生或领养的子女、家庭成员和受抚养的家庭成员。除了受害者之外,任何人都可以对家庭虐待行为进行报案,对于此类行为的应对措施,则包括了禁制令、罚款和监禁等。

政府在一些国营医院设立并运营危机干预中心,同时,通过非政府组织支持的项目来提供紧急热线、临时庇护所和咨询服务,但是这些服务有时候会因为预算困难和条件限制而受到影响。根据美国国务院的说法,有关部门向泰国社会发展和人类安全部报告的831起家庭暴力案件情况显示,这些案件中大多数的犯罪者是男性,受害者大多是女性。

与此同时,越来越多的家庭暴力案件在泰国出现。鉴于此情况,政府开始提供针对反家庭暴力的普及教育,并出版了一本关于反家庭暴力法的手册;另外,泰国全国各地的法官和警察也都参加了对性别问题敏感的训练,目的是应对家庭暴力的增加和鲜有施暴者被起诉的情况。虽然政府在应对家庭暴力的反应上表现得很积极,但所有人都认为依旧存在很多需要完善的方面。

总结

第1章主要是对全球暴力侵害妇女行为的状况进行了回顾,并对暴力侵害妇女的定义进行了解释。暴力侵害妇女行为是一个紧迫的全球人权和公共卫生问题,它会对受害者造成精神和身体上的伤害,使妇女和女孩面临疾病和强迫怀孕的风险,让妇女在生活中的各个领域都更显弱势,严重的甚至会导致死亡。根除暴力侵害妇女行为的艰难历程仍在继续,每个国家都需要参与其中,并一起在教育、就业机会提供和为所有妇女提供充分的卫生保健和权利保护方面继续努力，去维护妇女在家中或其他地方免受性别暴力侵害的权利不受侵犯。

　　本章并不会提供有关世界各国妇女地位的信息，这超出了本章的范围，甚至从这本书开始创作到出版，有些情况可能已经发生了变化。在这里概述的许多国家，都在妇女权益保护方面不断地努力，而这其中，警察和相关人员的培训和教育是相关法律顺利执行不可或缺的一环。美国同样也意识到解决国内外存在的暴力侵害妇女问题的必要性，本书后面的章节将集中讨论美国妇女所遭受的暴力问题，你将会对这些问题及解决方案有所了解。另外，尽管女性是亲密关系暴力最常见的受害者，但男性受害者同样不能忽略，所以这部分内容也将在后面的章节中进行讨论，并且还将对儿童和老年人受害群体进行特别的关注。

简单场景

离婚和家庭暴力

　　辛西娅是一名敢于追求梦想的、集美丽与才华于一身的女性，她的成功带给她的除了名誉，还有一个丈夫和六个孩子。但是，这表面美好的背后却是数个紧急情况求助电话，为她在家中遭受的暴力寻求帮助。辛西娅并不是个例，全世界数百万女性在伴侣阴影下面临着同样的命运。在这种情况下，她不堪重负，觉得自己没有出路，20岁结婚，年仅38岁就去世了。

　　婚姻中的贫困和经济问题可能会影响夫妻的离婚率。大萧条期间，当女性无法在经济上对家庭进行支持时，美国的家庭暴力发生率随着离婚率的下降而上升。历史似乎告诉我们，婚姻，哪怕是糟糕的婚姻，反而可能是当时情况下更好的选择。

　　有证据表明，离婚是家庭暴力案件中的安全阀。在美国，20世纪70年代通过的无过错离婚法导致离婚率上升，但是家庭暴力和妇女自杀率反而有所减少。

　　除了梵蒂冈，世界上还有几个国家有禁止离婚的法律规定，这种情况下，废除婚姻就变成了一种选择，但代价昂贵，而且社会并不鼓励。

　　思考：除梵蒂冈外的国家有哪些？离婚和废除婚姻有什么区别？你能找到任何支持或反对"离婚为女性提供安全阀"这个观点的证据吗？

第 2 章

家庭暴力史

HEAVY HANDS

家庭暴力所导致的状况往往让人感到绝望。家庭环境中时常会发生对个人的虐待行为，但直到最近，这种行为才被认为是错误的。我们通过对早期历史的回顾来了解有关家庭关系的社会和法律观点，会发现随着社会对暴力侵害妇女行为的态度从接受逐渐变为禁止，有关婚姻关系的法律也随之发生变化。但是，保护个人免受家庭暴力侵害的途径却并不总是明确的，如果要改善这种不明确的情况，就需要我们对家庭关系进行界定，然后制定出法律对这些群体中的个人进行保护。值得肯定的是，我们已经基本确定了暴力的种类，并且可以明确一点，即各种形式的暴力都是被禁止的，"家庭暴力"一词放在今天，所代表的也并不是单一形式的暴力，而是许多不同形式暴力和虐待的组合，这个概念将在本章后半部分进行讨论。

家庭暴力情况示例

家庭暴力一直是普遍且长期存在的问题，尽管直到最近才被认识到。即使没有确切的受害者人数，也可以肯定，家庭暴力对美国和世界各地数百万的妇女、男子和儿童产生着影响。这不仅仅是经历暴力的家庭所面临的问题，还是一场危机，正如你将在本书中看到的那样，它将以多种不同的方式影响我们所有人——我们的亲人、邻居或同事。是谁在实施这些可怕的行为呢？亲人、父母和孩子都可能是施暴行为人。

- 一位生父在行使探视权期间多次对他 14 岁的女儿实施强奸，并且小女儿 22 岁的姐姐也是这位生父犯罪行为的受害者，姐姐在 15 岁时就因为被父亲强奸而怀孕。虽然这件事在家中从未被提及，但因为强奸导致怀孕而出生的孩子却不断地提醒着人们强奸所造成的身体和情感上的痛苦。
- 一名六岁的小女孩说和她住在一起的同父异母（或同母异父）的哥哥伤害了她，随后对小女孩进行的身体检查证实了她遭到强奸的事实，实施行为的 13 岁的男孩随后因强奸和肛交行为被定罪，而在女孩的控诉被证实之前，此行为已经持续了两年。
- 一位 11 岁的男孩告诉他的社工，他母亲的男朋友用弯刀柄打了他的头，他感到头疼，而男孩的母亲却坚称她的儿子说谎。警方的调查证实，母亲的男友至少存在一次用皮带对男孩进行抽打的行为。之后，这名男人变本加厉，他强迫孩子站在贴着米老鼠海报的门前，然后用手枪朝孩子头的上方和脚下开了无数枪，一边开枪一边大喊："你死定了，你死定了！"随后，该男子又拿起一个剃刀刀片，割破了男孩的小拇指，并对男孩说："当你死的时候，我会是那个送你上路的人。"当警方持有搜查令在其家中取证时，在床垫下发现了布满枪眼的米老鼠海报，同时在地板和墙上发现了 11 个弹孔。

- 一位年长的妇女不愿就她成年的儿子偷她钱的行为进行检举，她对此感到非常害怕，因为他儿子是个瘾君子，并且她觉得如果检举了自己的儿子，他很可能会把她生命中所剩无几并且赖以生计的东西全部拿走。但是，她最终还是以盗窃罪对自己的儿子提出了控告，因为她看明白了，儿子不可能赡养她，而在她的纵容之下，自己的钱也越来越少，这笔钱实际上是为了让自己在养老院安享晚年的，再这么下去，她连养老院都没钱去住了。

- 针对一名年轻女性所遭受的多重性侵犯进行调查是很困难的。受害者成年后，她花了一些时间摆脱了对她实施侵犯的继父，并终于选择站出来揭发这些罪行。但不幸的是，因为这中间间隔的时间太长，继父对她的伤害行为已经超出了诉讼时效，所以继父并不能被起诉！该案件促使当地检察官提交了一份修改法律的提案，延长了马萨诸塞州类似案件的诉讼时效，未来的性侵犯受害者在成年后将有 10 年的时间提起诉讼。

- 躺在医院里的是一位妇女，她的脸肿得几乎认不出来，眼睛发黑，鼻子肿到正常的两倍大，嘴唇形状也很奇怪。多年之后，这名妇女才有勇气在法庭上以殴打妻子为由指控自己的丈夫并为此作证。婚姻关系存续期间，她经历了骨折、牙齿折断、视网膜脱落等众多伤害，其丈夫还多次把她踢倒在地，把她的腿绕着餐桌扭来扭去，直到折断，导致她经常拄着拐杖。更糟糕的还在后面，她遭受了从残忍到怪异的多种心理虐待。有一次，她回家时在人行道上发现了她饲养的马的头颅血淋淋地被扔在路边，而这只是她丈夫恐吓和控制她的一种方式罢了。

- 一名 15 岁的女孩把她父亲推下了楼梯，这个女孩过去也伤害过她的母亲，这并不意味着其父母已经老了，其实他们的年龄和一般这个年龄段孩子的父母年龄差不多。这对父母已经厌倦了与孩子之间不断发生的各种冲突，并且觉得这种事让家庭以外的人知晓是种耻辱，她已经不是父母眼里那个可爱的孩子了，她俨然变成了他们的梦魇。

- 一段 14 年的同性恋关系以施暴者死于多处刺伤而告终。在出于自卫杀死施暴者之前，本案中的这位男同性恋受害者已经忍受了数年的身体虐待、性虐待和情感虐待，因为施暴者死于受害者的自卫行为，所以受害者最终被判无罪。这一案件也成为第一次在同性伴侣关系中，运用受虐配偶防卫抗辩并成功的案例。

当代家庭暴力领域所进行的探究，其实是对一个巨大社会问题的研究。社会是许多群体的集合，行为模式指导着我们之间的互动，并反映着每个群体的目标。我们会对一些研究人类社会制度和功能的社会科学分支学科进行研究，比如社会学、心理学和人类学，去探究这些社会科学中的人类社会行为和互动。对于家庭暴力来说，所进行的是一个多重视角的研究，每一个视角都会使用不同的方法对人类行为进行检查。社会学家研究社会，包括人际关系和互动的模式；心理学家研究人类行为和心理过程；人类学家研究族群的文化和历史。你会注意到社会科学对我们过去和现在对家庭暴力问题的理解都做出了巨大的贡献。

社会科学家使用各种方法来研究社会现象，而且他们经常从不同的角度对相同的情况进行考虑。例如，历史学家会对家庭随着时间发展所产生的变化进行追踪。本章将从历史的角度，对家庭暴力的社会态度随时间所产生的变化进行概述。但是，由于很少有社会历史著作能揭示古代和中世纪的家庭状况，而关于家庭状况的历史记述也不完整，所以我们将从历史的角度来对法律而非家庭状况本身进行审视，这种审视提供了一种对社会道德进行评判的方法。对殴打妻子行为实施的法律制裁，让我们对围绕丈夫行为产生的预期行为守则有了一些了解，而同时，法律史上也有一些关于妻子预期行为守则的描述存在。根据这段历史记录可知，成员的家庭结构和社会地位决定了人们受到的待遇。

政府机构和家庭关心的是在社会环境中目标的实现。有些人认为，政府制定法律使社会运转，法律反映了社会的需求和目标，因此，法律也就反映了大多数人的价值观。关于家庭暴力的法律因社会而异，如第1章所示，而纳入法律体系的都是过去和现在的原则。家庭是人类社会稳定的一个重要组成部分，其成员遵守社会规则，并受可接受的行为标准约束。对这些行为的约束条款进行了解，是清楚认识当今人们家庭关系的一种方式。

社会关系也和人本身一样，时刻处在变化之中。今天，对家庭暴力相关问题的认识使我们了解到，家庭暴力是一个公认的功能失调家庭判断标准，但纵观历史，情况却并非如此。在过去，对亲密关系者的暴力行为一般会被认为是一种正常的社会行为而被接纳，或者仅被谴责为一种越轨行为。当对这些法律定义的社会关系进行比较时，似乎就像拿橘子和苹果进行比较一样，不能相提并论。古代社会对性别差异的看法与今天大不相同，在智力和体力上，女人被认为不如男人。本章的目的是对塑造了当前社会普遍接受的家庭关系的法律发展情况进行深入的了解。所有对犯罪的解释都有其核心，社会与法制史的视角只是这个范围内诸多因素中的一个。本章还旨在为家庭暴力研究领域使用的词语提供定义。尽管本书的其余章节将集中讨论美国的家庭暴力问题，但重要的是，要理解我们对家庭暴力的关切并不是孤立的。家庭暴力从有家庭的历史记载开始就存在，并随之蔓延到世界的每一个角落。

早期社会与法制史

男性对妇女和儿童的统治有着深远的历史渊源。一些专家认为，男性更为优越的假设是这一性别不平等的根本，也是亲密关系暴力行为的根基，通过赋予丈夫惩罚不守规矩的妻子的权利，该制度为男性对女性施暴提供了一个理论依据。而其他人则认为，社会秩序只是为了生存而形成的生活关系秩序。

在父权制下，对犯错的妻子进行惩罚符合丈夫的最大利益，然而，法律和社会现实之间往往存在着差异。对暴力侵害妇女行为进行控制的单一法律举措可以追溯到古罗马时代，当时父权制就已经对丈夫及其妻子和子女之间的关系进行了界定。父权制是一种社会制度，它承认男子对妇女的完全支配地位，除了习俗和宗教之外，这种制度通常还会得到法律的补强。父权制被认为是最常见和最持久的社会制度。如今，"父权制"一词被用来描述男性对女性进行统治所带来的权利不平等情况，它源自希腊语，意为"族长"或"作为统治者的父亲"，即使在今天，古代父权制社会习俗引起的那些联想依旧可能导致受害者对法律所禁止的虐待行为保密。

汉谟拉比法典是已知的最早的法典，出现在公元前18世纪。所有的生活事务都通过此法典得到全面的管理，其中就包含了关于夫妻之间事物冗长而具体的规定，这些规定通常由新娘的父亲执行。规定还允许妇女申请以修女的身份进入修道院生活，并且这一请求不能被拒绝。

古希腊时期

古希腊时期的第一部成文法出现在公元前621年左右的雅典，该成文法被认为是立法者德拉古（Dracon）所著。这部法律中规定，不管违法行为的程度如何，多么轻微或者多么严重，所面临的惩罚都一样，即死亡。德拉古认为，犯有轻微违法行为的人应该被判处死刑，毕竟，犯严重违法行为的人不会面对比死刑更重的刑罚了。因此，今天残酷和苛刻的法律有时会被称为德拉古式的（比喻过于严厉的或残忍的法律）。德拉古的法典以及所罗门法典对雅典的法院产生了很大的影响，因为裁决是基于对法律的解释做出的。

雅典的法律改革家梭伦（Solon）在公元前594年左右被任命为雅典的立法者，他随即对过于严酷的法律进行了适当的修改，降低了刑罚的程度。他取代德拉古之后，就对除关于杀人的法律之外的旧法进行了废除，并在很多领域，特别是在侵权法和家庭法领域，开创性地制定了许多新的法律。梭伦提出了所有公民都应该在法庭上诉诸司法的概念，并对公民身份的本质进行了重新定义。从前，个人的社会地位如何主要看其出身，而梭伦改革之后，所有公民的社会地位都根据经济阶层来界定。虽然这一变化并没有对当时的妇女地位产生多大影响，但可以认为这是实现政治平等的重要一步。

梭伦的家庭法是规范男女行为的法律，其中不仅有关于婚姻和收养标准的条款，还有关于继承和父母供养的条款。但是对违反这些条款所面临的处罚却没有明确规定，而是明确了家庭户主具有执行处罚的权利。与家庭法相关的是关于妇女的法律，但是妇女在希腊法律中的法律角色非常弱。女人几乎在生命的每个阶段都被男人控制着，这是因为她们一直受到她们的先生或"法定监护人"的监督，法定监护人通常是女孩的父亲，或者如果她结婚了，法定监护人就是她的丈夫。由于这种监督，妇女的法律角色仅限于在极少数情况下出庭，她们要么在一起杀人案中作证，要么与家人一起进行法庭陈述，以期博得陪审团的同情。居住在城市里的妇女最重要的职责是生孩子——当然最好是诞下男婴，并照顾家庭日常所需。值得注意的是，在民主的发源地古代雅典，妇女的选举权反而是被剥夺的。

> **那时候** ●●●
>
> 公元前753年，建立罗马的功臣罗穆卢斯制定了第一部婚姻法。在某种程度上，该法"责成已婚妇女在没有其他庇护的情况下，应对丈夫的任何行为完全地服从，并规定妻子是丈夫必要且不可分割的财产"。

罗马帝国

根据罗马民法，男性户主对他的妻子、子女和任何继承他血统的后代拥有完全的权利，这种权利曾经一度可以左右妇女和儿童的生死。妇女、儿童和奴隶属于可以买卖的财产，如果妇女未婚，对其实施的任何伤害都会被视为对其父亲实施的犯罪；或者如果妇女已婚，就变成了对其丈夫实施的犯罪。但无论哪一种情况，都和受害妇女本身没什么关系，伤害行为并不会被认定为对妇女自身实施的犯罪。

在最初的法律规定中，如果妻子通奸，丈夫是有权处死妻子的，但是这项权利的主体后来被修改为仅限于父亲。男性"主人"可以为他的损失寻求报复或补偿，女性不能成为受害方，也不能为自己的行为负责。因此，丈夫或父亲有责任对行为上可能对他人造成伤害的妇女进行惩罚。这种法律地位上的低下同时也禁止妇女在遭受过于严厉的惩罚或无故惩罚时向法院上诉以寻求救济。

早期罗马帝国就有允许丈夫对妻子实施体罚的例子。尽管法律在一些方面确实规定了夫妻双方各自的义务，但其目的显然是为了确保丈夫能够控制自己的财产，这里所说的财产包括了早期罗马法对妇女和儿童属于财产的界定。

根据罗马城建造者罗穆卢斯（Romulus）的法律，妻子是不能提出离婚诉讼的，但是当女人使用毒品或魔法，又或者与人通奸时，丈夫会被赋予离婚的权利，如果存在其他原因，法律规定这些原因可以成为该男子寻求离婚的可接受动机，但他也会因离婚丧失部分财产。

在公元1世纪和2世纪的罗马，对犯错妻子的合法惩罚形式被人们记录了下来。

- 埃格那提乌斯·梅特卢斯（Egnatius Metellus）用棍子打死了他的妻子，但并没有被指控为犯罪，因为妻子喝了些酒，违反了禁酒令。
- 沈煜伦·安吉斯蒂斯·韦图斯（Quintus Angistius Vetus）看到妻子在公共场合与一个普通的女性自由民私下交谈后，就和妻子离婚了。

基督纪元

基督教信奉妻子对丈夫的服从，《圣经》命令妇女保持沉默、服从和接受丈夫的权威。《新约·以弗所书》5:22-24中有一段文字特别指出了教会中已婚妇女的家庭角色："你们做妻子的，当顺服自己的丈夫，如同顺服主；因为丈夫是妻子的头，如同基督是教会的头；他又是教会全体的救主。教会怎样顺服基督，妻子也要怎样凡事顺服丈夫。"基督教信仰无条件支持男性至上的观念，并得到了第一位基督教罗马皇帝君士坦丁大帝的进一步力挺，君士坦丁大帝后来被封为圣徒，并于公元298年成为第一个下令处死自己妻子的皇帝。

英国普通法

父权制并不是已婚者之间存在的唯一约定俗成，但它在西方文明中却一直占主导地位。中世纪后期，英国开始形成以判例形式出现的适用于全国的普通法。根据普通法，英国的妇女和儿童虽不再被视为财产，但结果其实还是一样的，因为这个法律规定是基于这样的一个信念制定的，即当两个人结婚时，他们在社会上和法律上都成了新的以男性为主导的法律上的主体。与单身女性不同，已婚女性的权利从属于丈夫。

历史学家劳雷尔·撒切尔·乌尔里希（Laurel Thatcher Ulrich）就普通法下妇女的法律地位发表了评论，并由威廉·布莱克斯通（William Blackstone）在《英格兰法律评论》（Commentaries on the Laws of England）中撰写，对这种父权秩序的概念进行了解释："通过婚姻的缔结，丈夫和妻子在法律上成为一个人；也就是说，妇女的法律存在或法律生活在婚姻期间被中止，或者至少被纳入或合并为丈夫的存在；妻子将在丈夫的羽翼和保护下实现其所为。"

对妻子的体罚和惩罚被认为是英国普通法所允许的，而英国普通法又是殖民地法律的渊源。尽管如此，依旧有证据表明，在法律上确实存在一些针对妻子可能受到的惩罚的限制，比如英国法院在1659年和1674年至1675年的司法解释就认为，丈夫对妻子的权利并不包括对其进行殴打，而仅限于训诫和行为限制。研究亲密关系暴力历史的历史学家引述称，英国存在一种被称为经验法则的规则，指的是普通法对惩罚妻子所使用的工具大小的限制。这条规则源于这样一种信念，即根据英国普通法，只要棍子的粗细不超过丈夫的拇指，丈夫就可以用棍子打妻子。但是无论引述如何，都没有直接的证据可以表明这条规则曾在美国法律中出现过。事实上，这条规则可能本就源于一个未经证实的谣言，说不定根本就不存在此规则。

> **那时候** ● ● ●
>
> 体罚犯错的妻子是一种被认可的做法。15世纪末，一位基督教学者创立了婚姻规则，规定如下：
>
> 当你看到你的妻子犯罪时，先不要用侮辱和暴力攻击她，严厉地对待她、恐吓她。如果没有用，拿起棍子痛打她，因为惩罚身体和纠正灵魂比伤害灵魂和宽恕身体要好。然后，毫不犹豫地殴打她，不是出于愤怒，而是出于慈善和对她的灵魂的关心，这样的殴打是你的奉献和对她的帮助。

法国法律

对法国《人权和公民权宣言》（the Declaration of the Rights of Man）中所认为的女性低人一等的观点进行质疑是一件很危险的事情，但奥兰普·德古热（Olympe de Gouges）就这样做了，她在1791年起草了一份《妇女权利宣言》（Declaration of the Rights of

Women），随后很快被逮捕并以叛国罪受审。1793 年 11 月 3 日，她被押送至断头台处死。19 世纪初，拿破仑·波拿巴在法国正式制定并颁布了民法典，其中将妇女界定为法定未成年人来限制终生，根据《拿破仑法典》（the Napoleonic Code），妻子可以因为轻微的不服从或"责备"而被殴打、用棍棒戳刺，并永久性毁容。法国的骑士精神允许丈夫把妻子打倒在地，拳击妻子面部，打断她的鼻子，这样她就会永远受到侮辱和感到羞耻。《拿破仑法典》影响了法国、瑞士、意大利和德国的法律。法院很少用离婚作为对受虐待受害者的干预手段，这种情况只有在丈夫对妻子的殴打达到谋杀未遂的程度时，才会发生。

> **那时候** ●●●
>
> 根据伦恩所说，英国法院审理的最早的亲密关系暴力案件发生在 1395 年。玛格丽特·内菲尔德（Margaret Neffield）自己和目击证人均说，玛格丽特·内菲尔德的丈夫用匕首袭击了她，造成了几处创伤和骨折。法院不认为这足以构成司法分居的理由，并命令内菲尔德女士返回住所，与丈夫继续生活在一起。

美国早期的婚姻关系

父权制作为当时理论上最佳的家庭结构在殖民地继续存在着。英国移民再建了长子继承的习俗，称为长子继承权。通过法律对出售或授予宗族以外的人土地的行为予以禁止，并将土地被保留在家庭中，这被称为限嗣继承。殖民地没有关于殴打妻子的具体约束，这就意味着殖民地时期的美国必须依赖英国普通法来管理家庭关系。

英国法律手册和论著表明，普通法下对有暴力行为的丈夫进行处理的一贯方式是指控他们破坏治安，这就要求妻子向当地治安法官或治安官提供非正式的言词证据，法官或地方治安法官会要求她的丈夫提交保证良好行为的契约或保证书，类似于现代禁制令的概念。殖民时代的法官和治安法官对殴打妻子的行为做出裁决的时候，主要依靠的是妇女的信誉、朋友和家人对受害妇女的支持以及法官自己对法律的理解。

清教徒的自制

早在 1599 年，英国清教徒大臣就公开反对殴打妻子，随后清教徒将这一反对态度带到了美国，并成为第一个通过立法禁止亲密关系暴力的教会。清教徒的教法规定了对殴打妻子行为的处罚，包括罚款、鞭刑或两者并罚。另外，因为殴打妻子被清教徒认为是一个涉及社区的社会问题，所以执法中也就包括了来自邻居的"神圣监视"。清教徒州也会代表丈夫，对不听话的妻子进行管教，清教徒这种使用法律制裁来维持家庭秩序的做法，并不是对现存宗法秩序的挑战，而仅仅是一种社会控制机制。

> **那时候** ●●●
>
> 1648年《马萨诸塞州法典》(the Massachusetts Body of Liberties)中就有关于马萨诸塞州之身体自由支配权利的规定，规定如下："任何已婚妇女都不应受到丈夫的体罚或鞭笞，除非是丈夫对来自妻子的攻击的防卫。"

下一个百年

美国革命[①]标志着美国迎来了对殴打妻子这种行为进行更广泛法律认可的转折点。这场革命带来的改革使政府对家庭事务的干预失去了合法性，同时削弱了早期英国和殖民时期给予受虐妇女法律援助的做法。早期即使是在犯罪造成死亡或严重身体伤害并上升到重罪的情况下，殴打妻子行为也很少被提至法院，从1633年至1802年，普利茅斯殖民地仅起诉了12起亲密关系暴力案件。

早期美国一些关于控制亲密关系暴力的立法中把身体刑和罚金作为对殴打妻子行为的惩罚，一些法院会向殴打妻子的被告人索要本票，对这种做法的理解是，如果再次因殴打妻子被定罪，罪犯将失去这笔钱。1824年，密西西比州最高法院对丈夫在"重大紧急情况"下享有的对妻子的惩罚权表示支持，称丈夫不应该因为袭击和殴打而受到恶意诉讼。这段对亲密关系暴力受害者不进行保护的时期从18世纪70年代末一直持续到19世纪50年代，在此期间，受虐待的妻子是否寻求其丈夫保持良好行为，已经变得不那么重要了。与此同时，对破坏治安罪提起诉讼的规定也在19世纪末发生了变化，变为只涉及发生在公共场所的骚乱，而不涉及发生在家庭内部的暴力行为。

在英格兰和美国，第一个宣布殴打妻子的行为具有普通法权利的案件是1824年密西西比州最高法院布拉德利诉密西西比州一案。卡尔文·布拉德利（Calvin Bradley）在巡回法院因殴打妻子被判有罪后，选择向高等法院提出上诉，他上诉的理由是在很多殴打妻子的案件中，丈夫并不会因为其殴打行为被起诉。尽管法官们表面上并没有接受这个观点，但他们坚持认为，丈夫对指控的责任取决于他是否被不当行为激怒，是否对妻

[①] 美国革命是指在18世纪后半叶导致了北美洲13个州的英属殖民地脱离大英帝国并且创建了美利坚合众国的一连串事件与思潮。美国独立战争（1775年—1783年）是美国革命的一部分。——译者注

子做出了"合理"的回应。主审法官包华顿·埃利斯（Powhatan Ellis）甚至对丈夫有权"殴打"不听话的妻子等说法表示支持。

到了1870年，社会上已经弥漫出一种对殴打妻子行为不接受的氛围。在美国大多数州，此行为再次被宣布为非法行为，伴随这一变化的还有逐渐增多的对虐待儿童行为的关注。在一些个别的案例中，妇女获得了法律地位。比如在富尔汉姆诉亚拉巴马州案中，亚拉巴马州的法官第一个认识到，妇女相当于一个被解放的奴隶，应该得到与其他公民同样的法律保护。

非裔美国人家庭

在殖民时期的美国奴隶制下，西非人民被剥夺了家庭纽带和亲属关系。此外，黑人妇女缺乏在家庭领域里的家长式保护，并受制于其所有者的性和经济欲望。奴隶制时期对黑人妇女的暴力没有法律追索权可言。亲属关系带来的任何稳定都是短暂的，一方面，因为教会和法律都不认可奴隶婚姻；另一方面，则是由于奴隶可以进行买卖，所以主人一旦心血来潮，奴隶家庭就破裂了。

了解更多 ●●●

富尔汉姆诉亚拉巴马州案

案件经过是被告惩罚了他的一个孩子，而妻子认为惩罚过度了。孩子跑了，丈夫就去追，妻子就跟着丈夫和孩子，当妻子追上来时，丈夫用木板打了她的背，她用细树枝回击。对妻子的击打并没有留下永久性的伤痕。随后妻子起诉，亚拉巴马州格林巡回法院判决被告殴打妻子行为成立。被告向亚拉巴马州最高法院提出上诉，声称丈夫不能因殴打妻子而被定罪，除非他造成永久性伤害或使用了过度的暴力或残忍行为去表示恶意或进行报复。

在确认初审法院对被告的定罪时，最高法院认为，没有必要用可以穿过结婚戒指的棍子使妻子明白她的义务和服从丈夫的准则。法律不允许丈夫使用这种凶器或任何其他凶器，对妻子的行为进行适度的惩罚。妻子不应被视为丈夫的奴隶。作为亚拉巴马州的公民，法律面前人人平等，享有平等的公民和政治权利以及公共权利。国家不允许任何阶层的人享有特殊的"特权"，因为基本法禁止这种特权。法院认为，丈夫可以对妻子行使"温和的限制"，这样做可以让双方都得到安宁。法院在这里做出的裁定，显示了丈夫没有打妻子的特权，同样地，妻子也没有打丈夫的特权。两者都可能因攻击行为和殴打而被起诉并在刑事法庭受审。

异族通婚也是被禁止的。早期的殖民法规将在同种族之外结婚或举行这样的婚礼定为犯罪行为。在弗吉尼亚州，1705 年颁布的《关于仆人和奴隶的法案》(Act Concerning Servants and Slaves, Laws of 1705) 规定，"……无论英国人或其他白人男子或妇女是否自由，只要与黑人或黑白混血儿男性或女性通婚，无论该黑人或黑白混血儿是否为自由民，根据郡法院的判决，他们都将被关进监狱，并在六个月内不得保释……"。在美国，一些州的法律禁止白人和黑人结婚，还有许多州禁止白人和美洲原住民或亚洲人通婚。1913 年至 1948 年间，当时 48 个州中有 30 个州实施了这些法律。1967 年，在洛文诉弗吉尼亚州一案中，美国最高法院一致裁定禁止异族通婚的法律违宪，有了这项裁决，当时仅存的 16 个依旧禁止异族通婚的州法律将不再有效。

莎伦·安吉拉·阿拉德（Sharon Angella Allard）认为，对妇女的历史法律观点忽略了亲密关系暴力中白人和黑人受害者之间存在的显著差异。在她看来，有色人种妇女被排除在法律保护之外，因为有色人种妇女被认为比父权制下的白人女性受害者更强壮，也会被认为是道德败坏的或者是邪恶的，没有资格去躲避跟踪她们的性侵犯者。自殖民时代以来，黑人奴隶妇女与典型的被动的白人受害者之间就一直是存在着矛盾的。

美国内战后的重建时期，非裔美国夫妇群体慢慢获得了合法的婚姻权利。南卡罗来纳州是最早规范和承认有色人种婚姻的州之一。在某种程度上，该法规提供了以下许可：

1. 有色人种之间可以建立夫妻关系；
2. 现在正在以这样的关系生活的人将被宣布成为合法夫妻。

那时候

"无论是谁被他的妻子管束，他都将受到最糟糕的诅咒！这些男人变得软弱、无耻、愚蠢、不自由、不善言辞"。此外，教会警告说给予女人自由就像承诺男人自杀。混乱和破坏将是不可避免的结果。

土生土长的美国家庭

印第安人的性别角色和婚姻习俗不同于殖民时期英美宗法制度中的性别角色和婚姻习俗。大多数美洲原住民文化是母系文化，家庭成员和血统通过母亲一方追溯。这意味着姓氏、血统和遗产都来自母亲，妇女控制土地、拥有房屋和牲畜。大多数原住民社会的性别分工都是将农业任务主要分配给妇女，并免除男人很多艰巨的任务。美洲原住民男人打猎和捕鱼，但是对于那些认为原住民男人懒惰的欧洲移民来说，这些被认为是休闲活动。早期英美人发现，以印第安妇女为主要劳动力的生产力水平令人担忧，部分原因是原住民妇女被分配去务农。大约从1868年开始，母系文化受到侵蚀，被殖民者的父权制文化所取代，随着妇女的传统角色被贬低，男子被分配去做以前妇女做的工作。根据美国法律及其印第安人政策，随着社会变得越来越男性化，女性的传统角色开始动摇。

欧洲人既不喜欢也不赞成美洲印第安儿童受到的那种被过度关爱的待遇，美洲印第安儿童不同于欧洲儿童，他们不会受到类似于打屁股这种体罚的惩罚。迫于遵守以英语为母语的英裔白人所订立的准则的压力，孩子们被要求去寄宿学校学习英裔白人的价值观。在学校里，这些印第安儿童经常被老师殴打，导致这些孩子认为暴力是一种可以接受的批评手段和社会控制方法。妇女的政治和经济角色开始陷入混沌，虐待儿童和妇女的现象变得普遍。

百年秘密

富尔汉姆诉亚拉巴马州案件后不久，最高法院对是否可以禁止妇女从事法律工作进行了考虑。1873年，法院在布拉德韦尔诉伊利诺伊一案中裁定，伊利诺伊州的法律没有通过立法规定哪些公职和职位只能由男性担任，也没有试图以此去剥夺美国公民的任何自由权利。这一时期妇女的法律和社会地位在法院这样的同意意见中得到了体现。布拉德利（Bradley）法官部分同意法院的意见，他说："建立在神圣法令中的家庭组织的构成及其性质表明，家庭领域是完全属于女性的领域和职能所及……"这种观点在普通法的创立者中是如此根深蒂固，以至于它成为这一判例体系的一个准则，即妇女没有与丈夫分开的合法地位，丈夫被认为是她在社会状态中的中心和代表。

法院在否认丈夫拥有殴打妻子的"权利"的道路上缓慢前行着。美国法律体系对围绕丈夫体罚妻子的权利产生的批评进行了回应。节欲和女权倡导者多年的抗议，以及对体罚态度的转变，最终使涉及对婚姻惩罚表现出宽容的法律受到了广泛的质疑。到19世纪70年代，法官已不再允许丈夫主张自己拥有殴打妻子的合法权利。在一些州，立法机关专门颁布了禁止殴打妻子的法规，马萨诸塞州、马里兰州和俄勒冈州这三个州甚至恢复了对该罪行的惩罚，规定殴打妻子者可被判处鞭刑。伴随着内战的结束，美国作为一个整体，已经在其法律体系中把婚姻惩罚原则排除在外了。在联邦诉休·麦卡菲案中，马萨诸塞州的一个法院明确表示，无论是在联邦还是在纽约州，都没有法律授权男人殴打妻子，法院进一步指出，即使在妻子喝醉或傲慢无礼的情况下，男性也没有权利这样做，徒手殴打或撞击妻子也不是婚姻赋予丈夫的权利之一。1882年，马里兰州成为第一个通过法律界定殴打妻子行为是犯罪行为的州，此行为可处以 40 鞭或一年有期徒刑。随后，俄勒冈州在 1906 年通过了类似的立法。

尽管表面上殴打妻子的行为在美国已经变得令人厌恶，但这种行为实际上仍在私下里无法避免地发生着。各州陆续又制定了新的法律，变相允许殴打行为发生，妇女再次处于弱势地位，缝合规则就是其中之一。根据这一规则，丈夫只有在妻子的伤情严重到需要缝合的情况下才会因伤害妻子而受到刑事起诉。虽然此规则于 1864 年被废止，但是它仍然是警方用来决定是否在亲密关系暴力案件中实施逮捕的一个非法定要件。北卡罗来纳州也有一个类似的规则——窗帘规则，在该规则下，警察一般不会对家庭纠纷进行干预，只有在妻子受到永久性伤害之后，警察才会关注此家庭暴力行为，并进行法律允许的"干涉"。

了解更多

窗帘规则

1864 年，北卡罗来纳州最高法院在北卡罗来纳诉杰西·布莱克一案中宣布，丈夫应对妻子的行为负责，必须对自己的家庭进行管理。为了达到此目的，法律允许他对妻子使用必要程度的武力，以控制不守规矩的性格并使其行为举止得体；除非造成永久性的伤害，或者暴力过度，或者残忍到足以表明暴力行为是为了满足他自己发泄不良情绪的需要，否则法律不会插手家事或当它是在窗帘后发生的私事。窗帘规则更倾向于让双方自行决定，这是促使他们和解并像夫妻一样生活在一起的最佳方式。

不幸的是，短暂的改革时期于 1914 年左右结束。到 20 世纪初，亲密关系暴力作为一种法律界定的犯罪行为消失了。到了第一次世界大战时期，丈夫对殴打妻子要承担责任的担忧再次销声匿迹。在接下来的半个世纪里，虽然法律明令禁止亲密关系暴力行为，但法院也很少对家庭事务进行干涉。虽然社会对此行为的关注有所波动，但反家庭虐待方面并没有发生什么重大的变化。直到 20 世纪 60 年代，亲密关系暴力才再次成为人们关注的话题进入政府干预的范畴。这个时期，防止亲密关系暴力的有效法律补救措施可以说是已经严重缺乏到基本不存在的地步了。当代对亲密关系暴力的响应复杂且多样，为后面章节提供了主题，在这些章节中，我们将对按性别和年龄划分的家庭暴力进行讨论。

> **那时候**
>
> 北卡罗来纳州最高法院对私下进行的暴力予以承认并证明丈夫有权殴打他人，在北卡罗来纳诉奥利弗案中认为："如果丈夫没有造成妻子永久性的伤害，也没有表现出恶意、残忍或危险的暴力，最好拉上窗帘，不要引起公众的注意，双方都应该忘记并原谅这样的行为。"

殴打妻子

殴打妻子和虐待儿童在20世纪60年代再次成为一个社会问题。主流观点认为，婚姻暴力是一种"私事"，亲密关系暴力行为仍然在家庭内秘密进行，并没有得到法律的制裁。对这种暴力行为的干预很少出现，通常只会发生在受害者被杀或严重致残的情况下。刑法禁止的配偶暴力形式通常只构成轻罪，大多数亲密关系暴力袭击都属于这一类，而警察只能在目睹暴力事件发生的情况下才能行使逮捕权。警官接受培训，通过将双方分开，给予一段"冷静期"，来应对亲密关系暴力危机，警官向涉事双方"提供咨询"调解也是一种常见的做法。在极端情况下，受害者将被移交法院并就伤害行为提起诉讼。然而，这些亲密关系暴力的报案并没有得到认真对待，导致亲密关系暴力的起诉比任何其他罪行都少。

对受害者缺乏有效的普通法上的救济措施，也阻碍了包括警察行动在内的防止亲密关系暴力伤害行为的进展，当代开始出现的亲密关系暴力问题需要新的立法来解决。这其中主要的意见集中在无效的执法上，批评家们有根据的认为，执法部门并不能对家庭纠纷进行合法干预，而保护虐待受害者的尝试也违背了当时普遍的法律和社会氛围。

尽管确实也存在一些有效的执法干预的例子，但警察不遵守规定的情况的发生率很高。面对亲密伴侣的暴力行为，即使法律规定应该逮捕，警察通常也不会去考虑采取这种措施。在20世纪70年代，改革者开始寻求可以确保警察做出有效干预的变革，关于这种变革的讨论主要集中在什么类型的干预最合适，以及以何种方式实施干预上。针对警察部门的民事诉讼和对施暴行为人的强制逮捕是必须强制遵守的策略。

当代的家庭暴力是什么

一些形式的暴力是犯罪行为，而另一些则不是，我们期待刑事法律提供一个清晰的法律定义。每个州和联邦政府都提供法律定义，这些定义可能略有不同。法律定义对被认为是家庭的关系和被认为是犯罪的行为进行了解释。一定要记住一点，不同管辖范围内的家庭暴力行为和关系，是由其州和联邦政府决定的。以下是得克萨斯州的一个例子。《得克萨斯州家庭法典》(the Texas Family Code)第71.004节将家庭暴力定义为：

1. 一个家庭或家庭成员针对另一个家庭成员的行为，其目的是造成躯体外伤、身体伤害、对一方进行攻击或性侵犯，或者是利用所有可能的方式的使该成员害怕即将到来的躯体外伤、身体伤害、攻击行为或性侵犯的威胁，但其中并不包括保护自己所实施的防卫行为；
2. 家庭成员对其他家庭成员或孩子实施的虐待；
3. 约会暴力。

正如你所看到的，家庭暴力犯罪包括了法律所禁止的行为，在这种行为中，犯罪者与受害者存在着某种关系。想想看，你爱的人就是折磨你的人，每当你走进家门的时候，你总是在考虑今天会在你身上发生什么，是好事还是糟糕的事？这种不可预测性加剧了你的恐惧。家庭暴力是现实，也是一种犯罪，受害者来自各行各业，不论贫富，也不论种族和宗教信仰。大多数受害者是妇女，但男性也会在家中受到恐吓。约会对象遭到殴打和强奸的情况也为痛苦的生活搭建了舞台。男女同性伴侣可能在家庭暴力中受到威胁和殴打。老年人被儿童和自己的配偶伤害。但是这些似乎还不够凄凉，更凄凉的是成年人并不是该行为唯一的受害者。儿童同样也会遭受"关心"他们的成年人实施的身体虐待和性骚扰，有些受害者还会被跟踪，其中一些人甚至会被杀害。

毫无疑问，你已经注意到了这个我们正在谈论的暴力问题。大多数人知道，或者认为自己知道什么是家庭暴力，他们把那些报道家庭暴力的报纸、杂志、广播、电视节目与体育、政治和好莱坞名人的故事以及家庭暴力的传闻和尖叫联系在一起。关于家庭暴力的文章出现在互联网和学术期刊上，研究人员调查家庭暴力的特征和其所带来的受害者症状，人们甚至会在咖啡厅或者是会议室里谈论家庭暴力的话题，并把家庭暴力的情况当成一个茶余饭后的笑话来讨论！人们通常会说，如果情况如此糟糕，那受害者应该离开，最简单明了的方法就是离开就好了。当然了，假设受害者不离开的话，事情也不会真的那么糟。或者，可能变得那么糟吗？

当代家庭暴力分为亲密关系暴力、虐待儿童以及虐待老人三大类，这三类家庭暴力都将在本书中进行详细的论述。在这三类家庭暴力类型中，可能会存在许多暴力行为的不同形式，其中大多数形式是犯罪行为。

虽然生理虐待在暴力情况下普遍存在，但它本身通常不构成犯罪活动。这三类家庭暴力的定义如下。

亲密关系暴力

亲密关系暴力通常被认为是一种虐待或家庭暴力，是指在成人亲密关系中实施的暴力行为，无论其性别如何，通常是持续的复杂暴力行为模式的一部分。统计数据证明，改善受害者帮扶措施、完善法律和加大对虐待者的制裁（包括警察逮捕）等措施已经产生了影响，自1993年以来，亲密关系暴力受害的比率已经逐年下降（如图2-1所示）。

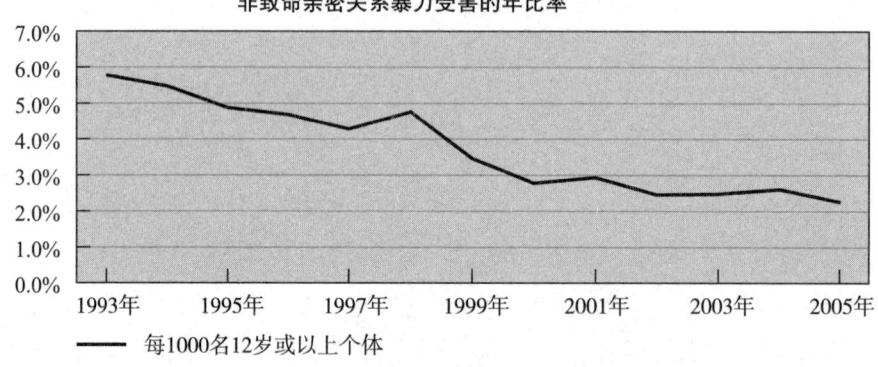

图2-1 亲密关系暴力受害的比率已经逐年下降

注：自1993年以来，非致命的亲密关系暴力受害率有所下降，下降的原因是受害者的选择变得多样化，刑事司法干预得到改善。

资料来源：基于卡塔拉诺（Catalano）2012年的数据。

亲密关系暴力指的是在亲密关系中为了获得控制权所实施的暴力和胁迫行为。控制可以通过经济形式来实现，例如扣缴或拒绝给予金钱或其他生活所需的基本资源，或剥夺就业、住房和教育机会等。另外，社会孤立也非常普遍，包括禁止与朋友和亲戚交流，或使交流变得非常困难以至于受害者主动选择放弃，禁止使用电话或交通工具，以及禁止受害者获得所需的医疗保健。言语和情感形式的攻击和控制包括恐吓、胁迫、威胁或贬低，可能还会发生人身攻击和性侵犯。单个行为不构成亲密关系暴力中的虐待，专家一致认为亲密关系暴力涉及一系列行为，包括从说有辱人格的话到残忍的笑话、经济剥削、拳打脚踢、非法拘禁、性虐待、窒息行为、足以致残的攻击行为和杀人等。如果不加以控制，家庭暴力的发生频率和严重性通常会增加。许多受害者遭受各种形式的虐待，言语和情感虐待可能比身体伤害更不明显，但这并不意味着它对受害者的危害性更小，许多人都说感情上的伤疤比骨折愈合的时间要长得多。

亲密关系暴力的法律定义通常被编纂为家庭暴力，这可能与社会学定义略有不同。这是因为法律必须明确规定刑法或民法禁止的特定行为。《加利福尼亚家庭法》(*the California Family Code*)将亲密关系暴力定义为在法律认可的家庭关系中对任何人实施的虐待或暴力。必须指出,许多形式的虐待在社会上是不可接受的,是暴力关系的一部分,但不会上升到刑事侵权的程度。其他家庭虐待情况显然构成犯罪,需要执法进行干预。亲密关系暴力的情况通常不容易从法律上进行解释,而且总是因为很难确定到底是谁做了什么而令人不快。然而,这种履行规则其实并不限于执法层面,非刑事虐待和遗弃行为也会经常引起执法官员的注意。在这种情况下,警察发挥着重要的作用,他们可以将有明显需要的受害者,包括那些急需干预的孩子,转介到适当的卫生或社会服务机构中去。

美国联邦和州法律承认,家庭关系包括人们共同生活但可能没有合法婚姻的伙伴关系。任何进一步解释亲密关系暴力的定义都必然是一般性的,为的是把同居密友这种关系也包括在内。同性伴侣和大学室友有时也有可能构成家庭伴侣关系,这取决于所在州对家庭关系如何定义。

虐待儿童

美国联邦和州法律对虐待和/或对儿童的遗弃行为做出了定义。《儿童虐待预防和治疗法》(*the Child Abuse Prevention and Treatment Act, CAPTA*)是联邦法律,规定了各州必须纳入的关于虐待和对儿童遗弃行为的法定最低标准。监护者对儿童实施的任何行为,如造成死亡、伤害或存在伤害风险——身体上的、性的或心理上的——均可被视为虐待和遗弃儿童,未能提供监护和保护也可被视为虐待或遗弃行为。危害儿童福祉的行为十分广泛,因此本书第4章、第5章、第6章专门对儿童和青少年受虐待的情况进行了讨论。美国疾病控制和预防中心(the Centers for Disease Control and Prevention,CDC)、儿童局(Children's Bureau)和儿童福利信息网(Child Welfare Information Gateway)等联邦机构是提供反虐待和遗弃儿童信息和相关服务的国家资源之一。每个州都有专门保护儿童的部门,这些州的家庭服务部门名称因州而异,如儿童和家庭部是马萨诸塞州的机构。许多基层和非营利组织会对公众进行教育,利用互联网去检索虐待和遗弃儿童的信息。

在美国,对儿童的保护分为两个级别。

第一个是民事部分,由儿童保护机构、家事法院和青少年司法系统组成。儿童保护机构可能包括社会服务组织、寄养和收养儿童的组织,家事法院调查与儿童照料和监护有关的指控,并可和青少年司法系统一起对儿童监护权的安排进行调查,对儿童的福祉进行监督。当儿童被认为需要帮助时,儿童保护机构、警察、学校官员和公众都可以直接向法院提出诉求，法院有权要求儿童保护机构、警察、学校官员和公众实施任何旨在保护儿童的措施，也可以因虐待、遗弃行为或过失行为而指定临时或永久监护人。

美国对儿童的第二级保护是通过刑事系统实现的。虐待和/或遗弃儿童的个人可能被指控违反了虐待行为发生国的刑法，成人可能因虐待和/或遗弃儿童而被追究刑事责任。虐待或遗弃儿童的行为是否成立，必须由法律进行界定。根据虐待的严重程度，对暴力侵害儿童的刑事处罚措施，从罚款到监禁刑都有。

1993年至1999年期间，虐待现象有所减少；自那时起，虐待发生率呈现出一个相当平稳的趋势（如图2-2所示）。我们比较图2-1和图2-2，可以注意到，虐待儿童的发生率是高于亲密关系暴力行为的发生率的。

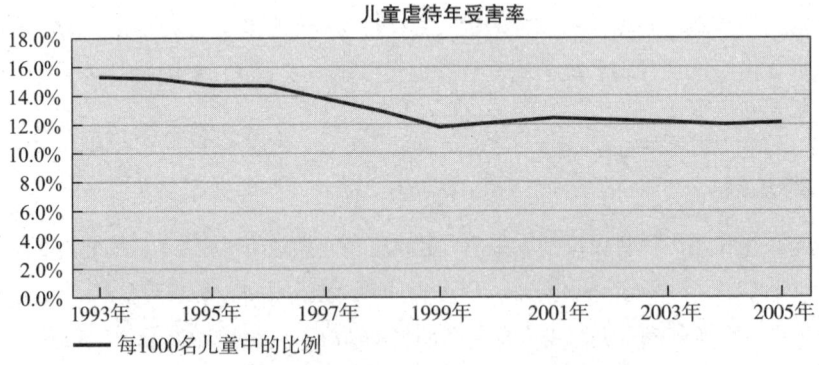

图2-2　虐待发生率呈现出一个相当平稳的趋势

注：1993年至1999年期间，儿童虐待受害率有所下降，但此后没有实质性变化。
资料来源：基于2008年儿童趋势的数据。

虐待老人

对老年人的虐待可能涉及身体、性或情感/心理暴力以及忽视、遗弃或财务剥削。大多数研究人员认同虐待老人应该分为两大类：家庭虐待和机构虐待。当然谈到虐待老年人，其实指的是与老年人有特殊关系的人，如配偶、兄弟姐妹、孩子、朋友或老年人家中的护理人员对老年人所实施的几种形式的虐待行为。看护者指的是根据法律或合同安排对老年人负责的人。机构虐待是在养老院、寄养家庭或集体之家等老年人居住设施中发生的任何形式的虐待。机构虐待的行为人通常是有法律或合同义务为老年人提供护理和保护的人。大量虐待老年人的案件被划归到了义务人本身遗弃行为的范畴里。此外，老年人虐待可能包括有目的地或主动地虐待，也可能包括由于无知或无法提供护理而导致遗弃行为的被动虐待。理解所在州的法律定义对于处理虐待老年人问题的专业人士来说是很重要的。虐待老人的法律分类可以是刑事的，也可以是民事的。虐待可能需要社会服务机构干预和官员的强制报告，各州的要求差别很大。

在本书中，我们将重点放在家庭成员或通过在受害者家中照料他人而为人所知的其他人实施的"家庭"虐待老年人行为上。虐待对老年人的影响也许相对较小，或者也许会威胁到一个人的生命。身体暴力的范围包括从打掉老人眼镜的那一巴掌到可能导致死亡的拳打脚踢。性暴力可能是猥亵和强奸。财务剥削可能就像从老人钱包里偷东西一样简单，就像通过强迫老人签字放弃所有权来侵占自己的房子一样简单。

亲密关系暴力的形式

亲密关系暴力有多种不同的形式。行为的严重性或伤害程度通常是警方用来确定该行为是否构成犯罪的衡量准则。我们认为，这种方法已经过时，应该加以改变，以反映对亲密关系暴力的当代认知，即亲密关系暴力意味着伤害、恐吓、控制或使受害者害怕施暴者。有了这种理解，伤害的实际程度就变得毫无意义了。犯罪发生的可能原因就成了所有其他执法行动的标准，因此在调查家庭犯罪时必须继续平等适用。

逮捕犯罪者不应被视为对家庭犯罪的惩罚，这只是一种犯罪时的法律干预。只要国家法律认为适当，就应该采取这种干预形式。法院最终会解决这个问题。以下列出了一些可能被视为法律禁止的犯罪行为的暴力行为例子：

- 殴打；
- 扯头发；
- 推搡；
- 撞击；
- 拉拽；
- 拳打；
- 掌掴；
- 踢；
- 打；
- 以可能之手段使受害者窒息；
- 撕咬；
- 用武器瞄准；
- 扔东西；

- 威胁；
- 骚扰；
- 性虐待；
- 跟踪；
- 凶杀。

法定家庭关系

家庭关系通常由血缘、婚姻、亲密关系和同居状态来定义。具体的法律定义虽然在州之间存在着差异，但是依旧可以看到一些共同点，而且通常家庭关系都是通过婚姻来定义的。这些共同点包括以下内容。

- 已经或曾经合法结婚的人：配偶或前配偶。
- 未婚同居者：同居者或前同居者。
- 通过婚姻关系产生关联的人：通过宗族或二级以内姻亲、血缘或婚姻关系产生关联的任何人。
- 共有一个孩子的人：假设男性是孩子的生父，女性是生母（无论他们是否合法结婚）。
- 怀孕的妇女和被推定为孩子父亲的男子。
- 经历或曾经拥有过实质性约会或订婚关系的人。
- 亲生子女或继子女。
- 亲生父母或继父母。

如果把两个简单居住在一起的人划归为某个类型，那就可能存在争议。这个解释中可能囊括了公用住宿区域的公寓居民或学生，当然这取决于所处管辖州的法律怎么定义。它肯定包括合住一所房子或公寓的人，不管他们是否实际上结婚。一些州，但不是所有州，都将实质性约会关系列为在亲密关系暴力中应该被审视的一种暴力行为产生种类。如果在同性关系中，人们居住的状态也像结了婚一样的话，就会被认为是家庭关系。当犯罪发生时，家庭暴力情况下的罪犯并不是由他的性别、年龄差异或年龄决定的。当这种关系在法律上被认为是家庭关系时，这种暴力行为就是家庭暴力犯罪。只有当受害者与罪犯之间的关系是亲密伴侣或约会伙伴时，犯罪行为才可能被视为亲密关系暴力，这个过程中，并不会去考虑个体的年龄因素。例如，一位70多岁的女人打了她的丈夫，这个行为就属于在亲密关系情况下发生的行为。一名家庭成员对另一名家庭成员（非亲密成员）犯下的罪行可被视为家庭暴力，或者也可能被视为虐待儿童或虐待老人。

常用术语定义

目前发生的家庭暴力行为主要包括了遗弃行为、身体虐待、心理虐待和性虐待，这四种虐待行为可以发生在主要的三类受害者中的任何一类受害者身上，它们经常在家庭暴力的情况下同时发生（如图2-3所示）。每一种特定类型的虐待都由联邦和州法律进行定义，并且在不同的司法管辖区存在着不同。研究者和实践者可能可以对以下类型的虐待使用不同的定义来解释。

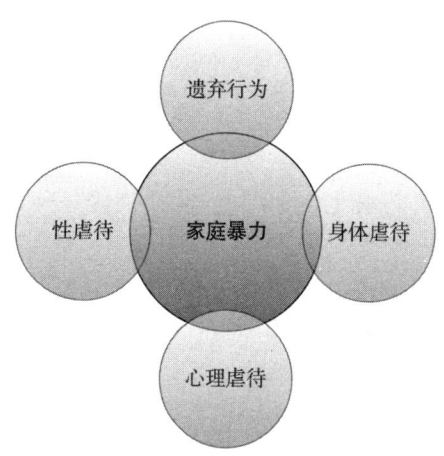

图2-3 家庭暴力行为

注：目前发生的家庭暴力行为主要包括了遗弃行为、身体虐待、心理虐待和性虐待。

遗弃行为

遗弃行为被定义为没有或拒绝为自己有照料义务的需要被照料者提供护理或服务。这种形式的虐待会因护理人员的作为或不作为产生伤害。遗弃行为的一个例子是未能向成年残疾人或受抚养的老年人提供食物、水、衣服或住所等必需品。

遗弃行为的迹象包括但不限于使受害者脱水、营养不良、对褥疮的未行治疗、对健康问题或状况的未行治疗、不卫生的生活条件和遗弃。

身体虐待

身体虐待是指使用武力或威胁使用武力，可能导致身体伤害、身体疼痛或损伤。身体虐待的迹象可能是外显的、内隐的，或者两者都有所显现。在身体恢复的不同阶段未经治疗的身体损伤可能可以表明损伤造成的大致时间。身体虐待的外显迹象包括但不限于人为的咬伤、瘀伤、伤痕、印记、烧伤、出血、头发脱落或头发扯断、衣服的撕裂、哭泣、畏缩以及出现一些药物诱发的状态。血管破裂或眼睛瞳孔不均匀扩张可能表明曾经窒息或被扼住。身体虐待的其他迹象可能是武器使用的结果，如钝器、锐器或枪击伤。身体暴力的内隐症状包括但不限于内部组织或器官损伤、骨裂、骨折、出血、扭伤和脱臼。

心理虐待

心理虐待是指为了控制受害者而故意造成的痛苦、疼痛或焦虑。心理虐待的言语或非言语形式包括了情感虐待在内。这种虐待包括但不限于口头攻击、侮辱、威胁、惊吓、恐吓、羞辱和骚扰。除了威胁，这类虐待行为很少可以划归为非法，它经常与其他形式的虐待一起被证实。在很长一段时间内，情感/心理虐待可能是发生其他形式虐待的"根源"。情感或心理虐待可能比身体暴力更具破坏性。

性虐待

性虐待可以归结为任何形式的非自愿的性接触。另外，与无法给予知情同意的人发生性接触也会被视为性虐待，比如未成年人就被认为是无法给予知情同意的个体。因此，与未成年人的性接触就被认为是性虐待。性虐待中的性行为包括但不限于希望拒绝的触摸、强奸、强迫裸体和露骨的性摄影。武力、武力威胁或暗示的武力可能会导致性虐待的发生。虐待和使用武力所遗留的身体迹象并不总是出现在一方占主导地位的关系中，个体展现出的强制力是会根据个体在关系中位置的变化而变化的。性虐待遗留的身体迹象相对来说并不那么普遍，更多的可能是会呈现出一种例外，它们包括乳房或生殖器周围的瘀伤、性病或生殖器感染、阴道或肛门出血，以及撕裂、污藏或带血的衣服。

总结

我们对亲密关系暴力所知甚少，并没有什么简单的方法可以把这种情况完全消除，也没有灵丹妙药可以让这个情况变得更好。专家们对这种在我们中间滋生并削弱家庭结构导致功能失调的"疾病"的影响进行了讨论。最近，人们甚至不想承认乱伦和对儿童的性虐待情况真实地存在着，也很难接受老年人被自己的孩子殴打和遗弃的事实，甚至，亲密关系虐待也很容易被大家否认。但是，既然这些虐待的事实已经被证明存在，那我们就要继续讨论下去。

刑事司法界被认为是亲密关系暴力受害者保护和赋权的最合理来源。新的立法和公共政策现已生效，这些立法和政策要求执法部门做出相应的回应，所以站在这个角度来看，在我们找到这场"战争"中控制和根除这一"顽疾"的应对手段之前，警察依旧是第一反应者。研究人员和决策者必须持续关注刑事司法系统存在的对亲密关系暴力反应不足的隐患，执法部门需要负责处理这个严重的问题，同时必须探索有助于我们完成这个艰巨任务的教育途径。

本书其余部分将涉及我们如何迎接这一挑战。对美国家庭暴力相关因素感兴趣的每位读者都会觉得受益匪浅。我们对此了解多少？采取了什么措施来控制家庭暴力？我们如何认识虐待行为？应该采取什么行动？我们撰写本书的目的就是向那些被社会委派进行干预的人和那些希望参与的人详细解释家庭暴力和预防工作。亲密关系暴力包括只要施暴者和受害者之间存在家庭关系就可能发生的一切可想象的暴力形式。将家庭暴力视为一组互相联系的普通犯罪行为有助于记住什么是家庭暴力。那些我们称之为家庭暴力的个人犯罪行为通常都不属于家庭的范畴。在立法层面将一个犯罪行为定义为家庭犯罪的举措，允许每个州鼓励执法官员在不考虑人与人之间关系的情况下执行法律。这些法律中有时包括强制逮捕或请求逮捕政策，一些州还包括了全面强制执行的动机，这也明确说明了特定州对警察行动的期望。本书稍后将对这些话题进行讨论。

偶尔，某一特定犯罪行为，如违反民事家庭限制令，会成为一种特殊对标亲密关系暴力犯罪行为的犯罪。《防止亲密关系暴力法》(*Act to Prevent Intimate Partner Violence*)是各州立法界将一种特殊犯罪行为归入家庭范畴的法律依据。此外，这些条款界定了什么样的关系将是需要被考虑的，这种关系通常包括所有亲密伴侣关系，无论性别或婚姻状况如何。此外，通过婚姻或血缘关系进而被归为亲属关系的个体将被视为家庭伴侣。

在阅读统计数据的时候，家庭暴力数据似乎呈现出了一种压倒性的多数。值得注意的是，并非所有的统计数据都与现实的真实情况相符。一项特定的研究或研究项目以不那么完美的数据结果进行总结是有很多原因的。就研究这些问题本身而言，其实这并不是很重要的一环。很明显，我们不知道亲密关系暴力的确切程度！专家一致认为，亲密关系暴力犯罪依旧存在很多未被报道的情况。而怀疑论者则认为，这些数字其实被夸大了。因此，我们应该可以预计这些数字本身可能并不准确。比准确的数字更重要的是，这些数字所告诉我们的事实——美国存在暴力问题，并且侵害着许多家庭。每天都有许多儿童遭受性虐待和身体虐待，抑或是遗弃行为。我们也了解到，人们正在杀害他们的孩子、伴侣和老人。在成人亲密关系中，许多人在身体上、情感上或性上受到支配或控制，甚至在经济上受到伤害。我们必须面对可怕的事实，即使我们不知道这个可怕事实所显现的确切数字是多少。如果你环顾四周，你就会看到这个可怕事实的存在。

HEAVYHANDS

简单场景

  查尔斯一直存在比较严重的酗酒问题，并和他的前女友发生了争吵。于是他威胁说要烧毁前女友的房子。过了一会儿，他点燃了放在门廊上的一些纸板箱，前女友并不能及时扑灭这把火，导致房子一部分的木质结构被烧焦。但是查尔斯并没有停止，接着拿着打火机又点燃了房子的一扇侧门，然后跑去发动了自己的卡车，并朝前女友的车撞了过去。前女友表示她担心自己的生命安全。

  思考：有没有迹象可以表明上述场景所展现的是亲密关系暴力？给出你的答案并进行解释。

第 3 章
研究与理论聚焦

HEAVY

HANDS

为什么有这么多人可以随意虐待他们的亲密伴侣、配偶、孩子或父母？简单来说，这些人之所以这样做，是因为他们觉得可以这样做。当然，大多数人还是会觉得，这个问题的答案并不这么简单。事实上，这个问题的答案确实要复杂得多。我们的认知会对我们眼前的世界产生影响，但有些观察是狭隘的，对我们个人知识体系之外的问题并不能进行充分的揭示。所以在这个问题的理解上，只是"觉得"肯定是不够的，我们会把测量作为试图理解家庭暴力的一种方法。它多久发生一次？什么形式最常见？加剧或助长家庭暴力所造成的影响是什么？年龄、收入、教育程度、性别和发生率是帮助我们了解不同类型家庭暴力的一些因素。另外，对机构的响应情况和个人责任的研究，有助于我们体系的形成，更好地引导可用资金来支持反家暴事业，并为公众提供理解家庭暴力的理论途径。

研究显得格外重要，因为它提供了一种使我们的个人现实和经验现实趋于一致的方法。通过科学探究，我们可以对信息进行观察和记录，而这种对研究的记录也为研究的复证提供了机会，可以帮助研究者避免过度概括、选择性观察和不合逻辑的推理等问题，复证减少了研究因政治或个人原因而产生偏见的可能性。在本章中，你将对在打击家庭暴力行为中起指导作用的刑事司法规则的常见研究方法和具体信息来源进行学习。

历史上的应用研究

犯罪是一个可以通过科学研究得到更好的理解和解决的社会问题，研究方向可以是纯理论的，也可以是应用的。纯理论研究是为了知识而进行的，应用研究则从实践的角度围绕影响人们的问题展开。应用研究通常被当作解决刑事司法问题的一种方法使用。

对未来可能产生的家庭暴力行为进行威慑，是在亲密关系暴力案件中对施暴者实施快速逮捕的主要原动力。然而，当受害者对这种暴力行为选择隐忍和不作为的时候，我们需要面临的问题就出现了：执法部门是控制亲密关系暴力的合适机构吗？如果不是，还可以采取哪些措施来保护虐待行为的受害者？由于我们面临太多的问题和较少的答案，所以评论家们就开始围绕这些问题展开了辩论。由默里·A. 斯特劳斯（Murray A. Straus）、理查德·J. 盖勒斯（Richard J. Gelles）和苏珊·K. 斯坦梅茨（Suzanne K.

Steinmetz)所著的首部关于美国亲密关系暴力的全国性研究《在紧闭的门后：美国家庭中的暴力》(*Behind Closed Doors: Violence in the American Family*)一书（1980 年出版）显示，每六个家庭中就有一个家庭的配偶对伴侣存在殴打行为。这项现在人尽皆知的关于家庭暴力的研究还发现，丈夫实施的暴力发生率与妻子实施的暴力发生率之间几乎没有差别。

明尼阿波利斯家庭暴力实验（the Minneapolis Domestic Violence Experiment）于 1980 年首次对亲密关系暴力逮捕的有效性进行了随机对照测试，并于 1984 年对研究结果进行了发表。对包括逮捕在内的各种警察应对措施的效果的评估与研究结果表明，遭到逮捕的犯罪者在六个月内对同一受害者造成的重复暴力最少（如图 3–1 所示）。

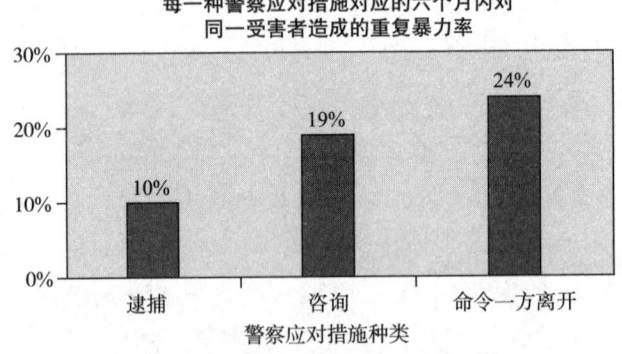

图 3-1　亲密关系暴力逮捕的有效性随机对照测试

注：最初的明尼阿波利斯家庭暴力实验表明，在警察对家庭暴力最常见的三种应对措施中，逮捕施暴者是最有效的。

资料来源：基于谢尔曼和伯克 1984 年的数据。

这与其他干预措施不同，比如命令一方离开住所或者是为这对夫妇提供咨询，嫌疑人遭遇了被逮捕的强制措施后，亲密关系暴力行为的后续发生率减少了近 50%。研究人员根据这项研究提出了三项建议：首先，在大多数轻微的亲密关系暴力案件中，警方可能应该对犯罪者实施逮捕；其次，这个实验应该被复证，看看它是否能够在其他人口组成比较复杂的城市中顺利地进行；最后，不要通过强制逮捕法审议，因为这个举措会导致进一步的研究和复证受阻。

然而，仅仅几个月之后，全美各地就通过了针对家庭暴力案件的强制逮捕程序。针对警察部门未能向亲密关系暴力受害者提供平等保护的民事诉讼取得了成功，从而促使警察成了对抗亲密关系暴力行为的主要力量。特蕾西·瑟曼（Tracy Thurman）在 1984 年提起的成功诉讼是一个非常典型的例子，当时康涅狄格州托灵顿警方未能保护她免受分居丈夫的伤害，结果造成了特蕾西·瑟曼永久残疾。在起诉中，法院裁定，警察基于性别歧视未能对妇女进行保护，是对法律平等保护的拒绝，是对宪法权利的侵犯，并应被认为是警察不当行为的一种模式。

> **了解更多** ●●●
>
> **明尼阿波利斯家庭暴力实验**
>
> 明尼阿波利斯家庭暴力实验在许多层面上都很重要。首先，这是第一次针对任意犯罪的逮捕效果所进行的科学的控制测试。其次，实验的发起人考虑了警方在应对家庭暴力时使用的三种最常见的方法，并对它们进行了评估，以求找出哪种方法可以最有效地减少重复犯罪。他们发现逮捕是警察用来遏制家庭暴力的三种标准方法中最有效的。他们认定，警方使用的其他方法——比如试图为双方提供咨询，或让袭击者离家几个小时——在遏制往后可能出现的暴力方面的效果要差得多。明尼阿波利斯研究中的大量证据强烈表明，警方应该在大多数家庭暴力案件中使用逮捕手段。最后，它有助于家庭暴力案件中强制性逮捕程序的实施。明尼阿波利斯家庭暴力实验的结果有助于改变全美警察对家庭暴力的态度，并对美国目前存在的亲密关系暴力应对措施进行塑造。

明尼阿波利斯家庭暴力实验为后续针对该实验的六次复证和扩展研究铺平了道路，这项包含多次复证和拓展研究的计划被统称为配偶人身侵犯复证计划（the Spouse Assault Replication Program），在美国多个警察部门的规管下开展。复证展现得出了与之前不一致的结果，即在某些情况下，由于对施暴者进行了逮捕，所以并没有起到对后续可能产生的家庭暴力行为的威慑作用。只有某些类型的罪犯感受到了由逮捕行为带来的威慑，甚至在某些情况下，逮捕甚至会带来暴力行为的升级。劳伦斯·谢尔曼（Lawrence Sherman）和其他参与明尼阿波利斯实验的人主张废除强制逮捕规定，支持个别案件个别处理的机制。另一些人认为，单靠执法行为并不足以解决亲密关系暴力的问题，需要一个更为全面的、全系统覆盖的方法，这种全系统覆盖的整合方法应该包括对人员培训标准的执行、亲密关系暴力相关的执法准则和协议的制定，以及确定所有家庭暴力执法者的问责措施。

执法过程中还包括与其他刑事司法机构和受害者服务提供者进行协调的战略。缓刑部门制定了加强版的受害者安全保护措施，并严格执行保护令。检察官和受害者的辩护律师则一直在努力，让受害者对案件情况有更好的了解，并明确知晓施暴者的下落。

> **了解更多** ●●●
>
> ### 瑟曼诉托林顿市
>
> 在本案中，特雷西·瑟曼被丈夫多次殴打和跟踪，她起诉托林顿市警察未能保护她免受虐待。在一次严重暴力殴打中，警察用了 25 分钟才到达现场，接着又花了一段时间才成功逮捕巴克·瑟曼（Buck Thurman）。在那段时间里，虽然其妻子无力地躺倒在地，巴克依旧多次猛踢她的脸和脖子。巴克在袭击中对其妻子造成了危及生命的伤害，包括：胸部、颈部和面部的多处刺伤；颈椎骨折和脊髓损伤；颈部以下部分瘫痪；脸颊和嘴巴撕裂；失血；惊吓；疤痕；剧痛；精神痛苦。法院基于 24 名警察的行为，判给特雷西·瑟曼前所未有的 230 万美元赔偿金。法院认为，瑟曼女士被剥夺了《第十四修正案》（the Fourteenth Amendment）赋予的被平等保护的宪法权利。这一里程碑式的案件有助于要求警方保护受虐妇女免受丈夫的人身侵害。

对配偶人身侵犯复证计划的审查表明，复证计划得出的结果存在缺陷，逮捕依旧可以说是阻止之后可能发生的暴力侵害的更优选择。事实上，所有的研究都表明，警察逮捕殴打者比其他的应对措施更能阻止侵害行为继续。

恰当的例子
没有逮捕的规定

1974 年的某一天，马萨诸塞州的一名骑警被派往他巡逻地区的一户人家，该户有人打了报警求助电话。骑警之前曾多次接到过该户的报警电话并已多次前往响应。每次的情况都是妻子指控丈夫对她进行殴打。这一次也是一样，当她让警察进门时，她哭喊着控诉她丈夫殴打了她。这个时候她丈夫只穿着内裤，喝着啤酒，对妻子大喊："你报警了！！你报警了！！等到警察离开，这次我会让你好看。"接着他对骑警说道："我知道我的权利是什么，你不能对我做任何事。赶紧给我滚出去！"

在 20 世纪 70 年代，在警察没有看到殴打的情况下，他是不能以亲密关系暴力指控逮捕一名男子的，尽管这名妇女看起来好像遭到了殴打，就是说这位骑警并没有逮捕权。但是这位骑警确定这个女人会因为报警而再次被殴打，于是他采取了本不应该采取的行动。他把那个男人拖到了门外，丢进了屋外台阶下的积雪里。在屋外，这名骑警立即以公开酗酒之名逮捕了这位实施亲密关系暴力行为的男子。公开酗酒是一种相当于妨害治安的轻罪，针对这个罪名，州骑警依法享有逮捕权。

由于法律承认对妻子的虐待属于平等保护问题，因此进行了大量的立法工作来解决这一问题。此后，美国所有各州、哥伦比亚特区和波多黎各自治邦都颁布了针对亲密关系暴力的某种形式的法规。第一部反家庭虐待法只对虐待者的成年已婚配偶适用，也只适用于作为受害者的妇女。这些立法上的变化赋予了警察在有可能合理怀疑亲密关系暴力行为确实发生的情况下进行逮捕的权利，无论警察是否目睹了这种行为。全美各地的警察部门都采用了针对亲密关系暴力事件的强制逮捕程序和优先逮捕程序。法规扩大了亲密关系暴力的定义和立法保护的范围，但是这些定义、保护条款和强制执行程序在不同的司法管辖区之间存在着很大的差别。立法历史塑造了今天人们对警方在反亲密关系暴力方面做出适当应对的期望。

研究方法

研究是一个涉及学习的过程，而不仅仅是简单地对信息的收集或对事实的发现。研究的共同目标是对常识进行提高或对具体问题进行解决。近年来，研究方法变得多样化，这使得对于研究方法的选择成了一种高度个人化的东西。定量和定性研究方法是刑事司法研究中常用的研究方法范例。

在刑事司法领域，定量和定性研究目标之间的紧张关系被描述为应用型实践者和非应用型学术研究者之间的冲突。定量和定性研究的目的其实都是为了了解令人担忧的社会问题，虽然这两种方法会因为从不同角度看待类似问题而变得可以相互补充，但定量的方法对刑事司法研究所起到的用处依旧更大。然而，哈根（Hagan）曾提到，我们应该反对方法论中心主义，即一种在方法层面产生的对方法的狂热。定量的应用研究方法是用科学的手段来衡量社会现实，但是范式的转变和现实中的新知则是通过纯粹的研究项目，即定性方法来实现的。

定量研究

定量研究是一种演绎模型，它使用固定的研究目标和陈述，定义与研究相关的术语，遵循固定的步骤顺序，并且通常使用数字来测量数据。调查设计将通过研究目标人群的样本，为研究提供对该人群态度的数字描述。调查是收集数据的首选方法，因为它具有科学方法的特点、设计的经济性以及每种方法在数据收集中的实用性。调查设计可以采用自填式问卷、访谈、结构化记录回顾或结构化观察的形式。面谈可以面对面进行，也可以通过电话进行。调查设计可以基于网络，通过互联网管理或通过邮件发送。全美犯罪受害情况调查（the National Crime Victimization Survey，NCVS）就是调查研究的一个典型的例子。

描述性研究设计也是定量研究的一种非常基本的形式。定量研究中使用的一种描述性研究是观察研究，它用于通过报告频率、平均值和数据百分比来描述和量化特定现象。描述性研究的一个例子是统一犯罪报告项目（the Uniform Crime Reports，UCR）。该项目着眼于一个特性的差异，因为它与一个或多个其他特性的差异相关，所以当一个变量增加而另一个变量以某种可预测的方式增加或减少时，相关性就存在了。量化使我们的观察更加明确，更容易汇总和总结数据，并提供了统计分析的可能性。

刑事司法事实的衡量是通过应用研究，即定量方法来完成的。应用研究努力寻找直接解决刑事司法问题的结果，这些问题涉及刑事司法系统的一些分支——执法、法院和惩戒。刑事司法领域内的应用研究正在迅速增加。警察部门和联邦执法机构也与传统研究人员合作，努力去理解犯罪分析的相关问题，以期能预测犯罪、提供调查线索、支持社区警务和支持部门规划。情报分析、行动分析和调查分析是执法研究工作的其他途径。

对司法实践的更多关注源于对法院绩效的统计衡量。检察官的效率、问题的司法解决以及司法过程中所涉及的成本都为这些研究工作提供了范例。通过标准化统计测量进行研究的问题包括量刑差异、指控准确性、辩诉交易的公平性和量刑实践。

纵观惩教领域，20世纪80年代不断增长的监狱人口引起了恐慌，而监禁替代办法的缺乏则加剧了这种恐慌。随着满足这一需求的新项目突然出现，项目评估的必要性也随之而来。例如，关于对家庭暴力进行刑事司法干预的辩论导致了施暴者干预计划作为监禁的替代方案出现。这些项目是否实现了预期目标已经成为定量刑事司法研究的一个主要关注点。

定性研究

区分定性方法和定量方法的两个要素是方法设定和复杂性。定性研究方法着眼于自然环境中的现象，并将检验的复杂性融入工作中。与定量方法相比，没有一种定性研究方法依赖于数值测量；相反，定性研究侧重于全面深入的访谈、历史资料的分析，并涉及对某一事件或单位的全面叙述。

定性研究提供关于人口特征的数据，而不是其变量。例如，定性研究将尝试去研究发现家庭暴力是否会发生在特定的人群当中。这部分人群可以用区别它的特征来进行描述，如可以是美洲原住民印第安人。研究者会发现群体的独特性、背景或群体的历史。这些现象的成因并不是预设的，而是通过研究发现的。定性的方法建议一种试图通过中心调查和相关子问题来进行探索的非定向研究工作。它试图为理解、发现和探索现象提供一个丰富的环境。定性研究使得发现变量之间的主观联系成为可能，而不是将变量视为理所当然。这些信息是通过使用一种没有关于人口或研究条件预设的神话般的设计进化而来的。

定性研究的目的是观察一个单一的现象，并认识到该研究可能逐步发展成对无法预料的关系或思想的任何形式的检查。设计的演变是通过发现、描述和理解研究中的现象来传达的。结果并不是预先确定的，即使在研究项目中对这种现象给出了一个可行的定义，它也会被认为是暂时的和不断发展的。引导研究者努力的往往是研究问题，而不是目标。

定性研究被定义为富有同情心的研究。在研究群体中发掘研究目标在定性研究中并不罕见。正因为如此，定性研究被认为是比定量方法更人道的研究方法。它基于对文化差异的认识，并考虑对个人行为的不同解释，展现出了很多积极的方面，比如观点的多样性和观点的丰富性或复杂性。

家庭暴力数据来源

关于美国家庭暴力的数据多是政府来源，包括受害情况调查、官方警察统计、州和联邦法院统计以及对州监狱和地方监狱服刑人员的调查。家庭暴力信息的另一个重要来源是从事研究的学者和机构专业人员，他们认为官方统计数据和现实的犯罪行为之间存在很大的差异。把两个来源进行综合分析，就可以拼凑出一幅家庭暴力的完整画面了。

美国家庭暴力的蔓延反映在刑事司法系统所有四个分支的报告中——社会、执法、法院和惩教。对社会带来极大危害的家庭犯罪通过受害情况调查记录在案。美国司法统计局（the Bureau of Justice Statistics，BJS）管理着全美最原始的受害数据来源，即全美犯罪受害情况调查。美国疾病控制和预防中心也通过全美亲密关系和性暴力调查（the National Intimate Partner and Sexual Violence Survey，NISVS）从受害者那里收集数据。美国联邦调查局（the Federal Bureau of Investigation，FBI）收集、公布和归档美国各州、联邦和部落执法机构提供的官方数据。警方处理的逮捕和犯罪记录同样载于联邦调查局的数据库中，包括了统一犯罪报告项目、国家事件报告系统（the National Incident-Based Report System，NIBRS）和补充凶杀报告项目（Supplementary Homicide Reports）。州法院的家庭暴力案件信息由司法统计局收集，并在州法院案件处理统计数据中体现。司法统计局同时也会对惩教系统的各级设施进行调查，来得到惩教系统的信息。比较典型的例子是对州和联邦惩教机构服刑人员的调查（Survey of Inmates in State and Federal Correctional Facilities）。这些家庭暴力信息的主要来源如图3-2所示。

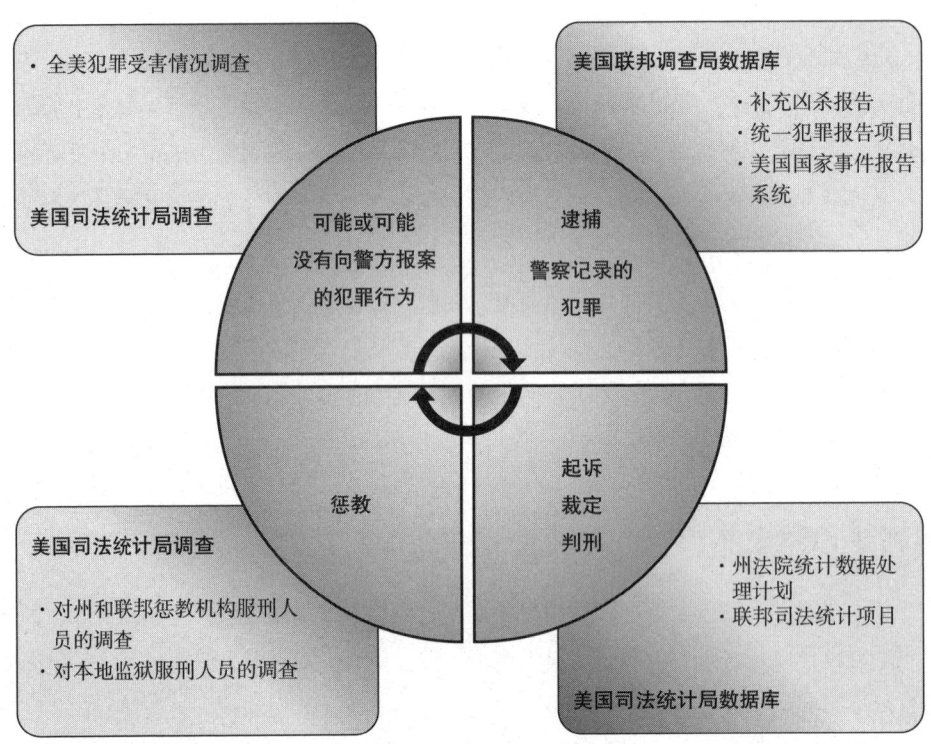

图 3-2　家庭暴力信息的主要来源

注：这些研究资料可在美国司法统计局网站上查阅。
资料来源：基于杜罗斯等人2005年的数据。

统计程序之间也存在着一些显著的差异。对犯罪的担忧可能仍然部分存在，因为我们并没有通过这些传统的方法对现代犯罪进行统计；慢慢地，我们做出了一些改变来解决这个问题，并对我们的数据收集行为进行了反思。这些项目的信息来源都是不同的，因为它们是为了不同的目的而进行的。如你所见，每一个数据来源都对家庭暴力行为给出了有趣的见解。

全美亲密关系和性暴力调查

美国疾病控制和预防中心于2010年发起了全美亲密关系和性暴力调查，以收集关于亲密关系暴力、性暴力和跟踪骚扰受害者的详细信息。收集的数据涉及调查开始前一年受害者所经历的暴力行为和被告到目前为止所实施的所有暴力行为。全美亲密关系和性暴力调查是独一无二的，因为这是第一次根据个人自我报告的性取向收集亲密关系暴力、性暴力和跟踪骚扰行为发生率数据的全国性调查。因此，全美亲密关系和性暴力调查是美国第一个同时针对妇女和男子家庭暴力受害情况的包容性全国调查，并且它同时还收集异性恋、女同性恋、男同性恋和双性恋男女的信息。

在美国国家司法研究所（the National Institute of Justice）和国防部（the Department of Defense）的支持下，2010年的首次调查收集了16 000多名18岁及以上成年人的信息，其中包括9000多名妇女和7000多名男子。2011年发布的第一份总结报告可在美国疾病控制和预防中心网站上找到。

基于全美亲密关系和性暴力调查的数据报告仍在不断地释出，对美国男女同性恋者和双性恋者家庭暴力的全国发生率知之甚少的空白，也正在通过全美亲密关系和性暴力调查的研究得到解决，尽管除了性别群体之间的差异之外，进行其他方面的比较还为时过早。全美亲密关系和性暴力调查显示，双性恋妇女曾经遭受强奸、身体暴力和/或亲密关系跟踪的比例最高，超过60%，而女同性恋妇女为43%，异性恋妇女为35%。研究还发现，在男性中，双性恋者的亲密关系暴力也呈现最高的占比，为37%，而异性恋者为29%，同性恋者为26%。异性恋男子和女同性恋者的报告中显示大部分实施伴侣暴力的罪犯为女性。但是总体而言，男性仍然是最常见的罪犯。

全美犯罪受害情况调查

全美犯罪受害情况调查是美国犯罪受害信息的主要来源，该调查由司法统计局下辖国家司法研究所进行。大约100 000名12岁或12岁以上的人接受了面对面或每六个月一次的电话调查，内容涉及犯罪受害者的特征、受害者与罪犯的关系和犯罪受害的结果。全美犯罪受害情况调查1号（NCVS-1）基本筛查问卷表中包含了48个问题，用于建立目标群体的基本描述性数据。全美犯罪受害情况调查2号（NCVS-2）犯罪事件报告包含本次调查涉及的176个问题，对包括但不限于犯罪受害情况、受害者和罪犯的特征和关系、伤害类型（如财产损失或人身伤害）、武器使用情况，以及警方介入情况进行了探讨。图3-3所展示的是全美犯罪受害情况调查表的格式。

1993年，全美犯罪受害情况调查被重新设计，以改进用于发现犯罪的问题，更新调查方法，并扩大所测量的犯罪范围。重新设计之后的全美犯罪受害情况调查现在会收集关于强奸、性侵犯、个人抢劫、有加重情节的攻击罪和企图伤害罪、家庭盗窃、盗窃和机动车辆盗窃等罪行的频率和性质的详细信息，但凶杀和商业犯罪并不在其测量的范围

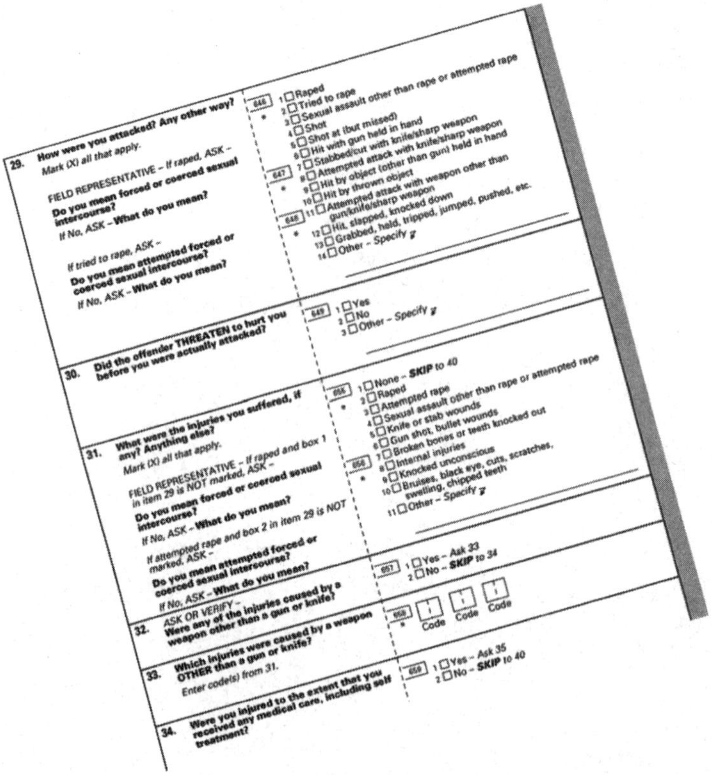

29. How were you attacked? Any other way?
Mark (X) all that apply.
FIELD REPRESENTATIVE – If raped, ASK –
Do you mean forced or coerced sexual intercourse?
If No, ASK – What do you mean?
If tried to rape, ASK –
Do you mean attempted forced or coerced sexual intercourse?
If No, ASK – What do you mean?

1 ☐ Raped
2 ☐ Tried to rape
3 ☐ Sexual assault other than rape or attempted rape
4 ☐ Shot
5 ☐ Shot at (but missed)
6 ☐ Hit with gun held in hand
7 ☐ Stabbed/cut with knife/sharp weapon
8 ☐ Attempted attack with knife/sharp weapon
9 ☐ Hit by object (other than gun) held in hand
10 ☐ Hit by thrown object
11 ☐ Attempted attack with weapon other than gun/knife/sharp weapon
12 ☐ Hit, slapped, knocked down
13 ☐ Grabbed, held, tripped, jumped, pushed, etc.
14 ☐ Other – Specify

30. Did the offender THREATEN to hurt you before you were actually attacked?

1 ☐ Yes
2 ☐ No
3 ☐ Other – Specify

31. What were the injuries you suffered, if any? Anything else?
Mark (X) all that apply.
FIELD REPRESENTATIVE – If raped and box 1 in item 29 is NOT marked, ASK –
Do you mean forced or coerced sexual intercourse?
If No, ASK – What do you mean?
If attempted rape and box 2 in item 29 is NOT marked, ASK –
Do you mean attempted forced or coerced sexual intercourse?
If No, ASK – What do you mean?

1 ☐ None – SKIP to 40
2 ☐ Raped
3 ☐ Attempted rape
4 ☐ Sexual assault other than rape or attempted rape
5 ☐ Knife or stab wounds
6 ☐ Gun shot, bullet wounds
7 ☐ Broken bones or teeth knocked out
8 ☐ Internal injuries
9 ☐ Knocked unconscious
10 ☐ Bruises, black eye, cuts, scratches, swelling, chipped teeth
11 ☐ Other – Specify

32. ASK OR VERIFY –
Were any of the injuries caused by a weapon other than a gun or knife?

1 ☐ Yes – Ask 33
2 ☐ No – SKIP to 34

33. Which injuries were caused by a weapon OTHER than a gun or knife?
Enter code(s) from 31.

Code Code Code

34. Were you injured to the extent that you received any medical care, including self treatment?

1 ☐ Yes – Ask 35
2 ☐ No – SKIP to 40

图 3–3 全美犯罪受害情况调查表

注：全美犯罪受害情况调查是对个人的调查，并不包括任何官方数据，如警方记录，尽管调查中个人确实会被问及是否向警方报案，单官方数据并不包含在内。

资料来源：根据 2006 年和 2008 年美国犯罪受害情况的数据得出。

内。全美犯罪受害情况调查提供关于受害者的年龄、性别、种族、民族、婚姻状况、收入和教育水平等信息。对于罪犯，它记录性别、种族、预估年龄和受害者 – 罪犯关系。受害者在刑事司法系统中的经历、受害者采取的自我保护措施以及罪犯可能存在的药物滥用情况等问题被纳入全美犯罪受害情况调查中。同时，犯罪的类型、武器的使用、伤害的性质和受害导致的经济后果也是全美犯罪受害情况调查所收集数据的一部分。

全美犯罪受害情况调查以家庭为来源进行信息的收集，这其中并不包括警察犯罪统计中可能出现的针对暂住人口或游客的受害报告。全美犯罪受害情况调查的一个主要优势是在收集犯罪信息的时候，并不以这些犯罪信息是否向执法部门报告为限制。但是这种优势其实是一个潜在的缺陷，因为调查依赖于那些可能不准确或不完全回忆起他们在调查中所报告事件的人的记忆。据全美犯罪受害情况调查称，家庭成员和密友犯下的罪行总量略有增加，从 2010 年的 110 万增加到 2011 年的 140 万。同一时期，涉及强奸、抢劫或有加重情节的攻击罪的严重家庭暴力发生率并没有显著变化。

受害情况调查和官方犯罪数据收集这两种主要方法显示了美国非常不同的犯罪情况。它们被认为是相辅相成的，可以用来为犯罪问题提供不同的答案。

统一犯罪报告项目

据联邦调查局所述，自 1921 年至 1933 年的"无法无天的年代"以来，美国的犯罪问题一直受到人们的普遍关注。正是在这些年里，国际警察局长协会（the International ssociation of Chiefs of Police，IACP）萌生了收集犯罪数据的想法。国际警察局长协会在执法研究和执法政策制定方面发挥了积极作用。

联邦调查局的任务是在统一犯罪报告系统内收集和公布犯罪统计数据。在这一系统下，警方已知的各种暴力和财产犯罪的数据通过 17 000 多个执法机构的参与被报告汇总在一起。联邦调查局的统一犯罪报告系统收集两部分犯罪信息，分别为第一部分犯罪（谋杀、强奸、抢劫、攻击、入室盗窃、盗窃、汽车盗窃和纵火）和第二部分犯罪（伪造、欺诈、贪污、故意破坏、非法持有武器、性犯罪、毒品和酒精滥用、赌博、流浪、违反宵禁和离家出走）的信息。统一犯罪报告项目是第一个国家级别的犯罪数据收集计划，并且联邦、部落和州执法机构自愿参与其中。

每个月，执法报告或犯罪事件记录要么直接发送给联邦调查局，要么发送给中央政府机构，然后由中央政府机构向联邦调查局报告。除了犯罪数量和趋势之外，统一犯罪报告项目还包括涉及已处理的犯罪、被捕人员（年龄、性别和种族）、执法人员被杀害或袭击以及凶杀特征的数据，这些信息由警方提供。可能是由于犯罪流行程度评估工作所做的努力，犯罪率已显现出明显的下降趋势。

批评家援引并论证了统一犯罪报告体系的诸多局限性。首先，它仅代表那些已向警方报告的犯罪行为，因此它并不能反映所犯罪行的实际数量。其次，是向联邦调查局报告犯罪的方式。例如，当在一个事件中包含几项犯下的罪行时，只有其中最严重的那个罪行才会被囊括到统一犯罪报告项目中，其余的并没有被报告上去。此外，在过去，统一犯罪报告项目中没有被编入索引的罪行也不能包括在内。例如，强奸被定义为非丈夫的男子强迫与妇女性交，所以配偶强奸的行为就是识别不到的。同理，一名男子被家庭伴侣强奸的罪行报告也不会包含在范围内。对这一来源的另一个批评认为，其收集到的关于受害者-罪犯关系的信息数量有限。为了突破这些限制，统一犯罪报告项目目前正在转变为一个更加全面和详细的计划，即基于事件的国家报告系统。

国家事件报告系统

统一犯罪报告项目目前正在逐步被淘汰，并最终将被国家事件报告系统所取代。国家事件报告系统将通过 22 大类犯罪事件的详细信息使得对犯罪的官方报告得以加强，这些犯罪包括 46 种被称为"A 类犯罪"的具体犯罪行为，对于引起执法部门注意的每一项犯罪，都会报告相关的特定类型事实。除了 A 类犯罪外，系统还包含了 11 个只报告逮捕数据的 B 类犯罪类型。图 3-4 显示了美国国家事件报告系统所涉及的 A 类犯罪行为。国家事件报告系统是一个基于事件的报告系统，各相关机构会在其中收集每一起犯罪事件的数据。

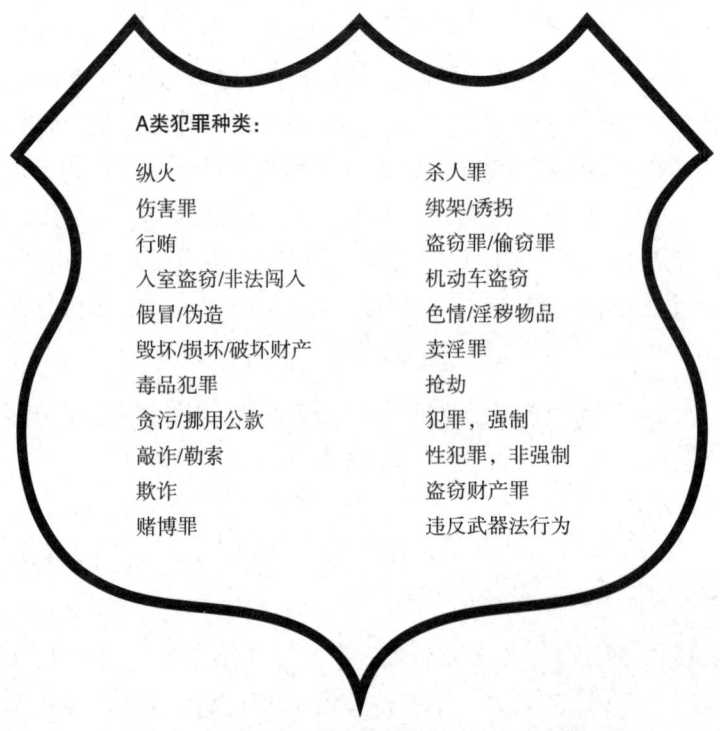

图 3-4　美国国家事件报告系统所涉及的 A 类犯罪行为

注：美国事件报告系统最终将取代统一犯罪报告项目。在美国国家犯罪记录系统中，每一次犯罪和逮捕都被记录在 22 个犯罪类型中，称为 A 类犯罪。

一个机构可以建立一个适合其自身需要的系统，包括收集 / 存储任何管理和操作所需的信息，以及向统一犯罪报告项目报告国家事件报告系统所需的数据。国家事件报告系统不仅在报告中提供了很大的特殊性，还增加了一个新的评分类型，称为"危害社会罪"。新的类型包括毒品/麻醉品犯罪、赌博犯罪、色情/淫秽物品犯罪和卖淫犯罪。这些罪行代表了社会对从事某些活动的禁止。需要我们注意的是，早在20世纪20年代，统一犯罪报告项目就已经发展起来了。今天有些犯罪行为在当时甚至并不存在，例如，使用电脑进行犯罪，这只是新增犯罪行为更新的例子之一。

即使通过国家事件报告系统实施了对犯罪统计的改革，犯罪统计依旧存在一个主要的局限。因为统计数据所基于的是那些人们愿意向警方报告的犯罪行为，所以犯罪统计并没有办法准确对某些类型的犯罪行为进行描述。例如，全美暴力侵害妇女行为（the National Violence Against Women，NVAW）的调查结果就显示，不同种族和民族背景、年龄和婚姻状况的妇女之间亲密关系暴力的发生率有所不同。

如今，一些年度统计出版物，如包罗万象的《美国犯罪》（Crime in the United States），是根据美国各地执法机构提供的数据制作的。统一犯罪报告项目、国家事件报告系统和补充凶杀报告项目是警方记录的警方已实施逮捕和犯罪情况最重要的来源。国家事件报告系统的实施是一个持续的自愿参与的过程。各州正在慢慢获得收集和分析国家事件报告系统数据的专业知识和软件。截至2012年，联邦调查局认证了32个国家事件报告系统参与的州项目。来自这些执法机构的信息覆盖了美国29%的人口和43%的执法机构，占了收集的犯罪统计数据总数的27%。

州法院统计数据处理计划

州法院统计数据处理计划（State Court Processing Statistics）提供了全美各地代表性样本中关于重罪人员刑事司法处理结果的数据。该计划对被告进行跟踪，从被告被检察官指控到案件得到处理，或者对于非凶杀案件进行最多12个月、凶杀案件最多24个月的跟踪。获得的数据涉及人口特征、逮捕罪行、逮捕时的刑事司法状况、先前的逮捕和定罪、保释和审前释放、出庭记录、审前释放期间的重新逮捕、判决的类型和结果以及刑期的类型和长度等。

根据苏格兰皇家检察署的报告，被控家庭暴力的被告被起诉、定罪和监禁的比率等于或高于被控非家庭暴力的重罪被告。报告指出，家庭性侵害被告的总体定罪率（为98%）高于非家庭被告（为87%）。这项调查中的家庭暴力包括家庭成员、亲密伴侣和家庭同居者之间的暴力。

联邦司法统计项目

提交联邦法院的关于违反家庭暴力相关联邦法规的信息来自联邦司法统计项目（the Federal Justice Statistics Program，FJSP）。该方案由美国司法统计局维护，由美国律师执行办公室（the Executive Office for United States Attorneys，EOUSA）、审前服务机构（the Pretrial Services Agency，PSA）、美国法院行政办公室（the Administrative Office of the United States Courts，AO）、美国量刑委员会（the United States Sentencing Commission，USSC）和联邦监狱局（the Federal Bureau of Prisons，BOP）提供的数据构建而成。联邦政府对发生在印第安保留地、军事基地和其他联邦实体的家庭成员之间的暴力犯罪拥有管辖权。联邦司法统计项目的数据库并不能提供受害者与罪犯之间关系的数据；但同时，该数据库可以提供的是"州际家庭暴力"类型和与枪支相关的家庭暴力的统计数据。这些信息是从联邦司法系统的各个方面收集获得的，包括被调查、起诉、定罪、监禁、判处缓刑、审前释放以及假释或其他监督的人数，以及初步起诉决定、移交治安法官、法院处置、判决结果、刑期和服刑时间等。

服刑人员调查

州和联邦惩教机构服刑人员调查是由美国司法统计局设计的两项不同的调查组成，旨在收集州和联邦惩教服刑人员的人口、社会经济和犯罪历史特征数据。其他变量包括年龄、种族、教育程度、枪支持有和使用、吸毒和酗酒周期与治疗情况、之前的监禁记录、兵役和逮捕前年收入。对服刑人员调查数据的审查产生了质疑的声音，其认为家庭暴力罪犯是一个独特的个体类型，其犯罪只涉及对妇女的暴力行为。例如，一项利用州和联邦惩教服刑人员调查数据的研究得出结论认为，家庭暴力罪犯很少专业化，因亲密关系凶杀或暴力袭击而入狱的服刑人员参与了与其他类型罪犯类似的犯罪行为，他们滥用毒品和酒精的情况也与其他暴力罪犯相似。此外，因袭击妇女而被监禁或拘留的男子尤其有可能在童年时期遭受性虐待，并在袭击事件发生时处于醉酒状态。

来源与引用

调查方法是收集美国犯罪信息最常用的方法。最大规模的旨在衡量对亲密伴侣和家庭成员所实施暴力行为的调查——全美犯罪受害情况调查和全美家庭暴力调查已将全美亲密关系和性暴力调查纳入其中。

根据全美犯罪受害情况调查的估计，亲密关系暴力主要涉及女性受害者。亲密关系暴力的定义包括强奸、性侵犯、抢劫、严重暴力和简单暴力。预估显示对12岁或12岁以上妇女的非致命暴力受害率为不到6‰，而对12岁以上男子的非致命暴力受害率为41‰。对妇女针对男子所实施暴力程度的估计无疑低于男子针对妇女所实施的暴力。然而，这些受害男子代表了大量的暴力行为，这些暴力行为不是小事，也不容忽视。全美犯罪受害情况调查和全美家庭暴力调查对家庭暴力提出了一些不同的看法。

与全美犯罪受害情况调查的估计相反，全美家庭暴力调查的结果表明，在家庭暴力方面，妇女比男子更暴力。在企图伤害罪中（掌掴、打屁股、扔东西、推、抓或推搡），男性和女性的发生率大致相等。在有加重情节的攻击罪中（踢、咬、用拳头打人、用某物打人或试图打人、殴打对方、用刀子或枪威胁或直接使用刀子或枪进行暴力），受害的男性多于女性。

一种声音认为，这种性别统计差异主要源于两种不同的方法在获取轻微暴力信息时所面临的难易程度不同。所以，用何种方式进行调查和提出问题对于准确描述家庭暴力来说就显得极其重要。在几项关于家庭暴力的研究中，关于妇女所实施的攻击行为的数据被故意排除在分析之外，关于女性罪犯的问题通常也并不会被问起。在一项排除被认为有偏见的受害者样本的研究中，如家庭暴力庇护所的受害者样本，作者发现无论女性还是男性都展现出了很高的受暴力比例。作者以此得出结论认为，针对全性别受害者的治疗和干预战略的制定是很有必要的。全美亲密关系和性暴力调查有望在未来更充分地为我们提供关于不同性取向群体关系之间的亲密关系暴力的信息。

信息来源评估

任何人都可以在网络上发布信息，这意味着互联网上存在着很多的垃圾。有鉴别能力的网络使用者都明白一个道理，就是通过互联网获得的信息，其可信程度必须被仔细检查，不要相信你在网络世界看到的一切！你如何找到你要找的东西？你怎么知道这些信息是可靠的？你所需要的是，在没有其他更确定原因的前提下，对你在互联网上根据搜索返回信息所取得的资源进行检查。你如何选择最好的数据来使用？首先确定你的目的：你为什么需要这些信息？如果要扩展你的知识并从不同的角度获得洞察力，互联网就是你的花园！你可以收获你看到的一切，并且不用去担心什么。温馨提示一句：不要依赖页面的图形和设置来判定其可靠性，因为网页专家可能对家庭暴力一无所知。同时，警惕陈旧的信息，因为这个领域在不断地变化，陈旧信息很可能已经不能反映当前的情况了。

如果你正在寻找一些正规的资源并自己创作一篇论文，那么对你找到的资源进行评估就是一件必须要做的事情了。虽然有些人认为，作者的声誉是最重要的，但是如果你对研究领域和相关专家都不熟悉，那这个标准对你来说可能就不适用了。在这样的情况下，更重要的是对文章或信息产出者信誉的考虑。这些信息的来源是什么？你能确定这些信息是来自一个你可以分辨的视角吗？网站的作者引用了这些信息吗？这些信息是通过警察局还是其他政府机构发布的？你知道区别吗？如果在资源评估上需要帮助，请参考图 3–5 所示的六步模型。你的整个流程应该是谁？做了什么？在哪里？什么时候？为什么？如何做？

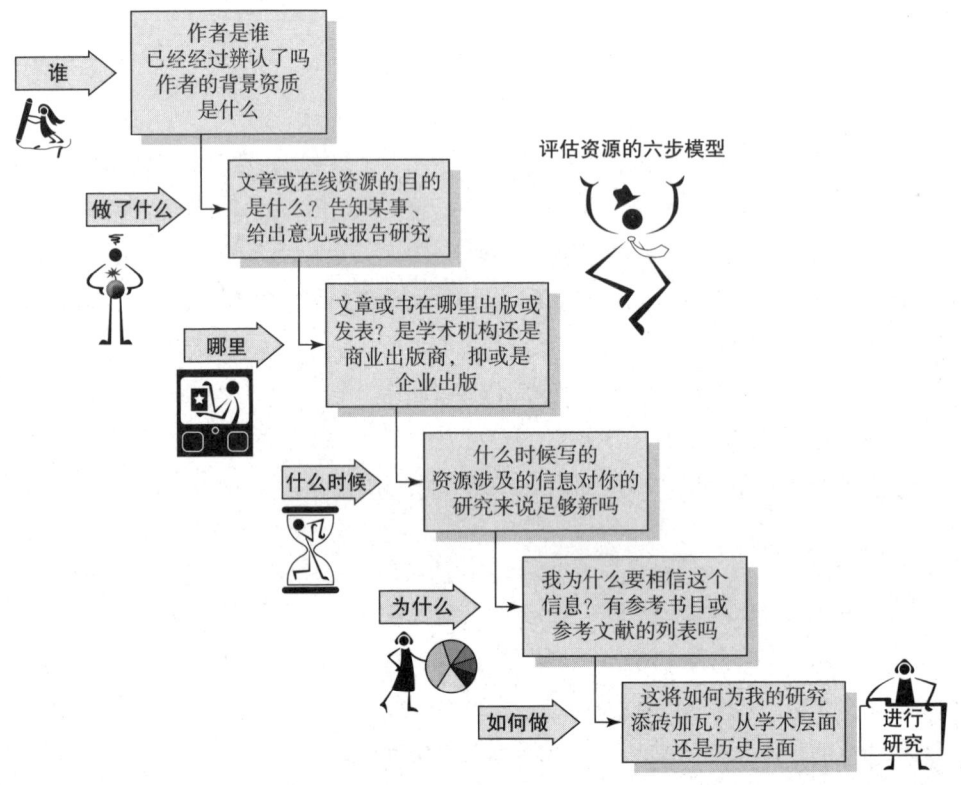

图 3–5　资源评估的六步模型

注：用这个六步模型仔细检查你的在线资源。如果你不能回答这些问题，你可能想找到更适合你的项目的替代信息。

美国心理协会指导原则

美国心理协会（the American Psychological Association, APA）提供了一种参考格式样式。《美国心理协会出版手册（第 6 版）》（*Publication Manual of the American Psychological*

Association, Sixth Edition）对当前的样式进行了描述，这本手册实际上是一本包含了数百条关于如何格式化参考资料、统计数据、表格、标点符号和语法的指导原则的参考书，其中还包含了如何以规范格式去调整手稿的写作技巧和说明。现在，你可以在网上或线下书店买到这本手册。当对应该使用哪种格式样式有疑问时，除非另有说明，应遵循美国心理协会所提供的样式，因为它最常被用于引用社会科学领域中的资料。

家庭暴力理论

理论驱动研究，并且为研究事件因果关系提供了框架。社会科学方法承认社会互动不是随机的行为。家庭暴力不仅仅发生了，而且是有原因地发生了，这个原因才是问题。

当推论来自个人并应用于整个社会时，研究是在微观层面上进行的。从这个角度来看，发生在个人之间的行为适用于整个社会，并且形成了一种理论。通常这些行为涉及心理学或个人主义理论，这些理论是在社会的微观层面经过了检验的。虽然大多数的理论肯定不是全部的家庭虐待理论，但都来自这个观点。它允许对人群进行概括，同时理解个体结果可能存在不同。家庭暴力案件中发生的情况被认为是可以预测的，但是根据干预的情况，结果却因人而异。

如图 3-6 所示的漏斗图中所显示的，犯罪学理论通常分为三大学派，理论家们用不同的方式将它们结合在一起解释犯罪的复杂成因。它们是古典学派、实证学派和冲突学派。每个学派都有一套指导其理论的通用哲学。例如，古典学派相信"自由意志"和选择犯罪或不犯罪的能力，这个学派的所有理论都将坚持这一总原则。把本章中描述的每一个理论学派想象成你自己的学派。尽管你可以对你的学院或大学做一个概括性的陈述，但你知道在你自己的组织中，总有一些人使它独一无二。你的概括不适合描述每个人，但可以相当准确地描述你的组织。

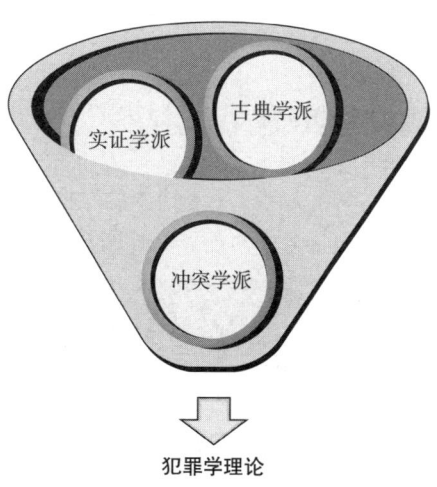

图 3-6 犯罪学理论三大学派

注：犯罪学思想的三个主要流派包含不同的观点，它们一起提供了犯罪学理论的基础。

> **旧事重提** ●●●
>
> "为什么刑事司法专业的学生对这些理论进行学习？犯罪学理论仅能成为那些罪犯被抓后用来'逃脱'制裁的借口，与刑事司法本身毫无关系！"诸如此类的话都是多年来我教过的刑事司法专业的学生经常说的。许多人为了不学理论课，甚至去选择其他三门课程。
>
> 但是，为什么刑事司法专业的学生应该学习理论这一问题依旧没有得到回答。如果非要说一个的话，学习理论的原因可能是它可以使我们识别那些潜伏在人群中的恶魔！在与 100 多名我逮捕的施暴者（其中包括神职人员、专业人士、男性、女性和孩子）谈话之后，我发现，这些施暴者覆盖所有年龄段，教育程度也参差不齐，但是大多数人看起来与普通人并没有什么不同，也不是那种一看就很坏的人，如果我不了解他们的行为，那甚至都有可能把其中一些人认成好人。在家庭暴力中，施暴者基本上都是我们周遭的人，其中一些确实可以称之为"好人"，但是他们所实施的犯罪行为在家庭暴力的层面，又很明确地让他们成了犯罪者。在这种情况下，"为什么"就成了关键词。对理论的学习，让我们可以更好地去理解这种犯罪行为，而不是在这种犯罪行为发生时为其找各种借口。

古典学派

古典学派基于个人选择参与犯罪的观点产生。塞萨尔·贝卡利亚（Cesare Beccaria，1738—1794 年）被称为古典犯罪学之父。他建议人们拥有自由的意志，并由此发展出推理的能力。他建议，为了控制行为，有必要通过成文法律对什么是犯罪行为以及与该行为相关的刑罚进行明确的规定。根据贝卡利亚的说法，因为人都是快乐主义者（追求快乐），所以羞辱、痛苦或耻辱的威胁会对人的意志产生影响。

为了有效，刑罚必须与罪行相适应，并迅速实施。不能为了使罪犯顺从而过度或武断。杰里米·边沁（Jeremy Bentham，1748—1832 年）通过"道德衡量"理论对贝卡利亚的思想进行了普及。他决定了威慑罪犯所需的刑罚程度。他认为，威慑是政府实施刑罚的唯一可接受的理由，并提出只有使用最低限度的武力才能对犯罪行为发生率的降低起到鼓励作用。

因为控制和刑罚是这一理论的核心，它有时会被称为法律方法。你将在接下来的章节中注意到，最近将家庭暴力行为定罪的趋势往往是以需要对家庭罪犯进行控制为理由的。对家庭违法者实施逮捕被认为是一种刑罚的形式，是对未来暴力行为的威慑。对家庭暴力实施处罚将传统上被视为私人行为的家庭暴力带到了公众面前进行讨论。这与社会看待犯罪的方式大相径庭。在一代人的时间里，我们试图改变私人暴力是公共错误这一观念。直到家庭暴力被确定为一种社会问题，这个目标才有可能实现，而且这一想法仍然极具争议性。

自贝卡利亚和边沁时代以来，政府对个人行为的干预一直以压倒一切的社会需求为理由。最近对家庭暴力所带来后果的研究表明，这是一种对大多数公民有害的行为模式。没有监管，家庭暴力受害者就没有政府的保护。

大约100年来，古典学派一直是犯罪控制领域的主流观点。它确立了延续至今的刑事诉讼程序，并在理论不再深陷争论后依旧维持着执法层面的实践。新古典理论是对古典思想中所包含原则的一种更现代的应用，它包括经济观点和威慑背景下行为科学的最新观点。

可以说，当代古典思想是对贝卡利亚和边沁提出的古典理论的重述。它们重申了刑罚的概念，并被归类为打击家庭暴力和其他犯罪的一种单独方法，社会影响被认为会对个人在现代化的控制和刑罚意识下行使自由意志时的能力产生一定的影响。

理性选择理论

自由或理性选择理论指出，犯罪行为不仅仅是对社会压力或家庭教养的反应，它也是一种选择。根据这一观点，罪犯会对行为的相对成本和收益进行衡量，然后选择实施家庭犯罪。罪犯的选择并不一定是理性的，而是基于之前他们实施人身暴力的机会以及从他们的行为中获益的可能性所形成的既定信念做出的。这一理论的重点是确定干预措施的有效性，以便决定如何最好地减少犯罪行为带来的利益和增加犯罪行为做出所需的成本。

威慑理论

与先前的说法相同，今天的威慑理论同样是基于这样一个理念，即为了威慑犯罪，刑罚必须迅速及肯定。刑罚的威慑效果可以是具体的，也可以是一般性质的。理论家认为，我们并不理解威慑的效果有多显著，以及它为什么起作用或失败，所以他们希望把威慑的概念进行更新，以期更好地理解社区支持和官方制裁的作用。

当人们以某一项特定犯罪的预防工作为目标时，威慑被认为同样是特定的。在一些家庭暴力案件中，累犯率有所下降；对于那些有更多"遵从危机感"（stake in conformity）的人来说，降幅似乎最大。威慑被认为普遍存在于非罪犯受到罪犯刑罚的影响并选择不去承担这个可能的刑罚风险的情况下。如果在一场争吵中，一个人一边走一边嘟囔着"你不值得"，然后在他生气的同时抑制住自己的情绪，这就是一个一般威慑效果的例子。专家衡量立法威慑效果的一种方法是检查家庭犯罪的程度，以确定犯罪率是下降了还是上升了。直到最近，研究才试图确定刑事和民事法律制裁对家庭暴力复发的影响，而我们仍然不知道法律制裁是否能有效控制它。

针对古典学派的批判

古典学派是法律和刑罚的明确表述。所有人都被认为是平等的，都有同样的机会避免犯罪。假设所有人都是平等的这个概念，是守法主义方法的批评目标，反对者就会声称该法律的适用本就不平等，因为法律对少数民族和弱势群体存在偏见。

古典学派经常被认为过于简单，因为它并没有试图去解释人们为什么犯罪，而是试图对那些这样做的人加以控制。过去几十年来，针对家庭暴力的政策一直以努力控制行为为基础，并且我们尚未确定这是否对累犯产生了预期的影响。古典主义是被动的，而不是主动的或预防性的，它可能不足以保护虐待行为的受害者。刑事司法系统有保护和惩罚的双重责任。如果威慑是刑罚的目标，那我们就必须明确法律的制裁是否能威慑暴力。

古典学派也可能因为严格遵守其本身理论，并没有减轻情节或辩护的余地而受到批评。你犯了罪就意味着，你已经准备好或者是愿意接受惩罚了。甚至贝卡利亚也不得不承认，由于年龄或精神情况的限制，一些人（如儿童和精神病患者）无法行使自由意志。故古典理论最终被实证学派所取代。

实证学派

实证理论存在于一个广泛的思想流派中，在这个流派中，通过科学进步来确定犯罪的原因变得非常重要。这意味着一旦原因被分离出来，就可以找到改变行为的方法。从这个意义上来看，"方法"是一个广义的术语，它可能是一种物理疗法、环境的改变或对贫困的消除，"方法"在这里存在着有很多的可能性。

实证学派认识到，犯罪的原因可以从生物学、心理学和社会学的角度来解读。这些理论并不相互排斥，而且经常重叠。对理论家们来说，把想法结合起来为解决新问题指明方向，或者仅仅是把旧问题重新审视一遍，都不是什么罕见的行为。古典思想是法律主义的，而实证学派是科学的。在这个不断变化的思想体系中，继续研究和应用科学原理至关重要。

实证学派 – 生物学理论

生物学理论是最有争议的，并且对家庭暴力的应用也有限。在这种模式下，暴力或犯罪行为超出了个人的控制范围，由人的生物特征导致。邪恶的胜利曾经被认为是善良和邪恶的灵魂不断冲突的结果，并且以身体的独特性为其特征。根据希腊和罗马神话，邪恶被认为存在于红头发的人身上；而丑陋也是对一个坏人，一个容易犯罪的人的一种控诉。

查尔斯·达尔文（Charles Darwin）在其1859年出版的《物种起源》（*On the Origin of Species*）一书中提出了进化论，影响了那些寻求对异常行为进行解释的理论家。意大利精神病学家切萨雷·龙勃罗梭（Cesare Lombroso，1835—1909年）是第一个完全根据罪犯的身体特征发展出理论的人。他对"天生犯罪人"的看法表明，罪犯比非罪犯进化得要少。他总结说，通过他们的返祖或类似猿猴的倾向来识别他们是可能的。尽管返祖现象的解释从那以后被反复驳斥，但它建立了实证学派科学探究过程的特征。

早期批评家引入了影响生物趋势的社会和文化影响作为控制机制。龙勃罗梭后来提出的理论除了身体因素外，还包括多种原因，其中有许多原因都把环境变量纳入了考量。起初有争议的是，由于生物学测定的科学性，美国社会对其反映良好。

优生学

优生学运动是其中一个对这种犯罪的理论解释进行反映的例子，也可以被称为"良好教养的科学"。"优生学"这个术语是达尔文的表弟弗朗西斯·高尔顿（Francis Galton）在1883年首次提出的。大多数人都意识到优生学在希特勒试图"清洗"种族中的作用，但是却很少有人意识到它其实在1904年就开始发力。当时一群美国科学家发起了一场消除社会不良分子的运动，强制绝育、人类繁殖计划、婚姻禁令和被动安乐死是他们解决日益增长的犯罪和犯罪行为问题的答案，有心理健康问题的人、移民或智商低的人被认为属于生理上低人一等的人群。

优生学运动主张对那些被认为在社会和生理上低人一等的男女实施强制绝育。1907年，印第安纳成为第一个通过绝育法的州，到1915年，美国12个州通过了类似的措施。

这种方法成为一种公认的控制穷人的方法，而在当时，人们认为穷人是在生物缺陷的压制下形成的。优生学在1927年最高法院巴克诉贝尔一案中达到顶峰，考虑到强制绝育法的合宪性，奥利弗·霍姆斯（Oliver Holmes）大法官在给法院的意见中写道："如果社会能够阻止那些明显不适合的个体继续存在于其族群中，而不是等待以后去处决那些堕落的从事犯罪的后代或让他们因愚蠢而挨饿，那对全世界来说都会显得更好。"尽管很少进行相关讨论，刑事司法领域依旧在使用化学和物理阉割以及绝育作为控制异常行为的手段。由于科学证据表明暴力和生物因素之间存在联系，所以它作为传统惩罚形式的替代物重新受到关注并变得很受欢迎。

在20世纪80年代之前，外科手术阉割一直作为减少性侵犯者累犯的一种方法被实行。20世纪80年代以后，法院以"残酷和不寻常"的理由和"平等保护"的理由驳回了这项措施。为了应对令人震惊的儿童性骚扰率，在过去几年里，美国六个州颁布了允许在某些情况下进行化学阉割的法律。加利福尼亚州在1996年率先通过立法，允许对假释的性侵犯者进行化学阉割。蒙大拿州、佛罗里达州和佐治亚州在1997年通过了类似的措施，得克萨斯州在1998年通过了一项类似的法律，路易斯安那州于2008年批准化学阉割。

生化失衡理论

许多生化理论，包括腺体和激素失衡、血糖水平、肾上腺素敏感性、物质滥用、维生素和饮食不足，都被认为是犯罪行为发生的可能原因。在21世纪内，女性体内的躁动的荷尔蒙和男性体内过量的睾酮就经历了被接受又被拒绝作为犯罪行为原因的转变，最普遍的理论是睾酮和男性攻击性之间的联系。伯克指出，在20世纪80年代进行的研究发现，暴力男性体内睾酮水平明显较高。然而，他也指出，男性睾酮水平和犯罪行为之间还没有确定的联系。

针对生物学理论的批判

早期生物学对行为解释所存在的危险倾向于认为，异常是不可取的和不可改变的。认为犯罪是由一个人的生物原因造成的，并通过身体特征表现出来，这其中包括了种族差异，并导致我们采取激烈的应对措施。我们应该了解这种危险，以抵制寻求社会问题的简单措施或快速解决的冲动。目前，关于生物学理论应用的争议主要集中在用来控制罪犯性冲动的医疗程序方面，关于绝育和阉割作为控制犯罪行为的方法是否合宪的争论可能会持续到下一个十年。

实证学派 – 社会学理论

比利时理论家阿道夫·奎托莱（Adolph Quetlet，1796—1874年）常被称为第一位社会犯罪学家。在第一批认为犯罪和贫困之间存在关系的人中，奎托莱抱持着贫富之间的巨大不平等导致了违法行为的观点。从那时起，已经有数百项关于犯罪和失业影响的研究被实施。社会学解释在20世纪获得了信任，并且提供了关于犯罪行为原因的大部分理论。社会学理论关注的是社会变革与受经济和文化影响的人类行为之间的相互作用。社会学观点极大地促进了人们对家庭虐待的理解。

社会结构与文化理论

暴力文化理论

暴力文化理论着眼于我们社会对暴力的广泛接受，并以接受暴力是家庭暴力的基础为结论。在这种观点下，理论家指出了暴力作为娱乐和在个人与国家层面解决争端的手段的反常性。对暴力的默许得到承认，并使使用暴力解决家庭纠纷变得合法化。这一理论声称，暴力发生在社会的各个层面，是一种公认的解决困难的手段，并且认为如果需要改变这一情况，就需要对社会的文化变量进行重组。换句话说，为了制止虐待妻子，有必要改变男子依赖暴力作为解决冲突的手段这一情况。

社会解组理论

根据这一理论，社区生活的解组导致社会控制的缺乏。考虑到部分高流动性的结果，原本可以缓解家庭冲突的正式和非正式控制的崩溃助长了犯罪行为的发生。过渡社区的贫困，被认为是导致无法无天情况的原因之一。那些把重心放在生存上的人缺乏对社区事务的关注，也无法从家庭、学校和社会服务机构等共同的控制来源中获益。

紧张理论

另一种社会结构理论是紧张理论，这是欲望和实现欲望的能力之间的斗争。当社会和经济目标因贫困而超出人们的能力范围时，就会出现压力。美国是一个竞争激烈、以财产为导向的国家。大多数人想要物质财富，其中一些当然是必需的，比如汽车或房子。除了这些基础的之外，还有电视机、收音机和电脑。对许多人来说，去大学学习的机会也已然在他们的经济能力之外了。紧张理论表明，当一个人无法获得财务上的成功或安全时，就会产生一种徒劳的感觉，在某些情况下，这将导致犯罪。

性别角色理论

这种对家庭暴力的简单解释把其原因归咎于当孩子转变成性别角色时的传统社会化。

从这个角度来看，儿童在生命早期根据其性别被定位为受害者或犯罪者。女孩被教导要被动，向"更强"的男性屈服。性别角色理论的支持者认为，社会决定了妇女在婚姻、子女责任和家庭责任中的角色，所有这些都使她们容易受到虐待。从传统意义上来说，自立和进取是与女性不相称的男性特征。

根据性别角色理论，女孩应该在身体和性方面取悦男人作为一种期望，是使她们容易受到性虐待的原因之一。在关系中，女孩被教导要顺从，而男孩被期望成为有侵略性的性行为者。关系外则相反，男孩们被教导必须在任何时候都表现得可控，他们必须展现实力，发展领导素质。因此，男人被社会化，认为他们的地位应该不惜一切代价得到保护，包括使用暴力。

这一理论所秉持的原则被认为是导致年轻女性在约会关系中遭受性暴力的原因。在情感上不成熟的年轻女性在她们的角色中被社会化，容易因年轻男性的侵犯和支配而遭受性伤害；相反，年轻男性可能会通过同样的模式对同龄压力（同龄群体对个人的影响）做出反应，表现出性方面的侵略性。这种模式社会化的一个主要来源是媒体，电视被指责在对男性侵略性和女性被动性的有限并且肤浅的描述中描绘了男性和女性的角色。

针对社会学理论的批判

对社会学理论的大多数批判是，它们无法解释为什么与犯罪接触的人自己不会变得异常。大多数人并不会犯下家庭暴力罪，尽管他们与家庭暴力犯罪者一样，通过类似的媒体进行社会化。不是所有的男人都是暴力的，也不是所有女性都会受害。社会学理论也没有解释为什么一些性暴力或身体暴力的受害者不会对其他人实施暴力。

实证学派 – 心理学理论

在主要的思想流派中，心理学理论是属于一个不同的范畴，它对人的看法也是不同的。在心理学理论的框架下，许多理论对个体病理学、文化、社会化和学习的影响和冲击进行研究。

社会学习理论

根据社会学习理论，人们生来本就没有暴力倾向，是通过环境和生活经历来习得的。越轨行为的学习方式与规范行为相同，都是通过与他人交流来实现，并且其中包括了犯罪的目的、动机、态度和合理化等。当侵略行为带来预期的结果时，暴力就成了一种可以接受的手段。根据这种观点，学习的主要来源存在于家庭和同龄人的亲密个人群体中。

某人环境中所存在的暴力的频率和持续时间都会对学习经历产生影响。因为人们以不同的方式处理生活事件，所以可以说你所感知到的就是你的现实，在这种情况下，一个人从自己的角度看待情况的方式就会对其反应产生影响。这种影响在这个人将来对类似事件的处理和感知时将变为现实。这一观点为许多形式的家庭暴力提供了一个通俗的解释，并为许多变化奠定了基础。从社会学习角度来看，家庭暴力的连续性来自行为榜样理论和代际传播理论。平等轮状图①向我们展示了健康关系的组成部分，经常在施暴者治疗项目中作为一种学习工具，在其转变成非暴力者的过程中提供帮助。

行为榜样理论

阿尔伯特·班杜拉（Albert Bandura）开创了行为榜样理论领域。他对家庭生活的研究表明，使用侵略性策略的孩子的父母在与他人相处时也会实施类似的行为。在这种观点下，儿童受家庭成员的影响最大。乔治·博瑞（George Boeree）说过班杜拉最著名的是他的榜样疗法，并指出班杜拉最初的研究涉及爬行动物恐惧症，即对蛇有神经质恐惧的人。在他最初的治疗中，会使用真的蛇，参与者会经历一个缓慢而痛苦的接近蛇的过程。最后，他会拿起那条蛇，把它挂在脖子上。然后，病人会被邀请把蛇以同样的方式放在他们自己身上。许多客户能够通过这样的一套程序去获得成长，并能把蛇放在自己的脖子上安坐。

根据社会学习理论，环境经验是影响的另一个来源。居住在易发生犯罪和暴力地区的儿童更有可能采取暴力行为。暴力电视节目和电影为儿童提供了第三个榜样来源，在节目和电影中，暴力通常被描绘成可接受的行为。这对演员是没有任何影响的，但是孩子们却开始把暴力行为视为正常行为。

代际传播理论

代际传播理论是家庭暴力常用的解释。虐待行为作为处理冲突的适当方式代代相传：暴力招致暴力。这并不意味着殴打倾向是遗传的；相反，这种行为是存在着经验的。小时候目睹家庭暴力的人在以后的生活中更有可能在他们自己的关系中求助于殴打。简言之，如果一个孩子被虐待，他会意识到虐待是一种可以接受的、可能不正常的、实现他的目标的方式。孩子变成了施暴的成年人——对象是配偶，以及通常是自己的孩子。一代又一代人都在经历一个虐待的循环。

---

① 平等轮状图是一种普遍用于亲密关系暴力施暴者治疗的工具，由尊重、信任与支持、责任分担、责任共担、诚实与义务、经济合作、沟通与合作、非威胁性行为八个方面组成。——译者注

社会控制理论

社会控制理论的理论家认为，除非人们顺应社会需求，否则犯罪和违法行为很可能发生。社会约束是控制反社会行为的机制，当约束被削弱或缺失时，不良的行为（有犯罪倾向的行为）就会出现。将人们与社会可接受的行为联系在一起的三个主要纽带是依恋、对共同价值观的信仰和参与守法活动。

依恋理论

根据依恋理论，婴儿与他的主要照顾者之间关系的发展会对以后生活中的关系造成影响。依恋被视为与照顾者的生物学纽带，对形成人格基础的心理结构至关重要。依恋行为作为大多数儿童发展理论中的一个基本要素，可以分为安全型依恋、抵抗型依恋、回避型依恋和紊乱型依恋四类。对儿童的虐待可能会对依恋造成损害，导致紊乱型依恋诊断和攻击行为增加。依恋牢固的孩子很容易得到安慰，可以自由地从看护者转移到陌生人。焦虑的孩子则会对给予他们的安慰进行抗拒，或者可能抗拒与看护者的分离，同时表现出对看护者的不信任。回避型儿童会丧失判断能力，表现出不稳定和混乱的行为，因为他们无法确定哪些行为会得到看护者的良好关注。最后一类，紊乱型的孩子通常是那些被有遗弃行为的父母抚养长大的孩子，他们在以后的生活中会表现出不牢固和矛盾的依恋状态。细心的养育对于培养孩子的安全依恋是必要的。

个体病理学与男性虐待者

一些理论家承认，少数家庭暴力实施者表现出与人格障碍患者相似的行为。从文献综述来看，汉森（Hanson）将个体虐待者描述为临床评估层面存在问题的个体，表现为冲动控制能力差、攻击性、对亲密的恐惧、情感依赖、对遗弃的恐惧和自我功能受损。罪犯（服刑人员）的心理健康诊断包括强迫症（强迫性神经官能症）、类偏执（妄想）狂、边缘人格、被动攻击性、自恋和反社会。儿童虐待和遗弃与其他社会问题之间的相关性已被指出，这些人对咨询和其他形式的干预有很强的抵抗力，这让我们联想到了精神病理学疾病。对那些行为可能不致命但危险的人来说，法庭干预和监督治疗是最有可能的选择。

唐纳德·达顿（Donald Dutton）从1978年开始就作为临床医生和研究人员一直进行攻击性男性的研究，他指出大约2%的人口满足成为习惯性女性殴打者的标准。此外，他的许多病患符合反社会行为的标准，他将他们定义为情感反应迟钝。除了伴侣之外，他们还经常对其他人施暴。精神病态的殴打者经常因非暴力犯罪而被捕，如伪造、使用空头支票或诈骗。

达顿指出，他的同事罗伯特·黑尔（Robert Hare）是 1999 年出版的《没有良知的人：那些让人不安的精神病态者》(Without Conscience: The Disturbing World of the Psychopaths Among Us) 一书的作者，他发现了精神病态者的大脑异常。对精神病态者大脑进行的磁共振成像（magnetic resonance imaging，MRI）扫描显示，这部分人缺少正常人脑干向颞叶辐射的巨大颜色模块；相反，脑干朝向大脑后部的区域有少量明亮的颜色是大脑活动的唯一标志。没有证据表明精神病态是社会或环境因素的直接结果，黑尔推断这种情况是基因造成的。

心理学家尼尔·雅各布森（Neil Jacobson）将一群他称之为"迷走神经反动者"的男性描述为精神病态者。他认为，在所有实施亲密关系暴力的男性中，大约有 20%～50% 的反社会人士属于这种迷走神经反动者类型。这些男性在与妻子激烈争吵时内心会变得平静，被试在与配偶争吵时实际上表现出心率下降的情况。对妻子实施的暴力是为了对她进行支配，它是控制与受约束的矛盾存在。

针对心理学理论的批判

对不同榜样的学习是家庭暴力及其延续最常被引用的解释。然而，这些并没有解释为什么人们在目睹暴力或遭受暴力侵害之后并没有实施个人暴力，也没有对在他们生活的其他方面显得非常成功的人格进行充分的描述。

冲突学派

在冲突学派眼中，法律被视为统治阶级保持控制的手段。立法者被认为通过控制少数民族和下层阶级来使他们的优势地位合法化。在这种方法中，贫困和失业是犯罪的核心。冲突学者也质疑规则制定过程本身，并得出结论认为，规则的存在是因为当权者决定了规则是如何制定和执行的。因为争权夺利是任何社会的正常组成部分，这个学派并不寻求理解犯罪的原因；相反，它认为社会越大，群体就越有可能无法就行为规范达成一致。

在这个学派里，批评家们主张在理论研究中扮演更重要的角色以及将性别纳入考虑。女权主义学者一致同意这一主张，希望以此去审查特定性别的权力关系，并指责男性对女性的暴力行为被忽视。关于殴打妇女的父权理论成为对性别假设的一种挑战。

父权论

关于殴打妇女，最广泛使用的观点是父权论，也被称为女权主义方法。如同革命引发的其他激进观点一样，女权主义模式质疑社会对妇女的看法以及受害者缺乏法律上的选择。大多数暴力侵害妇女行为发生在她们的家中，理论上来说，家是虐待者受到法律制裁的场所。这一理论极大地影响了人们对家庭暴力和刑事司法实践的看法。20世纪80年代以来，对家庭暴力的主要理论分析一直是女性主义的社会政治理论。根据女权主义立场，虐待关系的动态包括以下方面。

- 性别关系被认为是社会生活的一个基本组成部分。因此，性别体验得到了强调。男性和女性都是分析的一部分，更强调社会背景下和权力关系中的差异。
- 男人因其特权地位而拥有的权力是控制妇女的手段。男性是传统的立法者和财产所有者，他们排斥女性的参与，并为维护权力而进行正当的虐待。因此，权力和控制是建立和维持妇女在社会中从属地位的关键因素，使性别定位合法化。
- 通过改变社会结构结束妇女的从属地位仍然是该运动的主要目标。这一进程将包括但不限于通过法律来争取平等准入和保护。

从最极端的角度来看，这种观点认为所有的男人都会被虐待。这是一个有争议的立场，被认为是在两性之间挑起战争，由于它所包含的敌意，这种立场往往会导致人们互相疏远。批评家声称，这种立场所展现出的对抗姿态很容易弄巧成拙。

在一种更温和的形式中，这种地位是权力关系背景下的男女比较。该理论并不寻求从男性手中夺取权力，而是寻求一种平等并在两性之间分享权力。根据这一观点，妇女在社会中的地位与殴打妻子的频率有关。通过对社会结构的探索和对历史上被认为是男性主导的权力进行分析，就可以解释虐待妻子的现象。

性别不平等

女性主义犯罪在犯罪学中也同样被忽视了。一些作者坚持认为，女性家庭暴力的罪犯被视为低人一等，她们的罪行也微不足道。也许这就是没有简明的理论解释去验证为什么一些妇女虐待她们的孩子和爱人的原因。虐待儿童行为的辩解人指出了我们社会中儿童的价值贬损因为妇女是侵害儿童的主要罪犯，这可能部分解释了这一领域缺乏研究的原因。骑士精神假说（侠义精神假说）认为，女性在犯下同样的罪行时，可能会受到刑事司法系统的保护，并得到比男性更宽大的待遇。

在严格执行家庭暴力强制逮捕政策的社区，女性罪犯的人数急剧上升。专家们继续在男性受害与认为女性罪犯在他们的关系中是为了不受男性侵犯而自我防卫的论点间进行争论。这些研究人员认为，大多数使用武力的女性都在试图摆脱虐待她们的伴侣。

针对冲突学派的批判

批评家认为，将所有男人牵连到强奸犯或身体虐待者的罪行中似乎是极端的。尽管大多数家庭虐待的受害者是妇女，女权主义者的解释被认为是对所有男人的极端控诉。该理论未能阐明为什么暴力有时由妇女实施，并发生在同性关系中。另一方面，我们不可能忽略视角的价值。案例和历史分析指出了影响女性的行为模式。良好的私人关系延续了性别不平等，同时贬低了女性的品质。因为平等保护是美国法律哲学的基石，所以很难解释为什么一群人因为性别而被拒绝访问。

总结

本章涵盖了研究人员收集家庭暴力信息的常见方式和刑事司法信息的主要来源。定量研究加深了对美国家庭暴力犯罪性质和程度的理解。众所周知的统一犯罪报告项目和全美犯罪受害情况调查提供了基于这种科学方法的有用范例。直到最近，统一犯罪报告项目一直是美国使用最广泛的犯罪评估方式。在刑事司法领域，定量研究方法对于关注具体问题、项目评估和制定标准具有极其重要的价值。刑事司法研究的一个长期挑战是确定未被发现的犯罪的程度和性质。受害情况研究和自我报告调查都是量化措施，旨在解决统一犯罪报告项目无法填补的空白。

关于家庭暴力的定性研究也提供了重要信息。我们观察到了越来越多地使用对民族和文化少数群体的定性研究作为了解少数群体人口的手段。部分对家庭暴力的文化敏感反应的发展也源于这一方法。

为什么家庭虐待会发生？在这里，我们对传统犯罪学理论及其在家庭犯罪中的应用进行了讨论，对学习犯罪学的学生来说，这些术语都已经非常熟悉了。古典学派是大多数刑事司法学生觉得难忘的一个学派。毕竟，古典学派是刑事司法实践所依赖的模式。这表明正确的组合有可能形成一种控制模式，它支持惩罚作为对犯罪的威慑而存在。但当刑事司法干预对家庭暴力的威慑作用受到质疑时，这种做法就变得站不住脚了。

实证理论包含了审视家庭虐待行为最多样的选择。科学研究从生物学、社会学和心理学的角度提出问题并复证其可能性。因为早期的生物学解释是建立在种族主义和性别歧视的基础上的，所以它们已经被质疑了。现代理论，如生化失衡和神经学理论，是从医学条件下的研究而不是身体特征中得到的。

没有人声称找到了答案——理论家在继续考虑这些问题，并寻求解决它们的方法。

社会项目和咨询方法都是从这个思维原点发展而来的。从已经开展的研究中，我们对家庭暴力的特点有了深刻的认识。多维理论作为理解家庭暴力复杂性的一种方法，其可信度正在增加。

简单场景

冲突解决

埃里克和他的两个男性亲密伴侣住在一起时，选择了向家人出柜。这种非传统的生活方式很快成为这三个人的常态，他们会一起参加包括大家庭成员在内的假日聚会。这三位同性亲密伴侣通过承认三人关系的婚礼寻求社会认可。多年来，三位亲密伴侣和睦相处，和传统夫妇一样，他们分担家庭开支、假期、膳食和日常家务。但是一段时间之后，暴力在三人家庭内部升级。他们经常互相喊叫并发生肢体冲突。通常情况下，冲突会随着其中一名男子的哭泣而停止，并会因为反手击打或被推倒在地而受伤。

他们似乎从来没有足够的钱来付账。冲突越来越激烈，埃里克觉得自己永远都不够好，也不值得得到他的伴侣的爱。埃里克是被辱骂和奚落的目标。他通过喝酒去掩盖噪音，好让自己感觉舒服一些。然后，他去买了一根棒球棍，这是他唯一能想到做的事，并回家痛打了两个和他住在一起的人，没有人向警方报案。

思考：什么样的官方数据来源最有可能包含关于亲密关系犯罪的信息？

第 4 章

儿童虐待

HEAVY

HANDS

纵观虐待儿童的历史，可以发现一个并不罕见也不新颖的现实，就是孩子总是受到来自父母一方或双方的虐待和遗弃。虐待儿童行为很少表现为单一的身体攻击、拒绝给予或骚扰行为，当一种形式的虐待儿童行为被注意到时，人们普遍认为还有其他形式的虐待行为存在于家庭中。对孩子来说，情感虐待包括过度的、攻击性的或不合理的父母行为，而这些行为往往表现为对孩子提出超出其能力范围的要求。又或者，有时情感虐待并不是父母做了什么，而是父母没有做什么，那些没有得到爱、照顾、支持和指导的孩子将会带着创伤步入成年。

在20世纪70年代末80年代初之前，刑事司法领域鲜少对针对儿童的犯罪进行干预。对虐待儿童的指控只在最严重的案件中或明显因虐待致死的情况下才会被调查。即便如此，可能被指派进行调查的人也不是警察，而是一名女护士长。这种指派会向警方释放一种强烈的信号，即虐待儿童是一个"家庭问题"，并没有重要到需要警方真正地去关注。而除了少数例外情况，其余这类问题均会被提交给社会服务机构去进行家庭干预，这种态度反映了一个更大的社会问题：儿童的价值贬损和在父母亲权伪装下社会保护的缺乏。现在美国每个州都有通过立法禁止针对儿童的犯罪，执法官员现在也在积极参与其中，保护儿童免受虐待。

儿童保护服务通常是指当父母不能或不愿意代表儿童行使权利时，经法律授权的机构会代表儿童行使权利的措施。在美国所有州，这些机构都被要求针对虐待和遗弃儿童的举报进行调查，并在虐待发生时向相关家庭提供儿童保护服务，但是所提供儿童保护服务中不一定包括对整个家庭的保护。所有州都有法律要求部分专业人员，比如教师、警察和日间看护人员，在怀疑发生涉嫌虐待儿童的行为时向儿童保护服务机构举报。这些授权举报人进行的举报占了提交给儿童保护服务机构的虐待儿童举报总数的一半以上。2010年间，美国各地的儿童保护服务机构共收到了300多万起儿童虐待转介案件，一半以上的涉嫌虐待或遗弃行为的案件由儿童保护服务机构进行调查。图4-1是关于向受虐待和遗弃的受害者提供服务的说明，而非受害者则可以在适当的时候被转介到其他帮助机构。

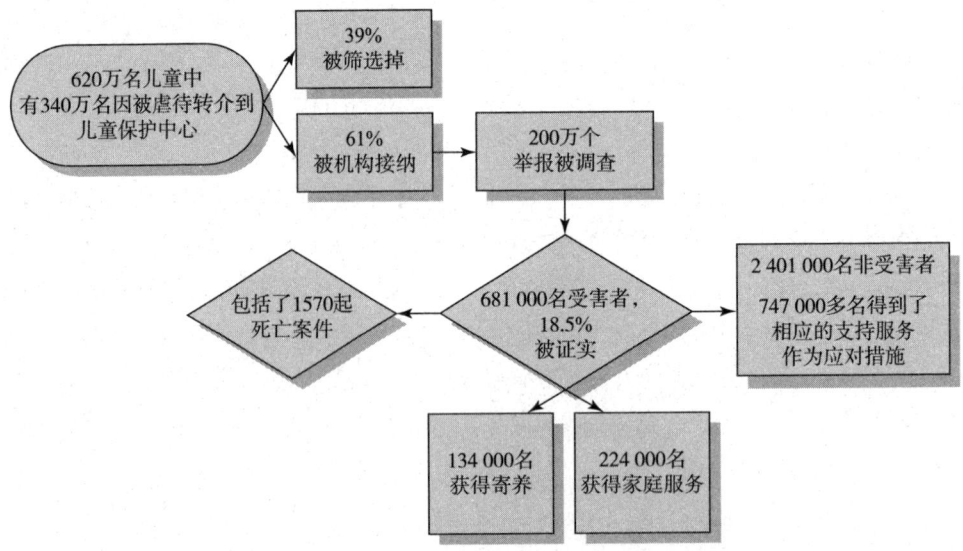

图 4-1　向受虐待和遗弃的受害者提供服务的说明

注：每年都有数百万儿童作为可疑的虐待和遗弃行为受害者被转到儿童保护服务机构，儿童保护服务机构大约向 681 000 名受害者和 747 000 多名非受害者提供了服务。

资料来源：基于美国卫生与公众服务部 2012 年的数据。

虐待儿童史

历史学家认为，如果按照我们当代的标准去判断的话，儿童确实可以说是经常受到虐待和遗弃的。早在有文字记载时，男人就拥有他们的孩子、妻子、动物、奴隶和其他财产。儿童可能被送去做奴隶以抵消一个人的债务，或者也可能被直接卖掉。对儿童实施的身体虐待、遗弃和性虐待在古代被认为是社会可接受的行为。

古代时期

婴儿是他们父亲的财产，并没有自己的权利可言，父亲甚至可以基于一些"现实"原因杀死他们，比如身体畸形、健康问题和私生都是杀婴的理由，并且在当时，杀死注定成为负担的儿童被视为一种对社会有促进作用的公共福利措施。杀婴在法律上的定义为在儿童一岁之前对其实施的虐杀。

公元前 18 世纪的《汉谟拉比法典》规定，父亲在孩子结婚前对他们拥有完全的控制权，且这一权利在父亲不在的情况下会转移给母亲，这其中甚至包括了出售子女的权利。在那个历史时期，只有乱伦是被禁止的，如果乱伦确实发生了，乱伦行为中的男性罪犯将会和他的女儿一起被流放。另外，该法典还在保护婚生、私生、被遗弃的儿童和胎儿免受伤害或失去继承权方面做了尝试。

希腊早期的哲学家对公然杀害新生儿的行为选择了宽恕。亚里士多德甚至建议制定法律禁止对残疾儿童的抚养。研究人员告诉我们，医生在2世纪时对助产士的指示其实就已经概述了其在对儿童进行检查时和对不健康儿童进行处置时的责任，即如果婴儿看起来有疾病或有先天缺陷，可以将他留在街角，使其暴露在自然环境中等死。

在罗马帝国，婴儿会被以他在家庭中的潜力来判断是否可以继续活下去，这是因为所有的孩子在成长过程中都涉及血统继承的问题，而且随着年龄的增长还要照顾其父母。从当时的规定可以了解到，七岁之前属于婴儿期，当婴儿年满七周岁就享有了既定生命权。在这个时期，与自己阶级或血统之外的人结婚是非法的，但是近亲结婚却是被允许的。

杀害婴儿的另一个理由，主要是针对女童的，即对父亲的经济状况来说，女童被认为会带来压力。历史上，新生女孩被杀害的风险特别高。例如，在亚洲一些国家，直到19世纪末，女婴都可以被公开杀害，通常大都是以溺死的方法进行。这种杀害女婴的情况，被认为与印度某些地区的堕除女胎行为没有什么不同。

中世纪

在犹太教和基督教中，无论生活质量或法律如何，儿童的生命权都受到保护。在4世纪，儿童的生命权是通过基督教信仰确立的。"不应杀人"的圣戒与杀婴的行为联系在一起，类似的确立儿童生命权的趋势，也可以通过俄罗斯东正教教会的情况得到证明。生育子女是10世纪妇女的主要任务，并由此界定了妇女在社会中的角色。杀婴、终止妊娠或实行节育等行为将面临严厉的处罚，而堕胎则被认为类似于谋杀。堕胎行为的惩罚因怀孕阶段而异，比如，流产一个胚胎会带来五年的斋戒作为惩罚，如果胎儿已经完全成形，则会带来七年的斋戒惩罚。

除了宗教习俗之外，禁止与儿童发生性关系的社会约束也与今天的标准有所不同。除乱伦外，把儿童借给客人或把儿童出租出去进行性活动是被允许的。总的来说，孩子被非常严格地养育着，并且父母被鼓励经常对孩子进行殴打，年轻的男孩和女孩也被禁止对家庭中发生的殴打行为有任何的怨言，如果他们把家庭事务进行公开，将会受到公开的鞭打。

近代早期

英国的衡平法院被授予对儿童一般福利和财产权的控制权。这些法院使用了政府监护的概念，字面解释为"人民之父"，所指代的是国王以孩子的最大利益行使的权利，即使这意味着对亲生父母意愿的违背。比如，早在1535年，英国《济贫法》(the English Poor Laws) 就有此类规定，允许把那些被认定为遭受了遗弃、有违法或犯罪倾向的儿童送去工作或安置在救济院。这些规定在历史上并不被认为是一种保护，而是被认为是一种试图对抵制父母惩罚的儿童保持严格控制的手段。几乎没有证据表明，法院确实使用了这一权利去保护儿童免受虐待或遗弃。

学徒制是用来控制孩子的另一种形式。在这一制度下，儿童被从家中带走，交给成人照顾，成人将对他们进行各种技能的培训，一些学徒会面临各种强迫的情况直到21岁，这些实际的情况包括长时间的工作，以及可能导致畸形的严厉体罚。

直到1829年，英国都有对婴儿死亡原因的记录，这些原因包括溺死在水坑、蓄水池、水井、池塘，甚至水盆中等。护士有时也会造成婴儿的死亡，如因照顾不周导致其饿死或被烧伤、烫伤致死。还有另一种儿童死亡的常见形式，被理解为一种意外，即趴或躺在儿童身上造成的儿童死亡，塞缪尔·拉德比尔（Samuel Radbill）称，在1920年，英国一座城市就有20起因为这种粗心造成的儿童窒息死亡被记录在案。

早期美国的儿童

按照当代司法标准，美国早期在保护儿童方面所做的尝试是有问题的。通常，政府进行干预的方法其实就等于变相对儿童进行控制，而不是为儿童提供救济机会。殖民者把英国保护青少年的观念带到了美国，在这里，他们制定了《济贫法》，并继续实行强制学徒制。永久性毁容这种惩罚手段也被保留了下来，作为一种对误入歧途的儿童所实施的最重的惩罚，并且这种手段是被当时的社会所接受的。法律层面则更加严厉，早期的法律要求父母对他们孩子的行为负责，所以给予父母们对子女进行严厉惩罚的权利。根据《顽固儿童法》(Stubborn Child Laws)，父母可以因一系列不顺从的行为将不顺从的孩子处死。官方近期的预估数据显示，在殖民时期的美国，多达67%的儿童在四岁前死亡，其中疾病、饥饿、事故、殴打和酷刑是早期美国儿童死亡的原因之一。

1838年，通过克劳斯案的审理，青少年管理机构被授予对儿童生活不受限制的权利。这个案件中，宾夕法尼亚州的一所法院无视父亲对其女儿监护权的请求，任由孩子的母亲把这个女孩安置在一个避难所里，仅仅是因为她认为这个孩子比较难管。女孩的父亲认为，父母的控制是排他性的、自然的和适当的，所以在父母双方或一方有意愿的情况下，监护应该由父母进行，但是宾夕法尼亚州的这所高等法院并没有采纳女孩父亲的主张。这项仅适用于宾夕法尼亚州的判决，即尽管父母有意愿，该州仍有权约束和保护儿童，随即引起了其他州的注意。在接下来的几年里，美国各地的许多法院审理了涉及违法儿童和受抚养儿童的类似案件，大多数都采用了政府监护标准，允许州对家庭自治进行不受限制的干预。

玛琳·斯坦·沃特曼（Marlene Stein Wortman）认为，在维多利亚时代，杀婴称得上是一种极其隐蔽的犯罪行为。1861年至1901年间，费城街头平均每年发现55名死亡婴儿，这些婴儿的死因都被列为"未知"。而在同一时期，只有一起导致一名儿童死亡的案件被判一级谋杀罪成立。对孩子漠不关心甚至是负面的态度改变来得很慢，保护儿童的重大改革时期发生在19世纪上半叶，比如避难运动、儿童保护运动和防止虐待儿童协会的出现和成立等。

避难运动

19世纪，大规模迁徙和向城市涌入的移民导致无家可归和贫困现象变得普遍。防止贫困协会以对贫困儿童困境的担忧为由，发起了一场运动，以期解决在纽约出现的儿童与成年人被监禁在一处的问题。基于这一人道主义努力，纽约于1825年设立了第一个避难所，其他州也很快对纽约的做法进行了效仿，到1860年，全美共设立16处避难所。根据纽约州教育部门的说法，纽约避难所在1857年时被誉为世界上最好的少年犯管教所。

避难所最初的设想是成为一个为有需要的儿童提供保护的地方，为无家可归和遭遗弃的儿童提供庇护场所，并没有其他什么额外的用途，并且由于避难所采用严格的监狱式组织模式，所以也并不打算提供任何与治疗有关的服务。但是，避难所成立之后，也是由于其组织模式，违法和离家出走的儿童以及那些遭遗弃或被认为不可救药的儿童，都会被送入这里，因为纪律严明，所以常常有反抗这种严格管束的情况发生，从而导致许多被送入避难所的孩子在重返社会后更容易成为罪犯。批评家们也在避难所设立之后不久，开始质疑孩子们被送进避难所的真正原因，他们认为贫困和廉价的劳动力来源是这背后的根本。

儿童保护运动

美国的儿童保护运动也许可以称得上美国最成功的基层工作了。当时的道德改革者致力于拯救那些由于贫困和养育不善导致不幸的孩子，这场运动成功地推行了义务教育，并为那些不能或不愿意管理不守规矩的孩子的父母提供了一个恰当的出口。虽然一些历史学家在人道主义层面对这场运动提出了质疑，但它继承下来的成就却构成了我们今天所熟知的青少年司法系统。伊利诺伊州通过了一项立法，授予了一个特别法庭管辖权，以便为受抚养和遭遗弃的儿童提供治疗和必要的监护。由此，第一个被授权的青少年法庭——库克县青少年法庭在美国出现，并于 1899 年首次开庭。

历史学家和学者琳达·戈登（Linda Gordon）声称，随着家庭暴力被"发现"，应对家庭暴力的政策也在 19 世纪 70 年代末出现了。当社会服务机构的儿童福利信息网声称虐待是一个主要问题时，他们所面临的实际上却是丈夫殴打妻子的问题。暴力事件与酗酒和贫困有关，家庭暴力在当时被认为是一个局限于下层阶级的问题，而社会服务部门对家庭暴力的反应也同样是苛刻且充满偏见的，贫困被认为是家庭暴力受害者面临的一个共同因素。同时，家庭暴力受害者也缺乏有效的法律补救措施。

防止虐待儿童协会

19 世纪 70 年代末，一场保护被虐待或遭遗弃儿童的全国性运动开始了。19 世纪末的儿童救助人员设立了防止虐待儿童协会（Societies for the Prevention of Cruelty to Children，SPCCs）。尽管美国殖民地时期确实存在保护儿童免受虐待的法律，但这些法律却很少得到执行。一些司法管辖区为了确保儿童免受虐待，实施了一些特别的保护措施，而另一些司法管辖区则尊重父母对难以管教的儿童进行管教的权利。防止虐待儿童协会在早期为那些不能向法院请求帮助的儿童所采取保护行动，使儿童免受虐待伤害所做的努力中发展起来，第一起记录在案的虐待儿童案件发生在 1871 年，当时防止虐待动物协会（the Society for Prevention of Cruelty to Animals）的创始人亨利·伯格（Henry Bergh）请求纽约法院对八岁的艾米丽·汤普森（Emily Thompson）进行保护。根据拉佐里茨（Lazoritz）和谢尔曼的研究，此案件最开始是一位对自己所目睹的殴打行为显得忧心忡忡的邻居，找到了当时防止虐待动物协会的创始人伯格，并告诉伯格说，她经常从自家的窗户目睹孩子被殴打，巴纳德（Barnard）法官在此案中行使了管辖权，认定非血亲监护人玛丽·安·拉金（Mary Ann Larkin）犯有虐待罪。三年之后的 1874 年，伯格又介入了另一起虐待案件——著名的玛丽·艾伦（Mary Ellen）案，但他并不是以自己防止虐待动物协会创始人的身份，也不是以虐待动物行为为借口介入的，他以个人身份向法院情愿，并根据当时的法律聘请了律师，随后玛丽·艾伦被从虐待她的家中带走，并安置在了寄养家庭。由于亨利·伯格的努力，这个案件预示了针对有需要儿童的干预措施的正式确立。

根据琳达·戈登的说法，防止虐待儿童协会的工作人员在涉嫌虐待儿童的案件中会充当准执法官员：进行调查、家庭搜查和扣押，并用逮捕措施对那些不遵守指令的家庭进行威慑。为了推进协会宣称的执行现有禁止虐待儿童法律的使命，工作人员会配合警察对虐待行为嫌疑人进行逮捕，并在案件中担任监督员。纽约和波士顿的防止虐待儿童协会都承认当时有足够的法律保护儿童，但却没有人对法律的执行与否负责。

由于社会工作者专业水平的提高以及警方不愿就虐待儿童行为执法的现实情况，虐待儿童的问题在 1920 年后大部分留给了社会服务机构处理。警察并不认为针对虐待儿童行为执法是警察职责的一部分，或者就是警察觉得自己忙于履行其他职责而无法对防止虐待儿童的法规进行实际执行。美国 1935 年颁布的《社会保障法》(the Social Security Act of 1935) 在一定程度上改善了对贫困儿童的干预，因为它明确了为遭到遗弃或无谋生能力的子女提供儿童福利服务的原则。今天，通过警察部门辖下的专门的虐待儿童调查单位，虐待儿童的法律干预问题也得到了改善。

当代虐待和遗弃儿童问题

直到最近，依旧很少有人认为，儿童所遭受的待遇是一个公众会关心的问题。随着 C. 亨利·坎普 (C. Henry Kempe) 在 1962 年创造了"受虐儿童综合征" (battered child syndrome) 这个短语，人们才开始意识到这一点。受虐儿童综合征是指反复虐待或殴打儿童，给儿童带来的身体和 / 或心理伤害。尽管我们不知道被虐待或遭到遗弃的儿童的确切人数，但私人和政府资助的研究让我们对问题的严重程度有了一些了解。仅在美国，2010 年估计就有 620 万儿童被怀疑受到虐待或遭到遗弃。全美国收到处置报告的比率约为每 1000 名儿童中有 27.4 份。

杀婴仍然是当代社会的一个问题。为了解决对遗弃婴儿和杀害婴儿现象日益增长的关切，美国 49 个州和波多黎各通过了避风港规则。避风港规则在一些州也被称为"小摩西法" (Baby Moses Laws)，该法规使将婴儿留在指定的安全地方的行为合法化，这样儿童就可以直接由州来负责监护。在大多数州，父母中的任何一方都可以将婴儿送到安全避难所，剩下的少数州则特别要求将婴儿送到安全屋的人必须是母亲。婴儿可以被送至安全屋的年龄则因州法律而异，大多数州允许父母放弃自己的监护权，在孩子出生后 72 小时到三个月大的时候将其送至安全屋。大多数州也都有针对这部分父母个人信息的匿名处理或保密规定，除非这其中有虐待或遗弃儿童的迹象存在。

一岁以下儿童所面临的因虐待和遗弃而死亡的风险是最高的，事实上由虐待和遗弃所造成的儿童死亡的情况被低估了。研究表明，多达 60% 的虐待或遗弃行为所导致的儿童死亡案件实际上并没有被记录为与虐待有关。报告中存在如此之大的差异的原因，主要是因为不准确的死亡判定和虐待儿童调查的不完整造成的。

美国卫生与公众服务部 (the U.S. Department of Health and Human Services，DHHS)

报告称，向儿童保护服务机构转介的虐待或遗弃行为案件都会面临保护机构接纳个案和不接纳个案的情况，最后做出不接纳决定的原因可能包括以下一个或多个：

- 它不符合该州的接纳标准；
- 它不涉及虐待和遗弃儿童行为；
- 儿童保护服务机构没有获得足够的信息来进行评估；
- 存在另一个被认为针对该案件更合适的响应机构；
- 被转介的儿童由另一个机构或管辖区（如军事设施或部落）负责；
- 被转介的儿童年龄超过 18 岁。

所有被接纳的转介个案通常都会进行进一步的调查，在经过调查并再次得到证实的情况下，该名转介儿童才能最终被确认是虐待或遗弃行为的受害者。根据已被证实的案件记录显示，2011 年在美国 50 个州发现的儿童受害者总数约为 681 000 名。

2011 年的数据显示（如图 4–2 所示），约 67% 的虐待儿童行为受害者曾经遭到遗弃，2% 的受害者在医学上被忽视，15% 的受害者受到过身体虐待，8% 的受害者受到过心理虐待，8% 的受害者受到过性虐待。此外，受害者同时还会经历其他类型的虐待，如遗弃行为、医疗忽视、身体虐待、对儿童的伤害威胁以及先天性药物成瘾。美国各州可以将任何不属于主要类型之一的情况（如身体虐待、遗弃、医疗忽视、性虐待以及心理或情感虐待）归入"其他"这个类型中。

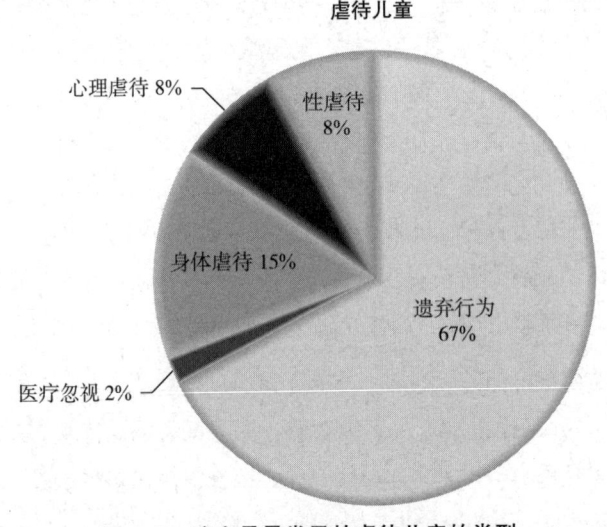

图 4–2 遗弃是最常见的虐待儿童的类型

资料来源：基于 2012 年美国卫生与公众服务部的数据。

受害者同时遭受多种形式虐待的情况并不罕见。遭受身体虐待或性虐待的儿童经常也会遭受情感或心理虐待和/或遗弃。对虐待儿童发生率的一个合理批判是，一些州将一个虐待儿童案件多种虐待行为都作为每一个单独的虐待案件进行了报告，这使得受虐待儿童的真实数量很难被确定。这些批判引起了对各州采用的案件报告方法的关注，并且让人们意识到，在虐待儿童案件报告这件事情上，需要明确和标准化的程序。作为对此批判的回应，国家事件报告系统被开发了出来，在第 3 章中，我们可以找到关于国家事件报告系统的讨论。

那时候

C. 亨利·坎普和他的同事在 1962 年通过他们关于受虐儿童综合征的首次陈述提高了民众对虐待儿童的意识，并在很大程度上造成了公众对虐待儿童态度的转变，并推动了法律的变革。他们通过出版《受虐儿童》（*The Battered Child*）这本书，继续推动着对受虐儿童复杂性的理解，该书被普遍认为是虐待和遗弃儿童领域最重要的作品之一。该书的出版还推动了关于虐待儿童问题的大型研讨会的举办，会上提出了一项关于虐待儿童报告规范的建议。

虐待儿童的定义来源

联邦法律明确了虐待和遗弃儿童行为的最低标准。在民事和刑事背景下，确立自己对于虐待的定义是美国每个州的责任。美国疾病控制和预防中心认为，为了确定虐待儿童行为的发生率和发展趋势，定义的一致性很重要。这里所说的"一致性"，既包括虐待儿童行为的定义，也包括遗弃的定义。虐待儿童是一种作为行为，该行为被定义为：对儿童造成伤害或伤害威胁的蓄意和故意的言语或公开的行为，不论其所预期的后果如何。遗弃儿童是一种不作为行为，该行为被定义为：未能满足儿童基本的身体、情感或教育需求，或未能保护儿童免受伤害或潜在伤害，不论其所预期的后果如何。

反虐待儿童倡议

美国对受虐待和被遗弃儿童的福利和福祉的关注，致使几项为年轻受害者提供保障的联邦和州法律得以颁布。1974 年颁布的《防止虐待儿童和治疗法》（*the Child Abuse Prevention and Treatment Act, CAPTA*）迈出了重要的第一步，该法要求各州指定一个机构来接收和调查那些以虐待和遗弃儿童为由被控告的案件。社会服务机构最常被指定接收这些案件报告，在另一些司法管辖区也存在指定一个警察机构来负责此类案件报告的情况。一些州法律则规定了在指定刑事司法机构之间进行相互报告的规则，以此来充实和延展其报告系统。

该法案还催生了美国失踪和受剥削儿童中心（the National Center for Missing & Exploited Children，NCMEC）。根据《美国法典》第42编第5771和5780条（*42 U.S.C. Sections 5771 and 5780*），这个非营利组织成立于1984年，它提供关于失踪和受剥削儿童的技术资料和信息，向专业执法人员和专业社会服务人员提供培训方案，在全美分发失踪儿童的描述信息和照片，并与非公立组织协调儿童保护工作。美国失踪和受剥削儿童中心还为那些掌握失踪和被剥削儿童信息的人维护着一条24小时免费电话线路。

联邦来源

美国《防止虐待儿童和治疗法》于1974年作为公法第93-247号首次颁布，是解决虐待和遗弃儿童问题的主要联邦立法。此后经过多次修订，最近一次由2010年《防止虐待儿童和治疗法再授权法案》（*the CAPTA Reauthorization Act of 2010*）修订。《防止虐待儿童和治疗法》向各州提供联邦资金，支持针对虐待儿童行为的预防、评估、调查、起诉和治疗活动，并向公共机构和非营利组织提供流程示范和项目资助。

《防止虐待儿童和治疗法》还为虐待儿童、遗弃和性虐待订立了一个最低限度标准，各州必须将该标准纳入其法定定义中才能获得联邦资金的支持。根据《防止虐待儿童和治疗法》，虐待和遗弃儿童意味着：

- 父母或监护人最近的任何作为或不作为导致儿童死亡、严重的身体或精神伤害、性虐待或剥削；
- 存在即将发生严重危害风险的作为或不作为。

虐待和遗弃儿童的主体特指父母和其他照顾者，而关于陌生人对儿童犯下的罪行的统计数据不包括在虐待和遗弃儿童或性虐待的相关报告中。

美国虐待和遗弃儿童发生率研究中心（the National Incidence Study of Child Abuse and Neglect，NIS）是美国虐待和遗弃儿童信息的主要来源。根据美国卫生和公众服务部的会议授权，该研究中心每十年进行一次研究，以定期地去研究和记录美国发生的虐待和遗弃儿童事件。美国虐待和遗弃儿童发生率研究中心第四次研究以及该中心的先期研究因为使用了比《防止虐待儿童和治疗法》中更广的定义范围，所以给出了不同于其他研究的信息。该研究中还包括了护理人员的行为（故意行为或对儿童需求的严重忽视）对儿童造成的（或显然有可能造成）可预见和可避免的伤害或损害或现有伤害或损害的恶化的情况。研究期间发生的任何下列事件都符合虐待和遗弃的一般定义。

- 人身攻击（包括过度体罚）。
- 性虐待或性剥削，如强奸，或双方同意乱伦、性交；有或无生殖器接触的性骚扰；怂恿卖淫。
- 封闭监禁，如捆绑或束缚胳膊或腿、锁在壁橱里，或类似的严格监禁。
- 任何其他形式的攻击、剥削或虐待，如威胁或企图人身攻击或性侵犯、威胁遗弃或自杀、习惯性或极端的言语虐待，或其他公开的敌对、拒绝或惩罚性待遇。
- 放弃或以其他方式拒绝监护，如遗弃、被逐出家门、拒绝对返回的离家出走者监护等。
- 允许或鼓励反复地适应不良行为，如逃学、犯罪、卖淫、严重的药物/酒精滥用等。"允许"是指儿童的看护者有理由知道问题的存在和严重性（如已经被告知先前发生的事件），但没有做出有效的努力来防止事件进一步的发生。
- 有经济实力的照料者拒绝为专业诊断明确的身体、教育、情感或行为问题寻求必要的解决方案，或未能遵循专业人士提出的治疗建议。
- 未寻求或无故拖延寻求对严重伤害、疾病或损伤的合格医疗护理，如果这种专业护理的需求在当下对于一个没有经过特殊医疗培训的负责护理人员来说是清晰明确的。
- 如果儿童的主要照料者在身体上和经济上能够提供所需的照料，但始终或极度忽视儿童的身体或情感需求，包括对食物、衣物、监督、安全、情感和合理卫生的生活条件的需求。
- 未能按照州法律的要求让儿童注册或入学。

美国虐待和遗弃儿童发生率研究中心对虐待和遗弃儿童的研究使用伤害标准和危害标准两种定义标准。

伤害标准需要不作为行为导致明显的伤害，以便行为可以被归类为虐待或遗弃。伤害标准的主要缺点是其依照标准过于严格，以至于它提供了一个太过局限的视角，甚至将许多儿童保护服务机构已经证实或指出受到虐待或遗弃的儿童排除在外。根据其所奉行的更严格的伤害标准，在美国虐待和遗弃儿童发生率研究中心第四次研究期间，美国每58名儿童中有一名被发现受到虐待或遗弃。大多数受虐待儿童都遭受过身体虐待（为58%），略少于25%的受害儿童遭受过性虐待，而略多于25%的受害儿童遭受过情感虐待。

> **旧事重提** ●●●
>
> 一名大学生曾经说过，她可以通过看一个孩子的外表就判断出这个孩子是否受到了虐待。但是在采访了 1000 多名受害儿童和无数非受害儿童后，我向你保证，并不能仅仅通过外表就可判断！凌乱或不修边幅的外表不一定是虐待的标志。不是所有的孩子对虐待的反应都是变得粗暴或公开发怒；一些孩子对虐待的反应是适应的——他们学会如何取悦他人，而且他们似乎非常愿意这样做。
>
> 当这些潜在的判断标准存在时，它们应对调查起推动作用，而不是用来确定是否存在虐待行为，虐待行为是否存在则应咨询训练有素的调查人员或专业人员，让他们根据证据去证实。本书中提供的信息可以称得上是进行全方位调查的指南，但是，由于社会和医学研究不断发展，新的信息也不断地被提供，所以也不要期望本书可以包括所有指标或症状。例如，你无法判断图 4-3 中的孩子是虐待的受害者还是事故的受害者，在没有调查伤害来源的情况下，不要做出假设或妄下结论。
>
>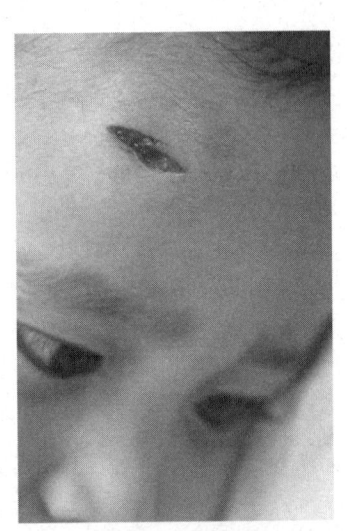
>
> **图 4-3 无法判断孩子是虐待的受害者还是事故的受害者**
>
> 注：虐待和遗弃儿童的受害者不能仅仅通过观察儿童来识别，全面的调查总是必要的。
>
> 资料来源：照片版权归 Manzrussali 所有。

　　危害标准涵盖了所有符合伤害标准的儿童，同时也添加了一些其他儿童。危害标准的主要特点是：如果儿童保护服务机构的调查已经证实了儿童受到虐待，但还没有造成明显的伤害，那么危害标准则会将尚未受到此虐待行为明显伤害的儿童也计算在内。危害标准比伤害标准稍微宽松一些，同时在性虐待犯罪者的定义中，也纳入了更多的行为人类型，其中包括了某些虐待类型中父母以外的成人看护者和青少年看护者。根据外延更广的危害标准对虐待进行的分类，可以对虐待和遗弃儿童的发生率和分布情况提供非常不同的描述。在美国虐待和遗弃儿童发生率研究中心第四次研究年度中，近 300 万儿童经历了在危害标准定义下的虐待，这相当于在美国每 25 个孩子中就有一个受害者。

州定义

保护儿童免受虐待的政策通常受美国州法律（法规和判例法）和行政法规的制约。专家们一致认为，尽管虐待儿童有许多子类型，但美国大多数州都承认的是四个主要类型。这些类型如图4-4所示。

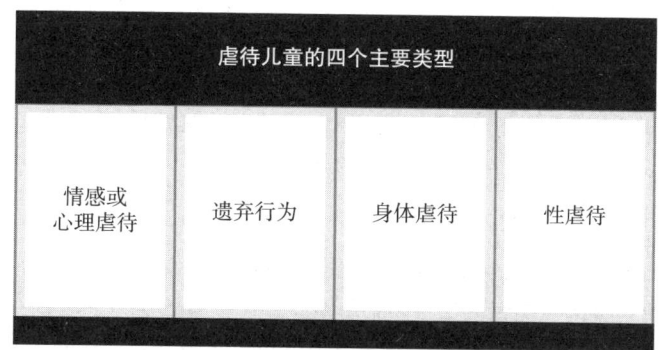

图4-4　美国大多数州都承认的虐待儿童的四个主要类型

注：虐待儿童有四个主要类型，尽管虐待和遗弃儿童的定义中有许多子类。

虐待和遗弃儿童的定义主要有以下几种：

- 授权举报法规（民法）提供了虐待儿童的定义，以指导那些被授权举报涉嫌虐待儿童的个人；
- 刑事法规，规定了应受刑事处罚的虐待和遗弃儿童的形式；
- 青少年法院管辖权法规，规定了法院对哪些被指遭到虐待或遗弃的儿童拥有管辖权的必要条件。

情感或心理虐待

所有的州和地区都将情感虐待作为虐待或遗弃定义中的一部分。儿童情感或心理虐待通常被定义为对儿童心理能力或情绪稳定性的伤害，表现为行为、情绪反应或认知上的可观察或实质性变化，或表现为焦虑、抑郁、退缩或攻击行为。超过6%经证实的虐待儿童案件涉及情感虐待或心理虐待，情感或心理虐待包括一种损害儿童情绪发展和幸福感的行为模式。例如，当看护人或家庭成员经常轻视或嘲笑孩子时，就会发生情感虐待。

情感或心理虐待被认为是应受谴责的行为，并且可能还意味着需要社会服务的介入或干预治疗，但其行为本身可能不构成犯罪。这种虐待经常伴随着对儿童的其他形式的虐待出现，调查人员应将其视为一个危险的信号。对任何类型虐待的调查除了其他形式之外，还应对包括情感和心理虐待的行为进行记录，即使虐待没有上升到犯罪行为的程度，这样也可以对儿童所处的虐待环境有所了解。当儿童的命运取决于家庭生活状况时，情感或心理虐待可能被视为对监护权听证会产生影响的一个因素。

在最极端的情况下，情感虐待同样也会被认定为犯罪行为。当看护人或家庭成员使用限制性方法将儿童禁闭时，如长时间关在房间、壁橱或行李箱中，受害儿童可能会因此而遭受情感虐待。互联网或社交网站（如 Facebook 或 Twitter）上的信息也可能导致情感或心理虐待。

见证家庭暴力

对家庭暴力的见证可以是听觉的、视觉的或推断的，也包括暴力后果让儿童感受到的情况，如家庭成员的身体伤害或财产损失等。见证家庭或亲密关系暴力的法律定义因州而异。例如，在 14 个州和波多黎各，法律用语要求儿童亲自在场或能够看到或听到暴力行为。相比之下，俄亥俄州的法律规定，当亲密关系暴力行为发生在孩子附近、10 米以内或孩子居住的同一住宅单元内时，无论孩子是否实际在场或是否能实际看到犯罪行为，都属于见证。

儿童面临着极高的家庭暴力风险。曾经在一年的时间里，有超过 11% 的儿童遭受过某种形式的家庭暴力，而在这一数字中，6.7% 的儿童被特别暴露于父母之间的亲密关系暴力之下。儿童目睹亲密暴力会使儿童面临更大的行为、社会和教育问题风险，同时，这些儿童遭受身体虐待、兄弟姐妹虐待和约会暴力的风险也会增加，甚至遭受亲密关系暴力的儿童被谋杀的风险也可能增加。

在一项研究中，有超过 33% 的成年亲密关系暴力受害者说，他们的孩子在暴力事件中意外受伤；超过 25% 的人说，他们的孩子会采用故意受伤的方法去干预亲密关系暴力行为，以停止伴侣的虐待。专家们一致认为，有必要对目睹家庭暴力的儿童受害者进行保护，这些受害者经历了多重心理问题，社会和认知发展低于平均水平。目睹亲密关系暴力对儿童的影响可能比直接受害更具破坏性。

尽管存在伤害的证据，但是当着孩子的面实施的家庭暴力通常都会被按轻罪处理。2002 年，犹他州通过了《美国法典》第 76-5-109.1 条（*U.C.A. Section 76-5-109*），成为第一个将儿童在场的家庭暴力行为定为重罪的州。许多州在对家庭暴力行为定罪时都会考虑行为发生时是否有儿童在场，如果有，则可能会导致更严厉的惩罚。大约有八个州在其量刑准则中将有儿童在场视为家庭暴力行为的"加重情节"。这通常会导致更长的刑期、更高的罚款或两者兼而有之。另有五个州直接规定了加重处罚，甚至连"加重情节"这一术语都没有使用。

遗弃

遗弃的概念是基于父母在子女无能力养活自己的阶段有义务为子女提供基本需求这个基础而存在的，最基本的需求包括食物和足够空间的住所。父母还应该为他们的孩子寻求医疗护理并提供教育机会，照料者则有责任为他们所照料的儿童提供适当的监督和培养。未能在社会可接受的标准内提供这些必需品可能被认为遗弃。

儿童福利信息网的信息显示，遗弃通常被定义为父母或对儿童负有责任的其他人未能提供所需的食物、衣物、住所、医疗护理或监督，致使儿童的健康、安全和福祉受到伤害的威胁。由于护理人员的作为或不作为，这种形式的虐待会带来相应的伤害。

遗弃是虐待儿童最常见的形式。2011年，超过78%的受虐待儿童被父母或其他照顾者遗弃。当其他形式的虐待被举报时，往往也会伴随有遗弃行为出现。在美国一些州，遗弃儿童行为将需要向指定的儿童保护机构提交单独报告。如果遗弃的性质被认为是轻微的，则可能无法得到证实。

父母有义务照顾他们的孩子，并且法律要求父母对此负责。儿童得到了法律保护，以确保父母提供了生活必需品和福祉。早在1838年，美国最高法院就在克劳斯案中裁定父母的权利不是不可剥夺的。政府有责任对那些父母被追究责任的孩子采取适当措施，制定儿童保育标准。如果所在州裁定看护人没有照顾和保护孩子，孩子可能会被从父母身边带走。应当指出，在社会和法律讨论中，儿童必须得到保护的程度和儿童权利的范围一直存在争议。

遗弃涉及教育、情感/心理、医疗和身体四个子类型。遗弃行为的迹象包括但不限于脱水、营养不良、未治疗的褥疮、未治疗的健康问题或状况、不卫生的生活条件、发育不良、遗弃和死亡。养育不当可能包括许多不同的作为或不作为，这些作为或不作为也可能被认为是遗弃行为。

教育忽视

美国大约有24个州以及美属萨摩亚、波多黎各和维尔京群岛在对遗弃的定义中按照法律要求加入了未履行对孩子的教育义务这一条。在最基本的层面上，一个孩子的教育应该包括提供适合年龄的行为限制。所有的州都有法律规定的正规教育要求，即儿童必须在学校接受教育直到 16 岁。教育忽视包括允许长期逃学、不允许法定学龄儿童入学以及不满足儿童的特殊教育需求。

情感或心理忽视

情感或心理上的忽视包括缺乏任何情感支持和爱、对孩子的长期忽视，或暴露于药物和酒精滥用的情境中，还包括缺乏支持性的语言，如赞扬或表达关切。情感或心理忽视的类型还可能包括长期或极端亲密关系暴力中的暴露，以及未能就儿童的情感障碍寻求治疗，如儿童所抱有的自杀企图。

医疗忽视

父母有义务为他们的孩子寻求必要的医疗保健。《儿童虐待预防和治疗法》将拒绝医学上必要的治疗定义为拒绝可能有效改善所有生命威胁状况的治疗，从而无法对儿童的生命威胁状况做出反应。美国有七个州还将拒绝精神卫生保健列为医疗忽视，四个州对医疗忽视进行了专门定义，以保护有生命危险的残疾婴儿，包括拒绝提供医疗或营养。

如果拒绝提供医疗服务是基于宗教的原因，在某些州，针对这种情况是可以允许免除医疗忽视指控的。2010 年《儿童虐待预防和治疗法》修正案保留了以下规定，具体规定该法案中的任何内容都不能被解释为确立了一项联邦要求，即要求父母或法定监护人提供任何违背父母或法定监护人宗教信仰的医疗服务或治疗，每个州需要自行决定是否承认美国卫生与公众服务部制定的联邦标准。大约 31 个州、哥伦比亚特区、波多黎各和关岛规定了宗教豁免。然而，其中 16 个州要求法院在儿童的状况需要干预的情况下，下令对儿童进行医疗。

身体忽视

身体忽视包括不能提供足够的食物、衣服、住所、卫生、保护或监管。监管对于防止伤害或在伤害发生时进行干预是很必要的。如果孩子的年龄和成熟程度不足以应对可能出现的问题，将孩子置于无人照看的情况中或把孩子锁在房间里就是监管不力的例子。众所周知，存在小孩子被锁在房间里玩火柴和打火机，并导致火灾和最终死亡的情况。父母必须确保被单独留下的孩子——比如钥匙儿童（独自等待父母回家的孩子）——能够合理地照顾好自己，以防伤害发生。在极热或极冷的天气把孩子留在车里也可能被认为是身体上的忽视。

许多州和地区要求专业人员对遗弃儿童、未能保护儿童或未能提供基本食物、衣物和住所的情况进行举报。关岛、波多黎各、维尔京群岛和 18 个州为遗弃提供了单独的定义。当父母的身份不明或下落不明时，就会发生遗弃；在儿童遭受严重伤害的情况下，儿童也可能被父母遗弃；或者父母未能在指定的时间内提供合理的支持。

在一些州，父母滥用药物是虐待或遗弃儿童定义的一个要素。由于母亲使用非法药物或其他物质，儿童在产前就已经受到了伤害；在儿童面前或在儿童居住的场所制造受管制物质；向儿童出售、分发或给予药物或酒精是可能被视为虐待或遗弃的情况。身体忽视的另一个公认的类型是对儿童安全的不顾后果的忽视，例如在车里载有孩子的情况下酒驾或毒驾。

身体虐待

儿童身体虐待通常被定义为对儿童的任何非意外的身体伤害，这可能包括击打、刺伤、踢踹、烧伤或咬伤孩子，或任何导致身体损伤或孩子死亡的行为，如摇晃或抛扔。在大约38个州以及美属萨摩亚、关岛、北马里亚纳群岛、波多黎各和维尔京群岛，虐待的定义还包括威胁伤害儿童或对儿童健康或福利造成重大伤害风险的行为或情况。

专家警告说，在儿童身上看到的一些痕迹和擦伤与儿童受虐待所留下的痕迹很类似，但实际上可能是家庭的文化习俗所造成的。文化习俗包括行为模式，包括特定于种族、民族、宗教或社会群体的行为、习俗、信仰和价值观。下面列举了几个可能导致身体伤害，或在儿童身上留下痕迹但通常不被定义为身体虐待的例子。

- 硬币刮痧：这是一种通过用硬币或其他坚硬物体用力摩擦身体来治疗疾病的做法。
- 拔罐：拔罐常用于穴位，其方式类似于艾灸。一个杯子里的空气经过预热之后，被倒扣在皮肤上，随即形成真空。当杯子被拿走时，皮肤上还是会留有一个杯子形状的吸力造成的痕迹。
- 艾灸：这是一种亚洲民间疗法，可能会灼伤皮肤。

即使身体虐待造成的伤害不是偶然的，父母或照顾者也可能没有伤害孩子的故意，但是严格的纪律，包括不适合孩子年龄或条件的有一定伤害性的打屁股或惩罚，也为我们提供了可能发生这种情况的示例。在14个州、哥伦比亚特区、美属萨摩亚和北马里亚纳群岛，对儿童的体罚只要是合理的并且不会对儿童造成身体伤害，那么这种体罚就属于虐待定义的一个例外。但是一旦体罚对儿童造成了伤害，即使这种伤害结果不是故意的，也属于虐待。

儿童死亡

儿童死亡是指由于直接或间接伤害或虐待或遗弃的情况，儿童因为自然原因以外的原因死亡。据估计，美国每年有1570名儿童死于虐待或遗弃行为。这个数字放在总人口中，意味着每10万名儿童中有2.1名儿童死于虐待或遗弃行为，平均每天有四名儿童死于虐待或遗弃行为。大约80%的杀害儿童案件是由父母一方或双方所为。超过40%的儿童死亡是由于遗弃行为造成的。通过图4–5可以了解2010年按年龄划分的儿童死亡人数。四岁以下的儿童最容易因虐待或遗弃行为致死。绝大多数（占79.4%）因虐待和遗弃行为而死亡的儿童不到四岁。

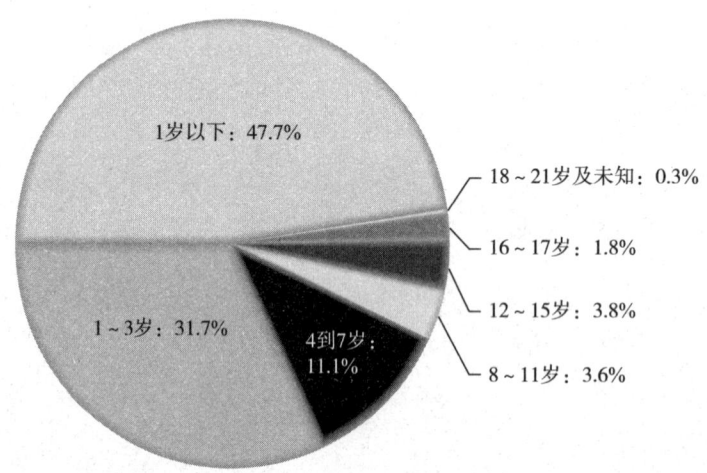

图4–5　2010年因虐待和遗弃儿童行为致死受害者的年龄占比图

注：非常年幼的儿童（4岁及以下）是儿童死亡的最常见受害者。
资料来源：来自儿童福利信息网的数据。

儿童非正常死亡中相对较小的一部分是由亲密关系杀人–自杀[①]造成的。根据对325例亲密关系杀人–自杀案例的研究，确定儿童在亲密关系杀人–自杀中经常受到致命伤害。风险最高的是有自杀倾向的父母的孩子，特别是孩子的生父如果有自杀倾向的话，风险会更高。作者认为，虽然亲密关系杀人–自杀案件中的儿童会因为虐待行为致死，但不一定被算作虐待儿童。许多研究人员和从业人员认为，由于虐待和遗弃行为造成的儿童虐待死亡仍然没有得到充分报告。研究估计，50%～60%的虐待和遗弃行为导致的儿童死亡没有被记录在案。影响儿童死亡数据准确性和一致性的因素包括以下几个方面。

---

① 杀人–自杀指的是杀人后接着自杀，或和被杀对象同时毁灭。——译者注

- 案件举报要求以及虐待或遗弃儿童定义的差异。
- 死亡调查系统和调查培训的变化。
- 州儿童死亡率审查流程的变化。
- 将虐待或遗弃行为确定为死亡原因可能需要的时间（在某些情况下长达一年）。
- 对死亡方式和原因的判断不准确，这包括被标记为事故、婴儿猝死综合征或"未确定方式"的死亡，如果进行更全面的调查，这些死亡可能被确定是由于虐待或遗弃行为造成的。

儿童死亡审查小组的启用，似乎是目前最有希望进行准确计算、应对和预防儿童虐待或遗弃死亡以及其他可预防的死亡的方法之一。大多数州都有一个由受过专门训练的医生组成的中央办公室，在儿童死亡的情况下，可以向这些医生咨询，或者在必要时进行尸检。

性虐待

美国所有的州都将性虐待包括在虐待儿童的定义中。一些州笼统地提到性虐待，而另一些州则对性虐待的各种行为进行了具体的说明。在大多数司法管辖区，性剥削是定义的一个要素。《儿童虐待预防和治疗法》对儿童性虐待的定义如下。

- 雇用、利用、劝说、引诱、怂恿或胁迫任何儿童从事或协助任何其他人从事任何露骨的性行为或假装从事这种行为，并以制作这种行为的视觉化描述[①]为目的。
- 强奸，以及在看护人或家庭关系的情况下所发生的法定强奸（与未成年人发生性关系）、骚扰、卖淫或对儿童的其他形式的性剥削或与儿童的乱伦的情况下。

对儿童的性虐待在最近成了一个极具争议的话题，专家们对儿童性虐待的发生率所持意见不一，然而这后来却成了所报告的儿童虐待中增长最快的形式。对儿童的性虐待是一个关于权力和控制的问题，与爱和亲密无关。不幸的是，有迹象表明，自20世纪70年代以来，受性虐待儿童的平均年龄一直呈下降趋势。据信，美国大约10%的虐待儿童者也遭受过性虐待。

儿童性虐待涉及儿童的性行为、性动机行为或对儿童的性剥削，性虐待包括以下行为：

---

① 根据《美国法典》18 USCS 2256 的规定，视觉化描述包括未冲洗的胶卷和录像带、存储在计算机磁盘上或通过能转换成视觉图像的电子手段存储的数据，以及能转换成已通过任何手段传输的视觉图像的数据，无论是否以永久格式存储。——译者注

- 口腔、肛门或生殖器阴茎插入；
- 肛门或生殖器指交或其他形式插入；
- 非入侵式生殖器接触；
- 抚摸儿童的胸部或臀部；
- 猥亵性裸体；
- 对儿童自愿性活动的监督不足或不当；
- 利用儿童从事卖淫、色情、互联网犯罪或其他性剥削活动。

非接触性虐待包括以下行为：

- 成人对儿童的窥阴癖；
- 故意让儿童面对暴露癖；
- 接触色情制品；
- 拍摄儿童性方式或行为的照片；
- 拍摄有儿童参与的性方式或行为的电影；
- 对儿童的性骚扰；
- 以性为目的对儿童进行贩运；
- 雇用、利用、劝说、诱导、怂恿、鼓励、允许儿童从事或协助任何其他人从事卖淫活动。

虐待儿童行为的受害者

年龄和性别

虐待儿童行为的受害者遍布整个社会，不分年龄和性别。这并不意味着所有儿童都是受害者，而是所有年龄的男孩和女孩都被假设成了该行为的受害者。关于儿童的定义，除了那些规定了更小年龄的州以外，一般被定义为 18 岁以下的人，幼儿是报道中最常见的遗弃行为受害者。"青少年"一词与"儿童"一词可互换使用。总体而言，一岁以下的儿童受害率最高，女孩比男孩更有可能成为受害者。从图 4–6 可发现，受害率与儿童的年龄成反比。

男孩和女孩受害的概率几乎是持平的。2011 年，超过 48% 的儿童受害者是男孩，52% 是女孩。美国官方统计表明，女孩比男孩更容易受到性虐待。需要记住的是，关于虐待的统计数据是基于向社会服务机构报告的案件产生的；男孩遭受性虐待的真实发生率被认为等同于女孩受害的情况。

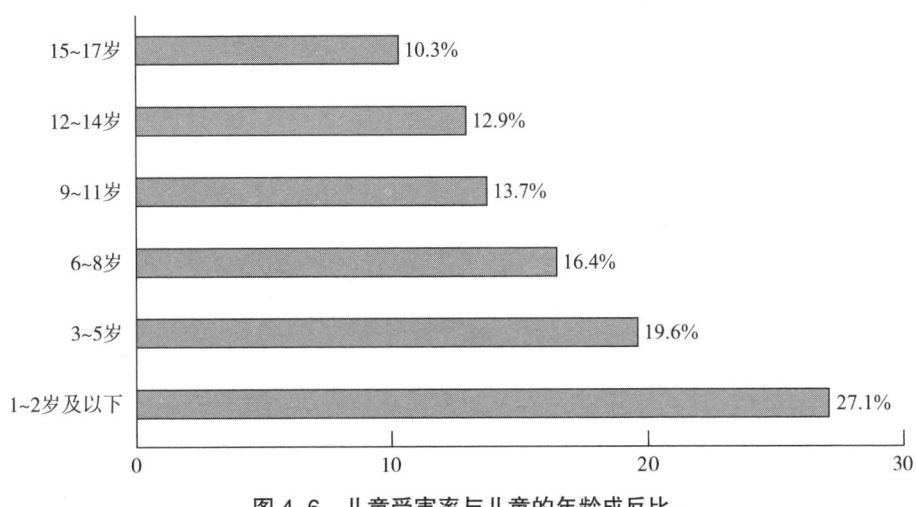

图 4-6　儿童受害率与儿童的年龄成反比

注：孩子年龄越小，越有可能成为虐待和遗弃行为的受害者。
资料来源：基于美国卫生与公众服务部 2012 年的数据。

种族和民族

根据美国卫生与公众服务部 2012 年的信息（美国卫生与公共服务部，受害率因种族和民族而异。大多数儿童虐待受害者首先是白人儿童（占 43.9%），其次是拉美裔儿童（占 22.1%）和非裔美国儿童（占 21.5%）。但是，因为这些数字是它们占受害者总数的百分比，所以并不能反映种族和民族群体中虐待和伤害儿童所造成的影响。为了制定对有需要的人群具有文化敏感性的政策，对种族和民族群体内部虐待和遗弃儿童的情况进行了解是很有帮助的。当我们这样做的时候，一个非常不同的、关于虐待和遗弃行为的画面就会呈现在我们面前。例如，在每 100 000 名儿童中，非裔美国儿童（占 14.3%）和美国原住民儿童（占 11.4%）社区中的死亡率最高。图 4-7 所展示的就是对 2011 年受害率的说明。

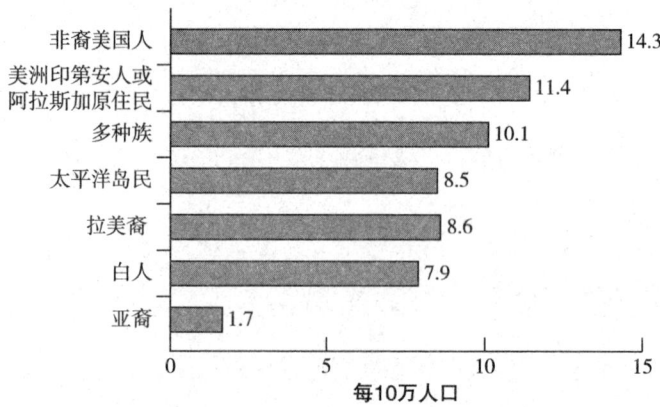

图 4-7　2011 年美国儿童受害率说明

注：被虐待和遗弃儿童受害率最高的是非裔美国人和美国原住民。
资料来源：基于美国卫生与公众服务部 2012 年的数据。

授权举报

授权举报是一项法律要求，要求某些专业人员必须在规定时间内向指定机构举报涉嫌虐待或遗弃儿童的案件，以便进行调查。儿童福利信息网的信息显示，美国 48 个州和哥伦比亚特区指定了一些专业机构，其成员依法被授权对虐待和遗弃儿童的行为进行举报。对于哪个机构必须接收和对举报进行调查，以及完成调查所需的时间，各州的法律规定略有不同。

虐待儿童案件调查机构的主要目标是确定儿童是否需要照料和保护。调查人员接下来必须评估儿童目前生活安排中的风险水平。保护选项包括如果嫌疑人与孩子住在一起，将他从家中接走。应鼓励受害者的父母或法定监护人申请无接触禁制令，以保护儿童在调查期间免受进一步的暴力和威胁，无论嫌疑人是否与儿童住在一起。

尽管联邦政府自 1974 年以来就要求各州报告虐待儿童的情况，但一直没有得到全面的落实，直到 1990 年的《虐待儿童受害者法》(the Victims of Child Abuse Act of 1990) 为联邦报告法制定了类似的条款之后才有所改善。该法案要求专业人员对联邦管辖范围内的虐待和遗弃儿童案件进行举报。根据 1996 年《印第安儿童保护和家庭暴力预防法》(the Indian Child Protection and Family Violence Prevention Act of 1996)，在印第安保留地发生的涉及任何土著美国人作为犯罪者或受害者的虐待和遗弃儿童行为必须向联邦调查局报告。

为了防止儿童因泄露虐待行为而感觉会受到惩罚，只有在无犯罪行为的父母或监护人不愿意或无法保护儿童免受嫌疑人侵害的情况下，才可以选择将儿童从家中转移到安全的生活环境中。根据虐待行为发生地区的社会资源，还可能会提供额外的社会服务。执法官员会进行相关的调查以确定是否犯罪，调查可以与社会服务机构联合进行，也可以独立进行。尽管任何涉及儿童的调查的首要考量都是儿童的安全，但执法和社会服务部门在调查程序上却存在着不同的规定。

任何有义务照顾或保护儿童的人都可以被视为授权举报人，这是由每个州的要求规定的。典型的授权举报人包括医生、儿童看护者、警察和教师。是否遵守对虐待儿童行为进行举报的要求是很难进行规范的，我们只能根据那些由于缺乏报告而没有调查的案件进行推测。各州可对不举报者处以罚款。

专业人士是举报这些涉嫌虐待和遗弃儿童行为的主力军。"专业"一词是指作为其工作的一部分，该人与指称的儿童虐待受害者有过接触。可能成为涉嫌虐待和遗弃儿童举报的授权举报人的其他人员类别包括：

- 神职人员；
- 社会工作者；
- 校长、辅导员和其他学校人员；
- 护士和其他保健工作者；
- 心理咨询师、治疗师和其他心理健康专业人员；
- 校车司机；
- 商业电影或照片加工或从业人员；
- 缓刑或假释官员；
- 为儿童提供有组织活动的实体，如露营、日间夏令营、青少年中心和娱乐中心的主管、员工和志愿者；
- 反家庭暴力工作者。

专业的授权举报人所提交的报告，占提交给儿童保护局的儿童虐待举报数量的一半以上。

儿童受害者与刑法

在美国各州的刑法和法规中，关于儿童的规定与成人存在显著的不同。对儿童犯下的罪行都是有明确陈述的，如遗弃和非暴力强奸。大多数州都延长了对儿童性虐待和其他侵害儿童罪行的诉讼时效。诉讼时效是指违法行为发生后，法律允许对案件进行起诉的时间。各州以及各种犯罪之间的限制差异很大。少数几个州对儿童性犯罪的起诉没有时间限制。在所有的州，谋杀行为都没有诉讼时效的限制。

根据 2010 年修订的《儿童虐待预防和治疗法》，儿童可以提交被害后果陈述。在一些州，儿童受害者的手绘图片和信件是在被允许提交的范围内的。此外，许多州还允许针对儿童受害者施行特殊的法庭程序。这些条款本身就对儿童在法庭程序中的需求很敏感，不需要其他特别的法规来执行。下面是专门针对儿童被害人和证人的刑事司法条款。

1. 允许法官在儿童受害者作证时关闭法庭。这样做的目的是减少儿童对作证的恐惧，并保护儿童免于谈论其受害带来的尴尬的影响。新闻记者和其他与案件没有直接关系的人将被要求离开法庭。
2. 允许向儿童证人提出引导性问题。初审法院拥有允许直接询问证人的固有权利。对主要证人的做法的质疑可能会出现在审判过程中。一些州的法规赋予了起诉方在受害者是儿童时提出引导性问题的具体权利。
3. 允许在虐待儿童案件审判的过程中使用解剖学玩偶（anatomical dolls）。一些州已经明确规定，法院可以允许使用符合解剖学要求的玩偶来帮助儿童作证。
4. 允许使用闭路电视，以避免儿童受害者不得不在被告面前作证的情况下可能引起的创伤。

法院在虐待儿童案件中使用两种不同的闭路电视系统。单向闭路电视允许法庭上的人看到证人，但证人看不到法庭上的任何人，包括被告。另一种系统是双向闭路电视系统，在双向系统下，法庭上的人可以看到证人，证人也可以看到法庭上的人。在马里兰诉克雷格案中，法院裁定，允许儿童受害者通过单向闭路电视作证的法规是宪法所允许的。根据联邦法律（《美国法典》第 18 篇第 3509 条），应儿童律师或诉讼监护人的请求，儿童受害者通过双向闭路电视所作之证词是可以被法院采信的。在某些情况下，甚至可以使用儿童的录像证词代替法庭证词。

使用证词而不是直接进行法庭抗辩引起了相当大的法律争议。最高法院在克劳福德诉华盛顿案中的裁决禁止在刑事诉讼中使用"传闻证据"。但儿童在治疗过程中向卫生工作者或社会工作者所做的陈述可能仍可作为儿童证词的替代。一般来说，法医小组的录像采访被认为是克劳福德标准下的证据。当然，克劳福德案也留下了若干的困惑，其中之一就是，法院未能给什么是证词下一个明确的定义。

虐待和遗弃儿童的实施者应该被逮捕并受到刑事起诉吗？逮捕决定由调查当局逐案做出，起诉的决定则更加复杂，地区检察官会根据以下因素做出关于起诉与否的最终决定：

- 孩子的年龄；
- 犯罪行为的严重程度；
- 拒绝或无意愿作证；
- 证据；
- 成功起诉的可能性。

家庭暴力和儿童监护

在美国，所有州都将父母分居或离婚期间的家庭暴力行为视为决定子女监护权的一个因素。在所有情况下，儿童的安全和福祉都是法院首要关切的，这一趋势反映了主张儿童权利胜于父母权利的变化，并朝着拒绝亲密关系虐待、剥夺虐待儿童者的监护权以及拒绝未受监督的探视发展。虐待者是否参与了干预计划也可能是决定儿童监护和探视的一个因素。美国少年和家庭法庭法官理事会建议，在那些不承认对过去伤害负责或持续实施暴力的施暴者进行的有监督的儿童探访中，对家庭暴力行为的零容忍一直是相关人员所秉持的原则。

在监护权听证会期间，当虐待指控浮出水面时，法院可以下令对虐待行为进行调查。儿童证人和专家证词、对虐待其伴侣犯罪者的父母的健康状况的考虑，以及家庭暴力对受害者为人父母能力的影响增加了监护权听证会的复杂性。在许多州，法院将指定一名诉讼监护人或一名律师为孩子辩护。诉讼监护人可以是律师、非业界人士或受过训练的志愿者。

刑事管辖权

大多数针对儿童的犯罪由地方和州执法部门进行调查。在联邦一级，美国联邦调查局、印第安事务局（Bureau of Indian Affairs，BIA）和国防部可以行使管辖权。刑事管辖权的确定，包括调查和起诉责任，其受到若干因素的影响：

- 犯罪发生的地点；
- 犯罪类型；
- 受害者和犯罪者的种族；
- 规定联邦、州和部落管辖权的法规。

由于联邦法院的管辖权以前并不涉及家庭关系，所以居住在联邦飞地内（如军队、印第安人保留地）的受害者直到 20 世纪 90 年代中期才获得家庭暴力保护的法律追索权。

当受害者是儿童时，军事或联邦法律中没有授权转移儿童的条款，施暴者只服从军事当局，而军事当局并没有反家庭暴力法。利益冲突在以前也是存在的，因为军事官员代表军事人员，而不是被虐待的配偶或子女，所以如果没有家庭暴力管辖权，联邦设施可能就无法充分满足受害者的需求。

美国国防部认识到家庭暴力是军队内部一个严重的问题。军队所具有的独特问题，如军队的部署、重新集结和不断的迁移，被认为是催生这部分军队家庭暴力者的成因。军人家庭儿童的压力和行为问题与部署有关。一项研究发现，当配偶被派往战场时，留守的女性虐待儿童的比率增加了两倍。吉布斯（Gibbs）等人还发现，与士兵没有被部署的时期相比，部署期间虐待儿童的总体比率高出42%，其中中度或重度虐待的发生率最高。

印第安保留地代表了联邦保护的另一个领域，该领域同样未包括家庭干预和公民法律追索权。1978年的《印第安儿童福利法案》(the Indian Child Welfare Act of 1978)是为满足美国原住民儿童需求所做的早期尝试。通过这项法案，国会宣布致力于建立寄养或收养家庭，以反映美国原住民文化的独特价值，并改善印第安部落家庭的安全。在涉及印第安儿童监护权的诉讼中，印第安初审法院享有专属管辖权。该法案还规定，在每个州，印第安法院的司法程序、记录和公共行为都应被认为是值得充分信赖的。所在州当局保留从印第安土地上紧急转移儿童的权利，以防止对儿童造成突发的身体损伤或伤害。

在印第安保留地调查虐待儿童行为时所面临的多辖区责任，在执法机构之间造成了谁应该对虐待举报做出回应的混乱。一些保留地缺乏足够的社会资源，导致对所在州当局在虐待案件中提供援助采取默许的态度，但是这些州当局做出的援助在文化上并不总是合适的。另一个问题是美国最高法院在一起案件中做出裁定，部落政府不能对非印第安人提起诉讼，这意味着，如果犯罪者不是本地人，他们可能会逍遥法外。这种情况对这部分人来说至关重要，因为报告显示，美国原住民、印第安女人和阿拉斯加人遭受伤害的比率高于普通美国人。美洲印第安儿童是所有民族群体中受害率第二高的，在同一种族或民族的人口中，每1000名儿童中就有11.4名受害者。人们普遍认为，这些数字并没有充分反映虐待儿童行为的实际数据。2013年的《暴力侵害妇女行为再授权法》(the Violence Against Women Reauthorization Act of 2013)通过了允许对家庭暴力行为进行起诉的司法改革，并于2015年生效。

总结

历史上，孩子一直被视为父亲的财产，而对儿童的管教也可以采取任何的形式，并通常都会被视为在父母权利可接受的限度内。19世纪的草根运动（群众运动）试图改变儿童在家庭和法律体系中的待遇，而我们对家庭中虐待和遗弃儿童的回应到目前都仍然处在兴起的阶段。

虐待的定义和类型对识别虐待和遗弃儿童行为来说依旧是个问题。《儿童虐待预防和治疗法》下的联邦指南至少在某些类型中提供了标准化，同时，美国各州可以在自己的法律中自由定义虐待和遗弃儿童的行为，但要获得联邦资助，这些定义必须包括《儿童虐待预防和治疗法》中所规定的类型。因此，对本章所包含的虐待的联邦和州定义的来源进行充分的了解是很重要的。

虐待的受害者其实是无法描述的，这个群体覆盖了所有年龄、性别和种族。尽管对虐待受害者的确切数量可能存在困惑，但我们可以肯定地得出结论，这个数字一定很高——对我们的社会来说可能高得令人无法接受。本章亦强调了虐待和遗弃儿童的后果，然而，重要的是要记住，虐待和遗弃儿童的后果并不是固定不变的，也不能被准确地预测。心理弹性[①]和干预因素将影响个人对虐待和遗弃儿童行为的反应。

HEAVYHANDS

简单场景

授权举报人

作为斯普林菲尔德小学的一名新老师，玛丽安娜忙得不可开交，她的教室里有40个孩子。第一年令人沮丧！书籍和用品的缺乏给她留下了这样的印象：政府不关心这些孩子，他们中的许多人不会说英语。玛丽安娜无意中听到一些女孩嘲笑苏珊和她穿的脏衣服。女孩们嘲弄说难怪她很脏，因为她妈妈总是神志不清，而她爸爸在监狱里。玛丽安娜注意到苏珊每个月都会缺课五到七天。

思考：老师的角色是什么？

---

① 能应对压力、打击、不幸等负面事件和情绪并快速恢复的心理能力。——译者注

第 5 章

虐待儿童事件调查

HEAVY

HANDS

在每一起被怀疑涉嫌虐待或忽视儿童的案件中，都会有几个不同的部门参与到调查与处理工作中来。其中，儿童保护服务机构必须确定儿童是否需要护理、保护和/或服务。社会服务机构会对案件进行调查，以便提供发生虐待或忽视的证据，确定可能实施虐待或忽视的人，并保护儿童免受进一步的虐待或忽视行为伤害。这些机构会针对儿童在家庭中的安全情况做出决定。

警察也需要对涉嫌虐待和忽视儿童的行为进行调查。然而，警察调查的目标是不同的：警察必须确定是否存在合理根据，使负责调查的警员相信行为人已经犯下了虐待罪行，在确定罪行确实发生之后，警察会试图确定罪犯的身份，以便进行可能的起诉。总而言之，警方收集证据以证实犯罪的动机，并在必要时提起刑事诉讼。在涉嫌虐待和忽视儿童的案件调查过程中，刑事调查人员需要对可能发生的任何伤害进行记录，并对可以证实虐待发生的证据进行收集，身体伤害和心理或情感虐待的迹象对调查人员来说同样重要。案件中针对物证和言词证据的收集，为的就是识别和起诉犯罪者。虽然警察与社会服务机构的目标有时可能存在不同，但双方之间的沟通和合作却总是以保护孩子的最大利益为前提开展的。图5-1概述了调查虐待和忽视儿童案件的四个关键步骤。

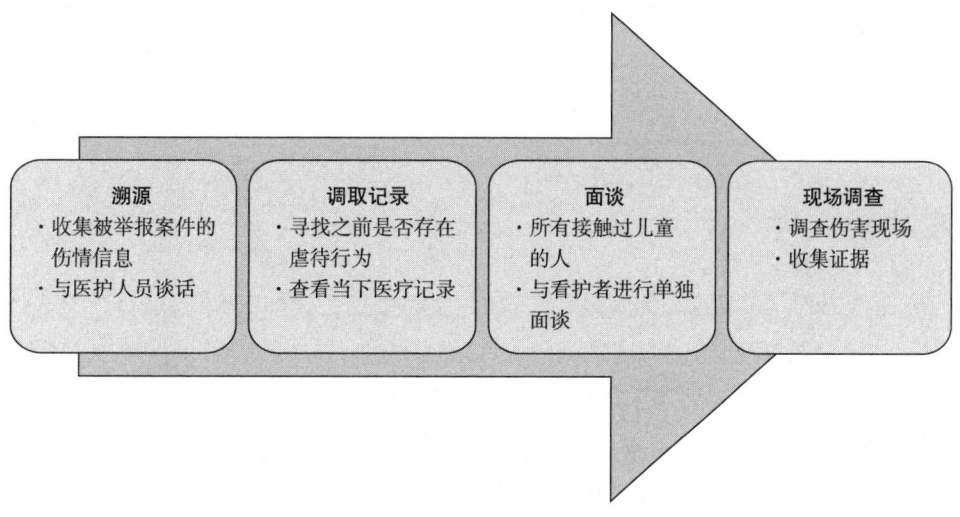

图5-1　调查虐待和忽视儿童案件的关键步骤的概述

第一步是收集被举报案件的伤情信息，同时与照顾孩子的医务人员进行谈话，这里也包括观察孩子和通过照片或图示来记录伤情。这一步骤中的信息可能来自授权举报人、家庭成员、邻居以及其他任何与孩子相关的举报人提交的举报。和医务人员谈话是证据收集过程的一个重要组成部分，可以说是举足轻重，因为医生或护士可能会在医疗护理后的几天或几周内就忘掉具体是哪个孩子接受过治疗。

第二步是查明该儿童过去是否曾受到虐待或忽视。如果该儿童过去曾遭受过虐待或忽视，那就应调取之前所遭受的虐待或忽视的记录，在一些情况下，通过法院命令去调取记录也是必要的。

第三步与在当下所涉及的虐待或忽视行为发生期间接触过儿童的所有人进行谈话，这里一定要注意一个十分重要的关键点，就是与看护者的谈话应该是单独进行的。调查员所找寻的是这些谈话对象对虐待或忽视的发生原因与过程所做的解释，然后研究人员将与专家交谈，并将这些解释与受害者的伤情进行比较，以确定它们是否一致。当事实与解释不一致时，应该引起调查人员的警惕，并应尝试进一步去确定原因。

第四步是前往所谓的虐待或忽视的现场，即某人的家中，因为虐待或忽视行为一般发生在这里。通常，户主或公共房屋的房屋管理员会同意调查人员对房屋进行查看。但是，如果户主或公共房屋的房屋管理员不同意，或者有些案件可能需要搜查令来收集具体证据，调查人员就应该申请搜查令，然后在持有搜查令的情况下，再次对住宅进行搜查。调查人员应对解释中的描述与虐待发生地点的情况进行比对，以确定两者是否吻合。例如，如果户主或公共房屋的房屋管理员说孩子是从楼梯上摔下来的，那调查人员就应该记录楼梯的位置及其特征（如是否有地毯、木头材质还是水泥材质等）。证据的收集应该以符合法律政策和程序的方式进行。

残疾儿童

当你在阅读本章关于对儿童实施的身体与性虐待的内容时，需要时刻留意一点，即残疾儿童被忽视和遭受各种形式虐待的风险已经呈现出一种显著的增长趋势。身体残疾、情感或精神障碍的儿童所表现出的脆弱性也令人十分担忧。2011年的《儿童虐待报告》（*Child Maltreatment 2011*）显示，近20%的虐待儿童行为受害者有残疾或身体条件的恶化，残疾包括智力迟钝、情绪障碍、视觉或听觉障碍、学习障碍、身体残疾、行为问题或其他医学问题。

躯体虐待概述

对躯体虐待的刑事起诉比对情感虐待的起诉更常见。在虐待案件中，对虐待行为的识别和证据的收集变得极其重要，这是因为意外事故和故意伤害之间的界限可能很模糊，并使得确定事件真实的状态有了一定的难度。多机构合作或跨学科团队方法有助于从各种来源收集信息，以描绘出虐待行为的准确画面。

无论最初的调查机构是警察部门还是社会保护机构，亦不论其在调查中起了什么作用，如果决定对虐待行为进行起诉，那么前期调查过程中所形成的任何报告和其他文件都有可能成为法院关注的焦点。所以，只要有可能，调查人员就应该从专业医疗人员那里获得一份关于他受伤原因所发表的书面意见报告，甚至如有必要，还可以调取受害者的病历。对受伤性质、类型和位置等信息的收集，是确定躯体虐待情况的第一步，并且应该在与受害者谈话之前就收集完毕，然后与受害者对虐待情况的阐述进行比较。需要注意的是，对虐待的指控并不能证实儿童确实受到了伤害。

> **旧事重提** ●●●
>
> 苏珊带着灿烂的笑容走进了我的办公室。这是一个迷人的四岁孩子，她干净利落——是那种容光焕发的孩子。她的头发扎成马尾辫，顶端扎有一条与她的裙子相配的粉红色丝带。在见面的瞬间，她开始原地转着圈炫耀她华丽的服装。为了取悦我，她开心地笑着，不停地聊天。
>
> 然而，我已经知道这个小女孩的生活有黑暗的一面。几个月前，她告诉她妈妈说爸爸"碰"了她，并且弄伤了她尿尿的地方。她的妈妈对自己没有能力保护孩子感到沮丧，于是带着她一起逃走并从那以后就一直四处躲藏。

破损、擦伤、撕裂伤和伤痕的位置

由于擦伤和小割伤通常属于合乎逻辑的意外伤，所以在考虑的时候需要把儿童的年龄和活动能力与对所受伤害的解释放在一起。一般来说，不活动的婴儿是不会对身体造成严重伤害的。当然，如果有脆骨病等疾病，那这样的解释可能就不合理了。被抛或摔、遭到殴打或掌掴、被烧伤或下毒的婴儿都可能有明显的受伤迹象，儿童不能自行造成伤害的任何受伤部位都值得调查人员关注。但是需要注意，孩子脸上经常出现的抓伤，很可能是由于没有剪指甲而自己抓挠造成的，这也就是为什么很多医院会给新生儿都戴上小手套的原因。

客观和中立对一个虐待儿童案件的调查者来说实属宝贵。儿童在玩耍的时候经常会把自己弄伤，比如瘀伤、烧伤，甚至会骨折，但是这些伤都不是父母的虐待行为所致。注意图 5-2，它显示了儿童身体上经常因意外受伤的位置。调查人员需要把受伤的位置和类型等信息收集起来，然后与看护人就受伤前发生的事件进行讨论，看护人对孩子如何受伤的解释必须与伤痕本身一致。

当伤害是由体罚造成的或本身就是以伤害为目的所造成的，这就属于非意外伤害的范畴了。如果一个孩子被拳打、踢踹、抛扔或摇晃，并受到伤害，不管伤害有多轻微，不管这个孩子先前的健康状况如何，施暴者都要承担法律责任。图 5-3 中的插图对儿童身体上通常会受到非意外伤害的部位进行了展示。

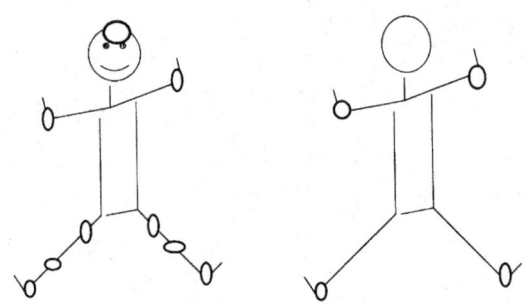

图 5-2　儿童经常因意外受伤的位置

注：意外伤害位置，正面和背面。走路的儿童身上的瘀伤通常是意外造成的，这些瘀伤经常出现在前额、肘部、腹部，以及大腿、膝盖和脚踝的外侧。

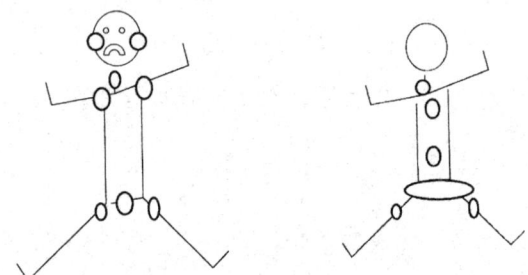

图 5-3　儿童通常会受到非意外伤害的部位

注：非意外伤害位置，正面和背面。被怀疑遭到了故意伤害的儿童的瘀伤或骨折通常位于耳朵和脸颊、脖子、肩膀和上臂、生殖器和大腿内侧，除骨节外其他部位的瘀伤值得怀疑。防御的姿态会导致手臂前端外侧受伤，可疑的瘀伤部位包括臀部、背部下端、耳垂、嘴和脖子。

瘀伤形成时间测定

多处瘀伤、擦伤或处于不同愈合阶段的其他伤口可能意味着儿童遭到了重复的人身攻击。瘀伤形成时间测定包括记录受害者身上出现的瘀伤的颜色，并随后用时间框架对这些信息进行整理记录。明显不同的瘀伤颜色应该引起调查者的注意，因为这可能是重复虐待的迹象。另外，如果可能的话，建立一个受伤时间轴，然后查看瘀伤形成的时间是否与目前关于受伤情况的解释相符，这也可能对调查起到帮助。虽然位置不同可能会稍微改变瘀伤的颜色，但瘀伤的形成时间通常都是根据颜色来进行判定的：

- 鲜红色瘀伤表明受伤时间为 2 天以内；
- 带点蓝色的瘀伤或紫色瘀伤表明受伤时间为 2~5 天；

- 绿色表示瘀伤已形成 5~7 天；
- 黄色表示瘀伤已形成 7~10 天；
- 褐色表示瘀伤已形成 10~14 天；
- 2~4 周之后瘀伤将消失。

许多因素会对瘀伤形状和颜色产生影响，比如有些人可能就是比其他人更容易受伤；或皮肤非常黑的人身上很难看到瘀伤，通常在瘀伤消退时看到的颜色可能也不明显。人被击中的程度和受伤的位置可能也会改变瘀伤的颜色和形状。另外，患有疾病的人，特别是白血病人，在没有挨打的情况下，就有可能出现严重的瘀伤。

旧事重提

在对一起涉及一名四岁男孩的涉嫌性虐待案的调查中，这名儿童画了一张粗略的勃起阴茎的画。男孩的父亲被认为是施暴者。犯罪证据不足阻止了我们对儿童的父亲提起刑事诉讼。尽管我怀疑孩子被强奸了，但本案中并不存在逮捕的合理依据。这只是若干对男孩实施了性虐待但并不能纳入统计的例子中的一个。

每当我对一起性虐待罪犯实施逮捕时，我都试图确定罪犯是否曾经在孩提时代受到过性虐待。许多人告诉我关于他们童年受害的"秘密"。几乎所有在儿童时期受到性虐待的男性罪犯都知道，当年侵犯他们的罪犯从未被起诉。

会见孩子的父母或监护人时，应该始终保持尊重。无论孩子受的伤有多严重，调查员的感受或个人观点都不应该带入谈话中。对犯罪嫌疑人的会见和审问有明显的区别。会见是为了收集信息，不应该是对抗性的，所以调查人员应该保持会见的语气不带有评判性，以确保受访者配合；嫌疑人被锁定之后有的是时间进行审问，而会见就像两个人之间的对话。当人们感觉舒服的时候，他们就更有可能和你说话，所以花时间让疑似施暴的父母或看护人感到放松是很值得的。一旦提出指控，或当父母或看护人认为他被指控时，他们在回答你的诸多问题时就会变得犹豫。大多数受伤害的孩子的父母是没有伤害孩子的意图的，有些人可能认为他们有权以他们选择的任何形式进行惩罚，或者是他们意识到自己惩罚孩子的形式确实是过分了，也不排除在某些情况下，所受伤害可能是意外造成的。让交流之门敞开，在调查过程中，调查人员可能需要与父母或看护人进行多次的会见和交谈。

需要注意的是，不要在没有彻底调查清楚的情况下就对某人进行虐待指控。这可能会给被调查人员带来不可预估的影响，比如耻辱、羞愧、失业，在某些情况下还可能导致失去孩子的监护权。

对案件调查人员来说，对瘀伤进行关注是很重要的，这有助于确定伤害行为可能发生的时间。任何明显的瘀伤都应该通过专业的照相设备记录下来，这样不会使所记录的瘀伤外观变形。

损伤模式

常见的家庭用品经常被用作虐待儿童的武器，包括梳子、苍蝇拍、衣架、皮带和棒球棍，但最常见的危险武器仍然是手。在非意外受伤位置去寻找伤痕和确定损伤模式对调查是很有帮助的，因为即使孩子不能清楚地说出发生了什么，孩子身上的瘀伤也可能有助于识别和找回武器作为证据。请注意图5-4中儿童臀部的瘀伤，这种瘀伤被怀疑是虐待造成的，因为它形成的位置是一个与意外伤害不一致的位置，并且它包含了孩子被踢受伤后留下的可识别的足印。

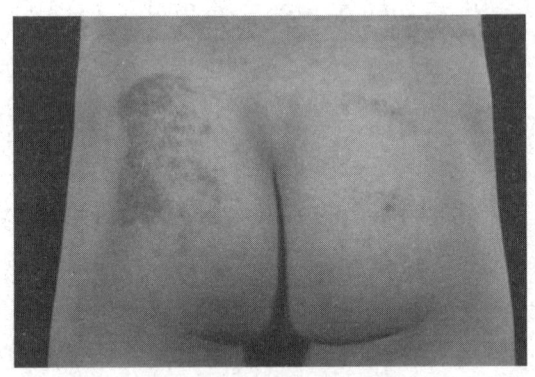

图 5-4 被踢孩子屁股上的脚印

了解更多 ●●●

脆骨病

脆骨病的专业术语是"成骨不全症"，这种病情的特点是骨头非常容易断裂。成骨不全症有四种形式，根据具体类型，骨质脆性从轻度到非常严重不等。对于患这种病的人来说，轻微事故就可能导致骨折，一些骨折甚至可能发生在给患有这种疾病的婴儿换尿布、穿衣或他们被抬起举起时。

儿童虐待的另一个表现特征是骨折。如果在愈合的多个阶段出现多处骨折、肋骨骨折或螺旋形骨折，并且对创伤没有足够的解释，那么就一定要就此情况找医生咨询。在大多数情况下，该情况都存在明显的影像学、临床和过往病情特征，因此易于检测。在疑难病例中进行胶原分析的皮肤活检可能有助于识别轻度成骨不全症。因为虐待儿童行为通常会与其他不良行为一起被举报，所以其他不良行为的存在并不排除虐待儿童的可能性。婴儿是不可能"摔倒"的，但是一旦幼儿开始走路，那摔倒的情况也就出现了，而且活跃的幼儿更容易伤害自己的身体。

其他用来击打儿童的物体可能会留下可识别的瘀伤，比如由梳子、绳子或衣架造成的瘀伤，或对折的绳子或衣架会留下一个回环形的痕迹。人类的咬伤也同样会留下一种可区分的损伤模式，这种模式可以通过牙齿的构造与动物的咬伤区分开来。初学走路的孩子会去找他们容易咬到的地方咬，如脸或四肢。如果牙齿擦过皮肤，可能就会导致擦伤，而撕裂或断裂伤更可能是由动物引起的。

小的椭圆形图案或印记暗示着被抓、捏、挤或打造成的伤害。这些椭圆形的痕迹是指尖接触后的特征，可以在被猛烈摇晃的孩子的身体上找到，或者如果有人尝试扼死或勒死孩子的话，可以在喉咙周围找到。另一个企图扼死或勒死的迹象是喉咙周围的缠绕痕迹，表明可能使用了绳子、绳索或铁丝。捆绑或绑住孩子也可能导致嘴、脖子、手腕或脚踝周围的瘀伤。如果脖子、脚踝或手腕上出现缠绕、系绳或捆绑伤，那就表明孩子曾经被绳索或细绳捆住过。

如前所述，过分的惩罚是大多数虐待的根源。当只有轻伤时，调查就有了一定的难度。然而，虐待儿童案的最终解决不应该是依靠直觉得来的结果。将物证视为虐待的外部迹象，并查看是否存在行为迹象和症状，同时也不要忽视了寻找其他形式虐待的痕迹，如情感或心理虐待、性虐待或忽视等。如果你没有发现这些迹象，那可能就意味着这个案子要结案了。

头部创伤

婴儿很少遭受意外的头部创伤。骑自行车、滑旱冰、骑山地车或四轮车的孩子头部可能会意外受伤，同时车祸也可能是造成儿童受伤的原因。但是刚学会走路的幼儿却呈现出不同的画面，因为摔倒，他们的前额经常有肿块（如图5-5所示）。了解儿童意外受伤的示例，如果前额一侧显示有瘀伤，请仔细检查，那可能是幼儿摔倒造成的。

故意造成伤害的例子包括：

- 头皮下出血或因被拉扯而掉发；
- 视网膜出血，这是婴儿震颤综合征（shaken baby syndrome）的标志，很少与其他类型的损

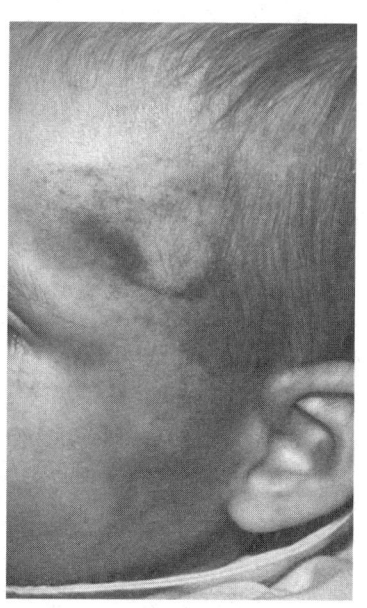

图 5-5 前额一侧有瘀伤的儿童

注：这个蹒跚学步的孩子前额上的瘀伤与一个孩子试图走路时摔倒的情况一致。

资料来源：NMSB/ 医疗库存照片。

伤有关；
- 多次拍打或击打头部造成的伤害，例如导致颈部受伤，儿童无法转动头部；
- 颈部扭伤（无汽车事故史）；
- 任何耳朵上的瘀伤，有理由怀疑孩子头部侧面被击中；
- "菜花耳朵"（皱缩耳），类似于拳击伤，当耳朵被多次击中时引起；
- 瘀黑或肿胀的眼睛，可能是意外或虐待的结果（事故的经过很重要）。

旧事重提 ●○○

马萨诸塞州社会服务部的儿童保护服务中心打电话通知我，当地医院的一个小孩被怀疑被猛烈地摇晃过。据判断，这个孩子有严重的脑损伤，可能活不过当晚，孩子患有脆骨病的弟弟也在前一天去世了，初步判断，他死于由脆骨病引起的并发症。

与孩子母亲的会见提供了信息，她和她的男朋友与两个孩子共同居住在只有一间卧室的公寓里。半夜，生病的孩子哭了，接着吵醒了另一个孩子，然后又吵醒了男朋友。绝望的母亲把两个孩子带到厨房，以此安抚她男朋友的情绪。她说她在门口被一个玩具绊倒了，把还在蹒跚学步的孩子摔了下来。在公寓执行搜查令进行搜查时，我并没有在母亲所说的位置发现玩具。在门口发现了炉子边上的一个凹痕，母亲声称是在那里绊倒的。她讲述了孩子是如何"滚到"房间的另一边，叙述中得知孩子是被扔在炉子上，然后朝相反的方向滚去，并在一米外停了下来。除脑损伤外，该儿童还出现视网膜出血的情况，而这预示着他患有婴儿震颤综合征。这个孩子第二天就生病了，并伴有呕吐，在被送往医院之前，他已经停止了呼吸。尽管这个蹒跚学步的孩子还活着，但他的医生预测，脑损伤会阻止他两岁以后的发育。

据推测，另一个婴儿在事故中当场死亡。还不清楚他是被抛扔了还是当时处理不当，从而导致他脆弱的骨头断裂。

烧烫伤

尽管对虐待儿童的认识有了显著提高，但故意烧烫伤这个类型依旧时常被忽略。成人在 53 摄氏度的水中暴露 60 秒、在 54 摄氏度的水中暴露 30 秒或在 65 摄氏度的水中暴露 2 秒，将会造成严重的皮肤损伤。然而，儿童形成严重烧烫伤的时间较成人更短。烧烫伤约占所有虐待案件的 6%~20%，据报告，在遭受躯体虐待的所有儿童中，严重烧烫伤约占10%。四岁以下的儿童成为烧烫伤受害者的风险最大，其中男孩比女孩更容易受到此类伤害。

可以造成烧烫伤的对儿童的惩罚行为可能包括强迫儿童待在热水里，用香烟或打火机烧，或推/抱着儿童放在暖气或电器上。在极少数情况下，也出现过儿童被放在烤箱和微波炉中导致死亡的案例。当一个孩子被描述为意外烧烫伤时，受伤部位可能在孩子身体的前面。如果一个孩子把炉子上的锅或盛有高温液体的容器拉过来，就会发生这种情况。幼儿也可能触摸或踩到加热装置，导致脚底或手掌受伤。儿童柔软身体上所呈现的坚硬物体的图案只有当物品牢牢地保持在皮肤上时才能留下。注意图5–6，它展示了一个小孩脸颊上的烧伤，圆形是香烟燃烧的结果。

受热的皮肤会变红（一级烧伤），然后起泡（二级烧伤）。在高温和长时间暴露造成的三度烧伤的情况下，皮肤可能因火焰被烧焦或烫伤而变白。浸泡在热水中会产生对称的图案，这与意外烧伤不同，是虐待儿童造成的常见烧烫伤。一个人走进一个热水浴

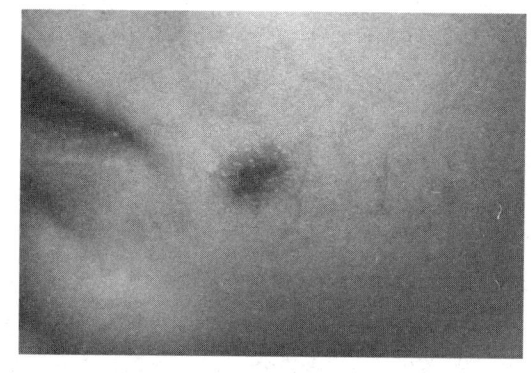

图 5–6　一个小孩脸颊上的烧伤

注：仔细检查这个孩子脸颊上的痕迹，表明烧伤与香烟紧紧贴在皮肤上形成的痕迹是一致的。在这种情况下，孩子已经足够大了，能够说出伤害的来源。

资料来源：NMSB/医疗库存照片。

池或者撞到溅到他身上的沸腾的液体罐时，他会躲开并痛苦地跳起来——由此造成的烧伤并不会遍布全身，会产生飞溅痕迹。当一个孩子被抱入或被迫进入热水时，就会发生浸没烧烫伤。下列情况之一可能会认为是故意浸没烧烫伤。

- 椭圆形烧烫伤通常包括臀部和生殖器，它是当一个孩子被淹没在热水中时引起的。烧烫伤可能不是完全对称的；由于儿童手臂和腿的位置，身体的某些部位可以免受烧烫伤。
- 手或脚放在热水中会导致手套形或袜子形烧烫伤。热水是造成意外伤害和虐待伤害的常见原因。与泼溅水造成的烫伤或意外烧烫伤不同，浸没烧烫伤在烧烫伤深度上表现得相当均匀。
- 臀部周围的甜甜圈状烧烫伤表示被迫坐在热的物体上，如电热器、炉子或其他电器。当孩子被放在滚烫的热水中洗澡时，臀部被用力压在浴盆的底部，这样水就不会接触到臀部的中心，从而使臀部的这一部分免于烫伤，并导致烧烫伤形成一个甜

甜圈的形状。
- 如果看护人说孩子被留在浴室里，并被告知不要进入浴缸，然后看护人听到尖叫，回来发现孩子在水中跳上跳下，那么如果孩子脚底没有受烧烫伤，就证明看护人没有说实话。一个孩子不可能在热水中跳上跳下而不烧伤脚底。

家庭成员绑架

最常见的儿童绑架是父母对儿童实施的绑架，通常发生在父母分居或开始离婚诉讼时。父母一方为了在预期的或未决的儿童监护诉讼中获得优势，或由于害怕在预期的或未决的儿童监护诉讼中失去孩子，会将孩子从另一方身边带走或强行留在自己身边。父母一方可以在探视结束时拒绝让孩子返回，也可以带着孩子逃跑，以阻止另一方获得探视机会。父母绑架儿童可能发生在同一个城市；在美国州、地区或国内；或者它们可能是国际性的。由于父母以及其他家庭成员绑架儿童的频率很高，所以通常使用"家庭成员绑架"一词。家庭成员绑架是指父母、其他家庭成员或代表父母或家庭成员的人带走、滞留或隐藏一名或多名儿童，剥夺另一个人的监护权或探视权。大多数儿童绑架都是家庭成员绑架。

家庭成员绑架在范围和影响上都是一个严重的问题。美国国会为了修正《少年司法和预防犯罪法案》，通过了把1984年失踪儿童援助法案作为第4章加入其中的决议。通过这一举措，国会授权由少年司法和预防犯罪办公室与美国失踪和受剥削儿童中心协调，对失踪和受剥削儿童问题做出全国性回应。一个关于父母绑架的主要信息来源，是来自非营利机构国家虐待儿童起诉中心下的青少年司法和犯罪预防办公室（the Office of Juvenile Justice and Delinquency Prevention）的指导。2010年，执法部门向联邦调查局国家犯罪信息中心（the National Crime Information Center，NCIC）数据库输入了531 928份18岁以下儿童的记录。据估计，每年有56 500名儿童被父母或家庭成员绑架。

在家庭父母绑架案件中，父亲和母亲都有可能绑架他们的孩子。母亲更有可能在她认为不利的监护令发布后绑架儿童，父亲更有可能在家庭法院监护令发布前绑架儿童。每年大约有1000名被家人绑架的儿童是涉国际的。

美国所有的州和哥伦比亚特区都有禁止父母绑架的法规。此外，1993年的《国际父母绑架犯罪法》规定，父母从美国绑架儿童并把他们带到另一个国家是一种联邦犯罪。它还将把在美国的儿童与有父母监护权的人分开视为犯罪。该法的某些条款允许逃离其现任伴侣虐待的被监护受虐待妇女，为孩子不能返回进行辩护。然而，她必须在 24 小时内通知孩子的父亲孩子是安全的。《国际儿童绑架补救法》(the International Child Abduction Remedies Act, ICARA) 要求警察迅速将每个失踪儿童的案件输入国家犯罪信息中心，并采取任何合理必要的合法行动寻找儿童。

大多数犯罪者是孩子的父母，然而，其中依旧有一小部分受害者是受其他家庭成员绑架。根据其严重性，家庭成员绑架可被视为两个不同的类别。第一种情况是，一名家庭成员违反监护协议或法令或违反监护令带走一名儿童，在合法或约定的探视结束后未能归还儿童。第二类是企图隐瞒儿童的下落或阻止与儿童接触，这可能包括带孩子离开这个州。这些涉及家庭的绑架儿童案件绝大多数发生在离婚的背景下。

孟乔森症候群

这一章把孟乔森症候群（munchausen syndrome by proxy）[①]囊括在内，是因为它涉及对儿童的躯体虐待和医疗忽视。患有这种候群症的罪犯遭受着心理上的折磨，这种情况在目前的《精神障碍诊断与统计手册（第 4 修订版）》(DSM IV-TR) 中被归类为人为的一氧化氮合酶紊乱，但许多临床医生仍称其为孟乔森症候群。

被诊断为孟乔森症候群的个体会故意计划和隐藏他的虐待行为，这可能包括使儿童窒息或要求对儿童进行痛苦的医学测试和程序。孟乔森症候群施虐的特点是，要求护理人员进行反复的以及不必要的医疗检查和程序，并对儿童造成身体伤害。捏造患病情况的常见方法有说谎、用药物或其他物质毒害儿童、使儿童出现呼吸困难情况、篡改样本和伪造图表。

案例研究表明，为了确保儿童可以住院，父母会做出一系列故意的行为，包括向儿童注射尿液或粪便以及服用大量泻药。对儿童实施的医疗程序或使用的药物可能会导致儿童在严重情况下死亡。虽然孟乔森症候群的发病率被认为是罕见的，但其行为的发生率比较高，在每 100 000 名儿童中有多达 2.8 名受害。

根据克里德尔（Criddle）的说法，绝大多数表现出孟乔森症候群的人是女性，而男孩和女孩都有可能成为受害者。这是一个很难做出的诊断，因为施暴者相信或者已经说服自己，真的认为孩子生病了，即使他们自己的行为已经造成了孩子的不良影响。这种行为缺乏动机，也不能用任何其他精神疾病来解释。

[①] 北京大学出版社出版的《精神障碍诊断与统计手册》(第五版) 中译成"做作性障碍"。——译者注

婴儿震颤综合征

"婴儿震颤综合征"是一个医学术语,用于描述儿童所遭受的剧烈摇晃和可能导致的伤害。婴儿震颤综合征是一种严重的儿童虐待形式,由婴儿肩膀、胳膊或腿的剧烈抖动,以及虐待性头部创伤和创伤性脑损伤造成。美国疾病控制和预防中心的资料显示,婴儿震颤综合征是美国儿童虐待致死的主要原因。

从出生到四个月大的孩子最有可能受到摇晃的伤害,因为他们的颈部肌肉不发达,大脑组织脆弱。反复剧烈的摇晃会导致大脑左右撞击头骨,引起脑损伤、失明、瘫痪、癫痫和死亡。大多数患有婴儿震颤综合征的受害者会出现视网膜出血的情况,这看起来像血管破裂和白色眼球上的小血斑。学习、身体、视觉和语言障碍都是摇晃可能造成的长期后果。癫痫发作、行为障碍、认知障碍和死亡也可能发生。据信,每四名受到剧烈摇晃的儿童中就有一名死于这种虐待行为。

国际社会开始关注急诊室中未被作为婴儿震颤综合征追踪的,儿童头部严重受伤情况的发生率,这直接导致了 2008 年一项变化的发生。疾病控制和预防中心召集的一个专家小组制定了五岁以下儿童非致命性的虐待性头部外伤国际分类。使用这一分类代码来定义美国医院收治的婴儿震颤综合征病例。研究人员发现,在 2003 年至 2008 年期间,估计有 10 555 例头部外伤婴儿非致命性住院。这些患有婴儿震颤综合征的婴儿中的绝大多数被确定为明确的 / 推定的虐待。

尽管四岁以下儿童因摇晃而遭受虐待的风险相当大,但是年龄最小的暴力摇晃受害者受伤最多。一岁以下儿童受到伤害的比例最高(每 100 000 人中有 32.3 人),一至三个月大的婴儿住院率最高。男孩比女孩更容易成为摇晃的受害者。被摇晃虐待的两岁以下儿童的住院率,男孩为每 10 万人中 21.9 人,女孩为每 10 万人中 15.3 人。

疾病预防控制中心 2013 年的资料显示,导致婴儿震颤综合征的施暴者通常是父母和他们的伴侣,且大多数是男性。可能增加父母伤害儿童风险的因素包括成为亲密关系暴力的受害者、对婴儿哭闹的厌烦、社会支持不佳以及虐待或忽视等负面童年经历。如果儿童以前曾遭受虐待,或者如果儿童经常哭泣且难以安抚,则儿童将面临患上婴儿震颤综合征的风险。

虐待导致的儿童死亡

大多数儿童虐待死亡是由孩子的父母经常实施的躯体虐待造成的。死于虐待和忽视儿童行为的四岁以下儿童多于死于车祸、跌倒、火灾、溺水、窒息和食物窒息的儿童。刑事司法界是调查和应对暴力侵害儿童行为的中心。全美各地的法院、警察部门和社会服务机构都建立了专门的单位对虐待儿童的报告进行调查。

2012年，据美国卫生与公众服务部所属儿童和家庭管理局（Administration for Children and Families）估计，美国每年有1537名儿童死于虐待和忽视，这相当于在普通人口数据下每100 000名儿童中就有2.07名儿童。研究表明，三岁以下的儿童死亡最常见。图5-7显示，一岁以下儿童占死亡人数的42.4%，而一至三岁儿童占死亡人数的39.2%。官方估计仅包括那些引起当局注意并被证实为虐待的案件。执法人员知道，虐待并不总是能得到一个明确的结果，统计数据并不包括那些缺乏证据的调查，或者当一项指控以辩诉交易成为较轻的指控时的调查。

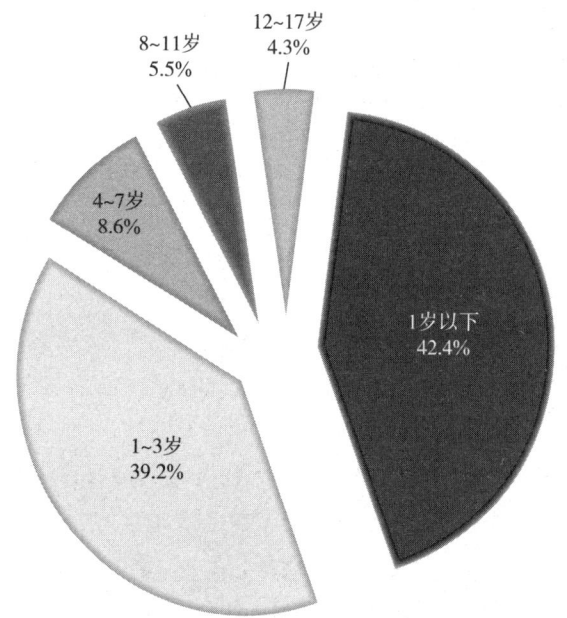

图5-7　虐待儿童和遗弃行为致死案件按年龄分布（2011年）

注：根据美国卫生与公众服务部所属儿童和家庭管理局2012年的数据，三岁以下的儿童最有可能遇到虐待和忽视。

对胎儿进行的毁灭性破坏称为杀胎或非法堕胎。在法律背景下，杀胎指的是由于人类犯罪行为而故意或过失杀死胎儿的行为，如殴打或踢孕妇的腹部。根据疾病控制和预防中心2009年的估算，美国每年有多达324 000名孕妇遭受殴打，但是却没有关于亲密伴侣对孕妇实施暴力导致婴儿过早死亡的准确数字。

婴儿出生后不久至一岁时被杀害称为杀婴。关于杀婴的报道通常会包括被谋杀的五岁以上的儿童，这是对这个术语的错误使用。然而，在美国司法统计局报告的数字中，五岁以下被杀害的儿童被列为杀婴受害者。杀害兄弟姐妹被称为兄弟相残。这种情况比任何其他家庭谋杀都少，在美国的犯罪死亡总数中仅占 1.5%。相对来说，很少有姐妹会杀死自己的兄弟，被兄弟姐妹杀死的姐妹更有可能是被兄弟而不是姐妹杀死。

"弑子"（是父母杀害孩子）是一个非法律术语，在一些研究中，这个词可能包括了杀婴的受害者。父母杀害孩子是第二常见的家庭凶杀类型。尽管所有的谋杀都是悲剧性的，但父母杀害孩子是一种难以理解的虐待形式。

> **了解更多** ●●●
>
> ### 婴儿猝死综合征
>
> 婴儿猝死综合征（sudden infant death syndrome，SIDS）指的是一岁以下健康婴儿的不明原因死亡。婴儿猝死综合征有时被称为童床死亡，因为大多数孩子的猝死发生在睡眠过程中。我们不知道这些儿童死亡的确切原因，但一些专家认为因为婴儿猝死综合征死亡的婴儿在出生时大脑存在异常，这使得他们在特定条件下无法从睡眠中醒来。美国肺脏器协会 2008 年的数据显示，怀孕期间母亲吸烟估计会使婴儿将来患猝死综合征的风险增加一倍。
>
> 美国卫生和公众服务部在 1992 年预测，通过预防措施，婴儿猝死综合征的发生率可能会下降。美国儿科学会（American Academy of Pediatrics）建议婴儿仰卧或侧卧睡觉，并把此倡议正式命名为"回归睡眠"行动，它现在被称为"安全睡眠"计划，这大大降低了婴儿猝死综合征的风险。自 1992 年以来，这一努力已使婴儿猝死综合征的死亡人数实际减少了 50%。
>
> 婴儿猝死综合征现在是一个月至一岁婴儿死亡的第三大原因。2008 年，每 10 万顺利生产的婴儿中有 2250 名婴儿死于婴儿猝死综合征。呼吸道感染和低出生体重是导致婴儿猝死综合征的危险因素。男婴比女婴更容易死于婴儿猝死综合征。
>
> 许多人认为在婴儿猝死综合征相关的死亡中，婴儿之所以窒息是因为他们被发现时脸压在床垫上。研究对这一理论进行了一再的否定。当死亡是由窒息引起时，不能立即归咎于婴儿猝死综合征，需要进一步调查。在大多数窒息病例中，会出现瘀点出血、眼睛和周围血管破裂。调查人员应该意识到婴儿猝死综合征实际上是非常罕见的，如果在同一个家庭或日托设施中出现多个婴儿猝死综合征的死亡案例，应该立即引起怀疑。

面对致命的暴力，儿童无法保护自己免受虐待，也没有其他选择。近 30% 的儿童虐待或忽视死亡是由母亲单独实施的。大多数犯罪者都在 25 岁左右，生活在高度紧张的环境中，包括抑郁和贫困。研究表明，父亲及母亲的男朋友通常是虐待致死的罪魁祸首，而母亲更经常是疏忽致死的罪魁祸首。

儿童死亡审查小组

在美国，每天有超过四名儿童死于虐待和忽视。然而，这个数字依旧非常保守。研究表明，多达 50% 被列为"未确定"或"事故"的儿童死亡实际上是由虐待造成的。为解决虐待儿童死亡事故未得到适当调查和分类的问题，美国成立了儿童死亡审查小组。1978 年，洛杉矶虐待和忽视儿童机构委员会（the Los Angeles County Inter-Agency Council on Child Abuse and Neglect，ICAN）在美国成立了第一个儿童死亡审查小组。多学科小组的目的是分享儿童死亡法医调查的资源和信息。今天，在美国所有 50 个州、澳大利亚和加拿大都有儿童死亡审查小组。他们密切关注各种原因造成的儿童死亡，通常侧重于审查涉及看护虐待和/或忽视的儿童死亡。

旧事重提 ●●●

作为马萨诸塞州 20 世纪 80 年代警务转型的一部分，我仍然对一些警察部门在虐待儿童调查中未能使用传统调查技术以及对这种技术缺乏理解感到沮丧。甚至有时候询问起来，会发现一些有着多年经验的警察都从未执行过搜查令去试图获取虐待儿童相关指控的证据。尽管并非所有司法管辖区都是如此，但现实情况确实也缺乏严格性和一致性，一些机构虽设立了侦查部门，以调查和跟进对儿童犯罪的起诉，但刑事司法专业人员都急需接受教育，以识别虐待儿童的迹象和情况。另外，我认为更大的问题实际上来自对这种类型犯罪的不了解、什么可能构成证据，以及如何收集证据。

什么样的信息和证据是可能被纳入收集的范畴的？任何能让孩子的陈述或健康状况变得可信的东西！实现证据收集目标的第一步在于对虐待行为的识别，通过检测（视觉和医学诊断）以及对病例和家族史的回顾对伤害行为进行评估，也同样是本章的基础。

审查的好处包括改进机构间的案例管理、了解服务存在的差距以及建立一套保护儿童的系统。所有团队的共同目标是防止儿童死亡和受伤。美国国家儿童死亡审查中心（the National Center on Child Fatality Review，NCFR）提供关于杀婴的在线数据库和信息。

在线搜索数据库允许专业人员定位区域资源，并提供所有 50 个州的链接。一些县和州扩大了审查范围，将致命的家庭暴力死亡包括在内。

死亡审查小组通常由儿科医生、法医、检察官、社会工作者、精神卫生专业人员、警官、护士、教育工作者和护理人员组成。根据各州的相关法律，小组可以审查特定年龄以下儿童的所有死亡情况，或者只审查特定的死亡情况。他们的目标包括改善机构间的沟通，更好地对幸存的面临风险的兄弟姐妹进行保护，以及改善刑事和民事诉讼。

性虐待导论

对儿童的性虐待一直是一个争议很大的领域。专家们对儿童性虐待的发生率意见不一，但这曾是所举报的儿童虐待中增长最快的一种形式。家庭成员性虐待指控的数量在 1992 年达到峰值，此后一直在稳步下降。据估计，1992 年至 2000 年期间，向儿童保护服务机构举报的性虐待案件数量下降了 40%，其中包括了完整家庭中生父性虐待的大幅下降。没有确凿的证据表明为什么所报告的性虐待数量大幅下降。公众对儿童性虐待认识的提高以及积极的起诉和监禁可能是此现象的一种解释。

2011 年，超过 61 000 起性虐待案件得到了儿童保护服务机构的证实。这一数字还不到社会服务机构确认的虐待儿童总数的 10%。女孩更容易受到性虐待，其中 12~15 岁的女孩最危险。图 5–8 显示了上报案件中按年龄分列的性虐待受害者的百分比。人们普遍认为，性犯罪没有得到充分的上报。根据美国国家儿童支持中心 2013 年的数据，儿童性虐待的发生率是儿童癌症的 75 倍，是孤独症的 160 倍。

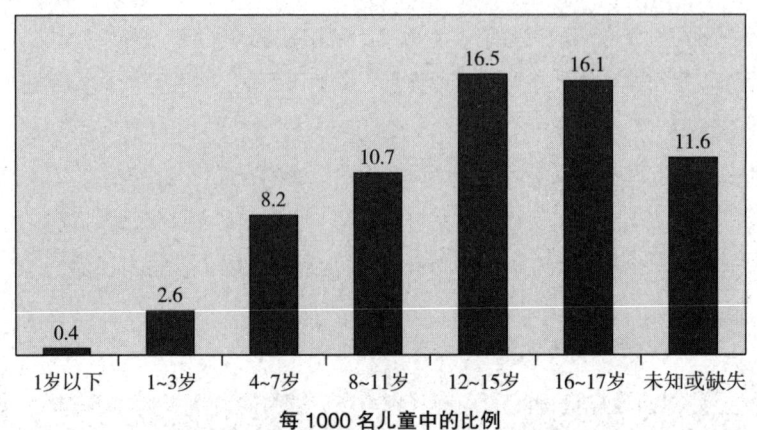

图 5–8　2006 年性虐待受害者的年龄占比

注：根据美国卫生与公众服务部的数据，孩子越大，越有可能成为性虐待的受害者。

除了儿童性虐待上报率低之外，验证此类事件的法律程序也显得非常困难。另一个影响此比例的可能因素是证明要求的差异。儿童福利机构在做出决定证实虐待和忽视儿童时使用不同级别的法律证据。一些州使用优势证据，这是最高的法律标准。其他人使用不太严格的标准，包括可信证据、合理证据、可能原因和其他标准。由于证实性虐待所需证据的这些差异，可能无法对各州之间的性虐待程度进行比较。

儿童性虐待可能发生在家庭内部，由父母、继父母、兄弟姐妹或其他亲属实施；或者也可能在家庭之外由朋友、邻居或儿童看护人员实施。当家庭成员实施虐待时，虐待行为通常会在一周到几年的时间内发生多次。然而，儿童性虐待并没有所谓"典型"的受害者。众所周知，性虐待针对的是所有年龄的儿童，甚至是婴儿。

根据全美亲密关系和性暴力调查，那些在儿童时期受到性虐待的人在成年后面临更高的性受害可能性。超过40%的女性强奸受害者报告说，第一次既遂的强奸行为发生在她们18岁之前。将近30%的男性强奸受害者在10岁之前就已经成为受害者。儿童或青少年时期被强奸并且成年后同样被强奸的妇女比例比没有早期强奸史的妇女高两倍以上。有超过35%在18岁之前报告既遂强奸的妇女在成年后也经历过既遂强奸，相比之下，14.2%在18岁之前没有报告被强奸的成年妇女经历过既遂强奸。这一信息表明，在制定预防和治疗干预措施时，我们需要将儿童性虐待的破坏性影响视为未来受害的风险因素。

性虐待的形式

对儿童的性侵犯是指对儿童的任何强迫、剥削或胁迫性的性接触或性经历。法规通常考虑处理的是强迫的问题，而且法规之间的差异很大。由于性受害通常都存在的年龄差异和年轻人性观念的不成熟，强迫可能和指导儿童进行性活动一样微不足道。发生性虐待案件时需要考虑以下三个因素。

1. 年龄大得多的人：孩子会与那些与自己相差五岁或五岁以上的人有显著区别。年龄的差异可能表明了一种强制力的差异。例如，如果孩子认为施暴者是处于权威地位的人（如保姆、教师、父母、警察或牧师），他更可能将这个人视为必须服从或相信的人。涉及权力和控制的性关系总被认为是虐待。请记住，儿童也可能因为曾经成为受害者而以后成为性侵犯者。侵犯儿童的犯罪行为人越年轻，他也越有可能成为性虐待的受害者。

2. 从事性活动的人：这里指的是为了罪犯的性满足而进行的任何活动。我们倾向于考虑涉及儿童的更常见的性活动形式。实际上，除了爱抚和/或性交之外，性行为还可以包括捆绑或在孩子身上撒尿、排便。同时，不应该作为性活动被忽视的还有给孩子穿异性服装或给孩子穿异性内衣的行为，因为这可能会对恋童癖者产生性吸引力。

3. 涉及法律定义上称为儿童的活动：年满 18 岁通常定义为成人，一些州可能会具体规定一个更小或更大的年龄；其他州规定了特定犯罪中合法同意的参与者的不同年龄。例如，马萨诸塞州的儿童在 16 岁之前不能同意性交，但在 14 岁时可以同意性接触。儿童色情制品的联邦标准认为未成年人是指未满 18 岁的人。

没有对儿童进行性虐待的身体迹象的性侵犯形式通常包括以下几种。

- 猥亵：猥亵包括猥亵儿童或强迫儿童触摸犯罪者的生殖器或胸部。
- 强奸：强奸包括为了性满足而将任何物体插入任何孔洞或开口的行为。阴茎插入是通常会想到的一种形式。但是强奸也还包括了手指插入孩子的阴道或肛门（用手指）或口腔入侵胸部、阴茎或阴道（用嘴）。事实上，任何物体都可以被用于强奸的目的，常见的武器包括瓶子、棍子和卷发器。任何用来插入儿童的物体都是强奸的武器。极少情况下，可能有明显迹象表明有人在强奸未遂时使用了武力。
- 窥淫癖（偷窥癖）：窥淫癖包括在脱衣服的不同阶段观察受害者。受害者可能知道也可能不知道犯罪者正在监视他。
- 暴露癖：当一个人向一个孩子展示他的生殖器时，这被称为暴露癖。
- 色情制品：色情制品这类型的犯罪行为，受害者不必明确知晓犯罪者正在拍摄或进行电子录制。
- 强迫卖淫：当儿童在成人的指导下从事卖淫活动时，他总是被认为是被强迫的。

乱伦

乱伦是指关系密切至法律上不允许通婚的人之间的任何性活动，如父母和子女、叔叔与侄女、姨妈与侄子等。如果性关系发生在父母和孩子之间，父母的权力地位就能确定犯罪者。最常见的乱伦行为可能发生在叔叔与侄女之间，尽管祖父与孙女乱伦是另一种常见的虐待关系。父女和父子乱伦也时有发生，母子乱伦则很罕见。

成人–儿童乱伦是常见的被报告类型，但兄弟姐妹乱伦可能是更常见的形式。儿童之间的许多类型的性接触不被认为是有害的或不正常的，但当存在胁迫、存在拒绝情况或仅仅是关系中的权力或知识的不平衡时，就会成为儿童对儿童的性虐待。儿童期兄弟姐妹乱伦也被认为是普遍的，但很少被报告。最常被报告的虐待性兄弟乱伦形式是哥哥和弟弟或妹妹之间的虐待。

性虐待导致的症状

如前所述,关于儿童性虐待的上报近年来有所下降。存在几个因素可能会阻止儿童对性虐待行为进行举报。年幼的儿童或发育严重迟缓的儿童可能没有沟通技巧来报告。儿童可能不认为行为不当。儿童和成年人也可能忘记或压抑记忆,配合保密要求,或者害怕犯罪者的威胁和报复。与犯罪者有亲属关系的儿童可能不希望犯罪者被发现并受到惩罚。

没有哪个孩子是准备好了去应对性虐待的,那些了解并关心施暴者的孩子会陷入对施暴者的爱和忠诚与这种严重错误的性行为所带来的两难抉择之间。遭受性虐待的儿童可能会出现行为变化,如性行为失控、过度手淫、对所有性行为异常感兴趣或回避。他们可能会出现睡眠问题或噩梦、抑郁、异常的攻击性和自杀行为,并可能拒绝上学。其他可能的性虐待迹象包括头痛、对酸奶或牛奶等特定食物的厌恶反应以及生殖器疼痛。

生殖器区域的性和非性创伤会导致擦伤、瘀伤青肿和撕裂,以及穿过处女膜和肛门的裂缝处裂口会在几周内愈合。因为孩子可能不会马上被带去看医生,那么如果延迟举报的话,可能就意味着创伤有机会痊愈。性虐待可能导致性传播疾病或怀孕。这些孩子出现性病症状并不罕见,这些性病的例子包括了淋病、梅毒、艾滋病、疱疹、性病疣和阴虱。

身体指标

1. 阴道或肛门开口扩大。
2. 阴道、阴茎或肛门出血或流脓。
3. 抓挠或摩擦生殖器。
4. 走路时臀部和腿分开(好像孩子要排便时的动作)。
5. 目前的身体伤害伴有多处先前受伤的迹象。

行为指标

1. 抱怨他的生殖器受伤或被触摸。
2. 和其他孩子发生性关系。

3. 不适合他的家庭环境和年龄的性知识。
4. 害怕或者不愿意对任何伤害的原因进行解释。
5. 撤回指控。

看护人指标

1. 在需要医疗护理的情况下，延迟或未能为儿童寻求治疗。
2. 受伤情况与孩子的发展水平或伤害自己的能力不一致。
3. 篡改伤情记录细节或不同于看护人的原始版本。

了解更多 ●●●

虐待或粗暴对待

我们每个人在如何抚养孩子方面都会基于个人成长经历与家庭过往产生自己的看法，但是要小心，不要把你的标准强加给另一个家庭！此外，还需要记住，生活在贫困中的家庭会因为资源的缺乏而有所不同，不能仅仅因为他们没有像你那样生活就被指责虐待或粗暴对待！家庭生活水平或价值观的不同，并不意味着虐待或粗暴对待的结果。

性虐待分类

受到性侵犯的孩子通常不会在第一次发生性侵犯时报案。孩子们通常甚至意识不到这种行为是虐待。在性侵者开始与受害人性接触之前，通常有一个预备阶段：在此期间，受害者和性侵者之间的关系正在建立；当任何性行为发生时，孩子都是信任成年性侵者的。接下来是一个发展阶段：性侵者可能从要求孩子脱衣服的普通活动开始（游泳就是一个例子），这样做是为了让孩子对在罪犯面前脱衣服变得不敏感；从那时起，一系列的性虐待行为就可能会被尝试，从猥亵到性交。最后一个阶段是抑制：通常不管出于什么原因，犯罪者都会确保所发生事件的隐秘性。

苏梅特（Summit）的描述被称为性虐待适应症候群，包括性受害儿童经历的五个共同阶段：（1）保密；（2）无助；（3）诱捕和适应；（4）延迟的、冲突的和难以令人信服的披露；（5）撤回指控。

保密

儿童性虐待几乎总是隐藏在秘密状态中。性侵者经常会警告孩子不要告诉任何人。保密有多种方式，取决于儿童的年龄和与性侵者的关系。如果有孩子试图把这种事告诉一名成年人，这种尝试通常会遭到怀疑和轻视。此外，虐待儿童者会仔细挑选受害者，他已经知道儿童的脆弱性以及如何让儿童在虐待发生的各个阶段都保持沉默。

保密与奖励和激励经常是一起出现的。例如，一个小孩可能被玩具、自行车或洋娃娃贿赂。对需要感情支持的（无安全感的）青少年的爱和依恋有时足以赢得顺从。青少年被允许使用家用汽车，购买昂贵的衣服和珠宝的情况也并不罕见。事实上，受害者因对乱伦行为保密而受到奖励，并不意味着他们因该行为而得到"报酬"。当受害者是青少年时，这就变得令人困惑，特别是当孩子被教导通过虐待来控制行为时。最终，受害者知道保密是会伴随一些回报的，他们开始期待礼物和奖励，甚至可能会主动提出获得它们的要求。

当孩子开始意识到发生在自己身上的事情意味着什么时，羞愧和内疚也会随之而来。当性侵者是家庭成员时，孩子可能被诱骗参与性活动，被告知"这很正常""每个人都这样做"或"这叫做爱"尽管孩子可能不喜欢这项活动，但他没有理由怀疑他被告知的内容。在某种程度上，不管孩子被告知什么，只要意识到活动是不正确的，孩子就会为他的参与感到内疚和羞愧。

受害儿童知道保持沉默会有一些奖励，但同时，这些受害儿童也想知道打破沉默的代价是什么。请记住，这些都是孩子，他们不会像成年人那样推理。他们可能不能骑他们喜欢的自行车或者穿那件漂亮的衣服。通常，性侵者会警告孩子，如果他告诉任何人，自己将会被关进监狱，孩子再也见不到他了。对一个小孩子来说，这个设想是毁灭性的。在相对较少的情况下，家庭成员中的性侵者会威胁杀死孩子、其他家庭成员，甚至宠物。威胁不一定要精心策划或者对成年人来说特别可信，也可以对儿童产生严重影响。因此，理解孩子的视角很重要。

尽管这是一种异常的行为，但依旧有一种联系存在于受害者和性侵者的关系中。如果孩子告诉任何人，他可能会害怕失去父母的爱，以及受害者在家庭中受到青睐（尽管别人不知道，但这是他的秘密）。

无助

对环境的入侵是对儿童实施性侵犯的特征，由于这种情况经常发生在他们自己的卧室里，所以就使得那个地方对他们来说变得不再安全。这种入侵会导致焦虑和不安全感，这是受害过程的另一部分。在侵犯的过程中，孩子们可能会假装睡觉，并且很少会哭出来，即使兄弟姐妹可能在隔壁，父母可能在隔壁。儿童可能会觉得自己对自己本身未能防止或制止虐待负有责任。

诱捕和适应

随着时间的推移，当孩子夸大自己对虐待的责任时，自我憎恨就会产生。受害者经常被告知"没有人会相信你"。性侵者可以通过公开性暴露的照片对年龄较大的儿童（通常是青少年）进行要挟，并称这些照片将"证明"该行为是经过他们的同意的。请记住，在大多数司法管辖区，当儿童和成人发生性行为时，同意不同意并不是法律所考虑的，不管儿童是否同意，均不影响定罪，但儿童并不知道这一点！

这里可能会涉及承诺不对兄弟姐妹进行性侵犯的行为。当受害者认为性侵者违背了承诺时，他会提出性虐待的投诉，这并不罕见。随着时间的推移，一个受害的孩子会慢慢适应针对他的虐待，但通常不会容忍它发生在一个更年轻的兄弟姐妹身上。

延迟的、冲突的和难以令人信服的披露

持续的性虐待在家庭中经常被保密。受害者通常保持沉默，直到进入青春期。青少年厌恶的家庭争斗或惩罚可能会引发对虐待行为的披露。被虐待的弟弟妹妹也可能会促使受害者告诉别人。受害者可能会告诉朋友或老师。人们的反应通常是怀疑和否认。如果第一个被告知的是没有犯错的父母，那父母的反应可能会影响接下来发生的事情。

撤回指控

无论一个孩子对乱伦说了什么，他都有可能在某个时候放弃自己的指控。这对刑事司法来说是成问题的，如果要进行起诉，就必须预料到这一点。受害者需要通过乱伦起诉获得支持和保证。调查需要寻求任何形式的佐证，以预期受害者在某个时候会否认虐待。如果性虐待案件完全依靠儿童所说的话（没有证据），而受害者的真实性又因为否认而遭到质疑，那么成功起诉就没有什么可能了。

> **旧事重提** ●●●
>
> 旨在为儿童保护工作者、警察、医疗界和检察官办公室之间提供协调所做的努力，包括了跨学科或多机构团队协作方法。如果可能的话，让法医或儿童心理学家加入团队是有帮助的。团队成员分享信息，讨论孩子的选择。1984 年，我是第一

个跨学科小组的成员，该小组在检察官 W. 迈克尔·瑞安（W. Michael Ryan）领导下的西北地区检察官办公室调查马萨诸塞州的儿童虐待问题。它是这样工作的：团队每周举办例会，每次 1~2 小时。社会服务部门的调查员会带来本周的虐待儿童指控清单，包括严重的躯体虐待和性虐待。该小组成员包括一名医生、一名检察官、一名心理健康工作者、一位受害者证人助理和作为警察代表的我，我们将对这些案件进行讨论。

为了尽量减少会见次数，我们决定由谁来对孩子进行会见。会见者可以是任何小组成员或法证调查官。然后我们会对已经在调查过程中的案例进行讨论。

在检察官认为有可能提请审判的案件中，我会进行第一次面谈，因为我通常会以电子方式记录下这些与受害者的面谈。录音将与必要的机构共享，或者代表们可以通过双向监视器观看谈话过程。警方总是会询问施暴者，然后向社会服务机构提交一份完整的报告，以完成警方与施暴者交谈的任务。

当医生或医生代表在场时（很难让医生或医生代表参加所有会议），他们会就体检的必要性提出建议。如果体检已经完成，那么他们会解释体检中所发现的内容。受害者证人辩护律师和心理健康专业人员将表达他们对任何心理健康问题的关切，并解决受害者被认为是有能力经受刑事审判的严峻考验的问题。我们就受害者的可靠性和任何虐待报告的一致性进行了讨论。这种协调反应是基于团队可能提出的任何理由，其中也包括了受害者的需求。通过团队合作，对棘手案件成功起诉的案例有所增加。

多学科团队已经在全美普及发展。专家认为，团队方法是调查虐待儿童案件的最佳方法。对这一点，我持肯定意见。

旧事重提 ●●●

与此同时，家庭暴力成为一个刑事司法问题，妇女和少数民族的官员正在进入调查队伍。专业化的沃土是存在的，特别是对具有特殊技能或教育的官员来说。人们普遍认为，女性是虐待儿童的最佳调查者。一位和我同学院的同学被找来担任虐待儿童调查的职位。据传，她的回应是这样的："我讨厌那些小家伙。算了吧，谢谢你，如果我和孩子们在一起，我会有一些不适。我不太喜欢他们，不想跟孩子说话！"可见，仅仅凭性别并不能证明某人是虐待儿童案件的合格专家，不排除男士也可以在这个领域做得很好。

警察在虐待儿童案件中的作用

自最早尝试干预以来，警方在虐待儿童案件中的权利运用一直备受争议。最初，警察机构被指定接收强制性的虐待儿童报告，仅仅是因为他们有 24 小时工作的工作人员。儿童保护机构也应该对虐待指控做出回应，这导致了谁应该在调查中做什么的困惑。尽管存在争议，但警方管理人员认为虐待儿童是一个重要的执法问题。在相对较短的时间内，警察机构通过增加资源来应对挑战。

到了 20 世纪 70 年代，调查和起诉对儿童的躯体虐待和性虐待的专门警察部门得到了发展。20 世纪 80 年代出现了发展多学科团队和机构间合作的趋势。因此，儿童保护机构和执法部门已经可以联合起来对虐待儿童的指控进行调查了，这种合作成为一种被普遍接受的方法。

然而，其他批评者的指责反映了他们对一些问题的不满：虐待儿童报告的统计数据可能不准确，对问题进行了夸大，不管这个问题有多真实；被认为是虚假的解决方案；贫困与忽视混淆；还有机构保护的失败。美国各州基于对虐待儿童行为的指控制定了不同的应对方案。通常，儿童保护服务机构、执法机构、医生和精神卫生工作者都参与其中。在任何虐待或忽视儿童的指控中，风险评估总是第一优先级别的。

儿童面谈

自 20 世纪 80 年代以来，我们关于儿童发展、记忆和认知的知识有了实质性的增长。对虐待儿童调查的结果进行了大量研究，制定了改善虐待儿童受害者陈述的草案。联邦调查局建议，对于涉及年幼儿童和青少年的案件，面谈者应接受法证调查培训，并使用经过培训的法证调查官、多学科团队或儿童支持中心等资源。大多数司法管辖区目前所采用的最佳做法是，当怀疑有性虐待时，由熟练的法证人员对儿童进行一次面谈。三岁的儿童可能已经具备了必要的认知、语言和交流技能，在接受适当采访时成为可以提供丰富信息的证人。

虽然法院在修改一些审判惯例以适应儿童的特殊需要方面给予了广泛的酌处权，但儿童的能力和可信度向来是个问题。在实践中，法官如何酌情审判在每个州都各不相同，能力的确定本身也是如此。对孩子的任何形式的面谈都应该在对未来孩子可能所面临的能力和可信度的法律挑战有所预期的情况下进行。

1. 资格意味着一个人适合因真相而受审或宣誓在法庭上作证时说出真相。资格有时是由一个孩子通过其辨别真理和谎言之间的区别,并理解谎言的道德性的能力来证明。1974 年,修订后的《联邦证据规则》(*Federal Rules of Evidence*)废除了联邦法院审判的资格规则。大多数州在儿童证人问题上遵循联邦的例子,不需要基本的能力调查。然而,为了确定儿童理解誓言的含义,对儿童在法庭上作证的真假分辨能力进行证明仍然是一项普遍的要求。在不存在这种推定或儿童年龄判定的州,法官会主持资格听证会。在某种程度上,资格判定取决于孩子是否有能力回忆事件,将事实与幻想分开,并在不受他人影响的情况下独立保持这些记忆。

2. 可信度是指儿童证人是否可信。当儿童报告虐待行为时,不能清楚表达自己所遭受的虐待行为、有记忆缺陷或表现出行为不一致的儿童不太可能被相信。对于那些认为自己有能力的州,陪审团可以决定儿童证人的可靠性(可信度)。其他模式可以通过资格听证会决定是否允许作证。在提交案件进行审判之前,调查人员必须确定可信度,而这个过程可能会很困难。

专家建议,要求孩子承诺说实话实际上增加了他们的诚实度。尽管如此,儿童和成人在准确记忆和叙述事件的能力上是不同的。众所周知,性虐待案件中的儿童陈述不完整且支离破碎;在第一次面谈时,他们经常忽略与性虐待行为有关的重要信息。对于儿童来说,就曾经遭受的虐待,特别是在性虐待案件中做出指控,然后在以后某个时候又撤回指控,这种情况并不少见。

儿童面谈的电子记录

对儿童面谈进行电子记录的做法是有争议的,有利也有弊。许多专家都赞成电子记录,因为它有可能减少谈话的次数,有很强的视觉冲击力,并且在为罪犯播放时有可能诱使他们招供。二次创伤可能与关于性虐待受害的多次面谈有关,因此,有目的地减少儿童面谈的数量是一项普遍的政策。与电子记录实践相对立的是对它所产生的人为干扰,以及对性骚扰的潜在矛盾性描述的担忧。这场争论考虑到了以下讨论的一些要点。

1. 这种方法是否能准确记录受害者对犯罪的描述?这取决于所使用的技术以及面谈者的技巧。记录所能达到的,仅是对在该会话期间发生的事情进行验证。电子记录可能不会录制那种太低而听不到的声音,存在的常见问题源于人为错误和技术故障。

    经常就涉嫌虐待和忽视的问题采访儿童的专业人士可以证明,仅凭语言无法充分描述虐待对儿童的影响。当揭露虐待的细节时,受害者的肢体语言、面部表情和身体示范和所披露信息本身一样具有启发性。电子记录对这一记述进行了保存,并在披露时限内定格了虐待行为。愿意作证的孩子通常更成熟,在虐待被记录在案后的几年里，当案件最终进入审判阶段时，他们会有不同的表现。
2. 调查员如何使用电子记录的陈述？电子记录有时被用作提高面谈技巧的培训工具。作为法证调查官的常规培训方法，面谈可以被仔细检查以改进技术并为将来的面谈开发合适的问题。

在电子录音访谈中对虐待行为进行陈述为调查人员提供了一个不可忽视的重要审讯工具。尽管这一点还没有被研究证实，但这种做法可能比想象的更频繁。与性侵者的对峙应该是任何虐待儿童调查的常规部分，这个时候儿童的陈述可以以任何形式被提出。向那些否认行为的人展示录音，可以打破对峙中的障碍，并可能让性侵者认罪。

3. 孩子在情感上和心理上准备好接受面谈了吗？这可能会引出案件的事实吗？研究表明，绝大多数儿童表示不愿意在第一次面谈时谈论性虐待，有一部分儿童最初否认发生过性虐待。

当面谈被电子记录下来时，它就变成了必须与辩护律师分享的生动证据。在与儿童进行的不完整或失败的面谈中，否认的陈述可能是起诉时要克服的不可逾越的障碍。这一点很重要，因为许多儿童都是在多次面谈后，才对性虐待行为进行了充分的披露，第一次面谈时所说，可能不是虐待的真实全貌。

法证调查

儿童和青少年面谈已经发展成为一个专门的法医领域。儿童法证调查官是一名受过培训的专家，他使用儿童发展专家确立的技术，根据儿童的叙述建立法律证据和整理证词。法律准则限制了儿童被询问的方式。儿童法证调查官可能是受过训练的警官或平民，这取决于社会的资源。典型的儿童法证调查官包括社会工作者、儿童辩护人和为法院工作的法官或助理。除了掌握与年龄相适应的提问方法之外，儿童法证调查官必须能够与儿童进行自如的交流。其他应有素质包括在虐待儿童问题上没有个人偏见和对法院运行系统的全面了解。

自由回忆检索策略和开放式提问是儿童访谈建议的技巧之一。尤尼斯·肯尼迪·施莱佛国家儿童健康和人类发展研究所（the Eunice Kennedy Shriver National Institute of Child Health and Human Development，NICHD）开发的一个访谈方案结合了关于记忆、儿童语言、认知发展的先进科学认知心理学方法。国家儿童健康和人类发展研究所的访谈程序包括介绍、建立融洽关系和实质性回忆或自由回忆三个阶段：介绍阶段发生在调查官向受访者解释对谈话的期望时；在建立融洽关系的阶段，调查官有意让孩子放松；最后一个阶段包括访谈本身，鼓励孩子们参与一系列事件的叙述，没有具体的引导或使用封闭式问题。在对国家儿童健康和人类发展研究所的方案进行评估时，研究表明，该方法提高了从被虐待和忽视的儿童受害者那里获得的信息的数量和质量。

在所有家庭案件中，虐待儿童案件的调查对警察来说是最耗时和最困难的。对所谓的受害者进行面谈是一项需要彻底了解儿童年龄和发育水平的任务。当有人使用孩子不懂的词语时，会导致混乱和矛盾的陈述。引导性问题不能被使用，因为他们鼓励孩子用符合面谈者所期望的答案来应答，这会导致孩子所陈述的信息可信度与社会服务面谈所需要的可信度产生差异。

总结

病史和伤情检查是确定虐待过程的一部分。瘀伤形成时间测定和模式识别是评估儿童状况和提供必要保护选择的工具。多学科团队有助于深入了解伤害和危害，并做出干预决策。最终，父母或法定监护人有责任在身体、精神和经济上为其子女提供照顾和保护。只有当儿童的需求没有达到最低限度的照料标准或存在虐待情况时，才必须进行干预。

为了准确确定虐待或忽视儿童的指控，无论是性虐待还是躯体虐待，适当收集和保存证据至关重要。在本章中，已经记录了许多区分虐待和非意外伤害的方法。在虐待和忽视儿童的案件中获取信息和形成证据方面，儿童法证医生的作用也变得越来越大。

HEAVYHANDS

简单场景

烧烫伤受害者

克莱尔说，门铃响时，她正在为她两岁的女儿玛丽放洗澡水。她叮嘱玛丽"坐着等"直到她回来。克莱尔以最快的速度去开门。就在这时，她听到女儿尖叫，克莱尔马上返回浴室，发现玛丽已经跳进了浴缸的水中，她因为水太烫而不停地跳上跳下。玛丽的后背下部有一条像吃水线一样明显烫痕，在玛丽的脚踝周围也有一条烫痕，形状像一只手套。孩子身上没有热水飞溅的痕迹。

思考：对所发生情形的解释与玛丽的受伤情况一致吗？

第 6 章

青少年犯罪者

HEAVY

HANDS

在美国，儿童虐待是一个严重而普遍的、给个人和社会造成巨大代价的医疗保健问题。儿童期虐待和忽视的经历对绝大多数受害者都产生了心理和生理上的负面影响。如果将儿童福利、医疗保健、生产力损失和刑事司法介入考虑在内，相关成本带来的终生经济负担可能高达 5850 亿美元。儿童既有当下成为家庭暴力受害者的风险，也有将来对他人实施家庭暴力的风险。研究和理论表明，某些形式的受害会增加青少年犯罪的风险。儿童时期遭受过虐打被认为是成年人因犯罪被捕的一个重要预测因素，尽管实现所有三个发展角色（高中毕业、就业和婚姻）会极大地降低此类风险，但它依旧重要。本章将对虐待儿童的理论以及虐待和忽视儿童的一些后果进行探讨。我们所知道的家庭暴力及其对青少年行为的影响同样是本章的重点。

家庭基础理论

传统的犯罪学理论似乎不足以解释家庭暴力，多维理论的出现填补了这个空白。研究人员也正转向这些多维理论，并用这些理论去理解家庭暴力的复杂性。生态模型被认为是为受虐待儿童解决成因、后果和治疗方案的最佳框架，这种模式也越来越流行被用于解释亲密关系暴力（如图 6-1 所示）。生态模型包含了通过犯罪学理论的三个传统学派发展起来的许多研究，其框架不仅有助于专业人员对影响家庭虐待的多个层面进行理解，而且也是家庭暴力干预措施的一种整合型范式。

家庭暴力相关因素的生态模型被描绘成四个圆圈：最里面的圆圈代表了每个人在家庭中的行为所留下的生物学和心理学的记录；第二个圆圈代表家庭成员遭受虐待的背景；第三个圆圈代表影响正式和非正式家庭互动的社会结构和制度；最后一个圆圈是社会层面，包括影响行为的文化规范、对妇女和儿童体罚的法律和政策层面容忍度，以及暴力作为解决人际纠纷手段的接受度。

然而，随着理论方法的扩展，混乱也随之而来。如何确定什么有效、什么无效变得比以往任何时候都更加困难。对家庭虐待的成因缺乏共识，导致不同司法管辖区的反应不同，而这又导致了处理问题的方法相互冲突。尽管如此，但就该理论有助于辨析如何打击如此普遍的暴力则达成共识。多维理论并不局限于任何一个主要的思想流派，这样，它们保留了从更广泛的角度考虑家庭暴力的成因和后果的灵活性。

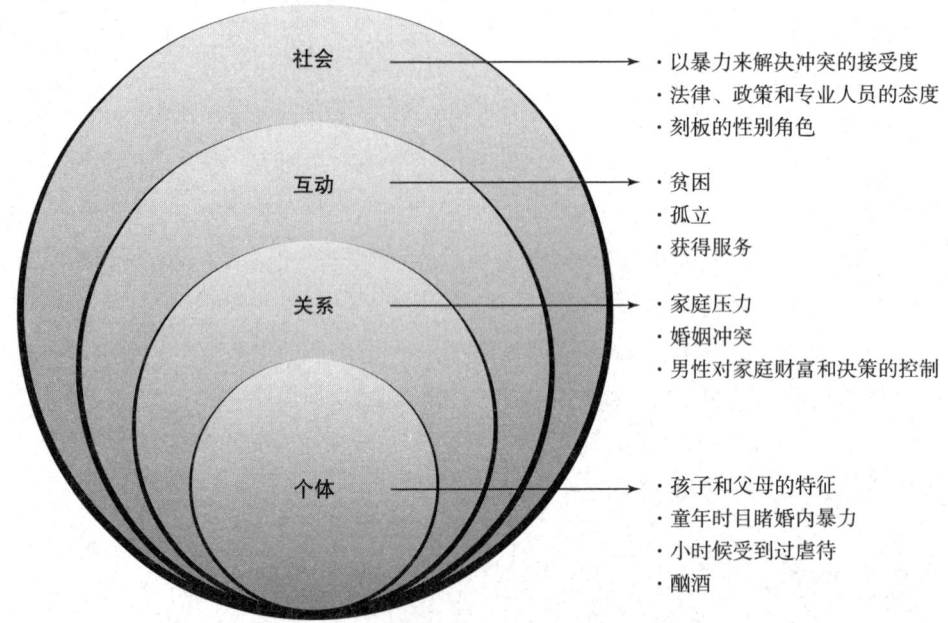

图 6-1　家庭暴力相关因素的生态模型

家庭基础理论就是多维理论所囊括的内核之一。根据家庭基础理论，暴力行为是由家庭结构和家庭互动引起的，而不是由家庭中的个人引起的。一些研究人员对大多数人不会实施家庭暴力的事实提出了质疑，即事实上，大多数孩子长大后不会成为有虐待行为的父母。这种实证的方法存在很大的潜力。家庭系统理论和无效养育都是基于家庭基础理论的例子。

家庭系统理论

家庭系统理论主要关注家庭互动行为，并试图找出家庭成员之间不正常关系所带来的后果。家庭系统理论中的一个重要概念是以可预测和循环的方式影响他人的每个成员之间所存在的互联性（相互联系），每个家庭成员在促成虐待或忽视行为的过程中扮演的角色都被考虑在内。例如，在父母一方的亲密伴侣实施性虐待的情况下，无犯罪行为的父母所展现出的不情愿的主动干预可能看起来是默许，这种可能性将被视为虐待反复发生的促成因素。

亲密关系中的冲突被归咎于伴侣之间沟通的缺乏，而使问题进一步复杂化的，则是在一些关系中发展起来的那种深深交织在一起的相互依赖。自我强加的社会孤立，加之对忠诚和隐私的严格期望，使得当殴打被用来当作一种控制手段时，就会使家庭陷入困境。我们理解家庭暴力发生背景的一个方法是从健康和不健康的角度对家庭动态进行考虑。在家庭系统理论中，有以下六个概念与家庭结构相关：

- 界限；
- 权力和亲密；
- 言论自由；
- 温暖、快乐和幽默；
- 组织和谈判技能；
- 价值体系。

无效教养

父母是孩子成长中最关键的因素。许多研究中的经验结果表明，父母的行为可以增加或减少青少年犯罪和其他问题行为出现的概率。监督不力、父母-子女积极参与程度低以及强势管教被认为会对青少年攻击性和欺凌行为的出现产生影响。

兄弟姐妹之间存在的手足虐待可能是最常见的对儿童产生影响的暴力行为了。如果没有适当的父母监督，孩子可能会成为过分好斗的兄弟姐妹的牺牲品。虽然对兄弟姐妹虐待这个概念并不存在一个简单的解释，但无效教养可能是其主要原因。研究表明，父母可能对年长的兄弟姐妹抱有不切实际的期望，让这些不成熟的孩子去照顾年幼的弟弟妹妹。在某些情况下，父母根本不知道如何处理打架的孩子，也没有在需要时进行干预。冷漠的父母可能太专注于他们自己的事情了，以至于当他们的孩子之间发生冲突时，他们不能采取适当的行动。

虐待和忽视儿童的后果

儿童可能会因为被虐待而产生类似于成年人经历创伤事件时所出现的症状。例如，成年人可能会做噩梦，或者经常思考创伤事件，或者对做事失去兴趣，或者避开让他们想起该事件的活动。孩子们也可能有同样的感觉，但没有发展出理解和处理这种情绪的技能。目睹父母暴力行为或遭受虐待的儿童可能会对暴力行为进行学习，也可能会学习为暴力行为辩护。多种形式虐待的受害者则会出现更明显的自杀意念。

虽说大多数虐待受害者在成年后并不会有家庭暴力或其他形式的暴力行为，但是，许多人在虐待行为结束后很久还在承受着痛苦。受害者往后生活中面临许多其他问题的风险也会较非受害者更大，这就包括了成年后对暴力犯罪的参与。由于在家庭环境中受害的风险增加，家庭暴力受害者辩护人正在为被监护的儿童和婚姻侵权寻求额外的权利，比如，法律制度中对儿童的公平考虑就被认为是在对父母的探视权和监护权进行评估的过程中的一项重要的干预措施。

长期的身体虐待会导致长期的身心残疾，包括脑损伤、听力损失、牙齿问题和眼睛损伤。遭受身体虐待的婴儿更容易出现神经系统的变化，如易怒、嗜睡、颤抖和呕吐。在婴儿震颤综合征的情况下，婴儿可能经历癫痫发作、永久性失明或耳聋、智力和发育迟缓或发育迟滞、昏迷、瘫痪和死亡。

暴力的代际循环

尽管数字各不相同，但虐待儿童的研究通常支持这样的一个结论，即一些实施虐待行为的父母或监护者在自己还是孩子的时候就是虐待的受害者。暴力的代际循环表明，受虐待儿童在他们自己的成年亲密关系中很有可能成为施暴者。虽然有很多证据支持暴力产生暴力的假说，但专家们认为，对暴力代际传递的应对没有跟上治疗方案选择的步伐。对在目睹伴侣暴力的家庭中长大的学龄儿童的研究表明，这些儿童存在着发展心理学层面的问题和风险。这些问题包括低自尊、较高的内化概率和外显行为问题，以及可能表现出的创伤后压力的症状。

青少年成瘾模型中可能会出现一个可预测的自我暴力（自残）循环，这通常与童年受虐有关，由负面情绪引发，如疏离、沮丧、拒绝、愤怒、孤立、抑郁或悲伤。青少年中的自我暴力（自残）可能是过去虐待的迹象，也是未来犯罪的风险因素。以下是被认为影响暴力的代际循环以及家庭暴力对儿童的影响的变量：

1. 暴力的类型、程度和频率；
2. 目睹父母间的侵犯行为；
3. 父母对孩子的侵犯行为；
4. 除暴力外，家庭的稳定性和父母的总体素质；
5. 孩子的年龄和情感年龄、身体发育阶段、第一次事件发生时的智力功能以及与父母的关系。

> **旧事重提** ●●●
>
> 对儿童性虐待的一项调查被证明是代际暴力循环的典型例子。证据首先指向一名35岁的男子,他猥亵了一群孩子,包括他自己的儿子、女儿、侄女和侄子。信息显示,他75岁的父亲仍在骚扰附近的儿童。街上的孩子们称他为"恶心的老东西",并警告新来者远离他。最后,15岁的孙子实施性骚扰的合理依据被发现,导致所有三代性虐待者都被逮捕了。

心理弹性与自尊

现存一个错误的假设认为,所有被虐待的孩子长大后都会虐待自己的孩子,但研究表明这不一定是真的。大多数遭受家庭暴力的儿童不会像成年人一样实施犯罪行为。研究表明,大约30%曾经遭受虐待的人会对他们自己的下一代实施虐待行为。虽然暴力代代相传的观点已被普遍接受,但我们无法预测谁会在青少年或成年时虐待儿童。这让一些研究人员得出结论,就是暴力的代际循环被夸大了。虐待导致的结果是,受害者成为虐待者的可能性增加了。另一方面,一些自己从未成为受害者的人会对他们自己的孩子实施虐待行为。受害儿童受到的伤害并不普遍,也不能肯定地预测。许多情况可能会影响对虐待的反应,无论是作为儿童受害者还是在以后的生活中作为一个成年人来说。

童年经历在建立积极的自我形象和心理弹性方面发挥着重要作用。暴露于渐增的家庭虐待行为之中与孩子未来的精神健康问题有关。以自尊为特征的自我形象可能会在整个青春期得到更充分的发展,较低的自尊也与严重的青少年犯罪有关。心理弹性是自尊的表现,被认为是调节虐待儿童行为带来的负面影响的因素之一。认知弹性强调了这样一个事实:逆境之后,负面后果并非不可避免。

童年的心理弹性被概念化为一种针对被称为"转折"的现象的适应。转折指的是一个人生活中的一个重大转变,即当他承担一系列新的角色,与一系列新的人建立新的关系,并获得一个新的自我概念的时候。这是一种应对方法,它带来改变,并努力避免延续已经目睹或经历过的消极行为。

虐待的形式和频率、儿童的年龄和精神状况,以及他的个性,都会对受害者如何应对虐待产生影响。虐待的后果将因多种因素而异,包括虐待的形式和严重程度。

1. 儿童的特征:儿童的年龄、情感和认知发展、性别、种族/民族、个性以及力量或适应力都在决定虐待的影响方面发挥作用。

2. 创伤类型：两种类型的创伤与虐待的严重程度和强度有关。第一类称为急性创伤，是个单一事件；第二类是长期的或重复的虐待，通常对儿童来说更难克服。
3. 虐待或忽视的类型：对儿童的一切形式的虐待，如身体虐待、性虐待、心理/情感虐待和目睹家庭暴力，可能对受害者的心理和社会适应产生长期影响。
4. 虐待和忽视类型的同时发生：当多种虐待同时发生时，不适应行为的风险随之增加。当发生任何其他形式的虐待时，通常会发生情感/心理虐待。
5. 关系：儿童关系影响受害者的心理弹性和克服虐待带来的负面影响的能力。儿童与受害者、无犯罪行为的父母、其他家庭成员、其他成年人和同龄人的所有关系都会影响虐待和/或忽视的后果。

童年虐待与犯罪行为

除了儿童因遭受家庭暴力而可能经历的心理和行为影响之外，人们还担心以后可能会出现的刑事罪行。儿童受害者自己成为罪犯的风险更大。童年时被虐待或忽视会大大增加成为青少年和成人时的被逮捕可能性。青少年暴力最一致的预测因素是儿童身体虐待受害的情况。当多种形式的虐待和日益严重的虐待发生时，以后实施暴力的可能性似乎随之增加了。严厉的父母管教和更严厉的体罚可能会增加高危青少年日后发生暴力的可能性。

这种"虐待循环"强烈表明，无论是身体上还是性方面受到虐待或忽视的儿童，长大后从事犯罪活动的比例都比没有受到虐待或忽视的儿童要高。由于受害，男孩和女孩的犯罪活动率都很高。在他们以后的犯罪活动中，还可能包括对自己孩子的虐待。

研究表明，在预测未来可能出现的犯罪行为方面，虐待的严重程度不一定是最好的预测因素，更重要的应是负性情绪的压抑。那些表现出与针对女性受害者的性虐待相关的羞耻－愤怒型的突发性愤怒的儿童最有可能犯罪。早期干预、愤怒情绪管理和同伴关系是预防犯罪和减轻受害者心理痛苦的重要措施。

童年虐待和社会后果

研究表明，儿童受害具有严重的社会后果。其中，虐待和忽视增加了那些被抑制的社会信息被加工的可能性，同时还可能影响孩子在学校的表现，以及给孩子带来社会关系问题。在对全美国受暴力儿童调查（the National Survey of Children's Exposure to Violence）中的1680名青少年进行研究后，专家发现，所有青少年约会暴力的受害者都报告称，自己在经历约会暴力的同时，也经历过其他形式的受害。青少年约会暴力的受害者报告的其他受害形式数量为那些没有经历过青少年约会暴力的人的平均两倍。

其他社会问题包括人际关系质量方面的困扰，成年人关系中的亲密关系暴力就是证明。受虐待的孩子在暴力中长大，他们意识到这是一种可以接受的处理压力和表达自己观点的方式。特别是在受害者的成人关系中，母婴虐待的受害情况似乎是亲密关系暴力的一个特别一致的预测因素。

性侵犯受害者经常有学校学习成绩或所参加的课外活动成绩下降的情况。另外，对他人的不信任、对权威人物的过度顺从，以及以攻击性解决人际关系问题的倾向，都是身体虐待受害者的风险因素。

童年虐待和心理后果

儿童性虐待被认为与所有儿童期发病的精神疾病和许多成年期发病的疾病有关。美国一项针对 34 000 人的大型全国性研究证实，遭受过性虐待的儿童患精神健康疾病的可能性更高。双相情感障碍、惊恐障碍、创伤后应激障碍、注意缺陷/多动障碍和品行障碍之间有很强的相关性，儿童时期遭受性虐待的产妇患抑郁症和药物滥用的概率也高。自杀未遂、反社会人格障碍和酗酒的高发生率（无论年龄、性别、种族或犯罪史）都已被记录为儿童期遭受虐待所可能造成的后果。

羞耻，一种对他人隐藏受损自我的欲望，也可能源于童年时期所经历的性虐待。童年时期羞耻发展的一个中心特征来自依恋理论。羞耻与童年时期的创伤有关，如身体和情感虐待、忽视和遗弃。童年早期由于对母亲不安全的依恋而产生的羞耻感被认为是导致边缘型和自恋型人格障碍的一个重要因素。边缘型和自恋型人格障碍被认为是一些亲密关系罪犯的人格特征。

目睹家庭暴力的后果

间接虐待的影响是儿童辩护人关注的一个话题。当孩子待在一个父母存在暴力冲突行为的家庭中时，会发生什么？一项针对受虐妇女的报告显示，大多数儿童目睹了家庭暴力的发生，一些人实际上看到母亲被殴打和强奸。他们听到父母尖叫和哭泣，看到了血、瘀伤、破碎的窗户和家具。另外，数据显示，有超过 25% 的儿童曾经遭受过某种形式的家庭暴力，这部分儿童并不是被动的观察者。几乎一半目睹家庭暴力的儿童要么对施暴者大喊大叫，要么试图逃离当下的暴力环境。

亲密关系暴力还会给孩子带来各种心理问题，并使他们面临更大的少年犯罪和成人犯罪风险。儿童目睹家庭暴力与各种问题有关，从攻击性和敌意到抑郁和认知障碍。尽管我们无法预测哪些儿童会成为虐待的受害者，但那些居住在暴力家庭的儿童面临更大的风险。有多少孩子目睹了家庭暴力？我们只能根据我们所知道的那些和被殴打的母亲生活在一起的人来推测。

> **旧事重提** ●●●
>
> 作为性侵犯罪嫌疑人，杰伊表面上供认不讳，在我审问他时，他承认对自己的孩子和无数其他人实施了性虐待。他知道自己的所作所为触犯了法律，但他声称自己"爱"孩子们。对他来说，重要的是不要"伤害"孩子们，他随后解释说，他认为通过表达他的爱，他可以为他们做得更多。他完全没有意识到在情感、身体和心理上对受害者所造成的影响。不管他怎么说，他的行为都不是良性的，他被判定为性危险人物。

虽然对家庭暴力行为的目睹以不同的方式对不同年龄的儿童造成影响，但它对儿童的情感、社会、神经生物学和认知发展的影响是显而易见的。一个人目睹父母之间的攻击行为和将来出现伴侣暴力行为之间有着强联系。一项研究显示，目睹和实施亲密关系暴力的风险比为 2.6。除了短期影响之外，有证据表明，当儿童遭受家庭暴力时，会对家庭和社会产生长期影响。

青少年犯罪模式

首先，必须指出，儿童虐待并不会随着青春期的开始而结束。一直到最近，青少年身体和性受害的频率都还没有引起注意。青少年被认为有能力保护自己，但数字表明，这种误解可能导致对青少年虐待指控的不当反应。青少年既是受害者又是罪犯的情况并不罕见。例如，青少年性犯罪者占警方已知的所有针对未成年人的性犯罪的 30% 以上，这些性侵者往往也是性虐待的受害者。专家建议，由于青少年罪犯者的年龄、性别和动机不同，针对他们的治疗方法也应该有所不同（如图 6-2 所示）。研究告诉我们，大多数青少年犯罪者不会像成年人一样继续实施性犯罪。

少年法庭起诉的初审管辖权取决于州，通常最高年龄为 15、16 或 17 岁。在少年法庭，违反刑法的行为被称为少年犯罪案件。2009 年，拥有少年司法管辖权的美国法院处理了超过 150 万起少年犯罪案件。少年法庭处理的另一类犯罪是身份罪错。身份罪错在法律上指的是一种若是成年人所为就不算犯罪的行为，身份罪错的例子包括违反宵禁法、离家出走规定和逃学法。第三类青少年案件涉及需要监督的青少年。尽管名称可能有所不同，但 49 个辖区都有规定需要服务的儿童类别。要求改变对那些不可救药的青少年的法律监管和监督的请愿书就是需要服务的儿童案例的例子。各州也有法律允许年轻的青少年像成年人一样因某些特定的罪行如杀人罪被审判。是否能作为成年人接受审判将取决于个人的法定年龄和所犯下的被指控罪行。

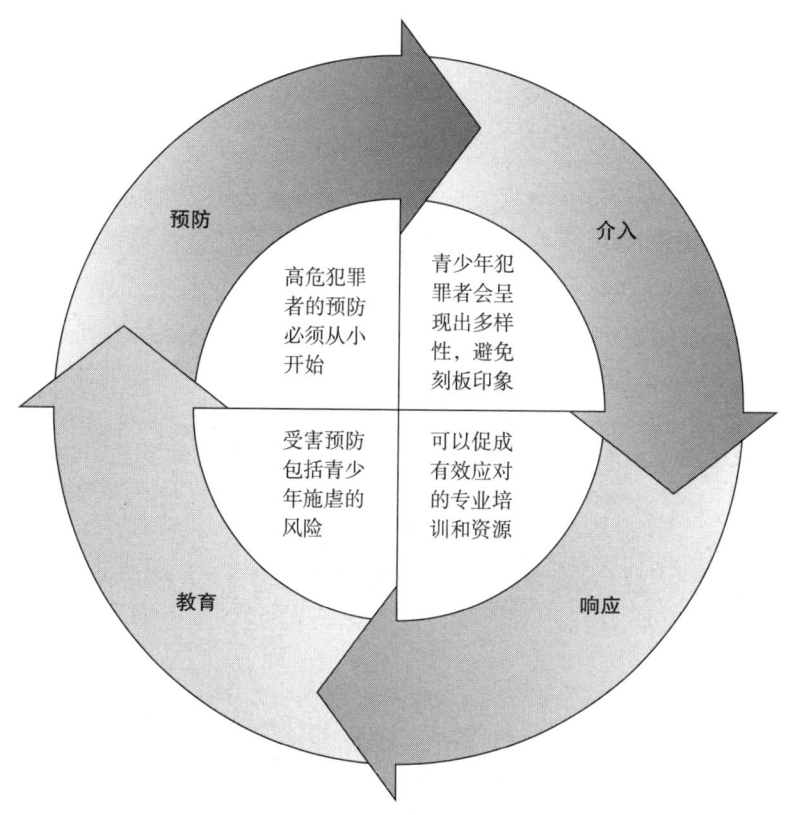

图 6-2　应对青少年性犯罪涉及多层面的方法

资料来源：基于芬克尔霍尔（Finkelhor）等人 2009 年的数据。

在 2012 年的一项具有里程碑意义的决议中，美国最高法院推翻了对已定罪少年犯判处无期徒刑的法律。法院认为，对犯罪时未满 18 岁的人判处强制性的无假释监禁违反了第八修正案关于禁止"残忍和不寻常的惩罚"的规定，并且"法官或陪审团必须有机会在对青少年实施最严厉的惩罚之前考虑减轻处罚的情节"。在米勒案判决时，大约有 2000 名囚犯正在服无期徒刑，不得假释，这是对他们在未满 18 岁时所犯罪行的强制性判刑要求。美国联邦政府和 28 个州的法律允许对青少年判处强制性终身监禁，不得假释，目前正在对这些法律进行审查和修订。美国最高法院在罗珀诉西蒙斯案中裁定，对 18 岁以下的罪犯执行死刑是违反宪法的。

动物虐待

动物虐待被定义为故意给动物造成不必要的疼痛、病痛或痛苦和 / 或死亡的社会不可接受的行为。动物虐待的范围从蹒跚学步的小孩拉着小猫的尾巴到严重的动物虐待行为都有。图 6-3 显示了青少年动物虐待者的类型。儿童期虐待动物预示着以后的暴力犯罪，以及财产犯罪、毒品犯罪、公共秩序混乱犯罪，并表现出一系列反社会问题。目睹动物虐待可能是青少年参与动物虐待的一个预测因素。

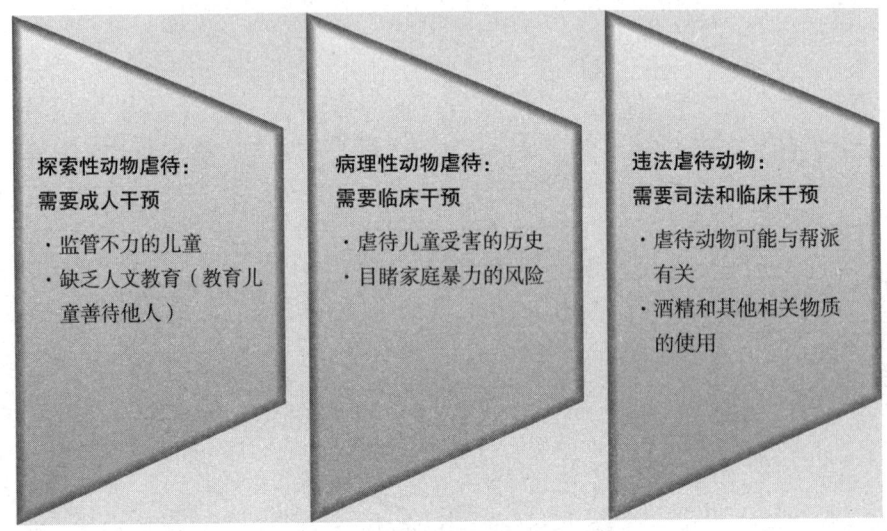

图 6-3　青少年动物虐待者的类型

资料来源：基于阿森松（Ascione）2001 年的数据。

研究表明虐待和忽视儿童、家庭暴力和虐待动物之间存在联系。虐待动物更有可能发生在儿童受到虐待或忽视的家庭以及虐待配偶的家庭。儿童虐待动物可能与他们遭受家庭暴力有关。加拿大的一项研究结果显示，遭受家庭暴力的儿童及目睹男性对女性家庭暴力行为的儿童更有可能虐待动物。研究发现，虐待动物的儿童的年龄和性别与那些对动物没有残忍行为的孩子没有什么区别，但在虐待动物的儿童群体中，遭受家庭暴力并且虐待动物的儿童比那些没有遭受过家庭暴力但虐待动物的儿童，在平均年龄上，明显要年长很多。

与没有虐待史的儿童相比，遭受性虐待的儿童更有可能对动物表现出残忍。在遭受性虐待的儿童中，所遭受的身体虐待增加了男孩虐待动物的概率，而遭受的家庭暴力则增加了女孩对动物的虐待。

青少年儿童保育罪犯

许多研究表明，儿童有遭受儿童保育人员性虐待的风险。父母很少认为保姆是潜在的性侵犯者，然而，年龄较大的孩子对年龄小的孩子所实施的性侵行为占到了在儿童看护环境中所犯的罪行的 40%。大多数青少年性犯罪者是 12 岁至 17 岁的青少年。青少年犯下的性犯罪通常发生在家中，一般在下午或晚上。

在一项关于对儿童进行性虐待的儿童保育人员的研究中，被控的监管年幼儿童的少年犯往往主要伤害四岁和五岁的儿童。在同一项研究中，青少年性虐待者更有可能对女性受害者实施侵害；男性和女性青少年罪犯同样可能对受害者进行爱抚并对受害者进行口交。这些罪行可能是偶发的，也可能是青少年性虐待者寻求这种消遣，以满足他们控制弱者的需要。

纵火

当提到青少年犯罪时，纵火通常不是首先想到的犯罪之一。然而，青少年因纵火罪被捕的比例高于任何其他年龄组；大约一半因纵火被捕的人是青少年。青少年纵火者通常被定义为参与纵火的儿童或青少年。

青少年虐待受害和纵火之间有着密切的联系。虐待和忽视是导致更严重的纵火的一个风险因素。当因虐待或忽视而导致纵火时，对外部压力的消除通常会让纵火行为停止。这个群体的罪犯的纵火行为是受害的问题青年的一种应对机制。

根据《森林火灾纵火通报》(*BushFIRE Arson Bulletin*)，虐待动物的青少年和放火的青少年之间存在着联系。在澳大利亚的一项调查中，纵火只是经历家庭压力的儿童的一系列反社会行为中的一种，其中男孩还会额外表现出对动物的残忍。盐湖城地区青少年放火/纵火控制和预防计划总结的青少年纵火类型将儿童分为以下几类。

- 正常的好奇心纵火者：年龄范围为 3 岁至 7 岁。这一群体中的儿童通常具有父母监督不力、缺乏消防教育和不怕火的特点。
- 求助型纵火者：年龄范围为 7 岁至 13 岁。这一群体的纵火行为通常预示着更深层次的心理障碍的症状。
- 不良纵火者：年龄范围从 13 岁到成年。纵火可能是许多青少年反社会行为中的一种，包括与帮派相关的活动。

研究表明，男性和女性所实施的性虐待是青少年纵火犯的常见模式。青少年纵火和性犯罪的并存已经被注意到。在一项研究中，大多数青少年纵火犯也是性虐待者。

谋杀

在所有年龄段中，大多数杀人案的凶手都是男性。根据少年司法和预防犯罪办公室所述，在美国，每年大约有 120 名少女涉嫌杀人。2010 年，美国至少有 766 起谋杀案涉及少年犯，估计占所有已知谋杀犯的 8%。大多数青少年杀人凶手年龄在 16 岁或 17 岁。在被 18 岁以下的人杀害的受害者中，属于杀人者家庭成员的约占 6%。

弑亲是杀害父母的行为，是青少年所犯谋杀的一种形式。当一位母亲被她的一个孩子杀死时，杀母（罪）被用来描述这种特殊形式的犯罪杀人。弑父是杀死父亲的行为。父亲比母亲更有可能被孩子杀死。从 1980 年到 2008 年，父母被杀事件中最常见的施暴者是 16 岁至 19 岁的男孩。

在对 1976 年至 1999 年 24 年间的 5781 起杀害父母案件的审查中，参与杀害父亲的不满 18 岁的罪犯比例是 25.4%，即四名罪犯中约有一人；参与杀害母亲的不满 18 岁的罪犯比例是 17%，即六名罪犯中有一人。被调查的事件是那些被联邦调查局确认为涉嫌杀害亲生父亲或母亲的事件，但其中并不包括继父母。该研究报告称，与犯有同样罪行的成年人相比，少年犯更有可能使用枪支杀害父亲。至少有一半的杀父杀母事件源于孩子和父母之间的争吵。研究表明，杀害父母可能是家庭暴力升级的结果。在这类家庭中，父母更像是孩子虐待的受害者。

旧事重提 ●●●

一名六岁的女孩抱怨说，和她住在一起的继兄伤害了她。一名专门研究儿童性虐待的医生进行身体检查后证实，她被强奸了。针对这个指控，我对这名 13 岁的男孩进行了询问。起初，他否认碰过那个小女孩。只有在面对犯罪证据后，他才承认强迫他的继妹发生了性关系。他被逮捕并受到审判。在审判中，他被判犯强奸罪和鸡奸罪，而这些行为已经持续了超过两年。施暴者也是受害者，他说出了一个对他进行过性虐待的成年人的名字，因此调查并没有因为这个受害者而停止。最终，警方找到了足够的证据逮捕了那名犯有性侵罪的成年人，他也受到了审判并被判有罪。

离家出走

根据报告《孤独的无家可归者》(Alone Without a Home)，美国 18 个司法管辖区在其法律中明确定义了"离家出走"一词。该报告引用了俄亥俄州的简明定义：离家出走的人是"任何与孩子的监护人分离，看起来需要紧急住房和其他服务的孩子"。每年大约有 160 万名儿童和青少年（12 岁至 17 岁）离家出走，而在离家出走之前，40% 的无家可归的年轻人报告说被监护人殴打，每四名青少年中就有一名曾经历过看护者要求的性行为，20% 的年轻人因为性取向与父母发生冲突，并导致他们出走。

离家出走对于年轻人来说属于一种身份罪错，在需要服务的儿童类别中可能被特别命名。美国警方关于青少年离家出走的政策和法律因州而异。有时，警察使用正式的指控来强迫离家出走的人去见社会工作者和法庭指定的顾问。即使在一个离家出走行为并不违法的州，警察也有权对青少年进行拘留，并经常根据与他们离家出走状态相关的逮捕令逮捕他们。法律允许警察在 50 个司法管辖区对离家出走的青年实施拘留。

全美离家出走安全热线（National Runaway Safeline，NRS）是一条 24 小时的免费热线，每年接听 100 000 多个离家出走的青少年、被抛弃的青少年和处在危机中的青少年的求助电话。绝大多数来电者年龄在 18 岁及以下。在 2012 年接听的电话中，13% 的来电显示在来电时这些青少年已经遭受了虐待。通过与灰狗客运线路公司合作，国家离家出走安全线路的家庭免费计划通过提供一张回家的免费公共汽车票，使 14 000 多名青少年与家人团聚。2011 年，家庭免费计划用户生活中最常被汇报的重大问题（占 65%）是与父母或监护人的冲突。

青少年受害与离家出走的决定密切相关。《离家出走青少年纵向研究》(the Runaway Youth Longitudinal Study) 得出结论，18 岁前的言语虐待、身体虐待和性虐待都与更高的离家出走率相关。与未受虐待的年轻人相比，遭受身体或言语虐待的受访者离家出走的可能性高三倍，遭受性虐待的受害者离家出走的可能性高两倍。遭受兄弟姐妹虐待的受害者也比那些没有受到兄弟姐妹虐待的受害者更有可能作为少年离家出走者被逮捕。

性犯罪

性犯罪者经常会谈到自己在青少年时期就已经开始犯罪的情况，早期的目标可能是自己的弟弟妹妹。儿童可能会施虐，因为他已经知道这是可以接受的，或者可能会因为他自己的被虐待经历，出于愤怒实施虐待行为。

在警方已知的针对未成年人的性侵犯者中，少年犯占 33% 以上。青少年男性占犯罪者的大多数，但女性占实施性犯罪的青少年的 7%。根据芬克尔霍尔等人的研究，大多数青少年性犯罪者是 12 岁至 17 岁的青少年（如图 6-4 所示），大约 16% 的青少年不到 12 岁。青少年性犯罪者代表了一个不同的群体；一些只针对儿童，而另一些攻击同龄人和成年女性。这些青少年中的许多人认为自己社交能力不足，预料到同伴的嘲笑和拒绝，并对孤独的感觉深有体会。

对性犯罪者的了解仅限于那些通过刑事司法系统被确认的人。2007 年，在爱达荷州被起诉的青少年性犯罪者在占总数 36% 的案件中对家庭成员实施了侵犯。尽管对女性青少年性犯罪者知之甚少，但她们同样是在国家诉讼中被关注的群体。

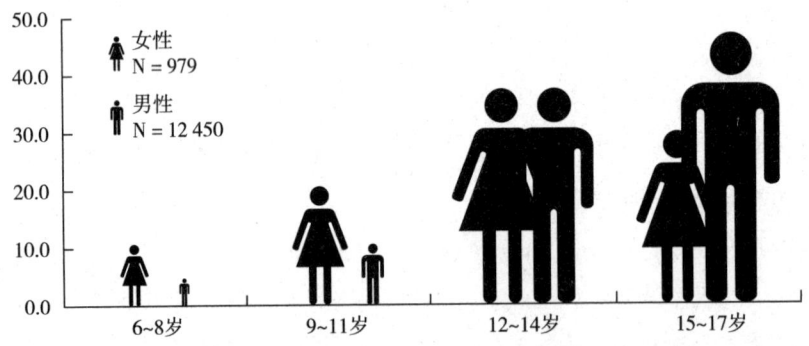

图 6-4　按罪犯性别划分的伤害未成年人的青少年性犯罪者

注：男性青少年是迄今为止最常见的针对未成年人实施性犯罪的犯罪者，在审查罪犯特征时，犯罪风险因少年罪犯的性别和年龄而异。

资料来源：基于芬克尔霍尔等人 2009 年的数据。

一项研究对性犯罪的判决在多大程度上确定了青少年再次犯罪的风险进行了调查。考德威尔（Caldwell）在一项针对作为青少年性犯罪者而被逮捕的青少年的六年跟踪研究中发现，与非性犯罪者相比，他们不太可能在未来实施性暴力犯罪或性谋杀。大约 85%~95% 虐待未成年人的少年犯不会在青春期或成年期成为性犯罪者。与其他研究一致，青少年性犯罪者在成年时更有可能犯下性犯罪以外的其他罪行，而不是性犯罪。根据考德威尔的说法，适用于青少年性犯罪者的性犯罪者登记、通知和居住限制法规不太可能对社区安全有实质性的好处。

兄弟姐妹之间的虐待

研究表明，兄弟姐妹之间的虐待可能是最常见的家庭暴力形式。这种行为通常被认为是兄弟姐妹相互竞争的一个正常部分，如果不看一个行为的严重性和意图是很难被识别的。兄弟姐妹间的虐待超越了儿童游戏，因为它包含了强烈的暴力因素。虐待兄弟姐妹不是一个孤立的行为，而是一个行为循环，看起来很像亲密关系暴力。虐待儿童和亲密关系暴力的同时发生增加了家庭中兄弟姐妹暴力的风险。

没有一个单一的解释可以用于解释兄弟姐妹间的虐待。更确切地说，已经确定了一系列条件的组合，在这些条件下，一个孩子出生并渐渐习惯于暴力行为。施暴者可能会感觉到自己和弟弟妹妹之间存在不平衡，他们认为弟弟妹妹因为学业、社会成就、年龄或性别而受到父母的青睐。滥用权力经常出现在性别方面，如男性虐待女性。性别角色社会化倾向于男性的攻击性和女性的被动性，进而导致了这种状况。研究还表明，虐待者经历了大量的父母对子女的虐待，使他们对暴力变得不敏感。

美国有超过一半的3岁至7岁的儿童对兄弟姐妹实施了严重的暴力行为，有这种暴力倾向的孩子通常是男性，并且通常在孩子中排行老大。然而，孩子的大小是具有欺骗性的，因为虐待是一种对罪犯缺乏权力或被认为失去权力的情况的补偿方式。孩子可能会嫉妒那些通过更好的学习成绩、长相或性格来取悦父母的兄弟姐妹。如果有机会表达不满足感，孩子可能会把这种不满足感指向兄弟姐妹。

兄弟姐妹之间的暴力事件没有被充分报道和记录，但是其影响可能是严重的。成人和儿童犯有类似类型的虐待，即身体虐待、性虐待和情感虐待。这些行为包括拳打、击打、踢、咬和强奸。批评家认为，兄弟姐妹之间的大多数攻击行为并不严重，不应该被认为是虐待；而支持对兄弟姐妹虐待问题进行考虑的人则持相反意见。

身体虐待

一种控制兄弟姐妹的方法是使用身体和语言的暴力。如果父母不加以制止，使用武力的情况可能会升级。当兄弟姐妹中的一个成员故意对另一个成员造成身体伤害时，就会发生兄弟姐妹的身体虐待。研究表明，兄弟姐妹所实施的身体虐待是美国最常见的家庭暴力形式。虐待动物和殴打学校工作人员是使用武器的严重兄弟姐妹暴力的最重要预测因素。

虐待可能包括推搡、殴打、扇耳光、踢腿、咬人、掐人和揪头发，严重造成伤害和痛苦的兄弟姐妹身体虐待形式包括使用扫帚柄、橡胶软管、衣架、梳子、皮带、棍子、刀、枪和步枪、碎玻璃、刀片和剪刀。一些受害者报告说，他们的兄弟姐妹试图淹死他们，用枕头把他们几近闷死，或者反复打他们的肚子。四肢的扭转——或捆绑四肢进行的肢体扭转都会产生螺旋形骨折。过去，调查人员被告知所有的螺旋形骨折都是虐待的结果，但这其实是不准确的。与所有儿科损伤一样，你必须确定损伤是否与病史一致。

性虐待

兄弟姐妹之间的性行为是与年龄不符的、非短期的、不受所萌生的适当好奇心所驱使的，这样的行为被认为是兄弟姐妹乱伦。一个常见的误解是，对兄弟姐妹的性虐待是好玩的，并且对年幼的孩子是无害的。兄弟姐妹（手足）虐待被认为比父母虐待更常见。不想要的性追求、性挑逗和强迫兄弟姐妹看色情相关材料都是除性交以外可能发生的行为的例子。兄弟姐妹性虐待比儿童性虐待更常见；大约 2.3% 的妇女曾受到过来自兄弟姐妹的性伤害。

兄弟姐妹性虐待的实际发生率很难得到，专家认为这种虐待被严重低估了。兄弟姐妹乱伦的受害者报告说，他们的焦虑、抑郁、敌意、成人受害率和低自尊出现的比率都明显较高。成年人的关系质量受到儿童时期兄弟姐妹性虐待的负面影响。

情感虐待

兄弟姐妹实施的情感虐待的特点是表达轻蔑和贬低的语言和行为的持续性和强度。心理虐待会产生严重的长期影响，除了企图自杀之外，还会增加出现习惯障碍、行为障碍、神经质特征和精神神经质反应的风险。情感或心理侵犯行为在兄弟姐妹中非常普遍。虐待行为包括戏弄、嘲笑和侮辱兄弟姐妹，情感虐待会降低孩子的自尊，增加他们的焦虑。

青少年约会暴力

约会暴力是指一个人针对另一个与之有或已经有过约会关系的人的行为，其目的是造成身体伤害、肢体损伤、攻击或性侵犯，或者是一种可以使个人非常害怕即将发生的身体伤害、肢体损伤、攻击或性侵犯的威胁，但不包括自我防卫的措施。

青少年约会暴力的受害率很高。美国各州的约会暴力发生率各不相同，从佛蒙特州的 7% 到乔治亚州的 16%，其中严重的约会暴力发生率可能为 1.6%。这些数据表明，大约有 40 万到 90 万青少年约会暴力的受害者居住在美国。这也强烈地表明了青少年之间的关系暴力有待解决，关于建立积极关系的教育是必要的。

报告造成身体伤害的青少年约会暴力的男性比女性多得多，但女性受到的伤害是男性的三倍。酒精、烟草、可卡因的使用、酒后驾车、不健康的体重控制行为和危险的性行为是经历身体和性约会暴力的少女所面临的可能增加的风险。

"多重受害"是一个用来描述高比例出现的、由多名犯罪者所造成的、在不同受害形式中同时发生虐待行为的术语,多重受害与青少年约会暴力密切相关。造成身体伤害的青少年约会暴力也与儿童虐待、性伤害和网络骚扰密切相关。在强奸、身体暴力和/或亲密关系跟踪的成年受害者中,22%的女性和15%的男性在11岁至17岁之间曾首次经历了某种形式的伴侣暴力。

青少年约会暴力保护令

青少年约会暴力是一个严重的问题,它跨越种族和民族界限,有这一经历的青少年不在少数。在美国,青少年约会暴力问题最近通过法律改革得到了解决。一个值得注意的窘境是,各州在保护未成年人免受约会关系中的暴力这一方面缺乏一致性。根据年龄和关系状况,各州法律在家庭暴力限制令是否适用于年轻受害者方面有所不同。

根据对美国约会暴力法的全面审查,45个州和哥伦比亚特区允许约会关系中的未成年人获取保护令。关于未成年人是否可以申请这些保护令,各州法律各不相同:9个州和哥伦比亚特区明确允许;9个州禁止未成年人代表自己请愿;15个州允许针对未成年虐待者申请保护令;还有5个州(马里兰州、密苏里州、内华达州、新泽西州和俄勒冈州)完全禁止针对未成年人的保护令。州法律中关于约会暴力保护令的规定经常发生变化。

虐待父母

研究表明,很大一部分家庭暴力是由青少年对父母或兄弟姐妹实施的。对父母的暴力,或对父母的虐待,可以说是研究最少的家庭暴力形式了。研究人员表示,父母受害者对自己无法控制自己的孩子感到羞耻,因此,这个问题被严重低估了。数据表明,对父母实施虐待的比例已经增加,并且可能会继续。报案数量增加的原因可能包括对警察进行了比之前更好的培训,使警察对这类家庭暴力行为有了更好的识别,家庭暴力的更广泛定义,除了父母外还包括了其他家庭成员,以及对家庭中什么是不可接受的行为有了更强的意识。

母亲是家庭中青少年暴力对待父母的主要目标。在一项由接受社会工作服务的209个家庭组成的研究中,112名青少年报告称对父母施暴。在11岁至16岁的样本中,男孩和女孩可能出现暴力倾向的概率是相同的。10%的父母称他们的孩子"砸房子""踢门"或"砸他的房间",严重的暴力还包括对父母的拳打脚踢。

家庭暴力和虐待父母之间有着密切的联系,67%的暴力青少年经历过虐待或在家庭暴力的环境中成长，目睹过家庭暴力的人对父母施暴的可能性比没有目睹的人高出近三倍。理论上说，受虐妇女的孩子也可能认同施暴者对母亲的伤害。

专家认为，因家庭关系紧张而导致的对母亲的愤怒以及对父亲的虐待是部分原因。青少年也可能害怕父亲，并与他形成一种无意识的联盟，来远离危险。关于虐待父母的另一种观点认为，青少年为了对儿童时期的受害进行报复而变得暴力。在一项研究中，80%对父母施暴的年轻人表示他们的父母曾经对他们施暴。

> **旧事重提**
>
> 一名15岁的女孩又一次把她的父亲推下了楼梯，她过去也曾伤害过她的母亲。这并不是说她的父母老了，当然他们也许比大多数父母都老。他们厌倦了和自己还在成长中的孩子争吵，也担心被他人知道了脸上挂不住。她曾经是他们心目中的好孩子，但是现在却变成了噩梦，父母不知如何是好。他们不想告诉任何人，但孩子需要帮助。最终，她接受了咨询，随即虐待行为停止了。

新闻报道

NAMGLA 被拿下

2006年7月25日，NAMGLA网站被联邦调查局关闭。该网站服务于一个由网络掠食者组成的国际社区，在这里可以分享成千上万张遭受性虐待的儿童的图片。至少确定了35个美国国内嫌疑人。此外，还确定了27个国家的49名嫌疑人。联邦调查局在20个不同的州协调执行了29份搜查令和6次双方同意的面谈。调查的结果是，有22起关于拥有或传播儿童色情制品予以供认，并逮捕数人。三名嫌疑人被确定之前对未成年人有过性侵犯，另外三名嫌疑人被发现持有毒品。此外，联邦调查局还在厄瓜多尔、智利、波兰、加拿大、西班牙、葡萄牙、保加利亚和瑞典进行了国际调查。

恋童癖

术语"恋童癖"所指向的是对儿童有持续性取向的成年人。恋童癖的历史可以从现代天主教的神父丑闻追溯到古希腊的相关记载。在这些记载以及事件中，对男性儿童的性利用被当作一种公认的惯例。试图使涉及成年人和儿童的男孩性关系合法化的做法可以在北美男子／男孩爱协会（North American Man/Boy Love Association）、勒内·盖约协会（the René Guyon Society）和童年性快感圈（the Childhood Sensuality Circle）找到。自1968年起，美国精神病学协会（the American Psychiatric Association，APA）就已将恋童癖纳入其《精神障碍诊断与统计手册》中，该手册在随后定期更新中，恋童癖被定义为"反复出现的、强烈的、引起性幻想的、性冲动的或涉及儿童、非人类对象或其他不同意的成年人的行为，或自身或伴侣的痛苦或羞辱的感觉"。

根据休斯（Hughes）的研究，男性恋童癖者的平均年龄为28岁，女性恋童癖者的平均年龄为26岁。与犯有强奸等性犯罪的成年人相比，恋童癖者对与自己相同性别的儿童有着更明显的性偏好。研究表明，恋童癖者在童年时经常经历性虐待，并经常选择与他们自己年龄相仿的受害者。当他们还是孩子的时候，他们也倾向于性侵犯。尽管大多数性虐待的受害者后来不会成为施暴者，但先前的虐待以及其他因素，如虐待动物和家庭暴力，增加了恋童癖的风险。研究表明，75%~90%的恋童癖者在他们自己的家庭中受到虐待。

儿童色情制品

在美国，生产大多数色情制品并不是犯罪，作为言论自由的一种表达方式受到《宪法第一修正案》（the First Amendment to the Constitution）的保护。而涉及描绘真实儿童的色情制品则不受美国《宪法》（the Constitution）的保护，属于危害社会罪的一类。儿童色情是儿童性剥削的一种形式。联邦法律将儿童色情制品定义为任何涉及18岁以下未成年人的露骨性行为的视觉描述。联邦和州法律禁止制作、发行、进口、接收或拥有任何儿童色情制品。

然而，最近利用互联网传播儿童色情制品的案件数量有所增加，人们普遍认为大多数儿童色情犯罪是未被发现的。

涉及青少年的色情制品有两种类型：明显存在青少年性虐待受害者的色情制品，以及儿童剥削色情制品，其中对儿童进行了性描写，但不涉及其他罪行（如强奸）。

> **旧事重提** ●●●
>
> 人们在钱包或相框中摆放爱人的照片并不罕见。在我们的社会里，我们在墙上贴上那些有我们认为有吸引力的人的照片的海报，以孩子为爱的对象的人也会有类似的行为。我逮捕的大多数恋童癖者都带着儿童照片，一些照片是露骨的，而另一些则不是。在搜查令下搜查一个恋童癖者的家，经常会搜出他喜欢的年龄范围和性别的儿童的露骨的性照片。在一个案例中，在搜查中找到的照片显示了强奸的事实；在另一张照片中，描绘了罪犯给自己的受害者摆挑逗的姿势的样子。互联网越来越成为恋童癖者分享这些照片的渠道。

一个特别引人关注的问题是，儿童色情罪犯是否有可能实施涉及与儿童接触的性行为。一项研究发现，在两年半的时间里，因儿童色情制品而被捕的男性往往会以某种方式再次犯罪，比例约为17%。青少年受害者色情作品经常与性犯罪或暴力犯罪联系在一起。拥有儿童色情制品是恋童癖的有效指标，因为它与儿童自我报告的性兴趣相关。

总结

本章开头对健康家庭和不健康家庭中的行为进行了区分。一方面，提出这一特征是为了强调这样一个事实，即家庭暴力是有记录在案的原因存在的。另一方面，这也意味着，当家庭暴力发生时，进行干预可能是适当的。心理弹性和自尊等个人特征可能是影响虐待的调节因素。而作为授权举报人，对在某些情况下在司法系统之外进行案件移交的重要性进行了解，是很有帮助的。

作为一个社会，我们总是对青少年暴力情况缺少应有的关注，但是不断发生的青少年暴力事件却迫使我们重新审视虐待和忽视的后果及其对青少年的影响。重要的是不要低估家庭暴力对包括青少年在内的所有儿童所造成的破坏性的影响。青少年犯罪是一个必须通过预防战略解决的问题。针对兄弟姐妹和父母的家庭暴力也同样是研究者很少关注的领域，但是对于社会服务提供者和执法人员来说并不是这样的，因为这部分人很可能会接触到受暴力影响的个体，加之青少年犯罪模式可能与曾经受害有关，所以社会服务提供者和执法人员需要对每个案件进行个案分析，以进一步确定是否需要进行额外的调查。

HEAVYHANDS

简单场景

虐待的后果

15岁时,苏珊开始离家出走,但被抓了回来。她的父母对其出现的行为问题感到震惊。她在学校和其他女孩打架,两次被停学。她手臂和大腿内侧上上下下都是香烟造成的自伤,此外还有刀片割伤。在治疗中,她透露说她哥哥在她小的时候骚扰过她。

思考:根据本章中的内容,你希望让这名青少年回答哪些问题?对此你有什么考虑?你有什么有益的干预措施吗?

第 7 章

亲密关系暴力

HEAVY

HANDS

亲密关系暴力也称为家庭暴力、殴打或虐待配偶，是由现任或前任配偶、异性同居伴侣、同性同居伴侣、约会对象或男性恋人或女性恋人实施的暴力。亲密关系暴力和虐待有多种形式，而且经常再犯。

肢体暴力行为可能包括拳打、推搡、掌掴、咬、踢、对伴侣使用武器、投掷物品、拉扯头发和对伴侣的约束，性暴力行为可能包括强迫伴侣接受性行为、告诉伴侣虐待是他自己要求的（对虐待狂而言）以及强奸，情感和心理虐待包括口头虐待，如辱骂、批评、耍心眼、羞辱伴侣以及对内化恐同的强化。

经济控制则会造成财务依赖，经济控制可能包括阻止伴侣找工作，使伴侣被解雇，迫使伴侣向自己索要钱财，或者拿走伴侣挣来的钱。暴力威胁包括用眼神或手势让伴侣害怕、破坏个人财产、伤害宠物、展示武器、威胁离开、威胁带走孩子、威胁自杀以及威胁向社区、雇主或家庭透露同性恋情况。情感或心理虐待通常会出现在有其他形式暴力发生的关系中。

受虐妇女保护运动

"殴打"这一术语已经沿用许久，指的是为了获得权力以及对个体的控制而重复进行的一种行为。虽然在很多年前，人们就已经开始重视为妇女争取平等权利和结束对妇女的压迫等问题了，但我们仍然发现绝大多数亲密关系暴力的受害者是女性。对妇女的暴力行为被认为是父权制所维持的压迫的一部分。受虐妇女保护运动寻求文化价值观的社会变革，寻求增强所有妇女和儿童的权能，并对社会权利进行重组和重新分配。结束对妇女和儿童的身体虐待和性虐待是该运动的一项重大努力，但重要的是要在结束经济压迫和性别歧视的大背景下看待这一问题。

受虐妇女保护运动始于20世纪60年代末的一场草根运动，自开始以来取得了重大胜利，今天它依然强劲。

1. 已确定的受害者：其中85%是女性、15%是男性。自1994年以来，该比率相对保持稳定。
2. 尽管亲密关系暴力的原因和所造成后果可能带来的影响仍在激烈的辩论中，但公众对亲密关系暴力的认知已经提高。
3. 已经通过一系列服务制定了干预策略，如提供庇护所、信息服务、救助热线和警察反应。但是，关于实施额外所需服务和维持现有服务的资金不足问题的抱怨一直不断。包括美国医学协会和美国律师协会在内的主要组织承认，亲密伴侣对妇女的暴力事件很多，正在寻求改革以满足需求。美国每个州都已经完成了法律改革，联邦立法改革也带来了前所未有的变化。
4. 保护和预防工作现在把民事和刑事诉讼纳入其中，这是以前从未有过的针对亲密关系暴力受害者的救济措施。
5. 施暴者治疗项目已经成为法庭对亲密关系虐待殴打最常见的反应，全美各地都在通过电视和学校进行这一层面的教育。

受虐妇女保护运动带来的一个意想不到的结果是，提高了人们对针对男女同性伴侣和男性暴力行为的认识。约会关系中的暴力行为也进入了人们的视野。个人暴力在这些过去没有被关注的群体中的含义在随后的讨论中会涉及。

女权组织有责任把这个问题提到一个最重要的位置上，并使这个问题不能再被忽视。必须赞扬那些致力于了解虐待配偶的动态并保护虐待受害者的男性和女性先驱们，亲密关系暴力现在被认为是一个重要的社会问题。在发现问题后，人们就会想办法解决它。

联邦和州政府已经为亲密关系暴力相关的研究、反暴力保护措施和反暴力教育活动设立了基金，并通过立法为受害者提供必要的保护，大学也提供犯罪学、受害者心理学和与家庭暴力相关的课程，以解决问题和对解决方案进行讨论。我们在对亲密关系暴力的各种对抗措施的理解上迈出了一大步。

亲密关系暴力的发生率因年份和收集方法的不同而不同。研究证实，目前我们已经在打击亲密家庭暴力的斗争中取得了长足的进步，因为受害者比以往任何时候都要少（如图 7–1 所示）。从 1993 年到 2010 年，美国的亲密暴力率下降了 64%。根据全美亲密关系和性暴力调查，近 33% 的异性恋女性和 25% 的异性恋男性曾经经历过亲密伴侣的强奸、身体暴力和／或跟踪。

健康和安全问题

最近对亲密关系暴力的研究趋势从受虐者的特征研究转变为对那些成功逃离暴力环境者的特征研究，凯瑟琳·费拉罗（Kathleen Ferraro）就是这一趋势的代表人物。她在对

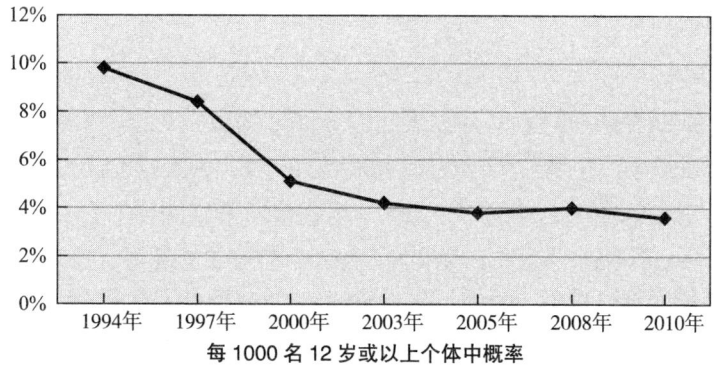

图 7-1 亲密关系暴力（1993—2010 年）

注：从 1993 年到 2010 年，美国亲密关系暴力率下降了 64%，受害率从每 1000 名 12 岁或 12 岁以上的人中有 9.8 人受害降到 3.6 人受害。

资料来源：基于卡塔拉诺 2012 年的数据。

坎贝尔（Campbell）1994 年研究进行引用的基础上，对 50% 左右最终成功离开施暴者的受虐妇女在离开过程中所克服的那些难以置信的困难进行了深入的研究。她对预备和脱离阶段的讨论让我们对婚姻关系中存在的亲密特征以及在女性试图离开时，与那些威胁、骚扰并经常攻击女性的依赖型男性打交道时所面临的困难有了深入的了解。同时，对费拉罗理论的深入研究也表明，最后一次绝望的逃跑可能成为导致杀人行为发生的导火索，导致谋杀的四个阶段从最初的吸引开始，这个时候女人会错把她正在经历的社会孤立认为是相互的爱。接下来，当人身攻击发生时，受害者会感到难以置信。然后，如果暴力的强度或严重性增加，那么受害者的生存与否就取决于是否可以成功地离开施暴者，如果受害者无法逃脱，就会迎来最后的阶段，即受害者会饱受恐惧、抑郁和创伤后应激综合征的折磨，同时，激烈的打斗可能会导致受害者死亡或被杀的情况出现。

那些逃离了亲密关系暴力的人面临着许多挑战。人们普遍认为，亲密关系暴力会影响个体经济情况的稳定，尤其是当虐待正在发生时，维持一份工作会变得更加困难。与未受伤的女性相比，经历了亲密关系暴力的女性的就业稳定性明显较低，这与较低的工作福利有关。此外，肩负一个或多个孩子抚养任务的那些成功离开施暴者的受害者，可能会有收入较低的情况出现。2010 年，约有 280 万儿童（占所有儿童的 3.9%）生活在至少有一个 12 岁以上的人在当年中经历了一次或多次非致命的暴力侵害的家庭中。对于那些生活在暴力家庭的孩子来说，家庭收入越低，就越有可能发生亲密关系暴力。研究人员杜鲁门和史密斯发现，随着育儿家庭年收入的增加，受害程度会随之下降。

无家可归

由于家庭暴力和无家可归之间的密切联系以及对家庭暴力受害者普遍存在的住房歧视问题，美国 2005 年的《反暴力侵害妇女法》（the Violence Against Women Act of 2005）禁止公共住房机构拒绝向遭受家庭暴力或跟踪的申请人提供公共住房或第 8 条所规定的住房凭证援助。庇护所和其他家庭暴力服务提供者无需向无家可归者管理信息系统（Homeless Management Information Systems）提供可用于追踪和定位受害者的识别信息，无家可归者管理信息系统是一个旨在跟踪无家可归者使用服务和参加项目的计划。这项里程碑式的立法，为生活在公共和辅助住房中的成功离开施暴者的家庭暴力受害者提供保护，使其免受歧视和不公正的驱逐。

据全美终止家庭暴力网（National Network to End Domestic Violence）所称，2013 年的《反暴力侵害妇女法》在所有联邦补贴的住房方案中扩大了对个人的保护，明确保护性侵犯受害者，并创造了紧急住房转移选择。虽然亲密关系暴力被认为会在各个收入水平上发生，但逃离亲密关系暴力的贫穷妇女更容易无家可归，那些生活贫困的逃离亲密关系暴力的女性往往被迫在虐待关系和无家可归之间做出选择。

长期等待援助住房和缺乏负担得起的住房仍然迫使许多妇女及其子女在家庭虐待和街头生活之间做出选择。由于偏见和歧视，那些成功离开施暴者的家庭暴力受害者也可能难以找到合适的住房。美国估计有 16% 的无家可归的成年人是家庭暴力的受害者。这个数字因州而异，例如，在北卡罗来纳州，45% 的无家可归者是家庭暴力受害者。在曾经经历过亲密关系暴力的女性中，2.4% 需要住房服务。对于遭受亲密关系暴力的男性来说，大约 0.4% 的人需要住房服务。

伤害和创伤

美国医学协会在 1992 年就对外宣称，针对妇女的身体暴力和性暴力已经非常普遍，并建议医生定期检查所有女性患者受亲密关系虐待的情况。报告显示，与无虐待史的妇女相比，受虐待妇女的医疗保健使用率更高。在曾经遭受过亲密关系暴力的人中，有 15% 的女性和 4% 的男性因亲密关系暴力行为受伤。当发生亲密关系暴力时，妇女更容易受伤，但是，一旦男性因亲密关系暴力受伤，其程度基本都达到了需要医疗护理的程度（如图 7–2 所示）。

对虐待所造成的身体伤害进行的研究向我们揭示了一个的重要问题，即亲密关系暴力的后果不仅仅局限于显而易见的身体伤害。亲密伴侣间的暴力与一系列挥之不去的身体健康问题有关，这些问题包括关节炎、慢性颈部或背部疼痛、偏头痛、口吃、视觉障碍、性传播感染、慢性骨盆疼痛、消化性溃疡、肠易激疾病和其他消化问题等。

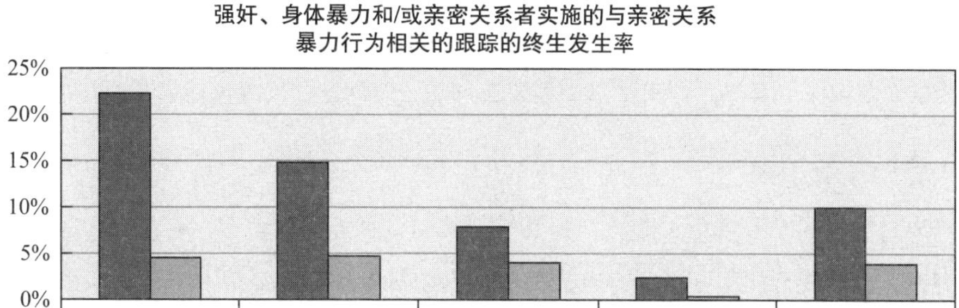

强奸、身体暴力和/或亲密关系者实施的与亲密关系暴力行为相关的跟踪的终生发生率

	任何创伤后应激障碍症状	受伤	需要医疗服务	需要住房服务	至少一天旷工或旷课
女	22.3	14.8	7.9	2.4	10
男	4.5	4.7	4	0.4	3.9

图 7-2 因亲密关系暴力受伤

注：亲密伴侣间的暴力会影响受影响者的健康，还会带来医疗保健、住房需求和失业等问题。
资料来源：基于布莱克等人 2011 年的数据。

焦虑、抑郁或其他情绪健康问题同样是亲密关系暴力造成的心理伤害类型。研究人员发现，美国加利福尼亚州有超过 50 万亲密关系暴力的受害者指出自己因暴力行为而遭受着严重的心理困扰。大约 25% 的受害者需要心理健康服务，大约 7% 的人每周都有酗酒行为出现，人们担心一些受害者可能会求助于酒精来应对或掩盖他们的痛苦。对受害者的干预和服务需要注意到一点，即遭受亲密关系暴力创伤的男性和女性都可能受到类似的影响，且这种影响可能是严重而持久的，遭受身体虐待或性虐待的人甚至可能在几十年后还会经历严重的创伤后应激综合征。

生活质量问题

大多数针对女性的暴力行为包括推、打、抓和撞。这些暴力形式被认为不太严重，通常不需要医疗护理。然而，那些成功离开施暴者的亲密关系暴力受害者的生活质量受到所有形式的亲密关系暴力的严重影响。曾经历过强奸、身体暴力和/或亲密关系跟踪的妇女报告说，她们会在一个或多个方面受到暴力的影响。研究表明，亲密关系暴力行为会增加妇女陷入贫困、离婚和失业的风险。大约 25% 的人开始对自己的安全情况感到担忧和惧怕，许多人经历创伤后应激障碍症状。根据全美亲密关系和性暴力调查，超过 14% 的受害者因亲密关系暴力而受伤，大约 10% 的成功离开施暴者的亲密关系暴力受害者因亲密关系暴力而错过了工作或接受教育。

据报道，成功离开施暴者的亲密关系暴力男性受害者通常会被踢、被咬、被拳打、被用东西填噎，由于对暴力行为的陈旧观念，他们面临着嘲笑。这些成功离开施暴者的亲密关系暴力男性受害者在寻求女性伴侣的保护时遭到了质疑。研究表明，这些人对自己的安全状况感到恐惧，伴有严重到需要咨询的心理问题，并且可能需要医疗上的护理。

热线和庇护所

美国第一条受虐妇女热线始于 1971 年的明尼苏达州的圣保罗。自那时起，美国全国性和地方性热线开始建立，为打电话的人提供危机干预、当地资源详情和亲密关系暴力信息。全美家庭暴力热线在所有 50 个州、波多黎各、关岛和维尔京群岛都是免费、保密和匿名的。自 1996 年开通以来，该热线已经接听了来自世界各地的成功离开施暴者的亲密关系暴力受害者、其家人和朋友的 300 多万个电话。这家非营利机构每月通过它运营接收的电话超过 23 000 个，一年 365 天，每天 24 小时，通过口译服务接收超过 170 种不同语言的电话，同时还有为聋人、聋哑人和重听人士提供的特别线路。

拨打家庭暴力热线的个人正在从辩护人那里寻求各种信息和支持。打电话可能是自我保护中困难但重要的第一步。这可能是一个被信任的机会，也是一个证实自己恐惧的机会。电话来自施暴者、成功离开施暴者的亲密关系暴力受害者、朋友或家人。对辩护人来说，最重要的是打电话的人的安全。通常，打电话的人会收到寻求帮助的策略选择和自我保护的一些建议。专家会建议仍留在现场的亲密关系暴力受害者为未来制订一个安全计划。这些安全计划因虐待的严重程度、受害者的生活状况以及家中是否有儿童而异。安全计划有许多变化。表 7-1 显示了一些对于任何经历过亲密关系暴力并选择保持这种关系的人来说都很重要的步骤。

近年来，为亲密关系暴力的男性、男同性恋、女同性恋受害者提供的服务不断涌现。男女家庭虐待求助热线提供了一个机构向亲密关系暴力的受害者提供非特定性别支持的罕见例子，而其任务声明中的一部分就是对所有家庭暴力受害者的公开承诺。

1974 年，美国明尼苏达州的圣保罗市为受虐妇女开设了第一个庇护所。目前，庇护所和服务项目的总数已经达到 5000 多个。然而，由于亲密关系暴力问题的严重性，庇护所依旧不足以满足所有成功离开施暴者的亲密关系暴力受害者的需求。在许多地区，庇护所每接纳一个可以接纳的女性，就意味着有四名女性（和她们的孩子）为此被拒绝。养育有青春期男孩的妇女经常被拒绝进入收容所，因为她们可能存在的多变性，以及对她们的存在会造成混乱的担心。女同性恋者、男同性恋者和男性受害者也无法获得庇护。

表 7-1　　　　　　　　个人安全计划中的常见问题示例表

个人化安全计划
第 1 步　暴力过程中的安全 我可以采用以下选项： 1. 如果我决定离开，我会_____ 2. 我可以提前把包收拾好，然后放在_____，这样我就可以快速离开了 3. 我可以把所遭受的暴力情况告诉_____，并要求他们在暴力行为出现时报警 4. 我可以教我的孩子用电话拨打 911 5. 我可以使用_____一词作为我通知孩子、朋友或家人的求救暗号 6. 如果我一定要离开住所，那我会前往_____（必须有所准备，即使你觉得你永远不会离开住所） 7. 当冲突爆发时，我会待在一个较安全的房间里，比如_____ 8. 我可以把这些策略交给我的孩子，比如_____ 9. 我将用我的本能、直觉和判断力去保护我自己和我的孩子直到我们脱离危险   **第 2 步　准备好离开时的安全** 我可以采用以下策略： 1. 我将把一些钱和另一套钥匙留给_____ 2. 我将把重要文件和钥匙保存在_____ 3. 我将在以下日期_____开一个储蓄账户以增加我财务方面的独立性 4. 其他我可以用来增加我独立性的事情是_____ 5. 家庭暴力求助热线是_____ 6. 庇护所热线电话是_____ 7. 我会随身带一些零钱用来打电话。因为我知道如果我使用后付费电话卡，那下个月的电话账单会让罪犯知道我离开后都打了电话给谁。我将通过使用预付费电话卡、朋友的电话卡、打对方付费电话或使用零钱打公用电话来对这些信息保密 8. 我需要与_____和_____确认一下，谁可以允许我借宿或者谁可以借我些钱 9. 我可以在_____那里放一些备用的衣服 10. 我会每隔_____（时间）就对我的安全计划做一个回顾，为的是可以制定出最安全的应对方案 11. 我会与_____（朋友、顾问或受害者辩护人）一起对安全计划进行梳理 12. 我会对逃跑计划进行预演，并与我的孩子一起练习

注：在家庭暴力情况中更加积极地注意自己的情况可以保护自己和孩子，建议采用该个性化的安全计划。

目前，看上去充足的合格的机构和服务资源并不足以满足成功离开施暴者的亲密关系暴力受害者的需求。全美终止家庭暴力网络每年都会对全国的热线和庇护所进行调查，以评估服务对那些成功离开施暴者的家庭暴力受害者的影响。其在 2012 年 9 月 12 日进行的调查报告称，截至该调查日，有 22 000 多名成年人和儿童在避难所得到了庇护，而

23 000多名成年人通过非住宅服务得到了支持，而也是在那一天，全美范围内，有四名妇女被虐待她们的人杀害。

对妇女的暴力

在美国，每年有超过1200万男女成为亲密关系强奸、身体暴力或跟踪的受害者。女性是亲密关系暴力最常见的受害者。一名从亲密关系暴力中幸存下来的女人是你在公共场合可以遇到的任何典型的女性，但是对她所面临的危险其实是在自己的家中。她可以来自各行各业、年龄、种族、民族和社会阶层。在美国，虐待妇女已经达到了流行的程度，被认为是一个重大的社会问题。亲密关系暴力是美国女性受伤和死亡的主要原因，造成的伤害超过交通事故、强奸和抢劫的总和。公认的事实是，对妇女的暴力行为没有得到充分的报告。据估计，只有49%的亲密伴侣实施的对妇女的暴力行为是已经向警方进行了报案处理的。与亲密关系暴力相关的成本每年超过83亿美元。

尽管低收入水平是亲密关系暴力的一个预测因素，但将亲密关系受害者描述为贫穷和未受教育的妇女是不准确的。许多职业女性同样遭受着她们伴侣的伤害。职业女性、女性军人以及那些比虐待她们的人挣得更多的人都处于危险之中。根据全美暴力侵害妇女行为调查数据，大多数异性亲密关系暴力受害者是女性，她们都曾经遭到男性亲密伴侣的人身攻击。

"为什么女人会停留于一段暴力关系当中"这个问题经常出现，并且其回答都带着责备受害者的态度。事实是，女性确实离开了施暴者。我们根本无权决定某一个特定的女性受害者何时或者是否应该留下来。

受虐待的女性受害者经常听到一种说法，即她们肯定是喜欢或需要这种虐待，否则的话她们会离开。其他人可能会被告知，这些女性是许多"爱得太多"或"自卑"的女性之一。没有人喜欢被打，不管她的情绪状态或自我形象如何。一个女人留下来的原因比围绕她坚强性格所做之陈述所能解释的要复杂得多。在许多情况下，女性离开施暴者是危险的。如果施暴者拥有所有的经济和社会控制权，离开会给女性带来额外的问题。离开可能意味着生活在恐惧中，失去孩子的监护权，失去经济支持，在工作中遭受骚扰，成功离开施暴者的亲密关系暴力受害者还可能经历羞耻、尴尬和孤立。以下是受害者可能不会立即离开受虐环境的一些原因。

- 女性受害者有基于现实的恐惧，即如果她试图离开，罪犯会变得更加暴力，甚至可

- 能使用致命的武力。
- 女性受害者的朋友和家人可能不支持她离开。
- 女性受害者知道在经济困难的情况下单亲家庭所面临的困境。
- 美好的时光、爱和希望与操纵、恐吓和恐惧交织在一起。
- 女性受害者可能不知道如何获得或无法获得安全和支持。
- 女性受害者可能已经被社会化，认为自己有责任让婚姻成功。未能维持婚姻就等于作为一个女人的失败。
- 女性受害者可能已经变得与朋友和家人隔绝，要么是因为嫉妒和占有欲强的施暴者，要么是为了向外界隐藏施暴的迹象。
- 被殴打妇女的孤立让女性受害者觉得无处可去。
- 女性受害者可能通过以压力、酒精、工作中的问题、失业或其他因素为借口来为施暴者的行为辩护，使行为合理化。
- 女性受害者可能被告知，她的身份和价值取决于能否得到并留住一个男人。

美国非裔妇女

总体而言，与白人女性相比，美国非裔妇女遭受亲密关系暴力的比例略高，12岁或以上女性的比例为7.8%。一些研究表明，美国有色人种女性每1000人中就有四人遭受性侵犯。

据专家称，亲密关系暴力的种族和民族经历可能不同。一些研究表明，美国主流的家庭暴力服务并不能满足那些非裔亲密关系暴力受害者的需求。如果是这样的话，未来应该对明显的文化敏感性选择进行考虑。

害怕延续对黑人男性的负面刻板印象是不对虐待者进行举报的一个压力来源。施暴者经常对他们的伴侣进行操纵以此来获得控制权。在针对非裔美国人的亲密关系暴力中，宗教和歧视性的主张可能被用来为虐待辩护或引起共鸣。贫困、失业和代际暴力都助长了亲密关系暴力的延续。为了更好地理解和预测城市非裔美国女性生活中的亲密关系暴力风险因素，研究人员对180名青春期女性进行了调查，对她们的受暴力经历进行了聚类分析。其中注意到，在家庭中目睹亲密关系暴力的比率极高（占85%）；将近50%的人曾经目睹一名成年人因家庭暴力而严重受伤。低收入城市有色人种妇女的样本提供了证据，表明家庭暴力在处境相似的女性青少年中可能较为常见。

> **旧事重提** ●●●
>
> 爱丽丝知道她的丈夫不喜欢她有朋友来家里，对此他说得很清楚。但她是一名对自己和对她来说意义重大的朋友充满信心的自雇职业女性。在他们婚姻的前期，她还是会邀请朋友到家里来。随着时间的推移，她渐渐远离了她们。"这变得太难了。"她说。她觉得自己快要疯了，无法用自己的困惑面对他们。她不记得自己做过什么，或者甚至不知道如何去做。
>
> 例如，盘子放在水槽右边的橱柜里，然后她发现盘子放在左边。"它们一直在那里。"她的配偶说。她穿的衣服在她卧室的壁橱里，还是放在门厅的壁橱里？狗粮总是放在地下室里。为什么会在车库里出现？几年后，她意识到自己根本没有发疯，是她的丈夫试图说服她不要这样。他经常搬动东西，并坚持说她正在"失去这些东西。"他说自己爱她，而爱丽丝相信了他。

美国印第安人和阿拉斯加原住民妇女

AIAN（American Indian and Alaska Native）指的是生活在美国的印第安人和阿拉斯加原住民，他们保持着部落身份和社区关联。2010 年美国人口普查数据显示，有 5 220 579 人自称为美国印第安人和阿拉斯加原住民。美国联邦政府对部落土地上的重罪拥有管辖权，因此对美国印第安人和阿拉斯加原住民妇女的安全负有责任。然而，美国印第安人和阿拉斯加原住民女性遭受暴力侵害的比率比其他任何美国人都高。美国印第安人和阿拉斯加原住民女性比白人女性、非裔美国女性或混血女性更有可能对自己遭到过的性侵犯或性骚扰行为进行报告。

美国印第安人和阿拉斯加原住民家庭中的高暴力率与贫困、酗酒和生活中的重大文化压力有关。一项研究发现，45% 的女性受访者在 18 岁时就开始遭受躯体攻击，其中绝大多数是亲密伴侣实施的。这些发现与早期在美国印第安人和阿拉斯加原住民人口中进行的研究结果相一致，这些研究记录了高达 50% 的女性遭受了亲密关系暴力，其中 39% 的女性对严重的身体暴力进行了举报。这个比例与目前的情况并没有什么不同，每 10 名美国印第安人和阿拉斯加土著妇女中就有四人称，她们曾经遭受过亲密伴侣的强奸、身体暴力和/或跟踪。

另一方面，缺少与阿拉斯加原住民妇女文化契合的受害者支持服务。例如，位于阿拉斯加巴罗的北极妇女危机中心是 500 英里①内唯一安全的避难所，它提供的服务从紧急避难到因纽特人价值观的宣传，这其中还包括了为父亲提供建议和指导，去培养非暴力的儿子的行为。2010 年，阿拉斯加州进行了首次家庭暴力调查，主要结果显示，阿拉斯加州估计约有近一半的成年女性曾经遭受过亲密关系暴力的侵害，大约 10% 的人承认在过去的 12 个月中有亲密关系暴力行为出现。同一份报告还发现，阿拉斯加有超过 33% 的成年女性曾经经历过性侵犯，其中超过 4% 的人在过去 12 个月内经历过性暴力。当局正在起草制定一项强有力的法律，以便解决阿拉斯加人口中的高暴力率问题。

亚洲女性

据估计，20% 的亚洲或太平洋岛民妇女曾经历过亲密关系强奸、身体暴力和/或跟踪。而针对亚洲和太平洋岛民妇女的人身攻击的比率则低于任何其他种族或民族群体报告的比率，这种低比例可能是由于报告不足造成的。

专家承认，由于不同亚洲民族群体之间的社会文化因素存在差异，很难确定亲密关系暴力在亚洲社区的发生率。有证据表明，亲密关系暴力在亚洲社区的发生率在某些种族群体中实际上可能高于其他种族群体。

一项针对亚裔美国妇女的亲密关系暴力行为的研究发现，其中涉及的暴力程度极高。超过 95% 的菲律宾妇女和印度/巴基斯坦妇女报告说，她们曾经历过亲密伴侣实施的暴力侵害。等级制度和父权制的家庭结构与做法，导致了僵硬的性别规范、姻亲的平行虐待以及与嫁妆冲突相关的虐待。

在研究组中发现的受害者在寻求帮助时所面临的障碍包括对羞耻的理解和社会支持的缺乏，作者认为这与亚洲的亲密关系暴力受害者高度相关。与之前的研究不同，该研究发现，超过 50% 的亲密关系暴力受害者至少向警方求助过一次。生活在美国的亚洲妇女可能有亲密关系暴力的独特经历。事实上，研究已经注意到亚洲人口之间以及内部的重大跨文化差异。语言和妇女保护相关法律知识的捉襟见肘，可能会使这些受害者难以在受害时对各种选择进行准确的评估。

白人女性

针对 12 岁或 12 岁以上白人女性的亲密关系暴力发生率为 6.2‰。这一数字表明，自 1993 年以来，针对这一人群的亲密关系暴力行为减少了 60%，但自 2005 年以来该比例又

---

① 1 英里 ≈ 1.609 千米。——译者注

超过 14% 的增长。这些百分比代表了美国在解决亲密暴力方面取得的巨大进步，以及继续投入资源和进行教育去解决这一社会问题的必要性。

现在还不是为美国亲密关系暴力比例下降而欢欣鼓舞的时候，因为仍然存在超过 33% 的非拉美裔白人妇女称她们曾经遭受过亲密伴侣的强奸、身体暴力和/或跟踪。超过 18% 的高加索妇女曾经有过被强奸的经历。

自 20 世纪 70 年代以来，女性主义社会政治理论一直是家庭暴力的主要理论解释。这一观点是针对大多数亲密关系暴力受害者而提出的。其中最著名的是权力和控制的女权主义模式。这种理论方法假定亲密关系暴力的主要原因是一种社会秩序，在这种社会秩序中，男性是犯罪者，女性是受害者。它强调赋予妇女权利和对攻击男子的刑事起诉。男性对女性的权力和控制被认为是通过心理和情感虐待以及人身攻击和强奸来实现的。

警方的积极行动，包括强制逮捕政策，已经成为亲密关系暴力的主流应对措施。在这种模式下，涉及夫妻双方参与的治疗是不被鼓励的，因为它鼓励受害者公开讨论那些可能会被犯罪者用来对付她的问题。"教育"和"心理教育"这两个术语与基于这一观点的干预措施相关联。

了解更多 ●●●

残疾在美国的定义

全美国犯罪受害情况调查将残疾定义为持续六个月或更长时间并导致日常生活活动困难的感官、身体、精神或情感状况。残疾分类基于以下六个个人限制和条件：

1. 耳聋或严重听力障碍；
2. 失明或严重视力障碍，即使戴眼镜也是如此；
3. 认知困难，包括由于身体、精神或情感状况导致的决策、注意力集中或记忆方面的严重困难；
4. 行走或爬楼梯有困难；
5. 通过穿衣或洗澡照顾自己的能力受到限制；
6. 由于身体、精神或情感状况而无法独立生活。

残疾女性

大约 14% 的 12 岁或 12 岁以上的人口有残疾。2010 年，亲密关系犯罪者占了针对残疾人的非致命暴力犯罪者的 13%，与针对非残疾人的比率大致相同。

西班牙裔女性

根据 2010 年的人口普查，有超过 5000 万的西班牙裔或拉丁裔美国人居住在美国，占总人口的 16%，预计到 2050 年这一比例将上升到 25%。西班牙裔和拉丁裔这两个词经常互换使用。和其他民族一样，西班牙人来自不同的文化背景。全美犯罪受害情况调查数据显示，1993 年至 2010 年，与其他民族群体相比，亲密关系暴力的下降幅度略大（如图 7-3 所示）。

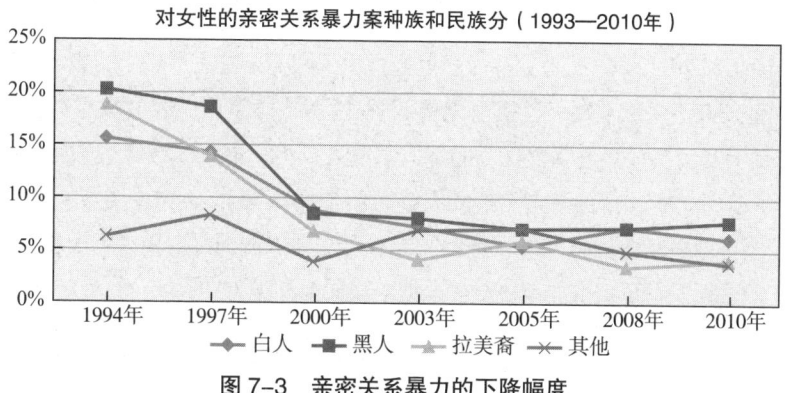

图 7-3　亲密关系暴力的下降幅度

注：在 1993 年至 2010 年期间，针对西班牙裔女性的亲密关系暴力比针对白人或黑人女性的下降得更多。
资料来源：基于卡塔拉诺 2012 年的数据。

一项在全美范围内对成年拉美裔美国女性中亲密关系暴力终生发生率的研究表明，50% 的妇女曾经至少遭受过一次亲密关系暴力的伤害，其中有超过 66% 的人经历过严重的再受害。另一项研究则认为发生率较低，称超过 33% 的美国西班牙裔女性曾经遭受过强奸、身体暴力和/或亲密跟踪。在一项研究中发现，禁闭、暴力和对钱财的扣缴构成了针对拉美裔美国女性的虐待控制模式。在这项研究中，害怕被报告给移民当局或被驱逐出境是一个新发现的因素，当然还伴有语言障碍。研究人员表示，向拉美裔美国女性提供服务和外联可能很困难，因为她们可能并不知道有保护令或可用资源，并且对使用庇护所犹豫不决。从文化上来说，拉美裔美国女性更有可能容忍亲密关系暴力行为，因为她们所信仰的马里亚尼斯莫是一个具有强大母性的角色。

> **旧事重提** ●●●
>
> 关系结束了，下一步就是搬出去。黛比解释说，有一天她回到了家，一个不祥的环境呈现在她面前，这让她相信搬家的日子已经来临了！她说，他对房间进行了一些"设计"，让他看起来像是自杀的。放枪的抽屉是开着的，有一个空枪套和一个打开的弹药箱。房子的警报没有设置。所有迹象都表明，他在房子里的某个地方，可能已经死了或快死了，可能正躺在那里等着她。她在意识到他根本不在那里之前，在每个壁橱里、每个门后和整个地窖里进行了痛苦的搜索。接着另一种恐惧出现了：他会回到这里来，而且他身上有一把上了膛的武器！接下来会发生什么？

军队与对妇女的暴力

美国国防部 2011 年的家庭支持计划报告指出了两类亲密关系暴力受害者：配偶（目前已婚）和亲密伴侣（未婚，包括前配偶）。在这两个类型中，大多数虐待是针对配偶的，亲密关系暴力案发生在大约 1% 的军人家庭人口中。绝大多数针对亲密伴侣的暴力都是身体上的，几乎 90% 的亲密关系暴力施暴者都是这样的。在亲密关系暴力的案件中，大约 67% 是男性犯罪者所为，剩下的 33% 是女性犯罪者所为。与现役军人相比，受害者可能会是平民。在大约 67% 的虐待配偶案件中，罪犯是现役军人。

如果施暴者是军人，亲密关系暴力情况将在两个不同的轨道上进行处理：军事司法系统和家庭支持系统。这是两个独立的系统。家庭支持是一种识别、干预和治疗计划，而不是一种惩罚制度。家庭支持计划可能对一个没有足够证据允许按军法进行处罚的案件进行证实。在家庭支持系统下，没有所谓的保密权。根据委员会的建议，指挥官来决定进行治疗、纪律处分或退伍是否应该做出的适当反应。

对男性的暴力

男性和女性都是亲密关系暴力的受害者。男性受害者的污名和对不被信任的恐惧是男性不太可能举报暴力和寻求服务的原因之一。在美国，超过 25% 的男性曾经历过亲密伴侣的强奸、身体暴力和/或跟踪，14.2% 的男性经历过亲密伴侣实施的严重身体暴力。绝大多数男性受害者仅经历过身体暴力，6.3% 经历过身体暴力和跟踪。据布莱克（Black）等人称，几乎 50% 的美国印第安人或阿拉斯加原住民男子以及几乎 40% 的黑人和多种族男子曾经历过亲密伴侣的强奸、身体暴力和/或跟踪。

> **新闻报道**
>
> **当暴力发生时**
>
> **作者：琳达·科萨林**
>
> **美国国防部美国部队新闻处（2000 年）**
>
> 如果基地发生虐待事件，宪兵会进行调查，并立即通知家庭支持计划的官员和服务人员的指挥官。只涉及平民的案件会移交给民政当局。每个案件都由一个多学科小组审查，该小组对受害者所需以及如何对待被指控的施暴者进行建议。然后，指挥官决定对施暴者采取什么行动，包括行政制裁或纪律处分。

> **旧事重提**
>
> 一天晚上，一个电话打到了警局。电话另一端的人请求派一名警察来，他给出了地址。在解释他的女朋友不让他离开的时候，传来一声巨响和尖叫声。这是我第一次接到家庭暴力电话。到达那所住宅时，我发现那个人在打电话时被电话击中了头部……那就是我听到的声音。到处都是血！救护车被叫来，他因受伤缝了许多针。他试图搬出他和女朋友合住的房子，但女友的愤怒超出了他的想象。搬出去是一个艰难的决定。现在他有医药费账单要付并且无处可去。

男性受害者

一些研究人员认为男性殴打的发生率可能与女性殴打的发生率一样高，但这是一个非常有争议的观点。妇女对男子的暴力行为的全部程度尚不清楚，一些男子确实遭到了严重的伤害。据报道，女性因亲密关系暴力而被捕的比率有所上升，这被解释为警察培训和旨在确定家庭暴力案件中"主要侵犯者"的新立法所产生的意外影响。几乎所有（占 99.5%）经历过强奸、身体暴力和/或亲密关系跟踪的异性恋男子都说施暴者是女性。你认为图 7-4 中描述的行为是亲密伴侣间的暴力行为吗？

一些人认为，亲密关系暴力的研究中存在很深的偏见。这些研究人员提到了性别范式，在这一范式中，专门针对男性犯罪者和女性受害者的大量研究对政治观念进行了强化。这些研究历来是以妇女庇护所为样本进行的。《反暴力侵害妇女法》过去只资助与保护妇女有关的计划。随着 2013 年美国《反暴力侵害妇女法》的通过，这一差距已经缩小。

《反暴力侵害妇女法》更新法案包括反歧视条款，以确保平等获得关键服务、资金和研究，无论种族、性别或性取向如何。

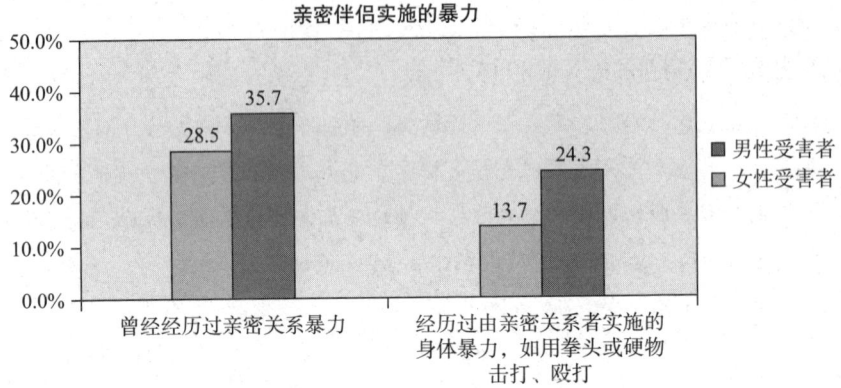

图 7-4 亲密关系暴力

资料来源：基于布莱克 2011 年的数据。

尽管模型尚未出现，但以下四个因素是导致虐待丈夫行为的主因。

- 配偶之间的无效沟通会导致虐待。
- 在关系中争夺控制权和权力，或认为权力较小。
- 虐待丈夫被证明是一种社会解体形式。缺乏足够的财政资源和社会纽带会使夫妻关系中容易出现对丈夫的殴打行为。家庭压力越大，家庭暴力的可能性就越大。财政资源不足不一定意味着贫穷；在所有收入阶层中，生活压力似乎都会导致殴打妻子和殴打丈夫的现象增加。
- 妇女做出扇、打、推或用拳头猛锤丈夫或男朋友的决定时，能认知到恐惧或社会谴责的可能性很小。这些针对男性的暴力形式似乎是可以接受的，并被媒体延续了下去。在一项关于异性关系的全国性调查中，24%的人报告曾有过暴力关系。事实上，71%的不可逆伴侣暴力的煽动者是妇女。

大约25%的男性称，他们曾被亲密伴侣扇耳光、推搡或猛推，14.2%的男性报告称，曾遭受过亲密伴侣实施的严重身体暴力。根据全美亲密关系和性暴力调查，男性和女性亲密关系暴力之间的比较可以从图7-4中看到。在同一项调查中，男性受害者报告说，约50%的跟踪行为犯罪者是男性。大多数对男性实施未经同意的性行为的犯罪者是男性。在所有其他形式的亲密关系暴力中，女性施暴者的行为主要是针对男性实施的。

以下九个社会化因素会使男性受害者更难康复。

1. 治疗。男性不像女性那样寻求治疗。这是一种不愿将自己视为受害者的态度，即一种与女性相关的伪装人格。
2. 最小化。男性不愿意对性虐待进行披露，因为他们担心这不会被视为一种受害经历。如果受害者是自我认定的同性恋者，虐待可能被视为性选择的结果。
3. 羞耻。男性受害者通常会关注为什么他没能保护好自己。
4. 男性身份。男性受害者可能会对因无法保护自己而产生的焦虑进行过度补偿，用男性行为来突出男性形象。对于异性恋男性来说，害怕自己会被"打上"同性恋的烙印的想法会对他造成困扰。
5. 男性亲密。与其他男性在一起时会产生强烈的焦虑或愤怒，因为在一起时可能会产生亲密感。受害者通常会避免与其他男性发生关系，以避免显得软弱或需要帮助。
6. 性别认同。遭受过性侵犯的男性可能会把他未能保护自己的情况等同于被动，并被错误地认为是女性的特征。因为大多数施暴者也是男性，对同性攻击引起的兴奋或身体愉悦等自我感觉会导致对同性恋的错误假设。
7. 权力和控制力。低自尊与性受害有关。这可能会导致受害者在控制他人方面做出过度的努力。
8. 外部化。在性方面伤害他人是受害者将他们的感受外部化的一种方式。围绕着他自己的受害和父权制价值观的孤立使受害者面临着冒犯他人的风险。
9. 强迫行为。一些男性受害者通过强迫行为掩盖他们的情绪焦虑和痛苦。这可能包括酗酒和滥用药物，或者刻板重复的行为模式。

> **旧事重提** ●●●
>
> 一天晚上下班后，我从餐馆出来，发现停车场地上躺着一个男人，他痛苦地尖叫着。一个女人一遍又一遍地踢着他，这个男人一直在躲，试图躲开女人的高跟鞋。我冲上去把女人拉开并要求周围的人报警。来处理此事的警察似乎认识那对男女，直接就叫女人回家了。
>
> 我感到很困惑，询问是否会以袭击罪逮捕这个女人，因为这看起来是一次严重的伤害，但是警察回答说不会，因为这个男的喝醉了，早上等他清醒了自己都会觉得尴尬。我不禁问自己，是我错过了什么吗？

亲密关系暴力理论

对亲密关系暴力动态的研究已经产生了几种理解犯罪者和受害者之间互动的方式。第一个概念化的呈现是暴力循环理论，最常被引用的、将暴力传播理论应用于家庭虐待的理论家是莱诺尔·沃克（Lenore Walker）。在《受虐待的妇女》（*The Battered Woman*）一书中，她描述了虐待循环的三个不同阶段，这三个阶段在受虐关系中反复出现。第一阶段是日趋紧张阶段，其特点是沟通不畅和轻微的虐待事件。在这个阶段，女人是顺从的，并试图减少关系中的问题。男人会感觉到越来越紧张，并且会通过支配来获得更多的控制权，导致受害者退缩。在第二阶段，恶性暴力阶段，罪犯实施的严重虐待行为，足以证明情况已经失控。这个女人承受着压力和伤害。第三阶段通常被称为蜜月期，当善良和爱的行为来自痛悔的犯罪者。当施暴者和受害者之间的紧张关系下降时，一段新的爱情就开始了。他经常对他的伴侣表示歉意和关心。她起初有复杂的感觉，然后感到内疚，并对突发事件负责。他会继续通过承诺自己会改来操纵这种关系。在最后阶段，施暴者向女人赠送礼物和鲜花并不罕见。然而，这种循环通常会重演，而且暴力被认为会随着时间的推移而升级。图 7-5 说明了莱诺尔·沃克所设想的暴力循环的连续性。

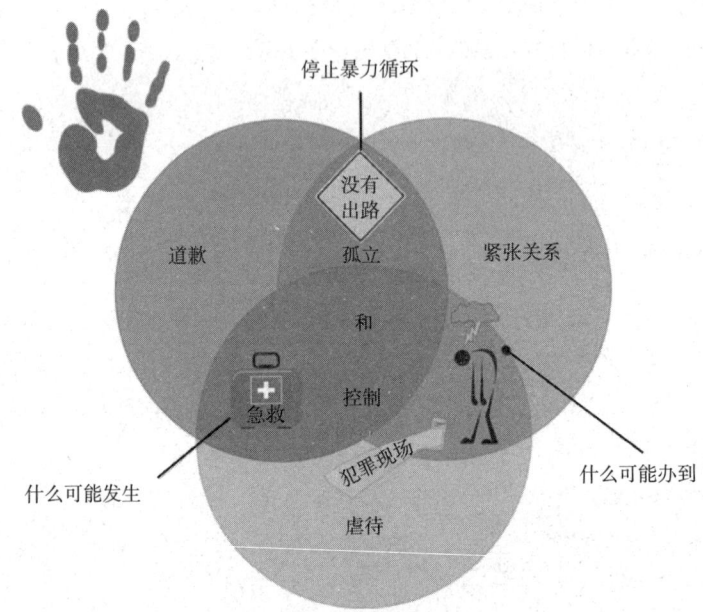

图 7-5 莱诺尔·沃克的暴力循环理论

注：莱诺尔·沃克首次将暴力循环作为一种理论引入，用以解释虐待关系中可能发生的操纵。这有助于理解为什么女性有时会保持暴力关系。虽然受害者可能讨厌暴力，但她们却爱着罪犯，暴力循环中的蜜月期可能会持续几分钟或者长到几年，然后周期才会再次开始。

习得性无助这一概念是用来解释对反复殴打的心理反应的。在提出这一选择时，莱诺尔·沃克明确表示，当时（1978）最流行的解释是，遭受虐待的妇女被认为是受虐狂。她驳斥了女性寻找男人来满足自己被打的需求的假设，并提出了另一个心理学原理。沃克从社会学习的角度出发，在习得性无助理论的基础上提出了一个观点，即女性在被亲密伴侣殴打的情况下会因为性别角色社会化而接受自己的无能为力，这导致了一种错误的观念，即她们无法逃离这种情况。她认为，"幸福家庭"的文化定式也可能强化这种无力感。受害者与朋友、家人和其他受害者的隔离，导致受害者对殴打事件责任的接受，同时使得现实情况最小化。在这种解释下，殴打会产生一种心理瘫痪，使受害者保持受害状态。在这种观点中，经济和社会因素促成了受害和受害的持续。

受虐妇女综合征描述了会随着时间推移的殴打周期性。亲密关系虐待不是一个单一的殴打突发事件，而是日趋紧张的关系助长了虐待关系的持续存在，受害者的否认和对罪犯的迁就增加了在心理和情感以及身体和/或性方面的受害。

女性主义社会政治理论

多年来，女权主义模式一直是家庭暴力的一种主要解释。这种观点认为，亲密关系暴力是受父权制社会结构影响的文化所特有的现象。父权制指的是一种承认男性对女性的完全支配地位的社会制度。习俗和宗教将女性的社会地位定义为从属于男性并通过法律进行强化。父权制被认为是最普遍和持久的社会制度。根据这一观点，即使在今天，令人想起古代父权制的社会习俗也为暴力侵害妇女提供了理由。该理论的核心思想是亲密伴侣间的暴力被用来维持对女性的控制，并在需要时使用武力。

这个观点很复杂。性别不平等使女性在家庭中处于弱势。经济歧视的存在是由于缺乏能够为女性提供足够收入的工作机会，从而加强了对男性户主的依赖。在家庭之外，由于法律地位和习俗，女性屈从于男性。

个人基础理论

个人基础理论将家庭暴力归因于心理问题，如人格障碍、罪犯的童年经历或生理倾向。近年来的研究驳斥了父母人格障碍的假设，因为只有不到10%的有虐待行为的父母被发现存在情绪失调。多因素理论试图确定虐待和遗弃儿童的原因。暴力的潜在心理原因是以心理动力学疗法为目标的。当犯罪者被教导非暴力思维和行为的新模式时，就采取了认知行为方法。如果犯罪者难以建立健康的关系，就会试图促进犯罪者和所爱的人之间的安全联系。

社会心理模型

第三种模式将女性主义理论的主要元素与心理学方法结合在一起。社会心理学模型是一个综合的理论，它将三种犯罪原因的一般方法结合在一起：社会学习、不平等的权力关系和个人选择理论。首先，该模型使用了社会学习理论的广泛应用来解释虐待者是通过直接指导、模仿和强化学会这样做的。其次，不平等的权力关系（真实的或感知的）有助于增加虐待行为被容忍的可能性，这是女权主义者贡献的结果。最后，承认家庭虐待是一种个人选择——施暴者用暴力而不是用其他方法解决冲突。根据这一综合模型，社会隔绝创造了一种环境，在这种环境中，同性伴侣可能遭受殴打。按照这种观点，家庭暴力必须被理解为一种社会和心理现象。与其将家庭理论视为相互排斥，不如将它们结合起来，来强化暴力理论。

性犯罪

家庭伴侣强奸的身体影响可能包括阴道和肛门部位的损伤、撕裂、疼痛、瘀伤、肌肉撕裂、疲劳和呕吐。其他身体症状可能包括骨折、黑眼圈、流鼻血和性暴力中出现的刀伤。流产、死产、膀胱感染、不孕症和包括艾滋病毒在内的性传播疾病的潜在感染是亲密关系强奸的具体妇科后果。

大约 9.4% 的妇女曾经被亲密伴侣强奸过。强奸受害者通常会经历整体健康状况的变化。强奸或性侵犯后可能会出现失眠等睡眠障碍或进食障碍。一些女性会经历噩梦和倒叙，其他人会遇到身体疼痛、头痛和疲劳。创伤后应激障碍是强奸或性侵犯受害者中最常见的疾病。强奸受害者有时会经历焦虑、抑郁、企图自残和／或自杀，以及其他情感障碍，他们有时试图通过沉溺于酒精或毒品来控制自己的情绪。

婚内强奸

婚姻中的强奸是一种普遍的性暴力形式。婚内强奸被定义为通过武力、武力威胁或当妻子无法同意时获得的未经同意的性交或插入（阴道、肛门或口腔）。直到 20 世纪 70 年代，美国大多数州都不认为婚内强奸是犯罪。直到 1993 年，婚内强奸才成为所有 50 个州的一种犯罪行为，至少在性犯罪法的一个条款中有所规定。因为配偶强奸发生在以其他形式的暴力为特征的关系中，专家认为这是亲密关系暴力的延伸。研究人员记录了婚内强奸和其他形式的亲密关系暴力之间的关系，他们建议辩护人承认并认可婚姻中的强迫性行为。

> **了解更多** ●●●
>
> ### 简·多伊强奸证据包
>
> 现在联邦政府要求各州支付"简·多伊强奸证据包"。从 2009 年开始,强奸受害者可以在急诊室接受法医检查,而无须先行报警或决定是否起诉。证据将被收集并保存在一个密封的信封里,以防受害者以后决定起诉。一些妇女在被袭击时受到严重的创伤,以至于她们无法下定决心报警。这一措施旨在允许收集重要证据,而不会迫使妇女在危机期间做出起诉决定。只有在受害者决定继续起诉的情况下,警方才能打开信封。

大多数女性并不会向传统的数据来源报告婚内强奸的情况,因此,很难确定该行为的实际发生率(如图 7-6 所示)。研究证实,大多数对成年女性的性侵犯是由其亲密伴侣实施的。

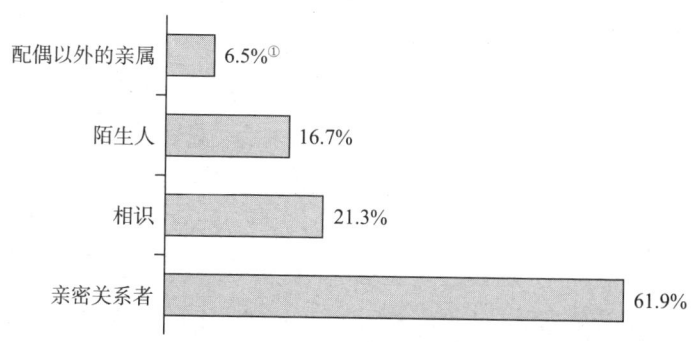

图 7-6 女性成年强奸受害者按受害者 – 犯罪者关系

资料来源:基于贾登和托恩斯 2006 年的数据。

一些州保留了针对强奸行为的部分古老的婚姻豁免。例如,对配偶强奸的处罚可能比其他类型的强奸轻,定罪所需的证据标准可能更高。在一些州,婚内强奸的报告期比陌生强奸的报告期要短。检察官关于暴力侵害妇女行为的资源告诫律师,一些州的强奸法只是简单地删除了免除配偶强奸起诉的语言表达,但是依旧保留了可能导致婚内强奸难以被起诉的完整语言表达;其他一些州允许婚姻作为性侵犯犯罪的辩护理由。

---

① 6.5% 属于数据的细分重读,其包含在 21.3% 与 61.9% 两个数据中。——译者注

约会强奸

熟人强奸和约会强奸包括未经同意的性交、口交、肛交或其他通过对非正式或亲密的约会伙伴使用武力或威胁使用武力进而实施的性接触。没有所谓的"约会强奸"犯罪，这是一个社会术语，用来解释犯罪发生的背景；它让人们注意到，强奸发生在约会关系中。约会强奸的法律术语只是强奸。对熟人强奸发生率的研究表明，这种行为的发生率令人震惊。不幸的是，强迫性交在年轻成年女性中是一种常见的经历；几乎20%的人声称他们在生活中的某个时候经历过强迫性行为。在霍尔科姆（Holcombe）等人的研究中，强迫性交并不会因种族或父母教育水平的不同而有所不同。

除了强奸受害者常见的恐惧和抑郁之外，青少年受害者也以自己独特的方式承受着痛苦。年轻人经常觉得自己是不可战胜的，但是强奸带来的人身侵犯打破了这个神话，改变了他们的现实。一个通常自恋的青少年的自尊可能会因受到攻击而受损。受害者倾向于内化，并错误地责怪自己，是自己先和罪犯在一起的。青春期强奸受害者表现出的症状包括突然的性格变化，如学业成绩下降、从普通学校退学或退出社会活动、公然的滥交行为。他们可能会做出自我毁灭的行为，如吸毒或酗酒，或者发展成饮食紊乱，如贪食症或厌食症。

现在一个令人担忧的问题是，高中和大学学生对约会强奸药物的使用，表明了强奸越来越具有掠夺性。最常见的是氟硝西泮，通常被称为"迷奸药"和"遗忘药丸"。根据美国缉毒署的说法，这种非法药物在全世界范围内都有制造，并通过墨西哥进口。它在年轻人中受欢迎是因为这种药物价格低廉。这种药物被放入毫无防备的受害者的饮料中，既无味又无嗅。在15到30分钟内，它的影响包括头晕、困倦、困惑和记忆障碍。另一种药物γ-羟基丁酸也被用来使受害者丧失能力，以便对他们实施性虐待。它的副作用与氟硝西泮相似，通常以液体形式居多，同样也是无色无味的。

那些怀疑自己被下药和性侵的人应该在24小时内进行尿液和血液检测。所有的衣物和物证都应该保存并交给警方。重要的是不要更衣、淋浴或灌洗，以确保医院的结果记录和强奸检查可以顺利获得被侵犯的证据。

约会暴力受害者

在成人受害被承认多年后，学者们开始关注求偶阶段的暴力。发生在约会或求偶关系中的暴力被简单地称为约会暴力。年轻人尤其容易遭受这种形式的虐待，包括性侵犯、强奸、人身攻击和殴打，以及言语和情感虐待。研究一直表明，约会伴侣比已婚伴侣更有可能实施暴力。在一项有代表性的全美范围成年人调查中，超过 37% 的女性强奸受害者报告在 18 岁至 24 岁之间被强奸。

青少年约会暴力最近成了关注的焦点。关于恋爱关系中的约会暴力的记录，最早的记录出现在七年级阶段。学生们报告说，66% 的男孩和女孩有相互攻击的行为。研究发现，女孩更有可能成为唯一的施暴者，并且在大约 50% 的中学生关系中，暴力行为是相互的。美国最近的一项全国性调查发现，9.4% 的高中生在调查前的 12 个月内有过被男朋友或女朋友故意殴打、扇耳光或实施身体伤害的遭遇。另外，大学生中约会伴侣遭受人身攻击的比率极高。

在成人关系和约会关系中，学者们开始将亲密和暴力联系起来。然而，和某人约会不同于结婚。婚姻中压力最大的两件事——理财和育儿——并不存在于求偶的环境中，与有个地方住和有一份工作相关的问题不包括在内。听起来约会似乎没有任何与暴力相关的因素。那为什么会发生呢？

詹姆斯·梅克皮斯（James Makepeace）提出了一个基于伴侣间亲密需求的发展理论，作为他对求偶暴力的解释。他说亲密是一种基本的个人需求，在我们的文化中，这种需求的实现既被放大了又被浪漫化了。伴随这种需求而来的挫败感在求偶阶段的早期出现。年轻人通常在还没有成熟到处理亲密关系中的挫折时就开始约会，因此可能会做出不恰当的反应。他认为嫉妒是求偶暴力最常见的原因，而作为对嫉妒的回应，男性和女性通常都会对殴打行为表示接受。

对预测年轻人的亲密关系暴力有重要意义的生活经历包括家庭背景（如缺席的、情感疏远的或严厉的父母）、受教育困难、就业困难、从小就开始约会。与关于成人人际暴力的研究一致，吸毒和酗酒是虐待的一个持续的风险因素。然而，两者都不能作为犯罪的借口。梅戴洛（Medeiros）和施特劳斯（Straus）发现，与攻击伴侣的可能性相关的风险因素既适用于男性也适用于女性，但在男性中更为明显。在对通过拳重击或使人窒息对伴侣实施严重的攻击行为方面，发现 12 个风险因素与攻击伴侣的概率增加有关：

- 愤怒管理；
- 反社会人格；
- 与伴侣的冲突；
- 沟通问题；
- 犯罪历史；
- 主导地位；

- 嫉妒；
- 对伴侣的负面评价；
- 被遗弃历史；
- 性虐待史；
- 紧张的环境；
- 被允许的暴力。

总结

被亲密的另一半殴打的受害者通常还会伴有其他更多类型的虐待行为，包括恐吓、与其他支持来源的隔离、经济依赖、威胁、虐待或威胁虐待儿童、情感暴力、性暴力和身体暴力。这些是施暴者用来维持权力和控制受害者的工具。

亲密关系暴力的受害者涉及所有种族和民族背景。正如你在本章中看到的，美国是一个多样化的国家。大多数受害者是妇女。女性受到的伤害和后果似乎比男性更严重。受害的人并不因为人数少而不重要。对亲密伴侣实施的所有暴力行为都必须进行严格评估，以便采取适当的应对措施。

在亲密关系中遭受殴打后幸存下来的女性的健康和安全问题是基于记录受重伤可能性的研究产生的。虐待妇女造成的身体伤害是一个重大的社会问题。亲密关系暴力的代价通过生产力的损失和对受害者的补偿被整个社会感受到。残疾女性特别容易受到亲密伴侣的虐待。无家可归也被定义为与家庭暴力相关的问题。

对于遭受伴侣殴打和强奸的女性和男性受害者来说，心理影响可能是毁灭性的。与在亲密者手中受害相关的许多精神和情感问题表明，需要提高对所有虐待受害者的敏感性。性别在过去一直是主要的受害者特征，但这并不意味着男子没有经历过各种形式的家庭暴力，或者妇女没有实施过家庭暴力。

关于约会暴力受害者的一种新的家庭关系已经建立。最近的研究表明，在求偶过程中出现的身体虐待和性虐待的比率令人担忧。对这一信息的反应是出现了大量的针对婚前和婚内强奸的原因和影响的研究。最令人惊讶的是受这种暴力影响的青少年看似漠不关心的态度；最令人不安的是，目前为了控制和性虐待年轻女性而出现的使用毒品达到目的地掠夺性质的行为。

HEAVYHANDS

简单场景

为什么有些女性选择留下来

辛迪深深地爱上了吉姆,他们结婚了,这是辛迪的第二次婚姻。她和第一任丈夫生了两个孩子,自从她和吉姆结婚后又生了一个。他们拥有自己的房子,都从事专业工作。他们的女儿出生后不久,事情开始变得紧张起来。辛迪觉得自己像是走在蛋壳上,因为吉姆会为极其微不足道的事生气。一天,他勃然大怒,打了她,他拉着她的头发穿过房间。后来他很抱歉,他答应改变。他给她买了一份礼物。事情变得非常好,就像他们第一次见面时一样——太棒了!大约10个月后,他又开始变得暴躁……

思考:什么理论最能描述这种情况?接下来可能会发生什么?

第 8 章

同性伴侣虐待

HEAVY HANDS

女同性恋者、男同性恋者、双性恋者与跨性别者这样的性少数群体在我们的社会中特别容易受到边缘化和价值贬损的伤害。因此，为异性关系中亲密关系暴力的女性受害者谋求的那些改变并没有转化为针对同性恋者的社会服务和政策回应，因为同性恋者所受到的伤害是同性亲密伴侣造成的。不愿意承认亲密关系暴力行为的情况既来自群体内部，也来自外部。

性少数群体者的同性关系属于亲密关系的范畴。正如你将在本章学到的，男女同性恋、双性恋和变性人的关系构成了一个非传统的家庭，其法律地位和所能受到的保护因州而异。美国六个州允许向同性夫妇和民事结合伴侣发放国家颁发的结婚证，向同性夫妇赋予州一级的配偶权利。在 39 个州，州法律和 / 或宪法规定婚姻仅限于男女关系。伴侣关系的法律地位和现有的虐待补救措施在不断变化，因此，读者必须对相关州的法律进行研究来补充本章的信息。

我们不知道居住在美国并被认定为性少数群体者的确切人数。美国人口普查局在 2000 年和 2010 年进行的两次人口普查数据中发现了关于同性恋个体和家庭的数据错误，所以对这两次的普查数据必须谨慎地去看待，这种数据错误直接导致了对这部分人口数量的高估。修订后的预估表明，美国约有 646 464 名同性恋个体居住在美国大约 6% 的家庭中。

性少数群体和国家本身一样多样化，它由居住在美国的各种种族背景的人组成，图 8–1 显示了 2006 年性少数群体亲密关系暴力受害者的民族 / 种

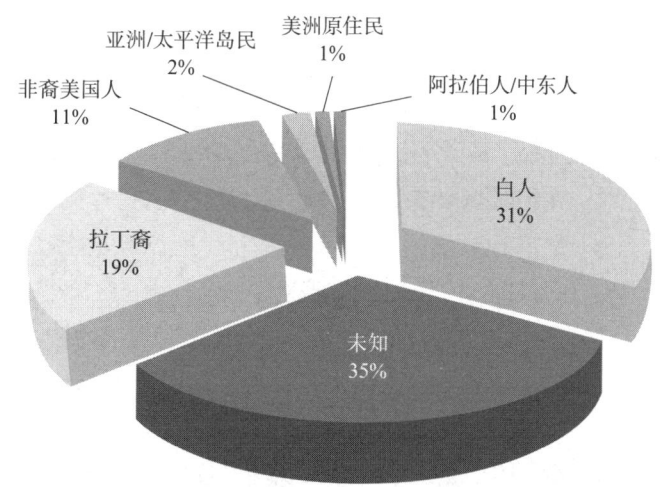

图 8–1　性少数群体来电者的种族 / 民族 2006 年数据

注：使用性少数群体家庭暴力热线的大多数来电者是白人，但来电者中也依旧有不同的民族和种族背景存在。

资料来源：基于美国国家家庭暴力资源中心 2007 年的数据。

族，并希望以此推动相应的社会支持服务发展。

> **旧事重提** ●●●
>
> 　　来电显示，一名妇女在家中被她的女室友持枪挟持。玛丽莲是一位中年职业女性，与同性伴侣贝蒂已经交往了10年，直到贝蒂与自己的新女伴回家收拾行李，并准备离开时，玛丽莲真正意识到贝蒂和自己玩完了。玛丽莲变得很激动，挥舞着枪冲进房间，大喊着自己受不了了，并威胁贝蒂说要自杀，并且要拉一个垫背的。值得庆幸的是，贝蒂和自己的新女伴跑出了房间，并报了警，随后经过几个小时的谈判，玛丽莲被转移到了安全的地方，并且也没有任何人受伤。玛丽莲放下了武器，警察逮捕了她。一定要记住把这些同性间的行为也归入家庭虐待求助中，这样就可以对资源进行适当的分配，并在将来做出更恰当的反馈。

定义

　　一般来说，我们预计犯罪者与受害者相比会更高大、更强壮，但这不一定是现实的情况。我们经常认为，男人之间的争斗是正常的攻击行为，而女人之间的虐待是不存在的。这些错误的见解和其他类似的错误见解都需要我们去面对，另类关系中的问题迫使我们重新考虑亲密关系虐待受害者的身份。前面已经使用了许多读者可能熟悉也可能不熟悉的术语，为了更好地理解本章中的材料，我们提供了以下定义。

- LGBT：女同性恋、男同性恋、双性恋和变性人的首字母缩略词，它有时被写成GLBT。男女同性恋、双性恋和变性人是一个人口统计类别，类似于种族/民族、性别、残疾等，它适用于大量有共同主要特征的人，尽管他们肯定不是"相同的"。
- 女同性恋者：女同性恋者是指，作为一名女性其性取向主要针对其他女性。
- 男同性恋者：男同性恋是指，作为一名男性其性取向主要是针对其他男性。
- 男同性恋和同性恋者：男同性恋和同性恋者两个词经常互换使用，用来指代男同性恋或女同性恋。
- 变性人："变性人"是一个术语，用来描述性别身份及其表达方式不同于出生时性别的人的群体。

- 酷儿（queer）①："酷儿"是一个有争议的术语，一些性少数群体者已经不再使用。该术语具有广泛的包容性，可以指性别认同、性取向或两者兼而有之。它有时也被用作描述男女同性恋、双性恋和变性人群体的总括术语。

由于缺乏对同性家庭虐待的统一定义，所以很难对双性恋或女同性恋者关系中的虐待和暴力进行比较研究。在针对妇女实施的家庭暴力行为被承认之后，同性恋的亲密关系暴力也得到了初步的承认。这影响了早期对同性亲密关系暴力的定义，它们与异性恋的定义非常相似。随着时间的推移，专家们达成了一项共识，即虐待的共同特征并不会转化为类似的受害情况。这使我们的定义从特定的特征转向了我们今天的普遍理解。例如，女同性恋亲密关系暴力由女同性恋为了控制伴侣的思想、信仰或行为而对其女同性伴侣实施的一系列暴力或胁迫行为组成。女同性恋亲密关系暴力可能是身体上的、性的、情感上的、经济上的或身份上的虐待，这被用来维持或惩罚女同性恋亲密伴侣抵抗犯罪者控制的行为。这种定义双性恋和女同性恋女性伴侣虐待的方法将它与异性伴侣虐待区分开来，并使人们注意到女同性恋群体遭受伴侣虐待的事实。

同样，亲密伴侣对男同性恋的暴力行为也是特指针对他的暴力行为。例如，男同性恋亲密关系暴力指的是一个男人对另一个男人造成的任何不被允许的身体暴力、心理虐待或物质或财产损害。虐待由一组以控制伴侣的思想、信仰或行为为目标的暴力行为模式组成。

另一个定义试图说明，异性恋亲密关系虐待和同性恋亲密关系虐待之间的相似性。全美反暴力计划联盟（the National Coalition of Anti-Violence Programs，NCAVP）指出，在性少数群体者之间的虐待案件中，同样可以看到针对妇女的异性恋虐待中存在的可识别的虐待模式。为此，全美反暴力计划联盟于2012年进一步提出了一个包含所有受害者在内的定义：亲密关系虐待被定义为一方（施暴者）利用一种行为模式来对另一方（受害者）施加和维持控制，在这种情况下，存在亲密、爱和依赖的关系。根据这一定义，同性亲密伴侣的虐待行为被认为与异性亲密伴侣的虐待行为相似，与异性恋女性虐待行为类似，同性恋、双性恋和变性人亲密关系虐待行为通常被定义为施暴者对受害者施加的权力和控制，这种行为会随着时间的推移发生，而不是作为单一事件发生。

---

① "酷儿"由英文音译而来，原是西方主流文化对同性恋的贬称，有"怪异"之意，后被性的激进派借用来概括他们的理论，含反讽之意。酷儿理论是20世纪90年代在西方火起来的一种关于性与性别的理论。——译者注

虐待的发生率

专家就性少数群体亲密关系暴力发生率高低的争论达成了共识，即无论性别或性别认同如何，家庭暴力都是一个严重的社会问题。大多数关于亲密关系暴力的报告都来自小样本群体或来自性少数群体的便利抽样，因此，必须谨慎看待发生率所对应的数字。我们不知道到底有多少性少数群体的亲密关系暴力存在，其中部分原因是性少数群体关系的隐蔽性所致。这些研究是相关的，因为它们提供了一些关于问题严重性的想法，尽管它们很可能低估了真实的发生率。

《纽约同性恋反暴力计划报告》（the New York Gay and Lesbian Anti-Violence Project Report）是对男女同性恋、双性恋和变性人群体中家庭虐待统计数据进行汇编的一次重要尝试。全美反暴力计划联盟的年度报告《2011年女同性恋、男同性恋、双性恋、变性人、酷儿和受艾滋病毒影响者的亲密关系暴力报告》（Lesbian, Gay, Bisexual, Transgender, Queer and HIV-Affected Intimate Partner Violence Report 2011）显示，与前一年相比，全美国范围内针对女同性恋、男同性恋、双性恋、变性人、酷儿和受艾滋病毒影响者（LGBTQH）的亲密关系暴力报告增加了18.3%。请注意，全美反暴力计划联盟在首字母缩写词LGBT中添加了"QH"，以涵盖所有经历过亲密关系暴力的人。与该报告相关的令人关切的问题是暴力行为的致死率增加。该报告记录了出现在2011年的、全美反暴力计划联盟有史以来亲密关系暴力凶杀案所造成的最多的死亡数字——19起死亡（12名男性和7名女性），这个数字是2010年记录在案的同类型凶杀案死亡数字的三倍多。我们当然知道这种增加是否代表暴力的实际增加，或者说犯罪者与同性暴力受害者之间的关系现在是否被更恰当地记录下来了。

早期研究普遍指出，亲密关系暴力在性少数群体者关系中的发生率（12%~33%）与在异性恋关系中的发生率大致相同。然而，我们对于亲密关系暴力在性少数群体伙伴关系中的实际发生率缺乏共识；很少有研究将性少数派数据与异性恋关系的数据进行比较。利用2007年加州健康访谈调查的数据，研究人员发现亲密关系暴力存在着性取向方面的显著差异。这项研究的结果表明，与异性恋成年人相比，性少数群体经历亲密关系暴力的可能性几乎是异性恋成年人的两倍。相比之下，异性恋成年人的发生率为16.7%，双性恋成年人为40.6%，同性恋成年人为27.9%；相反，戈德伯格（Goldberg）和迈耶（Meyer）研究了相同的数据，发现只有男同性恋者所展现出的终生和年度亲密关系暴力发生率最高，他们所面临的亲密关系暴力的概率比异性恋男性高2.5倍。此外，据戈德伯格和迈耶所称，针对女性与女性发生性关系者的亲密关系暴力，几乎完全是男性（为

97%）在双性恋关系中对女性实施的。这种差异需要更多的研究来阐明。

另一份关于性少数群体中伴侣虐待行为的重要报告出自洛杉矶同性恋中心的数据，该数据占了向全美反暴力计划联盟报告的受害者总数的48.8%。尽管对数据有很大的贡献，但由于该机构的资金削减，与2010年相比，报告数量减少了66%。预算削减和收入来源受限可能会影响服务和对寻求帮助者的回应。比如当可以提供服务的职位被削减时，就会对机构造成很大的影响。

根据全美反暴力计划联盟的说法，美国大多数亲密关系暴力的受害者是白人，其中拉丁裔受害者占受害者总数的36%，居第二位；30岁以下的有色人种更容易遭受亲密关系暴力伤害、身体暴力、威胁和恐吓。全美反暴力计划联盟成员组织通过例子说明了这样一个事实，即亲密关系暴力影响所有种族和民族背景，而不论其性别身份如何。

随着婴儿潮（baby boomer）[①]一代变老，美国65岁及以上的成年人数量将增加一倍。应该注意到，加利福尼亚州65岁及以上的150万男女同性恋和双性恋成年人到2030年可能会增加到300万，研究人员正在研究老年同性恋群体的健康问题。与异性恋男性和女性相比，尽管老年性少数群体者也同样获得了类似的医疗保健，但他们依旧更有可能随着年龄的增长而患上一些慢性疾病。与异性恋男性相比，老年男同性恋和双性恋男性更容易患高血压、糖尿病、心理困扰症状以及总体健康状况不佳。与处境相似的异性恋女性相比，老年女同性恋者更容易出现心理困扰症状和身体残疾。作者指出，由于污名和歧视，女同性恋、男同性恋和双性恋人群比普通人群拥有更高的精神健康困扰概率，这是这部分人群所面临的长期社会压力。这项研究缺乏对参与者亲密关系暴力史及受害经历在心理困扰中所起作用的研究。

男同性恋受害者

亲密关系虐待是当今男同性恋面临的主要健康问题，此外还有药物滥用和艾滋病。对这些同性恋受害者来说，另一个问题是对同性恋暴力所采取的保持沉默的状态，以及恐同反应的风险。遭受身体暴力的男同性恋受害者必须克服社会障碍，才能防止其他人将他们的虐待视为合法。这些因素其实助长了同性恋和双性恋男子不举报亲密关系虐待行为的倾向。男同性恋者和双性恋者可能会否认或尽量使已经对他们实施的虐待最小化。在整个性少数群体资源中，男同性恋是2011年占比最大的亲密关系暴力受害者群体（占

[①] 根据美国人口调查局的人口学概念，婴儿潮是指大批出生于第二次世界大战后的1946年到1964年期间的婴儿，相对来说也是指当下（2016年）美国52~70岁的人群。——译者注

寻求帮助者的 38.7%）。

同性恋恐惧和内化恐同是同性恋受害者特有的独特风险因素。仇视同性恋的攻击可能发生在针对性少数群体者的个人身上，并且可以被证明是同性恋亲密关系暴力的一种虐待形式。邓恩（Dunn）在英国对 25 名遭受恶性袭击的男同性恋者进行了采访，据估计，英国至少有 75% 的此类犯罪没有向警方报案。这项研究发现，男同性恋受害者身份与男同性恋身份是不能共存的，这项发现被证明是相关心理治疗所面临的障碍。对于男同性恋者来说，无处不在的同性恋恐惧和其他虐待经历所带来的羞耻和价值贬损经常会引发创伤后应激障碍、愤怒、抑郁和恐惧。

全美暴力侵害妇女行为调查（National Violence Against Women Survey，NVAW）是唯一一项不排斥同性受访者的关于亲密关系暴力行为的全国性调查，正因为如此，了解这一问题如何影响性少数群体才变得非常有价值。通过分析调查数据，梅辛格（Messinger）得出结论，同性恋的身份是亲密关系暴力受害的重要预测因素。与异性恋男性或女性相比，同性恋成为亲密关系暴力受害者的可能性大约是异性恋男性或女性的两倍，言语攻击和控制行为的影响最大。尽管该调查没有询问受访者的性身份，但它确实询问了他们是否曾与同性伴侣生活过。该调查还询问了他们是否有被同性同居伴侣实施（亲密关系）伤害的历史。

另一项研究包括了大部分年龄在 18 岁到 71 岁之间的白人同性恋者样本，将关系满意度与亲密关系暴力的受害或犯罪程度进行了比较。超过 33% 的受访者报告称遭受过男性伴侣的情感暴力，近 25% 的受访者报告称遭受过身体暴力，10% 的受访者报告称遭受过亲密伴侣的性暴力。还有一个意料之中的结果，就是这些亲密关系暴力受害者称，与没有经历过关系暴力的男性相比，他们的关系满意度、集体应对策略和情侣直接的默契程度都较低。这项研究中暴力的普遍程度与其他研究大致相似；这项调查的独特性在于同性恋男性的关系状态可能是互利和积极的。

根据梅辛格的研究，双性恋也是亲密关系暴力的一个重要预测因素。与所有其他群体的人相比，双性恋受访者更有可能成为亲密关系暴力的受害者。许多双性恋男性在同性和异性关系中都经历过言语或控制类型的亲密关系暴力。经历过性亲密关系暴力的双性恋男性受害者基本都是被男性所伤害。

麦肯里（McKenry）、雪罗维奇（Serovich）、梅森（Mason）和莫萨克（Mosack）于 2006 年提供了一个例子，研究人员假设同性恋亲密关系暴力是一种剥夺权力的手段。在其他变量中，作者认为自尊和内化恐同、教育水平和社会经济地位是同性恋亲密伴侣间身体暴力行为的影响因素。在支持一般性论点的同时，他们得出结论，较低的自尊、教育水平和社会经济地位会导致男同性伴侣暴力，但并不会导致女同性伴侣暴力。

与异性恋受害者不同，亲密关系暴力的同性恋受害者可能会因为相似的原因而陷入婚姻不和与虐待关系之中。害怕失去与孩子的联系可能会成为阻止父亲脱离虐待关系的因素，因为孩子的生活监护权①经常会判与女性。认为男性有经济能力充分照顾家庭和自己的观点也是错误的，财务状况不稳定可能是保持虐待关系的一个因素。对于一个同性恋来说，选择结束一段虐待关系可能是一个非常困难的决定。

女同性恋受害者

虐待循环代表了虐待关系中行为的周期性和重复性变化，通常被用来解释同性恋亲密关系暴力和异性恋亲密关系暴力。全美反暴力计划联盟2012年的数据显示，女同性恋受害者（为31.3%）是所有性少数群体受害者中占比第二多的性取向。根据梅辛格的说法，双性恋女性比双性恋男性更有可能遭受到各种形式的亲密关系暴力。他们也更容易遭到言语上的、身体上的和控制形式上的亲密关系暴力虐待。全美暴力侵害妇女调查的数据显示，所有遭受性伤害的双性恋妇女，其伤害行为都来自男性施暴者。

女同性恋群体中亲密关系暴力的发生在很大程度上仍然是隐蔽的，其发生率也仍处在激烈的辩论当中。认为女性是被动的、只有男性才会实施亲密关系暴力的刻板印象，可能仍然会抑制对所发生的虐待的承认。在一项研究中显示，一半的女同性恋参与者受到了某种形式的亲密关系暴力的伤害，但这项研究的发起者却收集到了很多持冷漠和否认态度的受害者陈述。女同性恋群体本身就坚持着乌托邦式生活的理想概念，不承认正在发生的女同性恋亲密关系暴力。这种不愿在群体内讨论女同性恋亲密关系暴力的态度对受害者是有害的，会进一步孤立和排斥那些经历过暴力和虐待的人。

我们知道，女同性恋关系中的女性可能会在不同程度上经历各种形式的亲密关系暴力。在分析了全美暴力侵害妇女调查的数据后，梅辛格得出了身为女同性恋者是亲密关系暴力受害的重要预测因素这一结论。与异性恋男性或女性相比，同性恋女性成为亲密关系暴力受害者的可能性大约是前者的两倍，言语和控制行为的影响最大。在控制性取向因素条件下进行的研究发现，受害者的性别与亲密关系暴力受害没有关系。换句话说，与男性相比，女性（无论其性取向如何）更有可能经历身体和性形式的亲密关系暴力，同样也有可能经历言语和控制形式的亲密关系暴力。

---

① 生活监护权指的是为孩子提供日常生活所需的父母一方所享有的监护权类型。——译者注

女同性恋者离开施暴者的决定受到一些很明显的障碍的影响，许多人在最终成功离开之前确实有过多次尝试离开的经历。针对影响女性决定与家庭虐待者待在一起的问题，研究人员指出，社会支持是最关键的因素之一。作者认为，社会支持的程度往往根植于关于亲密关系暴力、与施暴者的关系以及受害者性别的错误见解当中。这些问题给女同性恋亲密关系暴力的受害者营造了一种非常困难的处境。首先，社会普遍拒绝承认女同性恋群体中亲密关系暴力行为。这种不情愿既来自群体内部，也来自外部。过去30年来，应对家庭暴力的措施是基于这样一种信念所产生的，即妇女在人际关系中是没有暴力和虐待行为的。虽然这种看法正在慢慢改变，但沃尔特斯（Walters）指出，承认女性犯罪的意愿往往来自年龄更大、更成熟的女同性恋者。其次，女同性恋者与施暴者的关系在很大程度上受她在群体中的女同性恋身份的影响。离开一个施暴者也可能意味着离开对她同性恋身份的支持。最后，她的性别极大地影响了她独立和自立的能力。妇女通常不具备与男子相同的收入能力，对受害者来说，离开这段关系在经济上可能不可行。

虐待的形式

同性亲密伴侣间的暴力在许多方面都类似于异性恋的亲密关系暴力。不管个人的性取向如何，亲密关系暴力的形式包括身体、性、情感和经济虐待。同性亲密关系暴力与异性恋的亲密关系暴力相比在行为上也存在一些不同，因为身份虐待是性少数群体特有的。应当指出的是，一次性攻击可被视为犯罪行为，但是如果这种攻击行为并不是控制受害者的一种模式的一部分，那这种攻击就不会被视为亲密关系暴力。有一些亲密关系暴力行为是严重的，这包括了诸如威胁或使用枪和刀、勒死、被物体击中和踢踹等。针对男同性恋的主要暴力形式如图8-2所示。同样地，我们也需要注意心理/情感虐待的高发率。

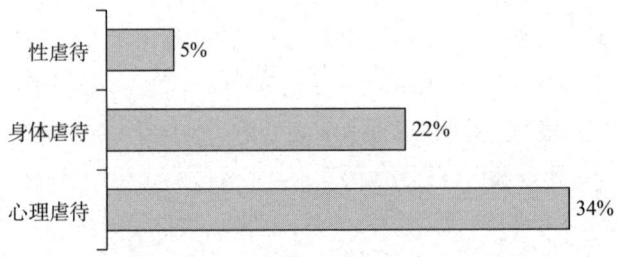

图8-2　同性恋男子报告的亲密伴侣暴力形式

注：情感虐待有时被称为心理暴力，情感/心理暴力仍然是所有关系中最常见的亲密关系暴力形式。
资料来源：根据格林伍德等人2002年的数据。

在一项突破性的全美范围女同性恋亲密关系暴力研究中，伦泽蒂（Renzetti）将100名参与者按照情境虐待、长期虐待和情感或心理虐待三种类型的女同性恋虐待关系进行了分类。在情境虐待关系下，由于危机情况，虐待只会发生一两次。这种类型的虐待关系非常罕见，发生在8%的女同性恋虐待关系中。情境暴力通常由双方的低层次暴力组成，因为其中缺乏了对伴侣的控制欲望，所以与其他类型的暴力并不相同。

长期的女同性恋者虐待代表了一种暴力类型，随着时间的推移，其严重性通常会上升。长期的女同性恋虐待关系的特点是两次或两次以上的身体暴力，并表现出越来越具破坏性的行为。这种形式的女同性伴侣暴力与异性恋女性暴力一致。受害者在长期的虐待关系中也会经历情感虐待，这种情况并不罕见。与关于异性伴侣暴力的研究相一致，1992年，伦泽蒂研究中的绝大多数女同性恋参与者（87%）报告说同时受到了身体和心理的虐待。

情感或心理虐待包括言语上或心理上的虐待，而不是身体暴力。虽然情感或心理虐待是长期亲密关系暴力中常见的一个因素，但它可能并不构成犯罪行为。情感或心理虐待包括了比如辱骂、批评、耍心眼儿、羞辱伴侣以及内化恐同的强化等言语形式的虐待。

暴力循环代表了暴力在虐待关系中发展和延续的方式。与异性亲密暴力相似，研究表明，双性恋和女同性恋暴力的频率和严重性随着时间的推移而增加。

身体虐待

引起对施暴者的恐惧并导致受害者改变其行为以应对攻击或潜在攻击的身体暴力是身体虐待，打人、殴打、推搡、掌掴、踢踹、揪头发、咬、拳打、烧和扭胳膊都是虐待性人身攻击的行为，这些行为也都可能上升为犯罪行为。扔东西、砸墙或门、把伴侣锁在门外都是可以构成虐待模式的虐待行为的例子，为了控制伴侣而伤害孩子或宠物属于身体虐待的范畴。任何这些行为都应该引起受害者的特别关注和警惕，这些是不可忽视的高风险行为，在这种情况下，受害者应该寻求可靠机构或个人的外部援助。亲密关系杀人的可能性是暴力伴侣关系中真正的风险。

性虐待

伴侣性虐待包括任何旨在贬低或羞辱性伴侣的强迫行为，以及激起羞耻或脆弱感的行为。贬低伴侣外貌或背景的言论，斥责伴侣，以及把拒绝性行为作为一种惩罚，本质上都属于虐待。某些形式的性虐待构成犯罪行为，如包括非自愿性交和强迫伴侣进行非自愿性行为。很明显，性亲密关系暴力会在性少数群体的关系中出现，性少数群体亲密关系暴力关系中的性暴力的程度和严重性并不确定。

情感/心理虐待

无视伴侣感受而反复进行伤害性交流，意在以此控制受害者，这是对关系的一种滥用，亲密并不意味着剥削。研究表明，在所有那些发生了其他形式伴侣暴力的关系中，都存在着情感或心理虐待。社会孤立和操纵是虐待者为了进一步控制行为所用于建立关系的一种策略，同时也是情感虐待的形式。虽然很难对情感或心理虐待进行解释，但有一种解释认为，这种类型的虐待实际上是尊重的缺失。当那些不愿在公共场合使用或对陌生人使用的行为和语言被用来对付自己的亲密伴侣时，情况就应该引起觉察。在当今社会，对亲密伴侣进行的电子监控也属于情感或心理虐待的一种。控制方可能会监控对方的电话和短信，或者要求对方立即回复发送给他的信息。对那些以感情为幌子监视对方活动的企图要非常警惕。

经济虐待

经济或财务虐待是指伴侣关系的财务或其他货币资源的使用或滥用。通过试图让一个人被解雇、打过多的工作电话或制造事件来控制他的就业情况是努力控制受害者的财务状况和强迫依赖的例子。拒绝工作，但却增加关系支出，这是经济虐待和控制的又一个例子。未经允许使用伴侣的身份、信用卡、支票或金钱则是可能会上升到犯罪行为程度的经济虐待。

身份虐待

同性伴侣关系的独特之处在于身份虐待，包括对出柜和使受害者在恐同环境中暴露的威胁。出柜是揭示某人是同性恋的行为，隐藏身份是应对社会预期的拒绝的一种常见方法。将受害者的身份告诉家人、老板或邻居可能会危及个人关系，有时这个人的工作也会受到威胁。威胁要"公开"某人是一种情绪虐待的操纵形式，它会引起焦虑，增加个体的孤独感。

虐待伴侣的人，不管其性别如何，都会想方设法地去暴露或羞辱对方的弱点。对于男同性恋者和女同性恋者来说，由于内化恐同，他们有一个独特的弱点存在。同性恋恐惧指的是谴责、厌恶、恐惧、社会鄙视以及对所有同性恋的事情和同性恋支持者的宗教排斥。同性恋恐惧利用了羞辱性少数群体的刻板印象。经历内化的同性恋恐惧意味着个体会深切感受到社会中一些成员的排斥和蔑视。性少数群体受害者可能会经历内化恐同，这是少数群体压力或创伤后压力综合征的原因。伴侣对这些负面情绪的利用会构成虐待行为。

> **旧事重提** ●○○
>
> 杰克来到地方检察官办公室，抱怨他的车被偷了。我被指派去调查。他对他的奔驰车是如何被偷走的解释听起来不太可信。和他谈了一段时间后，他承认他在城里挑选了一名男妓，并带他回家过夜。第二天早上起来，汽车就不见了，并且发现了一张要求用 5000 美元现金赎回汽车的纸条。事情变得复杂了。他已婚，但与妻子分居，妻子知道他是同性恋者。然而，他多年来一直隐瞒自己的性身份，担心自己会丢掉工作。他觉得受到了侵犯，并对敲诈他的人感到愤怒。
>
> 杰克做了一个艰难的选择。为了进行敲诈调查和找回他的汽车，他必须愿意就案件的情况作证。他将不得不在他工作的社区"出柜"。调查和随后的行动都很顺利。那名男妓被逮捕，并被指控敲诈和偷车。杰克在法庭上作证指控了他，该男妓被判有罪。

理论解释

羞辱、不断地批评、出于嫉妒的指责以及控制与家人和朋友的关系是构成性少数群体关系中虐待模式的形式，内化恐同与身体虐待和性胁迫行为数量之间具有统计意义的预测关系已经被证明。教育也可能是虐待关系的一个因素，研究发现，没有受过大学教育的参与者实施身体暴力或性胁迫行为的可能性是拥有高级学位或研究生学位的参与者的两倍以上。无论性取向如何，阶级差异、嫉妒和糟糕的沟通技巧都可能导致伴侣虐待。

研究表明，酒精和/或毒品与异性关系中的亲密关系暴力之间有着密切的关系。在性少数群体的关系中，饮酒和亲密关系暴力之间也发现了类似的联系。攻击性也与精神作用性药物的使用有关，如巴比妥酸盐、安非他明、鸦片、苯环利定、可卡因和酒精－可卡因混合物。应该注意的是，这些联系并不意味着酒精或药物滥用会导致伴侣暴力。引发物质滥用的根本原因也可能导致对亲密伴侣的暴力行为。

导致亲密关系暴力的心理原因已经受到研究者的关注。亲密关系暴力的犯罪者可能表现出不良的冲动控制、攻击性、对亲密关系的恐惧、情感依赖、对被遗弃的恐惧以及自我功能受损。对施暴者的心理健康诊断包括强迫症、偏执、边缘人格、消极攻击、自恋和反社会，儿童虐待和忽视与其他社会问题之间的关系也已经被指出。

女权主义模式

自 20 世纪 70 年代以来，对家庭虐待的主要理论解释一直是女权主义的社会政治理论，它最著名的是权力和控制的女权主义模式。关于家庭暴力的研究表明，人们不愿意承认一些妇女在家庭关系中可能是暴力的，而关于关系虐待的研究也有目的性地将女性施暴者排除在外。这种方法阻碍了对性少数群体关系中伴侣虐待的认识。然而，一些研究关系虐待的专家却继续支持女权主义立场，认为这是解释性少数群体虐待行为的可行方法，而其他专家则对性别化的女权主义理论秉承着高度的批判精神。

女权主义方法经常被用来描述性少数群体之间以及异性关系中的虐待，运用女权主义的方法来解释女同性伴侣的虐待包括了对虐待的双重分析。首先，对女同性恋虐待的理解需要对所受压迫进行综合分析。对压迫的综合分析意味着，虐待行为受到存在于同性恋和双性恋受害者生活中的众多压迫来源的影响。对某些人来说，来自社会的压迫可能会导致关系紧张，自尊降低。

根据个人的应对机制，酗酒、吸毒和自毁行为都有导致关系暴力发生的可能性。研究发现，酗酒是应对受害所带来负面影响的一种方式，几乎每 10 名亲密关系暴力受害者中就有一人报告说每天或每周都有疯狂饮酒的行为发生。该研究的研究者认为，由于成年施暴者与药物使用之间的密切联系已经得到证实，因此有必要对最近涉及亲密关系暴力的女性和男性药物滥用者进行保健筛查。

在支持女权主义的方法中，女性是受害者，男性是犯罪者。女权主义意识形态的这一理论标准以两种意想不到的方式影响了警察的工作。第一个影响是，近年来因家庭暴力被捕的妇女比例有所上升。第二个影响是，当受害者是男性或暴力涉及同性伴侣时，应对策略就会变得复杂。

心理模型

心理模型表明，女权主义方法不足以完全解释同性伴侣的虐待，因为男性和女性都可能成为犯罪者。在这种不分性别的方法中，伴侣虐待被认为是一种习得行为，虐待是犯罪者的选择。由于几乎没有机会被追究虐待行为的责任，罪犯经常公然实施这种犯罪行为。心理模型认为，向社会所有人发出强有力的信息是必须的。平等的执法和对罪犯进行惩罚是控制同性关系中伴侣虐待的方法。必须向受害者提供平等的法律保护，无论其性别或性取向如何。心理模型在调查暴力的主要原因方面，很大程度上依赖于施暴者和受害者的特征。自我控制和自尊、精神疾病和犯罪行为倾向构成了心理学方法的要素。

社会心理模型

社会心理模型认为，女性主义理论和心理学方法都没有提供干预工具。它认为同性恋恐惧和内化恐同的社会政治背景创造了支持虐待关系的环境。个人特征也可能影响在关系中是否实施虐待的选择。其主要重点放在了家庭制度包括组对（dyads）上，组对指的是两个人在一个持续的关系中。该模型调查了与家庭具体相关的压力，以及这些压力如何导致伴侣之间的暴力。这种压力可能包括社会经济地位、种族、性别、收入、教育、关于传统性别角色的信仰和宗教。

内化恐同

内化恐同与亲密关系暴力密切相关，是解释同性关系中伴侣暴力的严重性和发生率的主要变量。内化恐同指的是由同性恋恐惧症引起的内化压力，恐同内化包括谴责、厌恶、恐惧、社会鄙视以及对所有同性恋和同性恋支持者的宗教排斥。它有时被临床医生称为"内化负同态度"（internalized homonegativity），这一术语指的是性少数群体者对这一群体的负面社会和环境态度的内化。

内化恐同在性少数群体者的一生中会有各种不同的表现。在性认同发展的模型中，一个人可能很难针对他自己的感觉或具有非传统性认同的污名化观点进行调整。

内化恐同也可能会在个人调整他的性取向后仍旧持续很长时间。在其最明显的表现形式中，内化恐同会导致对自己的憎恨和催生认为同性恋是一种"疾病"的自我信念。羞耻、对自我价值的负面感受以及对其他同性恋者的负面感受都是可以通过内化恐同得到强化的信息。

除了内化恐同的共同定义之外，心理健康从业者和研究人员对该术语的概念化、定义和相关操作存在着很大差异。它通常涉及关于社会对性少数群体的谴责和与同性恋联系在一起的与羞耻相关的一些共有知识。一项关于同性恋关系和使用暴力的研究结果表明，内化恐同可能是使用身体暴力和性暴力的一个重要预测因素。

许多心理问题可能就源于内化恐同。与内化恐同相关的心理特征包括低自尊、自我憎恨、自我怀疑和深深的自卑心理，其他相关的特征是接受关于同性恋的一些流行的谬论，相信其他人会因为一个人的性取向而拒绝他，以及对个人抱负的自我限制。

男同性恋关系中的犯罪者

一项针对某同性恋男性群体的关系满意度与实施或经历亲密关系暴力的研究发现，那些对他们的关系更满意、与他们的伴侣有更高程度的一致性，以及同意生活方式选择的男性不太可能报告亲密关系暴力。与此同时，该研究的发起人还发现，同性恋男性样本中亲密关系暴力比例很高，超过33%的男性实施情感暴力，20%的男性实施身体暴力，9%的男性对其亲密伴侣实施性暴力。这项研究强调了共同的价值观和目标是关系满意度和避免亲密关系暴力发生的必要条件。

家庭虐待治疗的个体方法是假设暴力反应是个体在发育过程中习得的。这一理论观点预测，攻击性强的男人会在各种关系中变得暴力，他们的反应基于情境触发。研究表明，男同性恋虐待者可能会找到虐待的机会；由于缺乏强有力的沟通或愤怒管理技能，他们的挫折演化成了暴力，并以此作为一种控制策略，使虐待行为成为他们的选择。有效地针对亲密关系暴力特有的愤怒管理疗法是应对这类施暴者的合适方式。

物质滥用是一个风险因素，并且一致地被确认存在于亲密关系暴力的所有犯罪人类别中，并与性少数群体的身体虐待有显著关联。同一项研究的结论显示，一方在关系中占主导地位证明了，性少数群体的亲密关系暴力与两性关系中的权力失衡有关。胁迫、嫉妒、批评、孤立受害者、撒谎和羞辱被认为是典型的控制行为。

女同性恋关系中的犯罪者

虽然女同性恋罪犯和异性恋罪犯之间存在许多相似之处，但也存在一些显著的差异。女同性恋亲密关系虐待的动态也可能包括与艾滋病毒相关的虐待、异性恋和恐同/恐双。通常用于解释男性家庭虐待犯罪动态的性别本位理论对于理解女同性恋罪犯也同样适用。家庭暴力显然被视为一种旨在控制他人的行为模式；女性和男性一样，也有可能遭受身体、性、情感、言语和经济虐待以及其他控制行为。

女同性恋群体也可能将乌托邦这种理想化的概念内化，即女同性恋关系是平等的、充满爱和激情的，但绝不是暴力的。因此，由于不愿意放弃自己对女同性恋关系的期望，或者因为害怕激起对她们的仇恨而不愿将现实展现给其他人，女同性恋受害者可能会对她们受害的情况进行否认。

> **旧事重提** ●●●
>
> 对简来说，向家人"出柜"是一个艰难的决定。40多岁时，她觉得是时候按照自己选择的方式生活了，简因可以按照自己的意愿和她的同性伴侣同居而感到很适然。她辞去了工作，去了她伴侣拥有和管理的商店工作。"蜜月"并没有持续太久，她的伴侣向她扔东西，接着是大喊大叫。这让简很困惑，她认为这不应该发生在同性恋关系中。羞耻感随之而来。她该如何向她的母亲和朋友解释这一不完美的关系呢？
>
> 最重要的是，简现在的整个世界都围绕着她和她的伴侣在女同性恋群体中共同的朋友。一年之内，生活变得无法忍受。她开始经历被殴打和性胁迫。如果她离开，她也将不得不离开她的工作。简也就没有办法养活自己，没有地方住，也没有朋友可以依靠。她花了一年的时间才挣脱出来。过了许多年，这段关系才彻底地决裂，这种反复也终于结束了。简经过一番深思熟虑并重新获得了以前的工作……对简来说，这个结果似乎还不算太糟糕。

司法干预

针对亲密关系暴力的刑事司法干预因事件的严重程度以及该行为是否构成犯罪而异。某些情感或心理虐待可能不是犯罪，即使它们可能被认为是虐待，并可能导致精神痛苦、丧失自信或自尊的情况。刑事司法系统是被动的，而不是主动的。当一项行为上升到违反刑法的层面时，它会通过警察行动和法院干预做出反应。在美国，由于各州法律的差异，尤其是当当事人是同性个体时，还会增加一层可变性。为了使一项行为在法律上被视为家庭暴力，个体必须符合美国对家庭关系的定义。每个州都有法律权利决定什么是家庭关系：州法律可以足够宽泛，以至于同性关系被暗示为家庭关系；它也可能明确纳入或排除同性关系，或者在这个问题上保持沉默。下面是特拉华州政府一个明确承认同性关系属于家庭关系的法律的例子：

根据2011年《民事结合与平等法》(*the Civil Union and Equality Act of 2011*)，民事结合的一方应包括在术语"受扶养人""家庭""丈夫和妻子""直系亲属""至亲""配偶""继父母"和其他术语的任何定义或使用中，无论是否有性别区分，这些术语都表示配偶关系或处于配偶关系中的人。

拥有"家庭"的法律地位确保了公民所受到的保护，而其他个体，如陌生人、邻居或朋友则无法获得这种保护。一个例子是民事上的家庭暴力限制／保护令。申请家庭暴力限制／保护令的个人首先必须符合家庭关系的定义，才有资格申请该法令。

刑事司法专业人员认识到，无论这种关系在法律上是否被认定为家庭关系，都有责任服务和保护所有个体。

同性伴侣之间的家庭暴力问题可能不同于异性关系中的家庭暴力问题，因此有必要采取与这些非传统生活方式中存在的隐秘和保守倾向相一致的非批判性方法。有证据表明，男同性恋和女同性恋受害者获得刑事司法保护的比率高于过去。全美反暴力计划联盟 2012 年报告的统计数据显示，大量同性伴侣虐待的受害者向警方求助。2011 年，有 45.7% 的受害者报警，而这个报警比例在 2010 年只有 28.0%。

向警方报案的因素

从历史上看，受害者辩护人确实对执法人员未能满足家庭暴力受害者的需求提出过指控，法律和社会反应的变化以及警官的教育，在一定程度上改善了这种情况。自 20 世纪 70 年代以来，警察对女性，尤其是对同性恋者的失误和偏见一直被某些研究记录着。许多讨论都集中在这样一个观点上，即警察对事件的反应受当事人的性别和生活方式的影响，也反映了一般的社会态度。帕塔维纳（Pattavina）等人在研究警察对异性和同性伴侣的反应差异时发现，警察的反应没有实质性的差异，这并不能对在异性伴侣中基于受害者性别会产生不同的逮捕态度和行为的观点产生支持。帕塔维纳确实对"强制逮捕政策似乎会增加女性同性伴侣与男性同性伴侣相比更容易被逮捕的可能性"的观点提出过质疑，但这一质疑还需要更多的研究来确定。

受害者合作在刑事司法程序的每个关键阶段都是必要的，这其中也包括了犯罪受害者向警方提交报告的阶段。影响不报警决定的因素仍然不清楚。由于伴侣犯罪的同性性质，对警察歧视的害怕被认为会影响同性恋受害者对暴力行为做出举报。一些专家认为，害怕报复、文化障碍、情感创伤或压力可能是未能报告虐待行为的原因之一。女同性恋者害怕报告家庭虐待，因为可能会发生双重受害。在这种将暴力主要归咎于男性的文化中，女性被认为是非暴力的。一名女性对另一名女性的虐待指控可能会遭到质疑。男性被期望可以对自己进行保护，所以可能会感到羞耻，并对自己成为受害者感到难以置信。似乎只有略多于一半的受害者报告说他们遭受了暴力侵害，我们可以假设大部分对虐待行为的报告并不是向警方报告的。与扎恩德（Zahnd）研究中的男性相比，女性只是稍微更有可能就这件事与某人进行讨论。

同性亲密关系暴力报道中普遍存在的焦虑也包含了羞耻或羞辱的成分，这是因为这些生活方式的选择带有污名。警察的刻板反应对受害者来说是毁灭性的。最普遍的女同性恋成见之一是相互虐待，这使亲密关系暴力的受害者面临进一步受害的风险。与亲密关系暴力不同，相互虐待是指亲密关系暴力关系中的双方同时作为犯罪者和受害者负有同等责任。警方在28.4%的向警方报告的同性事件中，对受害者或施暴者有受害者双方实施了逮捕，这个比例比2010年略有增加（为21.9%）。受害者辩护人们有理由担心，警察可能倾向于将女同性伴侣间的暴力行为称为相互争斗，而不是亲密关系暴力，特别是在受害者试图保护自己免受袭击的情况下。当进行相互虐待评估时，可能对受害者带来的影响从羞辱或嘲弄到被捕不等。受害者害怕被逮捕并不是没有根据的，大多数双重逮捕发生在涉及同性伴侣的亲密关系暴力案件中。

如果承认所受暴力是同性伴侣所实施的，这可能会让执法官员感到困惑，需要建立一种新的范式。传统上，警察在决定谁在家庭纠纷中有过错时会考虑性别和身材大小。除了一个人因身高或性别而在一段关系中明显占主导地位之外，在同性暴力中，必须更清楚地了解谁需要保护。专家们已经认识到了这一困境，并就如何进行被称为主要侵犯者的认定提供了方向。主要侵犯者是家庭纠纷中最重要或主要的侵犯者。下面有一个关于逮捕和主要侵犯者确定的纽约法律的例子：

> 当一名官员有合理的理由相信不止一个家庭或家庭成员实施了家庭暴力行为时，该官员不必逮捕每个人。在这种情况下，该官员必须在考虑以下因素后，试图确定和逮捕主要的人身侵犯者：(1) 双方造成的伤害的相对程度；(2) 是否有人威胁或已经威胁对另一方、另一个家庭或家庭成员在未来造成伤害；(3) 是否有任何人有家庭暴力的前科并且该官员可以合理地确定；(4) 是否有人采取自卫行动保护自己免受伤害。该官员必须单独评估每一项投诉，以确定谁是主要的身体侵犯者。
>
> 法令中没有任何规定要求逮捕任何人，只要该官员合理地认为该人的行为根据《纽约的自卫法》(*New York's Self-defense Law*) 是正当的。

一项研究发现证实，警方在解决异性和同性亲密伴侣间的暴力行为方面都可能采取逮捕的形式。然而，研究人员还发现，在同性案件中，警方更有可能逮捕事件双方。在女性同性案件中，有26.1%的双重逮捕；相比之下，男性罪犯和女性受害者案件的双重逮捕比例为0.8%。对于涉及男性同性伴侣的案件，涉案双方的逮捕率为27.3%，而女性罪犯和男性受害者的逮捕率为3%（如图8-3所示）。

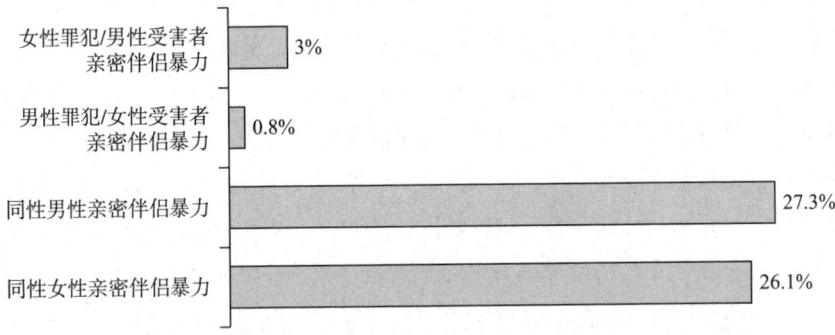

图 8-3 当同性伴侣卷入其中时，双重逮捕发生的频率更高

资料来源：基于赫舍尔等人 2007 年的数据。

了解更多

充分信赖

警察有义务执行另一个州根据《反暴力侵害妇女法》发布的家庭暴力限制令，该法由美国国会通过，是 1994 年《暴力犯罪控制和执法法》（the Violent Crime Control and Law Enforcement Act of 1994）的一部分。该法案包含州际强制执行保护令的规定，这被称为充分信赖原则。它规定，各州必须承认和执行其他州或部落法院发布的保护令。明确禁止的是在反对或反向请求被提起的情况下提供充分的信赖。

任何拥有有效法院命令的受害者都将继续得到保护，直到该命令到期，无论他进入了哪个州，也无论是哪个州签发的法令。《反暴力侵害妇女法》不要求受害者在执行州登记非本州保护令以使其生效。当一个州不能提供充分的信任和相信时，应适用联邦《反暴力侵害妇女法》标准。有鉴于此，许多州采用了自己的程序来遵守《反暴力侵害妇女法》的要求。根据《反暴力侵害妇女法》的充分信赖条款，如果亲密关系暴力的同性受害者在其所在州成功获得家庭暴力限制令，该命令在美国各州均可执行。

做出联系警察的决定是很复杂的，一些影响做出该决定的问题已经被注意到。这些因素包括过去与警察打交道的经历、伤痕存续情况以及是否使用了武器。不管性别或性偏好如何，证据表明，大多数亲密关系暴力受害者不会向任何人诉说他们受到的虐待，甚至是他们的朋友。针对暴力行为进行报告的发生率本身就很低，女同性恋者相对男同

性恋者来说，进行受害报告的比例略高。全美反暴力计划联盟 2012 年的报告数据显示，性少数群体女性更有可能报告所遭受的身体暴力，也更有可能被警方归类为家庭暴力案件。这可能是由于公认的刻板印象，即女性是受害者，男性是虐待的实施者所致。

法律问题

尽管同性亲密关系暴力在类型和发生率上都与异性恋亲密关系暴力相似，但其受害者得到的法律保护较少。男同性恋和女同性恋亲密关系暴力行为可能被视为刑事犯罪，但在对"家庭"的定义得到认可前，受害者既不会得到民事保护，也没有刑事保护。此外，性少数群体受害者往往也得不到受害者支持。几乎没有为性少数群体设立的庇护所，也没有提供支持的热线。现有资源不足以满足性少数群体受害者的需求。2011 年，寻求庇护的性少数群体者中有 61.6% 报告遭到拒绝，而 2010 年这一数字为 44.6%。

性少数群体受害者在获得法院保护方面也面临着挑战。例如，在美国的每个州，异性恋家庭暴力受害者都可以获得的基本民事保护令，同性受害者可能就很难获得。至少有六个州拒绝了包含法院紧急命令保护免受虐待者侵害的条款的立法，这些州以排除同性受害者寻求保护令的方式来界定家庭虐待。2011 年，大多数寻求保护令的受害者（占 78.1%）确实收到了保护令；然而，几乎 60% 的受害者根本没有尝试去获得保护令。缺乏法律补救措施使受害者容易受到进一步的虐待。

《反暴力侵害妇女法》于 2013 年 2 月进行了更新，更新后的《反暴力侵害妇女法》已经成为美国第一部包含基于性取向和性别认同的不歧视条款在内的联邦立法。性少数群体被认为应该得到联邦的承认和保护，尽管对其被包含在内依旧存在误解。《反暴力侵害妇女法》更新法案包括反歧视条款，以确保遭受暴力的性少数群体平等获得关键服务。美国各地的服务提供商都将性少数群体受害者认定为得不到充分服务的群体。

总结

这一章着重于男女同性恋虐待关系中的伴侣虐待。引入了新的术语并对概念进行了厘清。应当指出，在异性恋关系和同性恋关系中发生的虐待有许多相似之处。从现有的文献中，我们可以看出虐待的普遍程度是相似的。正如我们前面所看到的那样，性少数群体并不是一个同质的群体。在不同的性别认同中，人们来自不同的民族和种族背景。个人的视角来自他们成长的家庭以及他们给这段关系带来的感受。

背景和经历的不同意味着对什么是良好关系的认知也不同。可以预计的是，不同文化背景下的暴力发生率会有所不同，异性伴侣关系就是如此。虐待的形式与异性恋暴力中使用的类似。然而，同性恋关系的独特之处在于身份暴力的形式以及对恐同和内化恐同的影响。出柜的威胁也是这些关系中特有的。

最近亲密关系暴力下降的趋势已经被注意到，这也类似于异性伴侣间亲密关系暴力的比率。然而，随着社会风气的变化，性少数群体的发生率在未来几年可能会更高。对性少数群体的敌意被认为会进一步伤害同性恋虐待行为的受害者。

刑事司法干预和受害者支持服务受到法律和偏见的限制。一些报道称，尽管警察被要求对同性伴侣间的亲密关系暴力事件做出回应，但逮捕率依旧很低。有人建议增加对警官的培训，作为克服障碍的一种方式。对这部分人来说，一个有希望达成的办法是要求警察根据所确定的主要侵犯者实施逮捕。

HEAVYHANDS

简单场景

充分信赖

布赖恩获得了针对他的同性虐待者汤姆的保护令。法院命令的条款要求汤姆不得以任何方式虐待、威胁或试图伤害布赖恩。此外，汤姆被命令不要联系布赖恩或接近他的住所。布赖恩决定搬到另一个州，以便开始一段没有恐惧的新生活。他知道汤姆正在找他，他不知道该怎么办。在他现在居住的州，同性伴侣没有资格获得保护令。

思考：布赖恩的保护令在他的新定居州可以执行吗？

第 9 章

对老年人的虐待

HEAVY
HANDS

根据官方犯罪统计，在美国，老年人最不可能成为暴力犯罪的受害者，但是在财产犯罪而不是个人暴力方向，通常针对 65 岁及以上者的犯罪比例最高。退休时光对一些人来说是一段平静的时光，是一个坐下来回忆生活中那些精力充沛的年景所取得的成就的时候，增加的闲暇时间也可以用来做一些年轻时不可能进行的活动。但是对另一些人来说，变老带来的弱势可能会导致这段时光充满恐惧。

一直到 20 世纪的最后 25 年，虐待老年人仍然是一件隐蔽之事，并没有针对老年人亲密关系犯罪的统计数据存在，信息的缺乏越来越被视为一个重要的问题，并且随着我们正在经历的人口快速老龄化，这个问题将会持续地增长。1900 年，65 岁以上的年龄组只占人口的 4%，而到了 2010 年，65 岁以上的人口已经变为 4040 万，美国人口普查局预测，到 2030 年，65 岁以上人口将超过 7210 万。到 2050 年，老年人人口数量将在历史上首次超过 14 岁及以下的儿童人口数量。美国的老龄化值得关注，因为随着年龄的增长，个体需要额外的照顾和支持。鉴于这些人口变化，所面临的脆弱性和依赖性问题会变得更加紧迫。

与其他形式的家庭暴力相比，对老年人虐待的反应机制还处于初级阶段。一些专家认为，在应对针对老年人的家庭犯罪方面，我们的手段远远落后于其发展趋势。一些人认为是一篇题为"受虐父母"的报告将虐待老年人的概念引入了当代研究，但这篇报告很久以后，研究人员芬克尔霍尔和皮勒默才将工作首先着眼于虐待老年人的发生和特征上。

这个家庭暴力领域不同于其他任何领域，只陈述到底发生了什么的方法是行不通的。警察为监管下一代针对老年人的暴力，可能需要智慧和耐心。在面对老年人群时，权力和冷漠必须被自信和怜悯之心取代，有些人认为这种方法背离了传统的警察工作模式，但现实确实需要如此。现在，执法的工作意味着对来自美国老年人的虐待求助做出适当的反应，这样它就会成为未来警察工作的一种良好传统。

虐待老年人的环境让我们对老年人的状况以及他们保护自己的能力有了一些了解，对环境的了解对于确保可以为老年人所做的一切都付诸行动是极其重要的。在每种情况下，受害者的权利都必须得到充分保护。每个州和哥伦比亚特区都有成人保护服务，以帮助保护老年人免受虐待，这些机构可以单独行动或与执法部门联合行动。

那时候

根据《透视虐待老人》(Elder Abuse in Perspective) 一书的作者所述，英国早期对虐待老人的提法创造了"殴打老奶奶""痛打老奶奶"和"虐待老奶奶"等短语。这些术语让人联想起一位白发苍苍的小老太太，一个虚弱且被认为无能的人。但是现在，针对老年人的刻板印象其实一点也不典型，目前的研究提醒人们不要将老年人视为 65 岁及以上的年龄组。随着医疗技术的创新，他们的健康和功能能力有了很大的提高。收入的增加、受教育程度的提高和获得支持服务的机会为许多老年人提供了更好的护理标准。

提前退休计划将 50 岁至 55 岁的人纳入了老年公民的范畴。美国退休人员协会（the American Association of Retired Persons, AARP）的审核入会会员年龄为 50 岁。同时，美国退休人员协会成员的配偶在任何年龄都可以被接纳。由于老年人的范畴随着预期寿命的延长而扩大，社会调查可能需要对老年人的范畴有一个更具体的界定。尽管各州可以根据法律灵活定义老年人，但它们并不区分早期老年和晚期老年。当对老年人实施法律保护时，是否具有或缺乏保护自己的能力显得并不重要。然而，这确实增加了起诉的难度。社会干预应该能够并且经常区分那些有能力的人和那些需要额外考虑的人。"痛打老奶奶"这个词现在不再适用于描述老年人受害的情况，如果它曾经适用过的话。

定义

怎么定义老年人？对老年人进行定义的一个主要问题是确定一个人何时会成为老年人。所有老年人年龄标准中最年轻的年龄标准来自美国退休人员协会，该协会认为老年人的年龄标准是 50 岁或以上。晚年虐待的受害者也包括年满 50 岁的人。全美虐待老年人中心（the National Center on Elder Abuse）将 60 岁及以上的个体定义为老年人。司法统计局则将年龄较大的犯罪受害者定义为 65 岁及以上的老年人。而在一般定义中，虐待老年人中的老年人则被定义为 60 或 65 岁及以上的个人。美国所有的州和联邦政府都有法律保护老年人免受虐待，但是对于谁有资格获得这种保护的规定则因州而异。了解你所在州的法律如何定义老年人的法定保护年龄是很重要的。不同研究呈现的针对虐待的统计数据有所不同，其中一部分就是对老年人虐待的定义不同所致。

> **了解更多** ●●●
>
> ### 成人保护服务
>
> 成人保护服务（adult protective services，APS）是美国所有州实施的，为有可能受到虐待或忽视，或无法保护自己，没有人帮助他们的老年人和残疾人提供的服务。老年人保护协会的职责包括：接收关于老年人虐待、忽视或剥削的举报；调查；评估风险；以及开发支持计划、服务监控和评估。成人保护服务还可以提供或安排医疗、社会、经济、法律、住房、执法或其他保护性应急或支持服务。在大多数州，成人保护服务机构是对虐待或忽视老年人指控最先进行反应的主体。成人保护服务机构隶属于不同的部门和组织，其机构位置由每个州决定，并没有国家层面的一致性，所以它可能是社会服务部门的一部分，也可能是一家私人非营利机构，其服务目标的资格可能基于年龄（50岁、60岁或65岁）、无行为能力或个体脆弱性产生。
>
> 调查该案件的专业人员接受过培训，能够以关爱的方式对待老年人。成人保护服务会提供给老年人最符合其当下需要的东西，这可能意味着其他机构将参与协助护理，可能会提供膳食，可能会满足其医疗需求等。联系成人保护服务机构不意味着对某人进行指控或起诉；相反，这是保护弱势成年人的积极举措，我们需要更多地参与其中，忽视和虐待是社会关注的问题，而不是私人家庭问题。减少老年人的孤独感，给予更好的照顾，以及对药物治疗进行监测，都是帮助老年人降低脆弱性和提高自助能力的方法。
>
> 如果情况需要协调应对，成人保护服务机构可能会与其他机构，如家庭暴力应对机构或执法机构联合行动。

对于虐待行为的界定对老年人来说也很重要，因为受害者辩护人或其他专业人士的看法可能决定案件的处理方式。辩护人认为，这些虐待行为的类型是相互重叠的，需要成人保护服务机构、执法机构和家庭暴力机构协调应对。在每个涉及老年人的案例中，都应该问一个问题：这个案件所涉及的是虐待老年人、家庭暴力还是晚年虐待？要构成法律上的虐待情况，针对老年人的行为必须是故意的，并且必须对老年人造成伤害或存在伤害风险。如果老年人需要依赖护理人员，而护理人员未能提供基本必需品或保护老年人免受伤害，虐待情况也可能存在。必需品的例子包括食物和药物。2006年出版的《美国老年人法案修正案》（the Older Americans Act Amendments）对"虐待"一词的定义。

虐待这个词意味着故意：（1）造成伤害、不合理的监禁、恐吓或可造成身体伤害的残酷惩罚、使疼痛或精神痛苦；或者（2）包括护理人员在内的人员对为避免身体伤害、精神痛苦或精神疾病所必需的商品或服务的剥夺。

现在专家们一致认为，亲密伴侣间的暴力，也就是通常所说的家庭暴力，既有法律意义又有行为意义，但这曾经是争论的焦点。虽然法律定义因州而异，但家庭暴力通常被定义为一个人对另一个人实施的一种强制控制模式。研究表明，许多针对老年人的虐待都是由亲密关系暴力行为构成的。

发生率

除了定义问题之外，虐待老年人的隐蔽性质使得受这一行为影响的确切人数难以被确定。研究提供了近似值，但这些值被认为由于报告不足显得过于低下。据估计，美国每年有 210 万老年人受到身体、心理和其他形式的虐待和遗弃，但每六个案例中只有一个向当局报告。这意味着每 2.7 分钟就有一名老年美国人成为受害者。据估计，每 20 个 60 岁以上的人中就有一个经历过财务滥用。每年每 10 位老年人中就有一个遭受虐待和遗弃。

作为州一级别成人保护服务最严格的全国性研究，2011 年美国成人保护服务调查针对老年人的虐待问题提供了重要的见解。2009 年，根据来自 33 个州的估计，美国公共安全局调查了 292 000 起涉嫌虐待的案件。调查发现，大约 14.1% 的非住院老年人经历过身体、心理或性的虐待以及遗弃或财务剥削。由于老年人人口结构的变化，据估计，到 2030 年，虐待老年人的调查数量可能会增加 50%。

虐待的类型

在美国大多数州，虐待老人的定义包括以下三类：

- 家庭相关的或家庭虐待老人；
- 机构虐待老人；
- 自我遗弃或自我虐待。

对老年人的家庭虐待是指与老年人有特殊关系的人，如配偶、兄弟姐妹、孩子、朋友或照顾者实施的几种形式的虐待。虐待通常发生在老年人家中或护理人员家中。这类虐待包括亲密关系暴力。

对生活在长期护理机构，如疗养院或寄宿护理机构的老年人实施的虐待被称为机构虐待。不管环境如何，虐待的形式都是一样的。例如，身体虐待可能发生在家庭虐待或机构环境中。施虐者更有可能是负有法律或合同义务向老年人提供护理和保护的人。

自我忽视被描述为老年人自己实施的威胁自身健康或安全的行为。它通常包括不为自己提供足够的食物、水、衣服、住所、个人卫生、药物和安全预防措施。

虐待的类型确实对确定哪一个机构是最合适的响应机构至关重要。申诉调查员、医疗保健服务机构或公共服务机构最有可能对机构虐待和自我虐待的指控做出回应，因为大多数投诉都不是刑事案件。警方将更多地参与对家庭环境中身体暴力或性暴力的调查（单独或与警方联合），但也可能参与严重的机构虐待调查。庇护所、热线和辩护人等家庭暴力服务也是老年人应对亲密关系暴力的重要手段。所有负责应对的机构必须相互联系，共同努力解决冲突，为老年受害者提供保护。

在任何类型的虐待中，虐待可以是主动的，也可以是被动的。这是指故意虐待老年人（主动）和善意忽视（被动）之间的区别，善意忽视[①]也可能是非故意的。在任何一种情况下，为了保护老年人，干预都是必要的，必须确定护理人员的作为或不作为是否涉及其中，并在获得同意的基础上向老年人提供社会服务。如果老年人拒绝接受服务，他们可能会参加一个风险老人计划，并被提供任何适当的服务。

了解更多 ●●●

风险老人计划

风险老人计划是一项短期的、以计划为重点的、以目标为导向的危机干预计划，提供给自我忽视和/或自我虐待的 60 岁及以上的老年人，计划严格要求必须出于自愿。通常，如果其当事人表现出不愿意接受更传统的干预，那些计划就会为那些急需帮助的老年人提供非传统服务。

家庭虐待

亲密关系暴力构成了大量虐待 50 岁以上成年人的案件。尽管老年夫妇中配偶虐待的发生率明显低于年轻夫妇，但虐待性夫妻关系中存在的许多风险因素是相同的。一项研

---

① 指为有益于某人或某种形势而采取的故意不予理会或不介入的态度。——译者注

究显示，近 40% 的老年受虐妇女还报告了来自亲密伴侣的严重性虐待。在有终身伴侣的老年妇女样本中，超过 25% 的人报告了持续的家庭暴力。

美国司法部最近承认，美国并没有在跟踪虐待老年人情况的问题上进行大规模的努力。密歇根州的国家事件报告系统的数据被用来提供一些缺失的信息。在其调查结果形成的一份特别报告中显示，警方所知的暴力犯罪老年人受害者中，约有一半老人是被家庭成员所伤害，其中最常见的罪犯当属受害者的孩子。

在家庭犯罪中，老年人更有可能受到严重伤害，甚至可能死于虐待。老年人群体中存在几种家庭暴力模式。老年人之间的亲密关系暴力可能是夫妻生活中存在的虐待关系的结果。压力、护理和年龄相关的问题可能会在以后的生活中引发亲密关系暴力。一个被亲密伴侣虐待的人在以后的生活中可能会被他的成年子女殴打。

在大约 90% 的案例中，虐待老人的施暴者都是家庭成员。最可能的暴力来源是成年子女、配偶或伴侣、朋友和其他照顾者。虐待老年人的人既有女性也有男性。关于哪个家庭成员是最常见的罪犯构成的研究存在着矛盾。在一些研究中，发现亲密伴侣比成年子女更有可能在情感上虐待老年人，而成年子女则比亲密伴侣更有可能在身体上和经济上虐待老年人。研究一致发现，成年子女更容易虐待老年人（如图 9–1 所示）。

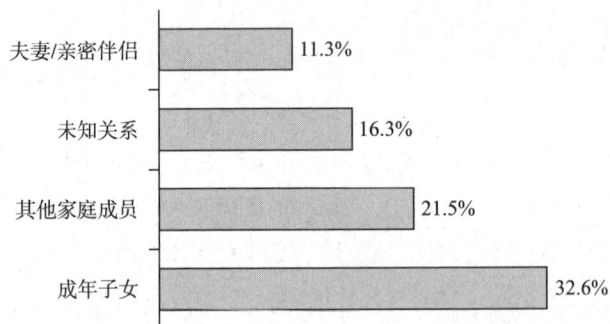

图 9–1　虐待老年人最常见的施暴者是其成年子女

资料来源：基于泰斯特等人 2006 年的数据。

机构虐待

在美国，当老年人以某种方式照顾自己的能力受到限制时，他们就会进入长期护理机构。老年人可能已经生病或受伤，可能需要这种形式的临时援助，直到他能够照顾自己。认为去养老院就要永远待在那里的想法是错误的。大约 30% 的老年人在疗养院休养后会回到自己的家中或有辅助的生活环境中。

美国有疗养院和寄宿护理机构两类长期护理机构。根据国家申诉调查员报告系统，美国约有 17 000 家获得许可的疗养院，容纳了 320 万人，其中大多数是老年人。寄宿护理机构是可供选择的老年生活中发展最快的形式，这一类型包括辅助生活设施、个人护理院、家庭护理院、成人聚集生活设施、成人护理院和庇护所护理院。超过 50 000 个的寄宿护理机构成了超过 900 000 人的家园。长期护理机构的住宿者主要是女性（为 67%），86% 的人年龄在 65 岁或以上。据报告，这些机构环境中的弱势成年人普遍受到严重虐待，被认为比住在家里的老年人更容易遭受虐待和遗弃行为的伤害。然而，应该注意的是，大多数虐待和遗弃老年人的行为发生在老年人的家中，而不是只有 5% 的美国老年人居住的机构环境。

在美国，州和联邦法规都可以对疗养院进行管理和监督。然而，保护居民的责任主要在于州。寄宿护理机构由于不受联邦政府监管，无证机构变成了一个日益严重的问题。我们很难去清楚了解虐待老人的情况，部分是因为所涉及的机构和定义不同造成的。在一些州，多达七个不同的机构可能调查机构虐待的投诉。国家长期护理申诉调查员办公室和成人保护服务机构主要处理这些指控；可是这项任务，可能会交由执法部门或州卫生部门的官员去负责。

> **了解更多**
>
> ### 痴呆
>
> "痴呆"（dementia）这个术语来自拉丁语，意思是"疯狂"或"无意识"。我们用这个词来描述智力退化，如记忆力、注意力和判断力的等。许多情况都会导致痴呆，它可能与抑郁症、药物相互作用、甲状腺功能失衡和其他问题有关。情绪障碍和性格变化是这种大脑紊乱或疾病的标志。一些可导致痴呆的疾病包括帕金森病、克罗伊茨菲尔德 – 雅各布氏病、亨廷顿氏病以及由多次中风引起的多发性脑梗或血管疾病。老年人中最常见的痴呆源自阿尔茨海默病，它最初涉及大脑中控制思维、记忆和语言的部分。
>
> 1906 年，德国神经学家阿洛伊斯·阿尔兹海默（1864—1915 年）首次诊断出最常见的痴呆——阿尔兹海默病。超过 510 万美国人患有阿尔茨海默病，专家估计，如果找不到治疗方法，到 22 世纪中叶将有 1400 万人受到影响。这种疾病通常在 60 岁以后开始，并且风险随着年龄的增长而增加。

我们所知道的是，疗养院的住宿者很容易受到虐待，因为工作人员对居民的比例较低、工作条件差、工资低、监管不力，等等。约 25%~30% 的长期护理机构被投诉涉及身体虐待指控，7% 的投诉涉及性虐待，而 30% 的投诉涉及遗弃和财务剥削。在任何涉嫌虐待的案件中，从调查开始就记录在案是至关重要的。一旦机构被记录有虐待发生，它就可能在刑事法庭上被采信，因此所有记录都应妥善保存，并允许机构的专业人员进行有限的访问。

在声称没有监测虐待行为的国家系统的情况下，哈韦斯（Hawes）和金贝尔（Kimbel）发现了长期护理机构中普遍存在虐待行为的重要证据。他们列举了工作人员、住宿者和家庭成员犯下的从触摸到强奸的性虐待案件。他们发现工作人员和精神受损的住宿者会对身体虚弱和易受伤害的住宿者实施身体虐待。他们还发现，药物转移也是一个很大的问题，工作人员可能窃取药物，伪造药物记录或替换药物。所有这些问题都给那些受到虐待者摆布的老年居民带来了巨大的痛苦。

这些研究者声称，长期护理机构缺乏预防措施和人员监督。各州对犯罪背景调查的要求和对列出有虐待或遗弃行为历史的工人的登记册的使用规范并不一致，一些人使用它们，而另一些人不使用。即使做出了预防的努力，也无助于解决普遍存在的培训不足和人员配备不足的问题。

了解更多 ●●●

申诉调查员

申诉调查员是疗养院、寄宿和护理院以及辅助生活机构住宿者的辩护人，联邦立法通过 1965 年的《美国老年人法案》（*the Older Americans Act of 1965*）为照顾老年人提供了标准。1987 年的一项修正案规定设立一个长期护理申诉调查员办公室，作为疗养院认证和执照发放机构。在 1987 年和 1992 年的修正案中，把防止虐待老年人的服务纳入在内。该法案将长期护理申诉调查员方案与防止虐待、遗弃和剥削的方案以及州老年人权利和法律援助发展方案结合在一起，呼吁各州进行内部的协调和联系。它规定要求每个州的老龄机构提供一名人员，负责调查和解决由长期护理机构的老年人或代表老年人提出的投诉。

申诉调查员负责调查投诉，并为投诉提供或安排适当的解决方案。他可能会对被发现的虐待行为进行报告，并向刑事司法或卫生部门机构提供信息。申诉调查员可以是带薪工作人员或受过培训的志愿者。除了是一个公正的事实发现者之外，申诉调查员还应该是一个提高疗养院住宿者生活质量的倡导者。

目前，围绕机构虐待和遗弃行为的争议主要涉及长期护理设施的性质问题。在一个对机构住宿环境充满矛盾的社会里，对护理或成人寄养家庭几乎没有什么共识可言。一些作者认为，由于侵犯个人隐私和强制依赖的行为，这种机构本身就是压迫性的，这种环境就其本质而言是虐待住宿者的。其他人虽不同意这一观点，但也指出需要提高对机构虐待是一种值得关注的家庭暴力类型的认识。调查的进行则需要对有关护理和寄养家庭的州和联邦法规进行了解。

约束滥用

美国 1987 年的《综合预算调节法》(the Omnibus Budget Reconciliation Act of 1987) 中所包含的疗养院改革条款规定，疗养院住宿者有权"免受言语、性、身体和精神虐待、体罚和非自愿隔离"。根据这项联邦法规，在长期护理机构中不当使用物理方式或成瘾药物对住宿者进行约束已被列入虐待行为清单。虽然约束滥用通常与机构设置有关，但这种做法也可能出现在有虐待行为的家庭中，它涉及对老年人的成瘾药物或物理方式的控制，并且程度超出了医生的指示或公认的医疗实践。

只有在下面两种情况下，约束装置（绑在椅子上或床上的约束衣）才能在疗养院使用：

1. 一个人感到困惑，四处游荡并无法理解或记住事物，可能会伤害自己或他人；
2. 一个人由于严重的身体残疾，无法保持他的姿势，比如瘫痪。

约束手段仅能用于维护住宿者的安全，没有医生的命令，它们永远不能被使用，即使在有医生命令的情况下，也只能在绝对必要的时间内使用。为了照顾者的方便而使用的约束手段是永远不能被接受的。在愤怒的状态下使用或用于惩罚时，约束手段会构成虐待。在家庭环境中工作的看护者可能不熟悉关于虐待的州法律规定，所以需要接受关于约束手段的有限度可接受使用教育。对看护者进行关于替代方法的教育可能会有所帮助。如果约束被用作惩罚手段或以施加痛苦为目的，特别是如果这种做法是一种持续或重复的行为，起诉可能是一种可行的选择。约束的滥用会导致身体伤害，如绳索灼伤（rope burns）[①]。在疑似案例中，对因长时间被捆绑或约束而导致的四肢、颈部或躯干的绳索灼伤进行查看是必要的。虽然一些病人自己可能不认为使用约束是不适当的，但是看护者这样的约束使用却对被约束个体在火灾或其他紧急情况的逃脱造成了阻碍。

---

① 当一根绳子快速地擦过你的皮肤，引起巨大的摩擦，导致发红、水泡或出血时，就会产生绳索灼伤。——译者注

自我忽视和自我虐待

晚年的自我忽视指的是老年人不能或不能充分照顾自己的需要。自我忽视是老年人最常见的虐待形式，必须与他人造成的虐待区别开来。大约一半的成人保护服务案例涉及自我忽视。自我忽视和自我虐待被列为一种单独的暴力形式，因为它们确实需要成人保护服务的干预。这种类型的虐待可能还伴随有会产生刑事后果的其他形式的虐待。这其中的差异很重要，对忽视的调查必须考虑到这种形式的虐待可能部分或全部都是自己造成的。

一般来说，非住院的自我忽视者都会在精神和/或身体损伤中挣扎。这个群体的服务需求可能很大。执法部门对这种形式的虐待的认识，对于向能够提供适当干预的承认保护服务机构进行适当的转介来说，是至关重要的。自我虐待不是犯罪行为，所以必要的紧急干预应该来自成人保护服务机构。自我忽视的迹象可能包括：

- 缺乏食物或基本设施；
- 拒绝药物治疗；
- 集中饲养大量动物和/或囤积垃圾；
- 不安全的生活条件或害虫滋生的生活空间；
- 无法管理财务（经常借钱、送钱和财物、不付账等）；
- 定向障碍、联想散漫；
- 酒精或药物依赖。

虐待的形式

本章中描述的虐待和遗弃的形式现在听起来应该很熟悉，因为它们存在于其他类型的家庭暴力中。对老年人造成身体、情感或心理伤害的行为称为虐待老年人。虐待老年人还可能表现为财务剥削、护理人员有意/无意的忽视或遗弃。对定义缺乏共识仍然阻碍着调查、研究和对记录虐待老年人案件所做的努力。一些作者没有将自我忽视列为虐待的一个类型。性虐待在过去很少被记录，所以一些分类认为性虐待是身体虐待的一个亚类。从图9-2中，我们可以了解美国记录在案的针对老年人的虐待形式及其发生率。每年，估计有400万美国老年人成为身体、心理或其他形式虐待和遗弃行为的受害者。正如其他虐待受害者一样，一个老年人受到不止一种伤害或不同形式的虐待和/或遗弃行为的伤害也是正常的。身体虐待可能是实现财务剥削的工具，反之亦然。确定伤害的原因需要从排除明显的因素开始,并试图去寻找可能的非虐待解释。如果老年人存在精神不健全的情况,那就应该对他的行为模式进行观察,以确保这个人没有实施自我忽视的行为。

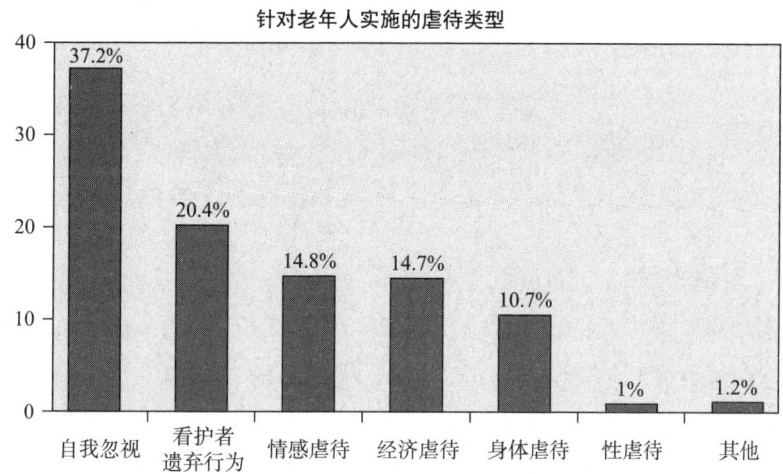

图 9-2　美国针对老年人的虐待形式及其发生率

注:对所有形式的虐待和遗弃行为进行调查,以确定适当的干预策略。然而,由于自我忽视频繁发生,所以必须把自我忽视作为一个重要的范畴与他人造成的虐待区分开来。

资料来源:基于泰斯特等人 2006 年的数据。

当虐待情况看上去似乎很可能发生时,就必须对老年人保护自己免受虐待的能力进行评估。老年人可能依赖他人照顾,这是导致他们易受伤害的一个因素。一些老年人在完成日常活动时更加需要帮助,这也与言语辱骂和财务剥削有关。

身体虐待

身体虐待被定义为对易受伤害的老年人施加的或威胁施加的身体疼痛或伤害,或对该个体基本需求的剥夺,包括殴打、攻击和不适当的约束。身体虐待的范围则从扇耳光或推搡到用绳子或链条约束。当护理人员或其他人使用足够的强制力量造成伤害或不必要的疼痛时,这种行为也可能被视为虐待,即使伤害不是故意的。击打、抽打、推、踢、烧烫或咬都属于身体虐待行为。给老年人过度用药或用药不足,剥夺他们的食物,或者让他们暴露在恶劣的天气下,这些都是虐待。

瘀伤、绳索或塞口物造成的痕迹表明老年人有被捆绑或用胶带等条状物围住过,这应引起调查人员对老年人虐待行为的高度怀疑。扇老年人耳光是身体虐待的一个例子。与原因解释不一致的伤害情况是一个危险警示信号,应该引起调查人员对此情况的深挖。

老年人是否有类似的受伤或住院史？家里的人对老年人是如何受伤的有不同的说法吗？然而，跌倒或事故造成的伤害可能不是由恶劣的条件造成的。如果怀疑虐待，对老年人行为的观察可能有助于情况的澄清。恐惧、焦虑、矛盾的陈述或拒绝公开谈话的存在，都应该是对警察注意潜在虐待情况的一个提醒。这些情况虽不能证实虐待存在，但却预示着应该进行深入的调查。

2008 年，一个全美范围内具有代表性的随机抽样，针对在过去一年中遭受过身体、语言和经济虐待的话题，对 3000 名年龄在 57 岁到 85 岁之间的人进行了评估。所得出的过去一年的虐待发生率为：口头虐待占 9%；身体虐待占 0.2%；财务剥削占 3.5%。

情感 / 心理虐待

通过言语或非言语行为给老年人造成精神上的疼痛、极度痛苦或焦虑构成精神虐待。大约有 4.6% 的 60 岁以上的成年人报告说在前 12 个月之内经历过某种形式的情感虐待。这可能包括骂人、使用恐吓和威胁的语言，或者给老年人带来恐惧、精神痛苦和情感痛苦。情感或心理虐待还包括像对待孩子一样对待这个人，以及将他与家人和朋友隔离开来。

为体弱或残障人士提供护理并造成意外伤害或遗弃的行为，属于被动虐待的范畴，需要社会干预。正如许多人以前所认为的那样，照顾者的压力并不是虐待老年人的最常见原因，只是在某些情况下，可能是其中一个因素。护理人员的情感和心理问题或药物或酒精成瘾都表明护理人员可能无法为老年人提供足够的护理。

心理和情感虐待是通过威胁、羞辱、恐吓或其他虐待行为故意造成的精神或情感痛苦。心理和情感虐待的形式最难识别。如上所述，隔离、辱骂和被看护者像对待孩子一样对待，都是可识别的情况的例子。但是，通常我们缺少证据去支持这些被称为虐待的行为。如果一位老年人正在遭受另一种类型的虐待，心理和 / 或情感虐待也经常会伴随发生。将心理和 / 或情感虐待的迹象与其他更明显的虐待形式结合起来进行记录，不仅可以准确描述作为虐待迹象的一般生活条件，还可以加强对嫌疑人的起诉力度。

此外，调查可能会发现老年人需要服务的情况。当控告者看起来很困惑或无法区分现实和幻想时，有必要向当地老年人保护机构求助。当一个人表现出不适当的行为时，联系护理人员或保护机构是最合适的。

性虐待

从业者和研究人员承认，对老年人性虐待的估计仅代表那些最明显的案例，这是对这类虐待的严重低估。年龄不再被认为是防止性虐待的一种保护屏障。任何非自愿的性接触都是性虐待。报告显示，年龄较大的受害者比年龄较小的受害者较少对性虐待进行报告。性虐待的范围从性展示到不恰当的触摸、以暗示的姿势给人拍照，以及强迫老年人看色情作品。性虐待还可能包括强奸、鸡奸或强迫裸体。

在伯吉斯（Burgess）所研究的284起性虐待案件中，大多数受害者（为70%）居住在居住地。机构场所涉及58名老年人，占比为23.2%，袭击发生在除家庭或机构以外的12个场所的占4.8%。图9-3显示了按年龄组分列的受害者特征，大多数受害者是妇女（为93%）。

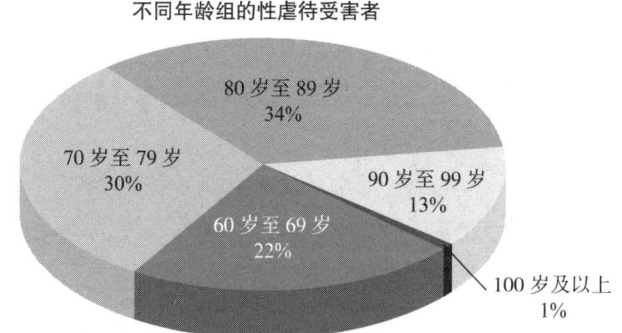

图9-3 按年龄组分列的受害者特征

注：研究表明，最常见的老年人性虐待受害者是80岁至89岁年龄段的老人。
资料来源：基于伯吉斯2006年的数据。

对老年人性虐待的研究正在缓慢地出现。我们知道这种情况正在发生，因为该领域的专业人员正在对案例进行识别。正如马萨诸塞州的一项主要研究所描述的，性虐待可能是"隐蔽的"或"公开的"。我们将隐蔽的性虐待描述为一种性化的关系，它涉及性兴趣、性笑话、性评论、对受害者的性骚扰或在受害者面前讨论性活动。公开的性虐待是对老年人实施的任何不想要或强迫的性行为。公开的性虐待可以是任何形式的性行为，包括但不限于亲吻和爱抚、口腔生殖器接触、插入阴道或肛门、偷窥和裸露。

令人惊讶的是，许多针对老年人的性侵犯都是由第三方目击的。在一项研究中，39.4%的针对老年人的性受害案件是被目击的。由于身体虚弱，性虐待的受害者都无法幸免。大多数针对老年人的性虐待罪犯并没有与受害者住在一起。

无论年龄或性别，性侵犯受害者都有相同或相似的症状。以下迹象代表着疑似性虐待，尽管它们的存在并不能证实虐待老年人的情况正在发生，或者表明可能存在的其他问题。

身体迹象

1. 应彻底检查生殖器、直肠、口腔和乳房的损伤,如擦伤、出血或疼痛。如果老年人没有得到适当的清洁和护理,尿失禁将使虐待诊断复杂化。生殖器部位发红可能是由卫生条件差造成的。
2. 当伴随面部、颈部、脸颊、腹部、大腿或臀部的损伤出现瘀伤或疼痛时,瘀伤的模式可能暗示有抓痕或有约束行为。
3. 撕破、被弄脏或带血的内衣是高度表明性虐待正在发生的证据。

行为迹象

1. 强烈的恐惧、焦虑和对一个人的不信任,以及其他涉及性虐待的迹象,这都是性虐待的迹象。
2. 性虐待的受害者可能会向他信任的人提供"被编码"的信息。年长的成年人可能会暗示自己遭受了性虐待,这被描述为"水的考验"。这可能包括关于不喜欢某个特定的护理者或不愿意被那个人陪护洗澡的陈述。
3. 没有其他解释或原因的抑郁症可能意味着性虐待。
4. 没有精神病史或潜在医学原因的自毁行为或自杀企图可能表明性虐待。

性传播疾病

如果老年人没有进行双方同意的性活动,并且没有性病的既往记录,那么当出现其他指标,如恐惧、担忧或遗弃行为时,就意味着有性传播疾病存在的可能。但是,有一些性传播疾病与不良的卫生习惯有关,并不意味着虐待,所以建议谨慎处理。卫生条件差或性虐待可能导致的性传播疾病包括阴道毛滴虫(阴道炎)和细菌性阴道病。如果患者以前感染过口腔溃疡、疱疹和单纯性疱疹,那就可能会在生殖器区域自我感染。严重且未经治疗的感染可能表明有遗弃行为的存在而非虐待。

财务剥削

财务剥削被定义为非法获取、滥用或隐匿弱势老年人的资金、个人财产或资产的行为。

财务剥削也被称为财产受托人滥用（fiduciary abuse）[①]、财务滥用、经济滥用和财务虐待。它涵盖了一系列难以界定和证明的行为。这种判断通常是主观的，很难证明犯罪分子明确知道自己的不称职和意图。虽然针对实施者的起诉很少，但在某些情况下依旧是可能进行起诉的。为了追回被挪用的财产，民事诉讼也是受害者的一种选择。随着剥削现象得到更好的理解，其指标也将越来越得到认可，成功的干预也将越来越常见。这种对老年人的暴力形式可以被称为看不见的悲剧；如果没有虐待的外部迹象，这种现象往往得不到承认，其影响会被降至最低。

财务剥削的发生率极高。最近的研究显示，每20名老年人中就有一个报告说，在过去几年，家庭成员至少有过一次某种形式的财务虐待。在身体残疾程度较高的成年人中，家庭成员和陌生人的财务剥削相对有所增加。失去财务资源对一个处在无法补充资金的年龄的人来说尤其令人担忧。对缺乏足够资源而感到的痛苦和对财务安排的困惑可能是毁灭性的。失去家庭的财产权可能意味着机构的约束或对机构的依赖，而老年人本来是可以自己照顾自己的。财务滥用并不总是单独发生的，还可能伴随着身体虐待、遗弃行为、杀人和其他犯罪。成人保护服务机构调查的虐待老年人案件中，约有5.2%涉及财务剥削。

由于银行业在保护其客户方面有利害关系，所以除了保护性服务机构和执法机构外，还应该针对银行人员进行教育。这一模式是将银行业务纳入打击财务剥削工作中所做的努力，并且已经在银行报告计划中得以体现，它的设计包括一个样本协议，用于报告和响应除了客户教育之外的、银行人员所实施的财务剥削。各机构和组织间的合作为银行提供了资源和培训，银行自愿参与对其工作人员进行的、与财务剥削相关的警示信号的培训。在培训的同时，每家银行指定一个人来提高其工作人员对这个问题的认识，并制定解决问题和社会外联（community outreach）[②]相关的银行协议。

专家将财务剥削描述为一种具有社会影响的流行病。2010年的一项研究估计，仅这一年，财务剥削就让老年人损失了至少29亿美元。犯罪者可能是陌生人，他们用邮件、电话或网络对老年人进行诈骗（51%的案例）；也可能是家庭成员、朋友或邻居（34%的案例）；负有信托责任的人，如财务顾问或法定监护人（12%的案件）；或者那些实施

[①] 一种由合法任命的个人负责管理另一人的资产并利用这一权力非法或不道德地获益的情况。这经常被金融顾问或律师的权力所使用，他们从客户的账户中借入资金，投资于投机证券等。——译者注

[②] 指为了将一个组织的想法或实践与公众联系起来所做的努力。与市场营销不同，市场营销的重点是提高市场份额的产品或战略，而外联则是一个吸引社会参与的教育组成部分。——译者注

医疗保险欺诈的人（4%的案例）。老年人尤其容易受到财务剥削，因为研究表明，财务决策能力会随着年龄的增长而下降。在这些情况下损失的钱也很少能为老年人追回，这同样也有可能削弱他们养活自己的能力。

警察发现他们自己被调查淹没了，这些调查涉及通过委托书、放弃债权契约、遗嘱和生活信托等方式所实施的复杂的挪用财产行为。为了应对这些犯罪，财产受托人滥用专家小组或多学科快速反应小组已经发展起来，以满足调查的需要。这些团队中的典型专业人员包括执法人员、精神健康专业人员、具有金融事务专业知识的顾问、银行人员、房地产经纪人、房地产律师、保险经纪人和医疗补助欺诈调查人员。在某些司法管辖区，也存在快速响应团队来应对迫在眉睫的危险和紧急情况。根据内伦伯格（Nerenberg）所述，已经证明的财务滥用的例子如下：

- 房屋净值贷款诈骗；
- 滥用"保护性"法律文书，如委托书和信托；
- 信任犯罪；
- 身份盗窃；
- 投资骗局；
- 电话营销欺诈；
- 利益杀人。

遗弃行为

遗弃行为是指那些负责为易受伤害的老年人提供食物、住所、医疗保健或保护的人所实施的拒绝或未履行行为。老年人表现出的可能受到遗弃行为伤害的迹象包括以下内容：

- 眼窝凹陷或体重减轻；
- 极度口渴；
- 褥疮。

当护理人员不能或不愿意为他负责的老年人提供必要的护理时，遗弃行为就会发生。有些遗弃行为可能是由于照顾者太年轻或没有照顾有特殊需求的老年人的经验而造成的。有时，负责照顾老年人的人是有精神或身体残疾的人，无法处理照顾老年人过程中所涉及的困难家务。即使不是故意想给老年人造成身体或精神上的痛苦，遗弃行为也会发生。遗弃行为主要有以下表现。

1. 撤销或拒绝医疗服务。过度医疗可能被用来让老年人保持"安静",也可能是由于看护者的无知和粗心。不管怎样,这对人来说都是极其危险的,对老年人来说更可能是一种危及生命的情况,所以干预是很有必要的。故意的过度医疗是一种不当约束的形式。在某些情况下,缺乏或被认为缺乏财政资源可能导致医疗服务的取消或被拒绝。应寻求老年人的医疗护理,以确定病情并提供必要的药物。
2. 未治疗的伤害和疾病。这些可能会提醒调查人员有遗弃行为或虐待的情况存在。尽管不戴眼镜、假牙或助听器不会危及生命,但这对老年人来说已经意味着其生活质量处于一种较低的标准上了,属于遗弃行为的一种情况。
3. 缺乏足够的食物。老年人可能因缺乏食物而营养不良或脱水。如果他独自生活,调查员应该看看冰箱和橱柜,以确认没有向老年人提供食物的怀疑。
4. 缺乏适当的卫生。如果老年人身上散发出尿的味道或粪便结块,说明他没有得到适当的清洁。其他遭受遗弃的迹象包括乱蓬蓬的、不干净的或未修剪的头发,满是污垢的身体缝隙褶皱,或很长的手指/脚指甲,出现严重皮疹、褥疮、尿液灼伤或脓疱病也暗示着遗弃行为的存在。

被遗弃的老年人所处的环境也可能提供暗示虐待正在发生的线索。暗示遗弃行为存在的证据包括:

- 过分杂乱或肮脏的家;
- 缺乏供暖、自来水、电力或在极端炎热的气候下缺空调;
- 蟑螂或啮齿动物的侵扰。

抛弃

抛弃是指老年人在任何地方(如医院、护理机构、购物中心或公共场所)被故意和永久地弃之不管,或使其无法获得必要的食物、衣物、住所、医疗保健或经济支持。抛弃的风险因素包括以下:

- 缺少可联系的重要他人或同辈;
- 高龄;
- 认知障碍;
- 健康状况下降;
- 抑郁;
- 功能障碍;

- 心理健康受损；
- 个人资源不足；
- 身体损伤。

> **了解更多** ●●●
>
> ### 海兹曼案
>
> 67岁的罗伯特·海兹曼住在他成年儿子理查德·海兹曼的家里，家中还住着罗伯特·海兹曼的另一个成年儿子杰里·海兹曼以及理查德的三个儿子。1990年12月3日，警察接到报警并来到这所房子，在那里他们发现罗伯特死在他的卧室里。他的尸体躺在因持续潮湿而腐烂的床垫上，床垫的金属弹簧露在外面。尿液和粪便的恶臭不仅充满了罗伯特的卧室，也充满了整个房子。他的浴室很脏，浴缸里有发臭的变绿的水，似乎已经有一段时间了。
>
> 警方了解到杰里·海兹曼主要负责照顾他的父亲罗伯特·海兹曼，提供照顾服务以换取食宿。杰里承认，在父亲12月3日去世前的三天里，他扣留了他所需的所有的食物和水。杰里解释说，他计划12月2日周日请客人来吃晚餐，他不想让已经无法控制自己大小便的父亲大小便，因为这会让房子里更臭。

如果看护人和老年人之间存在特殊关系，在美国某些州，看护人可能会对未能履行看护义务承担法律责任。加利福尼亚州是六个通过刑事立法制裁遗弃行为的州之一，这使得导致或允许一个受赡养的老年人遭受伤害成为重罪。1995年，加州最高法院对该法律进行了测试。在67岁的罗伯特·海兹曼去世后，他的"尸体被发现在他卧室的一张满是粪便的床垫上，随尿液一起腐烂。"初审法院试图根据加利福尼亚州刑法第368（a）条的罪行，判处与老年人住在一起的两个儿子"遗弃"罪。但是被告提出了上诉，在上诉中，加利福尼亚州最高法院认为该法规不违反宪法，初审法院的裁决也异常明确。但同时，附加法律责任的前提是通过特殊关系照顾老年人的义务必须存在，所以本案中一个没有和父亲住在一起的女儿并没有被判有罪。

老年人虐待的受害者

美国所有各州和哥伦比亚特区都通过了立法，对弱势老年人群体进行保护，因为他们存在与老年相关的一些损伤。在一些州，这些法律也将适用于其他类型的弱势成年人，如残疾人。每个州都有法律授权警察干预家庭暴力的情况，无论受害者或施暴者的年龄如何。联邦法律保护联邦飞地的老年受害者，并在资助方案和制定预防以及应对虐待老年人的政策方面发挥着重要作用。一些与虐待老年美国人相关的风险因素与人口统计有关，包括年龄、性别和种族。

年龄

在美国，出生于1900年的婴儿预计平均寿命为47.3岁，这一数字在2005年已经上升到平均77.8岁，根据美国老龄管理局2011年的数据，65岁的人在2010年预计会多活18.8岁。这种预期寿命的趋势改变了美国人的面貌，从年轻人的想象变成了老年人的皱纹。如果有老年人暴力的"典型"受害者画像存在，那她将会是80岁，身体虚弱，依赖他人照顾的形象（如图9-4所示）。经证实的报告显示，80岁及以上的人遭受虐待的比例最大（占42.8%）。

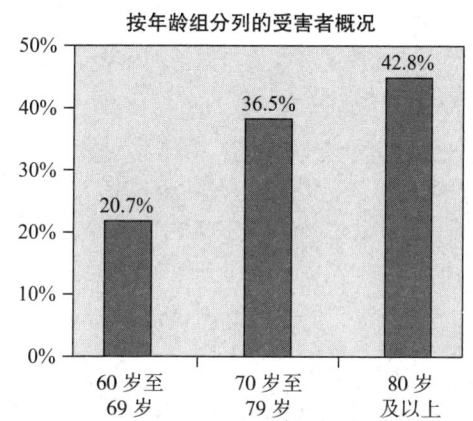

图9-4　最年长的成年人最有可能受到虐待和遗弃

资料来源：基于泰斯特等人2006年的数据。

性别

美国老龄问题管理局（the Administration on Aging）2011年的数据显示，2010年，55岁及以上的男性人数为1750万，女性人数为2300万，这意味着全美男女比例为100∶132。女性和男性的年龄不同，女性的预期寿命早就超过了男性。随着男女人数差距的缩小，这一趋势预计将继续下去。到2050年，女性与男性的比例预计将达到人口的55%∶45%。专家认为，性别比例的变化可能会对老年人口的社会和经济福祉产生影响。

个体处于年老时，男性和女性都有可能成为身体虐待的受害者。女性比男性更有可能与身体虐待的实施者生活在一起（80%:47%），另外，相对而言，在拥有一位亲属罪犯的比例上，男性与女性几乎相等。根据老龄问题管理局所述，2010 年数据显示有 40% 的老年妇女是寡妇；将近 50% 的 75 岁及以上女性独自生活。老年男性比老年女性更有可能处在婚姻关系中，比例为 72% 的男性 :42% 的女性。

几乎所有成人性侵犯的老年受害者都是女性（为 93.5%），尽管男性也在受害者的行列。在泰斯特（Teaster）的研究中，性虐待的报告来自许多接触过老年人的人，其中 33.3% 来自老年人自己。在 50% 以上的案例中观察到了身体创伤的存在。由于虐待，一些受害者被诊断患有性病。在大约 20% 的案件中，发现了严重的身体虐待和强制约束的证据。

种族

到 2050 年，老年少数民族人口将大幅增加，从 1985 年的 14% 增加到约占总人口的 42%。《美国老年人概况》(*A Profile on Older Americans*)揭示了美国种族和民族的变化。据信，少数民族人口的增长速度快于白人人口的。2010 年，65 岁及以上的人中有 20.0% 是少数民族。超过 8% 的人是非裔美国人；拉美裔人（可能是任何种族的人）几乎占老年人口的 7%。超过 3% 是亚洲人或太平洋岛民，不到 1% 是美国印第安人或阿拉斯加原住民。此外，0.8% 的 65 岁以上的人认为，自己属于两个或两个以上的种族。在经证实的案件中，大多数受害者（为 77%）是白人。

脆弱性与不当影响

老年人和他们的家人都对犯罪行为感到担忧。尽管与青少年和年轻人相比，老年人不太可能成为犯罪的受害者，但针对老年人的犯罪数量仍是不容忽视的。每年都有成千上万的老年人受到家庭成员和其他人的虐待、遗弃和剥削。许多受害者都是年纪大、身体虚弱、易受伤害且无法自救的人。一些人可能依赖其他人来满足他们最基本的需求。80 岁以上的人以及所有年龄段的女性都面临更大的风险。依赖他人提供基本护理的老年人尤其脆弱。

人们不为老年人寻求帮助的其中一些原因如下：

- 不确定与谁交谈；
- 不确定可以做什么；
- 害怕不被相信；

- 害怕卷入。

随着年龄的增长，某些精神功能，尤其是记忆力的下降是很正常的。但是明显的衰退可能预示着某种可治疗的疾病。营养不良、抑郁和药物相互作用可能是导致老年人易受不当影响的因素。另外，当人们利用他们在老年人生活中的角色，并对他人的信任、依赖和恐惧加以利用时，不当影响也会产生。这种欺骗性的权力使用被用来控制弱势成年人的决策。易受不当影响与人的智力无关，但认知障碍可能使操纵更容易完成。

旧事重提 ●●●

菲莉斯独自生活，已经守寡多年。她只有一个孩子，没有其他人可以求助。她想知道，她能做什么？她爱她的儿子，但是她没有很多钱，并且害怕他会拿走所有的钱。在她兑现社会保障支票后，她的儿子一直在从她的钱包里取钱。她吐露说，他吸毒，她害怕就丢失的钱与他对质。

她不知道儿子到底拿了多少钱，也不知道偷窃是什么时候开始的。她从未亲眼见过她的儿子把手伸进她的钱包；这一定是在她睡觉的时候发生的。不，菲莉斯不想对她儿子提出刑事指控。菲莉斯想让我去恳请她儿子停止挪用她的钱，仅此而已。我想，这对一个超级警察来说并不是一项分内的工作。这真的不是我期望在重案组做的事！不过，这也很容易。花一点时间和菲莉斯一起评估问题，让选择变得清晰起来。

首先，我和菲莉斯谈到了她家的安全警报。如果她知道自己有能力决定谁可以在她睡觉的时候进入她的家里，可能会让她感觉更舒服些。我们讨论过把她的支票直接存入银行，这样她家里就不会有大量现金了。最后，我向她推荐了成人保护服务——一个可以帮助她实现这些事情的社会服务机构。该机构可以对她进行检查，如果她有进一步的问题，还会给她打电话。对我来说举手之劳，对吗？尽管菲莉斯只是给地方检察官发了一封感谢信，但我并不在意她是否感谢我。从那以后，我意识到我有机会做出改变，当然可能只是一个小小的改变，但这可能会让她的生活变得更好一点。所有的成本都是我的时间，我已经为此付出了代价！尽管缺乏证据使起诉成为不可能，但我们找到了一个可以接受的替代方案。

虐待老年人的后果

针对老年人因受到虐待而遭受的严重精神痛苦已有了大量的记录。值得注意的是，老年人死于自杀的比例过高，对个体需要服务的情况进行报告可能会挽救他的生命。如果一个人被认为对自己或他人有危险，无论年龄大小，执法机构或社会服务机构都可以向民事或家庭法庭寻求帮助。即使州法律没有将虐待定义为针对老年人的犯罪，也可以通过使用精神健康、社会服务或刑法的规定来解决。

与未受虐待的人相比，受虐待的老年人患抑郁症的比率更高。社会支持对受害者的心理痛苦程度产生了积极的影响，这表明受害者从他们获得的社会支持中受益更多。受到性侵犯的老年受害者面临着受害的精神创伤以及可能的身体伤害，由于受害者的年龄和身体健康程度，这些伤害会对健康造成严重威胁。对许多年长的受害者来说，被强奸是失去尊严最糟糕的形式。自责和负罪感所带来的错位的感觉可能会加剧羞耻感。与执法人员和医务人员就犯罪行为进行讨论或参加体检也可能会带来极大的耻辱。家庭成员和/或邻居可能会感到尴尬，媒体也可能会以某种方式获取以及向社会发布消息。

民事与刑事诉讼

犯罪者是否应该受到刑事指控？对虐待老年人的民事诉讼和刑事诉讼的决定极其复杂。像其他成人家庭犯罪一样，起诉很少被推定。与儿童家庭案件一样，这一决定也不是出于纯粹的保护考虑。年长的成年受害者被认为与保护家庭关系有关联，因为他们对犯罪者存在着一定的依赖。通常，这种关系对越来越孤立的老年人来说是有价值的，而被遗弃的威胁或对机构的承诺使老年人不愿意继续进行刑事诉讼。机构组织往往更喜欢处理属于自己的"问题"，并且从历史上看，并没有寻求刑事途径进行补救的例子。对于住院老年人来说，已经有限的能力，可能会伴有的严重残疾，都可能在虐待情况下使决定变得更加复杂。

民事诉讼的例子包括人身攻击和殴打、过度使用限制手段时的非法监禁、因资金管理不善造成的遗弃行为和/或对虐待者的限制令。虽然这种方法可以使资产不受他人控制或向受害者提供赔偿，但他也必须有能力对诉讼费用进行支付。

犯罪行为包括人身攻击和殴打、财务滥用中的盗窃或勒索，以及针对老年人存在加重处罚情况的特定犯罪。一些州有看守法规，规定对受抚养或易受伤害的人不关心是一种特殊的犯罪。刑事起诉的优势是存在得到法院授权的咨询或把犯罪者从受害者身边带走的可能性。起诉可能对未来的虐待起到威慑作用。然而，老年人可能因为害怕报复而拒绝起诉，或者可能改变主意，放弃所有指控。对于一个年长的成年人来说，羞于承认他的家庭成员虐待他人的情况并不罕见。老年人虐待的法定定义也可能令人困惑。

检察官会对涉及刑事的指控做出最终决定，这必须考虑到每个人的状况以及虐待的严重程度。在某些情况下，成人保护服务会寻求，对身体或精神上无法为自己最大利益做出决定的老年人进行监护。尽管刑事法规没有按年龄类型和自我保护能力进行区分，但民事干预和刑事起诉之间的选择却可能涉及。

在决定是否虐待老年人和是否有遗弃行为发生时，遗弃行为的频率及其持续时间、强度、严重程度和后果都要考虑在内。这不是一个可以随意做出的简单决定。虐待儿童的模式和虐待配偶的模式之间虽存在争议，但这两种模式都被用于解决老年受害者的需求。虐待儿童模式使用类似于虐待儿童保护法规的语言，并更强烈地认为受害者无法保护自己；相反，配偶虐待模式假设老年人是受害者，但在法律上是独立的成年人。一些研究人员声称，家庭暴力模式不适合这些案例，因为涉及遗弃行为的案例实际上应是护理不足的一种形式，而不是暴力的。出于对老年人公民权利的关注，专业人士对政府干预这一领域有着不同意见。因为许多成人保护服务都是以虐待儿童法规为蓝本进行的立法，这就引发了对选择自由的质疑。一些人认为政府定义的护理水平剥夺了老年人的基本宪法权利。

旧事重提 ●●●

一个求助电话打到了局里，是一位老年人说自己被偷了。在处理这个报警电话的过程中，我发现这个求助的老年人在描述自己钱包被偷的情况时显得极度焦虑。我真切地感受到了他的恐惧，但是他所描述的受害过程却很难让人相信是真的，在仔细考虑了他的叙述和对犯罪嫌疑人进行了讯问后，我开始怀疑老年人的钱包是不是真的被偷了。于是我们花了一整天的时间把他去的地方都走了一遍，发现他在散步的时候把自己的钱包掉到了谷仓附近的地上，为此他显得很不好意思。

老年人的求助电话绝对不能简单地不予理会，如果可能，应该解决老年人的问题。老年人群体对受害的恐惧很高，尽管实际发生率可能很低。对恐惧不敏感会使人承受心理痛苦或陷入情绪混乱。尽管这些求助有时候可能很琐碎，但如果不进行调查，我们无法确定虐待是否正在发生。案件解决一个是一个，与是否求助其实关系不大。

授权举报

美国的 45 个州、哥伦比亚特区、波多黎各和维尔京群岛都有关于授权举报的法律，根据该法律，医生、护士、社会工作者和该州指定的其他人必须依法向成人保护服务机构举报涉嫌虐待老年人的情况。授权举报人是法律要求对老年人虐待的指控和/或怀疑进行举报的人。其余各州都有关于自愿举报的法律，或者如果怀疑有针对老年人的犯罪，则会被授权向警方进行报案。规定哪些人应该对可能的虐待或遗弃行为进行举报的法律因州而异，在一些州，每个人都被认为是涉嫌虐待的授权举报人；而在其他州，这些人会被进行特别的命名。

授权举报人必须在他看到虐待发生时或有理由相信虐待正在发生时进行举报。但是在某些情况下，虐待很难被识别，因为许多老年人不愿意说出来，并且因为老年人遭受的许多身体和精神困难所带来的结果很容易被误认为某种形式的虐待，所以在很难确定虐待老年人的行为是否真的发生的前提下，大多数州的做法是，如果举报是基于对虐待行为的善意相信做出的，那么在事实上没有发生虐待行为的情况下，对举报虐待行为的人会豁免法律制裁。

那些有授权举报人的州似乎为几乎所有与老年人接触的专业人士设立了举报的义务。如果一个被授权的举报人认为虐待可能存在，但没有进行举报，该授权举报人可能会承担法律后果。例如，如果没有举报虐待行为，那授权举报人可能会被判处犯有轻罪。然而，大多数州并没有对这一疏忽采取如此积极的行动。

多学科团队响应

刑事司法界对老年人的需求反应迟缓，涉及虐待老年人的起诉在过去很少。在过去几十年里，随着新的刑事司法系统的反应，这一情况发生了重大的变化，现在包括积极起诉在内的一些替代方法都正在发展，这对老年人不需要刑事司法系统帮助的传统对策来说是一种挑战。

多学科小组作为防止虐待老年人的最佳方法，正在全美范围内成立。尽管多学科小组的组成情况因州而异，但这些小组都有着共同的预防目标。对受害者来说，处在显著地位的应该是自主性的增强和获得服务选择的机会的增加。专业人士则会对信息以及保护服务、刑事司法系统、受害者证人援助计划和老龄服务的需求和方法进行分享。此外，该方法还为关注虐待老年人的各种专业人员提供了一个支持系统，为分享这些案件可能带来的挫折和不确定性提供了一个环境。对于整个社会来说，团队方法则可以用于识别服务中存在的差距，并最终提供一个经过改进的系统响应。由于各机构对如何处理虐待案件的目标和观点存在相互冲突，团队方法也提供了一个平衡不同目标的平台，有助于以最符合老年人利益的方式去解决案件。

警方响应

执法部门采用多学科方法处理虐待老年人和遗弃行为的调查是被鼓励的。多个国家机构，包括长期申诉调查员、成人保护服务机构、社会服务部和执法部门的责任重叠，使得这类虐待特别适合机构合作。如前所述，未来几年，对所有机构服务的需求预计将大幅增加。

《国家虐待老年人研究》(*The National Elder Mistreatment Study*) 提供了可以描绘出警察对虐待和遗弃老年人行为所采取的政策和反应的报告信息。它告诉我们，在大约 25% 的针对老年人的身体虐待事件中，警方会被通知。但是向警方报告遭受性虐待的人数始终较少，总体不到 20%。调查发现，男性比女性更有可能向警方举报性虐待行为（28.8%:19.6%）。

由于老年人可能对有虐待行为的看护人有所依赖，警察行政研究研讨会（Police Executive Research Forum，PERF）建议警方对这类家庭暴力做出警方响应上的修改。对罪犯的逮捕和移送可能是弊大于利的。研究表明，强制逮捕有时可能会导致进一步的暴力。必须对情况进行评估，而且标准操作程序必须包含灵活性的部分在其中。事先对你所在地区的各种资源进行了解，将使对家庭暴力受害者的帮助变得更加有效。如果虐待者/看护者必须离开家，是否可以安排紧急护理？紧急护理的提供者在哪里，是否与该机构签订了快速反应协议？

由于对老年人的虐待和遗弃行为是刑事司法界的一个新的干预领域，因此必须对执法所涉及的职责和责任有所考虑。警察的责任是其中一个必须考虑的因素。如果你所在的州对家庭暴力有强制或优先的逮捕政策，且其中并没有明确排除老年人，那么就必须强制执行。如果所在州存在一个包括自由裁量行为在内的更自由的政策，那警察就可以在采取任何行动之前对整个情况进行考虑。根据虐待的严重程度和重复攻击的可能性，逮捕、进一步调查或转介都是需要考虑的选项。

在遗弃的情况下，确定适当的行动方针可能会变得更加困难。任何调查中都要首先关注受害者的安全，要考虑一个问题，即此人能否保护自己免受进一步的虐待或遗弃行为的伤害？首要指导原则应该是确定虐待行为可能的原因。如果确实有理由相信有人犯罪，警察必须对他们所在的州已经存在的家庭暴力法进行考虑。你所处的司法管辖区是否允许在虐待情况下实施强制逮捕？

社区警务是解决这个问题的又一个尝试，也是克服困扰许多老年人的过度恐惧问题的另一个尝试。美国退休人员协会、国际警察局长协会（the International Association of Chiefs of Police，IACP）和国家治安官协会（the National Sheriffs' Association，NSA）于1988年签署了一项协议，以共同努力减少犯罪并改善对老年人的执法服务。他们被称为三元组（triad）计划，是一个以社区为基础的项目，涉及执法部门、相关公民和咨询委员会，并正在美国各地落地，以改善教育和警察对这些公民的响应。

了解更多 ●●●

三元组计划

据美国国家治安官协会称，自1988年成立以来，32个州已正式承诺共同努力增加对三元组方法的使用。在其他几个州，总检察长办公室参与了三元组方法的宣传。国家模式现在包括了州和地方在调查老年人的需求和关切，扩大犯罪预防方案，并向当地老年人提供保证方案方面所做的努力。它之所以被称为三元组，是因为它由老年人、执法人员和社区之间的伙伴关系组成，并以此提供急需的服务。提高公众意识和减少对老年人的伤害是其指导原则。每个部分都有一名高级顾问，名为SALT，负责整合三元组活动，并根据社区的特殊需要进行调整。

为老年人提供执法服务意味着接受一种观念，即这个群体中的公民并不是无能的。了解每个年龄组的人所具有的独特性格和需求，有助于自尊和生活的选择。有时候老年人会以一种被认为不合适的方式做出决定。会不会是他们的担忧和考虑完全不同？当年龄或疾病战胜了老年人的能力时，干预变得更加复杂和重要。虽然理论上来说机构虐待并不属于"家庭的"概念，但这种虐待形式确实也包括在内，因为养老院代表老年人承担着看护人的角色。

总结

作为一个社会，我们在未来几年将会面临许多挑战。我们的老年人口正在激增，对服务的需求也在增加。在一个执法只是偶尔参与的领域，继续自我教育和参与的必要性是当务之急。社区三元组计划展示了这一代执法人员保护我们老年公民的决心。受托人滥用调查单位，如 LAPD 的 FAST，提供了一个警察部门应对老年人面临的独特问题的例子。大多数警察在他们的职业生涯中都会面临这些问题。

老年人的身体虐待和性虐待与其他形式的家庭暴力有许多相同的身体特征。症状和体征几乎相同，受伤仍然是一个显著的指标。然而，由于体弱和年老，老年人可能受到的伤害程度可能高于其他人群。虐待对情感和心理的伤害是无法估量的，并且可能会导致死亡。

能力和依赖性的变化使这一群体容易受到虐待，这种情况并不适用于其他年龄组。考虑到老年人的脆弱性，相关的立法已经颁布，这也将对今后的执法行动起到指导。财务剥削，这种无形的虐待，应该成为未来执法的一个越来越专业化的领域。同情心和同理心将大大有助于维护美国老年人的尊严。

HEAVYHANDS

简单场景

对老年人的关心

玛丽是一位 71 岁的寡妇，独自一人住在自己家里。玛丽的孙女乔安妮住在另一个州，在一年多没有见到玛丽后来看望她。乔安妮注意到屋子里没有食物，玛丽看上去很虚弱，并且没有认出她来。

思考：这描述了什么形式的虐待？

第 10 章

成年犯罪者

HEAVY
HANDS

这一章关注的是亲密关系暴力的犯罪者。站在整体社会层面来看，我们在识别和应对亲密关系暴力方面已经取得了长足的进步。自1993年以来，非致命性亲密关系暴力的比率有所下降。受害者辩护人声称，这种下降是围绕受虐待妇女的支持服务得到改善带来的，如热线和庇护所等。另一方面，亲密关系暴力的刑事定罪也发挥了很大的作用。刑事司法专业人员指出，执法部门和法院越来越多地参与进来，对亲密关系暴力行为进行制裁。当然，我们还必须重视反亲密关系暴力的公众教育，亲密关系暴力被认为是对社会的一种重大健康风险，因此不能忽视这一点。正如读者在前面章节中看到的，我们已经了解了很多关于亲密关系暴力及其受害者的知识。

在本章中，读者将对亲密关系暴力的施暴者有所了解。对罪犯进行描述并说明这些罪犯造成的风险是本章的焦点。另外我们还会涉及恐吓，这种行为作为一种控制策略和方法，已经成为亲密关系暴力循环的一部分。不管先前对性别和犯罪的看法如何，所有专业人员都需要对各种形式的家庭暴力保持敏感。与20世纪90年代相比，越来越多的女性和男性受害者选择向警方报案。研究人员还发现，大量家庭暴力受害者会绕过警察，直接向法院申请民事保护令，甚至在一些司法管辖区，向法院举报的家庭暴力案件多于向警察部门报案的案件。

施暴者特征

关于家庭暴力原因的理论仍然没有告诉我们太多关于施暴者的信息，比如什么样的人会在亲密关系中实施暴力？什么行为表明或预示着伴侣会有虐待行为？研究表明，酒精和/或毒品与男性对女性实施的亲密关系暴力之间有着密切的关系。攻击性也与精神药物有关，如巴比妥酸盐、安非他明、鸦片、苯环利定、可卡因和酒精－可卡因混合物。

根据对文献的回顾，汉森将个体施暴者描述为临床评估存在问题的个体，其会表现出不良的冲动控制、攻击性、对亲密关系的恐惧、情感依赖、对被遗弃的恐惧和自我功能受损。对施暴者的心理健康诊断从强迫症、偏执、边缘人格、消极攻击、自恋到反社会都会涉及。

关于是否有可能对以后发生的暴力行为进行预测，并以此作为保护家庭暴力受害者的一种手段存在着重大的争议。《配偶攻击风险评估指南》(Spousal Assault Risk Assessment Guide)是一本小册子,编撰它的目的是通过将个人分为高风险和低风险的类型,来帮助确定罪犯是否存在再犯的风险。它已被测试过并且被发现可以对罪犯累犯的良好预测有效性进行说明,并被刑事司法专业人员广泛使用。这个包含了20个问题的面谈并不是一个受控的心理测试,因此,经过适当培训的从业者是可以使用它的。社区应对机构和多学科小组正通过高危罪犯评估,在更大程度上参与到保护受害者的工作之中。

近年来,美国通过的立法中包括了允许警察逮捕罪犯和法院发布保护令的强有力措施。我们了解到,并不是所有的施暴者都是男性,也不是所有的男性都是施暴者,家庭暴力案件也有着不同程度的严重性。换句话说,不是所有的家庭暴力都是一样的。我们正在进入一个阶段,在这个阶段中,可以根据不同罪犯的犯罪风险、动机和他们针对的人群,考虑用不同的方法来应对不同的罪犯。家庭虐待者的惯犯形象正在形成。新措施将解决这一家庭暴力概念。纽约是第一批提高对家庭惯犯问责标准的州之一。截至2013年,加重处罚标准通过《加重家庭犯罪法》(Aggravated Family Offense Law)实施,执法部门可以在某些情况下将家庭虐待者作为重罪犯进行起诉。

美国国家犯罪受害调查的报告显示,家庭暴力是种族内的行为。也就是说,大多数罪犯和他们的受害者属于同一种族。最常见的家庭暴力形式是人身恐吓行为或企图伤害罪,大约75%的事件发生在受害者住所内或附近。针对男朋友或女朋友的暴力行为最有可能导致定罪,并被判刑到州或联邦监狱或地方监狱服刑(如图10-1所示)。

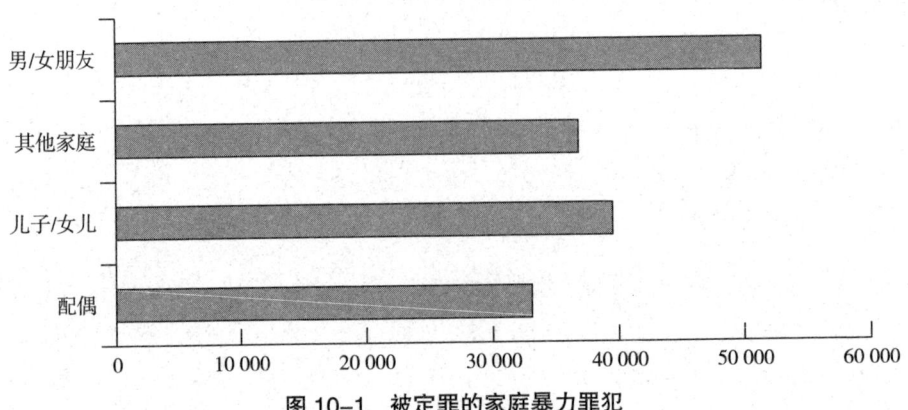

图10-1 被定罪的家庭暴力罪犯

注:被判入狱的家庭暴力罪犯最有可能对男朋友或女朋友实施暴力。
资料来源:基于杜罗斯等人2005年的数据。

性别和年龄

大多数亲密关系暴力的犯罪者是对女性施暴的男性，但也有一些女性施暴者。全美犯罪受害情况调查提供了关于所犯罪行的普遍性、受害者和罪犯之间的关系以及两者的人口统计数据的信息。对这一来源的分析告诉我们，男性是亲密关系暴力的绝大多数犯罪者，女性是主要受害者。针对配偶的暴力犯罪，大约 86% 的罪犯是男性。全美犯罪受害情况调查显示，82% 的施暴者是男性。女性罪犯虽然在犯罪者中所占比例较小，但加起来却是相当大的数字。几乎 80% 的家庭暴力罪犯是白人。

所有年龄组中都可以找到那些在亲密关系中犯错的人，尽管一般的模式已经从两个主要来源中确定。据克莱因（Klein）称，大多数研究发现，犯罪者的年龄往往在 18 岁至 35 岁之间，平均年龄约为 33 岁。全美犯罪受害情况调查的报告称，大多数亲密关系虐待罪犯（为 73%）年龄在 30 岁或以上；那些在约会关系中实施虐待的人往往更年轻，大约 50% 的罪犯年龄在 18 岁至 29 岁之间。

施暴者描述

以下描述是从男性施暴的研究发展而来的。尽管它们所说明的是施暴男性的特征，但也同样适用于任何性别的犯罪者。这些行为被归因于异性恋、同性恋和女同性恋关系；虐待老人和儿童；女性罪犯中的犯罪者。

控制行为

在各种形式的亲密关系暴力中，施暴者支配受害者的趋势已经被注意到。有时，控制是由于嫉妒，犯罪者经常试图控制受害者的时间、衣着和行为。控制行为显示出对伴侣的蔑视和尊重的普遍缺乏。

侮辱行为和贬低是用来打击受害者信心和确保未来统治地位的手段。例如，称伴侣为"婊子"或类似的贬义词会贬低对方。一个施暴者可能称另一个为"猪""糟糕的管家""糟糕的母亲"或"糟糕的父亲"。一个人在称呼其伴侣时使用贬义的语言可能是从亲密的人相互熟悉开始的。这种模式没有被法律禁止。然而，这意味着精神虐待，这通常伴随着身体上的打击。辱骂和侮辱性语言通过促进亲密伴侣之间的冲突而对亲密关系暴力产生间接影响。

恐惧和恐吓

恐惧和恐吓是通过暴力或对即将发生的暴力的感知来实现的，比如被重复虐待的受害者回忆起罪犯的一个特殊眼神，则是一种即将爆发的警告信号，或以威胁的姿态举起拳头或手也是为了同样的目的。

在家里、自己周围或宠物身上使用或展示武器是一种严重的恐吓形式，这是权力的最终展示，甚至武器的出现也大大提高了本来就难以减少的可接受暴力的程度。任何涉及枪支或其他武器的直接或间接威胁都不应该掉以轻心，因为它意味着绝望。

动物虐待

实施亲密关系暴力的成年人经常用虐待受害者的宠物，作为控制和恐吓受害者的手段。对避难所中受虐待妇女小样本中动物虐待发生情况进行的第一次实证分析发现，71%目前或过去拥有宠物的妇女报告说，她们的伴侣威胁和/或实际伤害或杀害了一只或多只宠物。57%的报告涉及对宠物的实际伤害，而不是威胁伤害。

操纵

施暴者被描述为操纵大师。在一次辱骂之后，罪犯请求原谅是很正常的。礼物和鲜花可能会伴随着"我再也不会这么做"的声明出现。另一个破坏性的行为是对爱情或忠诚的不切实际的要求，这是虐待性约会关系的特征。在约会关系中，强迫性关系作为持续关系的一个条件对受害者来说是极其危险的。

过度的规则制定

当一方制定了另一方必须遵守的规则时，这意味着基于支配地位的不平等关系出现了。认识这种模式的一个方法是注意什么时候处罚或惩罚与未能实现期望联系在一起。健康的请求不是以"你最好……"开始，也不是以"否则……"结束。因为"你不是一个好女孩"而拿回礼物表明施暴者对规则的期待。这意味着某种形式的惩罚会导致期望的未实现。

孤立

要求把朋友和家人长期排除在外，是孤立受害者的一种形式。虽然这在一段关系开始时可能是有吸引力的，但当施暴者坚持成为受害者生活的唯一焦点时，它就变成了一种孤立的形式。极端的形式包括要求受害者不得工作或拒绝任何可以离开家的通勤。这些措施实现了经济上和身体上的隔离，切断了受害者的资源或阻止了免受虐待的保护形成。选择居住在偏远地区可能是一个施暴者深思熟虑的决定。控制策略包括移除电话（当打人者去工作时）、禁用或摧毁机动车辆以限制受害者的行动能力、密切监控机动车辆上的里程表读数以及在冬天锁定恒温器（作为一种酷刑）。

居住在农村地区的亲密关系暴力受害者面临独特的孤立问题。地理隔离增强了受害者的脆弱性，使这些农村受害者在获得受害者支持服务方面处于不利地位。普遍缺乏可用的受害者支持服务和距离遥远被认为是居住在农村地区的亲密关系暴力受害者所面临的阻碍，使生活在偏远地区的受害者感到沮丧。研究还表明，农村地区和城市地区的保护令程序之间存在巨大差异。例如，在肯塔基州的一些县，禁制令的无效率高达91%。由于没有什么针对施暴者的措施，保护令经常无法得到执行，慢慢就变得没什么价值了。尽管联邦法规禁止各州在对限制令收费的情况下接受暴力侵害妇女基金，但研究人员发现，农村地区的一些妇女正在被收取送达费用。服务费和对命令是否会被执行的怀疑构成了农村受害者安全保护服务所面临的关键障碍。

暴力风格

引起刑事司法或法院当局注意的大多数家庭暴力罪犯都有非暴力和暴力侵害男性和女性的前科。家庭暴力的施暴者也同样会犯下家庭或非家庭性质的罪行。从罪犯本身的角度来看，在男性对女性实施的暴力中存在两种暴力风格：残暴型罪犯和易怒型（暴躁型）罪犯。残暴型罪犯指的是，认为使用侵略、恐吓、辱骂和人身攻击等手段来控制和支配伴侣是有道理的个体。易怒型（暴躁型）罪犯指的是，以突然的和爆炸性的方式实施暴力的个体，犯罪通常会发生在对伴侣的批评或挑战进行回应的情况下。

这两个罪犯群体都将暴力作为应对焦虑或愤怒等无法忍受的情绪的一种方法，他们无法理解暴力对其伴侣所造成的影响。残暴型罪犯与易怒型（暴躁型）罪犯的特征描述如下。

残暴型罪犯的特征

- 知道他在做什么，并打算使伴侣感到害怕，恐吓和惩罚他的伴侣；
- 将他的暴力视为对沮丧和愤怒的合理或可理解的回应；
- 倾向于通过承认实施了口头虐待来使他的实际暴力行为最小化；
- 把伴侣在他身边的状态形容为顺从而小心。

易怒型（暴躁型）罪犯的特征

- 使用暴力与他的伴侣保持距离，并让她保持沉默；
- 通常承认他使用了暴力，但指责他的伴侣激怒了他。

社会病态施暴者是有可能患有可诊断的人格障碍或药物滥用问题的罪犯类型，这种类型的罪犯会有威胁杀人或实施更多暴力的可能，并且会有在实施暴力后提出性要求的倾向。他们并不会道歉，并且有时会用宗教信仰来为暴力辩护。最危险的罪犯群体是反社会的施暴者。反社会的施暴者指的是那些患有可诊断的精神疾病或人格障碍、物质滥用问题的个体，并且这部分罪犯更有可能有犯罪记录。

高危罪犯

大多数研究人员都认为，亲密关系殴打是一种行为模式，这种模式遵循着某种可进行预测的阶段。在严重的情况下，高危罪犯指的是每年对伴侣施暴多达60次的人。相比之下，非高危罪犯通常每年的施暴次数约为五次。每个施暴阶段的时间长度从几小时到几周不等。

针对施暴者的教育团体经常使用德卢斯模型（the Duluth model）开发的力量和控制轮来对虐待关系的要素进行说明。这一循环的核心是权力和控制的要素——施暴者实施的所有虐待行为都被视为支配和控制伴侣的手段。轮上的每一个齿轮都代表着一种行为模式，这些行为整体上构成了虐待行为。这个轮是虐待关系女权主义观点的代表。

斯特劳斯提出了两个标准来帮助识别涉及高危罪犯的案件：标准A——嫌疑人在前一年实施了三起或更多的暴力事件；标准B——嫌疑人用手里的武器威胁伴侣或口头威胁杀死伴侣。有许多有助于识别涉及高危罪犯的危险信号，这方面的例子还包括受害者受到严重伤害，需要治疗（不考虑是否得到治疗）或对儿童造成伤害的情况。如果罪犯在童年时受到身体虐待或目睹父母之间的严重暴力行为，他就可能成为严重虐待的高危犯罪者。典型的情况是，高危犯罪者非常霸道，并且觉得殴打或强迫伴侣发生性行为是有道理的。我们现在也认识到杀死或伤害宠物以及威胁杀死或伤害宠物是高危犯罪者的标志了。

斯特劳斯针对所有家庭纠纷适用刑事司法制裁的适当性提出了质疑。警察和法院没有能力对每个家庭可能导致暴力的独特情况进行了解的事实已经得到了承认，但他认为，也不能指望他们来确定什么可能是最符合受害者、罪犯或家庭的利益的。此外，许多报告表明，在大约一半的案件中，妇女是第一个实施人身攻击的人。如果男人因为"仅仅"扇了妻子几下耳光而被捕，女人不应该得到与之平等的待遇吗？"如果有一半的亲密关系攻击引起警方的注意，法院将不得不处理数百万起这样的事件，而且会不知所措"。

马萨诸塞州纽伯里波特的珍妮·盖格危机中心（the Jeanne Geiger Crisis Center）开发的一个模型为管理高危罪犯和减少与家庭有关的杀人案件带来了一个充满希望的发展。其广受好评的团队方式侧重于对家庭罪犯的早期风险评估、针对具体案件的应对和罪犯监测。该中心声称，在六年多的时间里筛选出的106名高危罪犯中，没有任何凶杀案发生。

酒精和药物的作用

长期以来，研究一直将药物和酒精滥用与男性实施的亲密关系暴力联系在一起。女性犯罪和药物滥用之间的联系并不太清楚。一些证据表明，男性因药物滥用而遭受亲密伴侣伤害的风险也在增加。吸毒和酗酒不是暴力的原因，但是过度饮酒和吸毒与亲密关系暴力之间有着重要的关系。这种联系可以说是有推动作用的，而不是因果的，药物滥用增加了出现亲密关系暴力的风险。研究表明，滥用药物还会增加受害者受伤的严重程度。

全美犯罪受害情况调查要求受害者指出他们所认为的，罪犯在犯罪事件发生时的饮酒或吸毒状态。对此，受害者表示，在事件发生时，超过40%的配偶罪犯受到了酒精或毒品的影响。调查还发现，该概率与虐待男朋友或女朋友的醉酒罪犯的概率相似（为41.4%）。

非法药物的使用与亲密关系暴力行为密切相关。关系冲突，包括侮辱和心理虐待，由于经历了高度压力的罪犯群体使用/滥用大麻而得到了进一步的升级。根据斯塔兰斯（Stalans）的研究，滥用兴奋剂和镇静剂也会增加亲密伴侣实施暴力的可能性。心理虐待和吸毒中固有的侮辱行为可能是亲密关系暴力发生的一个重要预测因素。

在美国，除了亲密伴侣间的暴力行为，酗酒也是一个主要的公共健康问题。在一项关于酒精使用在亲密关系暴力结果中的作用的研究中，作者指出，超过7%的人口（即大约1400万美国人）符合酒精中毒的诊断标准。他们的研究发现，酒精使用和受伤风险存在性别差异。对于女性来说，过去的被虐待频率和对生命危险的恐惧预示着来自她们男性伴侣的伤害风险。当妇女受害六次或更多次，并且害怕生命受到威胁时，她们更有可能向警方求助并告知受害情况。非白人女性比白人女性更有可能向警方报案。对于一个被女性亲密伴侣虐待的男人来说，她对武器的使用和对生命遭受危险的恐惧预示着伤害的风险。当女性伴侣喝酒而男性不喝酒时，男性更有可能报告受害情况。在这项研究中，受害者饮酒并没有增加受伤的风险。

药物滥用和男性罪犯

人们发现，男性在因亲密关系暴力而被捕前饮酒或吸毒的可能性是女性的3.1倍。严重的饮酒问题增加了女性在亲密关系中遭受暴力侵害的风险，其中也包括被杀的风险。

研究人员建议，未来应对亲密关系暴力的措施应该包括：

1. 在逮捕时对袭击者的酒精或其他药物中毒情况进行测试；
2. 在出狱前对被捕的毒品或酒精依赖者进行戒毒或戒酒治疗；
3. 对直接目睹亲密关系暴力的儿童进行评估，以确定其是否需要心理治疗；
4. 允许亲密关系袭击受害者在现场宣誓发出逮捕令。

专家们一致认为，药物滥用问题和亲密伴侣间的暴力行为是重叠的，而且经常会同时发生。然而，药物滥用和亲密关系暴力却始终是不同的问题，它们需要不同的干预。药物滥用和亲密关系暴力有多种原因；几乎没有证据表明一个问题导致了另一个问题。

药物滥用和女性罪犯

研究一致表明，大部分接受药物相关诊断治疗的妇女都会在其关系中使用暴力。此外，亲密关系暴力的男性受害者报告说，他们的女性施暴者通常有酗酒和/或吸毒史。根据关于女性家庭暴力罪犯的有限文献，一些人得出结论认为，女性与男性家庭暴力罪犯的共同点可能比以前想象的要多。

虽然大部分关于家庭暴力犯罪的文献都把男性作为犯罪人，但是关于女性犯罪的研究却在慢慢出现。一些研究表明，在使用暴力对其伴侣造成严重伤害、对非亲密者使用暴力以及在被捕时有使用酒精和/或毒品现象等方面，女性与男性相似。在一项关于实施了亲密关系暴力的妇女的研究中显示，药物滥用和女性犯罪之间有着明确的联系，在这项研究中，几乎一半法院移交的妇女都符合酗酒者的标准。在另一项研究中，研究人员得出结论，因家庭暴力指控而被捕的女性成为药物滥用者的风险更高。

女性在亲密关系中对男性使用暴力的情况变得越来越明显了。药物滥用一直被认为是犯罪的一个重要因素。亲密关系暴力施暴者的治疗计划仍然是应对这些犯罪的主要政策。一些人认为，没有必要对因亲密关系暴力而被捕的妇女进行与药物相关的治疗。其他人认为，基于男性暴力犯罪的模式迫切需要适应这一变化，以满足女性罪犯的独特需求。对女性亲密关系暴力罪犯特征的研究逐年增多，这些研究也对药物滥用在这一罪犯群体中的作用进行了揭示。

药物滥用与老年人

药物滥用也与针对老年人的家庭暴力有关。在所有形式的虐待老年人案件中，超过一半的案件的施暴者都是家庭成员。2009年进行全美老年人虐待研究的研究人员记录了药物滥用在老年人受害中的作用。他们发现，20%的已知罪犯在他们对老年人的情感虐待期间被认定为滥用药物。人身攻击的施暴者更有可能在攻击时滥用药物，50%的人在虐待时有药物滥用的问题。在已知的对老年人的性虐待案件中，超过 28% 的人有药物滥用问题。在涉及护理人员杀害老年人案件中，卡尔奇（Karch）和纳恩（Nunn）发现，药物滥用是这类型犯罪者的特征之一。

家庭成员有药物滥用问题也被认为可能会增加老年人遭受财务虐待的风险。如果成年子女滥用药物的情况增加，罪犯可能会变得更加暴力，或者对老人财产的需求也会增加。进行全美老年人虐待研究的研究人员发现，家庭成员的财务剥削出乎意料地普遍，即在超过 5% 的受访者身上发生过。老年人和那些在日常生活中需要帮助的人被认为是风险最大的群体。

虐待动物行为的作用

早在 1991 年，默里·A. 斯特劳斯就将之前存在的虐待动物行为列为预测以后对妇女实施致命暴力行为的一个评估标准。人们对亲密关系暴力和虐待动物之间的联系重新产生了兴趣。针对宠物的暴力被认为是成年人对儿童施暴的一个预测因素。对宠物的暴力威胁也是对亲密伴侣的暴力的一个强有力的预测。自从阿森松所做的开创性研究以来，研究人员一直在寻找动物虐待和亲密关系暴力之间存在联系的证据。一项研究发现，虐待宠物的虐待者与不虐待宠物的虐待者相比，会使用更多形式的暴力，并表现出更多的控制行为。研究人员在特定的控制行为和虐待宠物之间已经发现了实质性的联系。在其他研究中，作者发现，严重的身体暴力是动物虐待的重要预测因素。研究发现，与没有经历过亲密关系暴力的一组女性相比，家庭暴力庇护所中的女性报告其伴侣伤害或杀害其宠物的可能性高出了近 11 倍。

虐待宠物行为已被证明会对受虐待妇女寻求安全的决定造成影响。虐待者伤害宠物是为了惩罚离开的受害者或强迫他回来。从这种虐待关系看，会发现历史上充斥着暴力和虐待动物之间危险联系的引人注目的例子。例如，1997 年，16 岁的卢克·伍德汉姆（Luke Woodham）在密西西比州的珀尔杀死了他的母亲。他折磨动物，然后开始疯狂射击，他还杀死了两名学生，打伤了另外六人。卢克描述了他和一个同伙如何殴打他的狗斯巴克尔，然后放火烧它并把它扔进池塘。"我永远不会忘记它在我的力量下崩溃的声音。我重重地打了它一下，把它脖子上的毛都打掉了……那是一种真正的美。"他交代道。

如果一名虐待者攻击或残害宠物，那么他将更有可能杀死伴侣。杀死一只宠物是为了传达"你可能是下一个"的信息。对于许多亲密关系暴力的受害者来说，没有所谓的"无意义的威胁"。题为《家庭暴力和虐待动物：致命联系》（*Domestic Violence and Animal*

Abuse: The Deadly Connection）的评论报道了对 111 名寻求庇护的受虐妇女进行的研究，几乎 50% 的人都说她们现在或以前的男性伴侣威胁或虐待过他们的宠物。例如，一名妻子去了庇护所的男人，寄给他的妻子一张他用园艺剪刀砍掉妻子的狗的耳朵的照片。收到照片后，妻子告诉庇护所顾问，她必须回家拯救她的狗和其他动物的生命。虐待者伤害动物是为了惩罚妻子的离开以及声讨那些真实或想象出来的不公正，大多采用的残忍方法包括折磨、枪杀、刺伤、溺死、烧伤和打成骨折。

作为围绕动物暴力和针对人类的暴力之间的联系的研究结果，美国 47 个州、哥伦比亚特区、关岛、波多黎各和维尔京群岛都颁布了法律，将某些类型的虐待动物行为定为重罪。自 2006 年缅因州成为第一个在家庭暴力案件中纳入动物保护的州以来，陆续有 21 个州、哥伦比亚特区和波多黎各加入了该队伍。这些州通过家庭暴力保护令来提供动物保护。目前，虽然联邦一级没有通过统一报告系统或国家事件报告系统收集虐待动物事件的数据，但是，确实有 18 个州收到了有关虐待动物的数据，并且正在考虑对这些数据进行分类。

施暴警察

专业人士特别关注的是合法携带枪支进行工作、商务或娱乐活动的施暴者。据估计，警察对伴侣实施的亲密关系暴力行为至少与普通民众实施的行为是一样常见的。有限的研究表明，执法人员中亲密关系暴力事件的发生率可能更高。在已经进行的几项大规模研究中，身体虐待的比率约为 7%~8%，而在一般人口中为 10%。另一项研究则报告了更高的比率，即 20%~40% 的警察家庭经历过家庭暴力。国际警察局长协会的立场是，这个问题非常严重，无论预估严重程度会处在怎样的水平，都值得认真关注。

研究还表明，各部门对此类事件的记录差异很大，有些事件报告得非常详细，有些事件则通过非正式的行动进行了处理，还有一些事件并没有进行任何记录。各部门对警官亲密关系暴力的立场也有很大不同：一些部门有明确的"零容忍"立场，另外一些部门的立场不太明确，还有一些部门根本没有明确的立场。警察施暴的确切发生率尚不清楚。

国际警察局长协会与暴力侵害妇女问题办公室合作，努力针对警察施暴制定全面的政策。国际警察局长协会于 2003 年发布的警察家庭暴力政策确立了处理警察实施亲密关系暴力的政策和程序。它对联邦法律禁止被判定犯有轻罪的警官拥有枪支的规定予以承认，并规定通过刑事诉讼被判定犯有亲密关系暴力罪的警官应被终止职务。

权威主义——身体和心理上的支配——被认为是警务工作的一个组成部分，这可能会给下班后的警务人员带来职业压力。2003年，塔科马警察局局长大卫·布朗（David Brame）在两个孩子面前开枪打死了自己和妻子克里斯托（Crystal），这一悲剧引起了媒体对这个问题的关注。2012年6月13日，斯普林菲尔德警察局的凯文·安布罗斯（Kevin Ambrose）警官出警去处理该市的一个家庭暴力求助电话，结果被瑞克斯岛的狱警肖恩·布莱恩（Shawn Bryan）开枪打死。事件发生后，布莱恩警官自杀了。这种悲剧让许多人开始怀疑，是否还可以采取更多措施来防止这些事件的发生。

研究人员对警官的压力如何影响个体成为家庭暴力罪犯的可能性进行了调查。已经确定的导致职业紧张的潜在风险因素是轮班和周末工作、工作中的危险以及家中有武器。警官也可能经历情绪低落和倦怠，并会上升为创伤后应激障碍。最近的研究表明，警察可能比普通人经历更多的创伤后应激障碍，这使得他们对亲密伴侣或家庭成员实施家庭暴力的可能性增加了四倍之多。

为了更好地了解涉及警察的亲密关系暴力诉讼的频率和类型，研究人员查阅了1992年至1998年期间向美国某部门内部调查司提交的106份报告。大多数案件报告涉及中年男性巡警，平均年龄为34岁。大多数人（为70%）来自种族/民族少数群体，平均工作时间为八年。大多数警察被分配到高犯罪率的地区。大多数施暴者是男性（为83%），其余案件涉及女警官施暴者。大多数被指控的警官被立即停职，一小部分被逮捕。绝大多数案件（为92%）因缺乏证词、缺乏物证和相互矛盾的证言而被撤销。

安德森（Anderson）和罗（Lo）对1997—1999年巴尔的摩警方压力和家庭暴力研究中的1000多份全职警察参与者的问卷进行了重新分析。大多数参与者是白人（为65%）和男性（为86%）。其中9%的警官承认对亲密伴侣使用过武力，非裔美国男女警官是最有可能被冒犯的群体。与男性警官相比，女性警官对伴侣施暴的可能性高出了60%。显然，探究这一现象需要进一步的研究。

与关于普通人群中的虐待风险因素的研究相一致，家庭暴力的实施与警察中的酒精滥用之间有着密切的联系。存在危险饮酒或酒精依赖行为的警察在亲密关系或家庭关系中实施身体暴力的可能性是没有酒精风险因素的警察的四到八倍。危险饮酒是一种酒精消耗模式，通常指每周饮酒四天或更多，这会对身体和心理健康产生影响。酒精依赖是指一个人需要酒精才能让自己运转起来或感觉良好。这两种模式都会产生需要进行干预研究的风险因素。

> **旧事重提** ●○○
>
> 一个常见的抱怨是，当受害者进行投诉时，警察实施的亲密关系暴力行为并没有得到认真的对待。在一起案件中，受害者和施暴者都是警察。男施暴者顺手打了女警官九岁的女儿，并且把她的一只眼睛打青了。在一场关于这名女子吸烟行为的争论中，施暴者多次殴打她的头部。这种关系的特点是极端的嫉妒和控制行为。难堪的感觉和觉得没有人会相信她的想法，阻止了该名妇女对虐待行为进行报告。
>
> 只要她离开住所，男施暴者就会跟踪她，并多次干扰她的工作。这些行为包括当她接到电话时拔掉电话线公然闯入她的工作场所诬告她不忠。当她离开他时，这段关系几乎变得致命……他用枪拦住她，并钻进了她的汽车。在这种情况下，相关部门提供了非官方的支持。在他平静下来之前，她在一个用于缉毒的安全屋藏了几个星期。

军事人员

美国军队和文职人员超过 360 万人，军事人员实施的亲密关系暴力由于军事服务的独特性质而充满挑战。首先是管辖权的问题，许多家庭住在军事设施之外。兰德公司关于与家庭暴力相关的逮捕要求的研究指出，在军事设施外发生的任何家庭或亲密关系暴力事件都属于地方民政当局的管辖范围。事实上，民政当局也可能是第一反应者，甚至可能对军事设施中发生的事件拥有管辖权。逮捕平民和违反保护令逮捕的程序因州而异。国防部对家庭和亲密关系暴力采取了强有力的主动立场。图 10–2 概述了预防家庭暴力的军事程序。

军事罪犯

军事相关的受害者不报案的原因与亲密关系暴力的其他受害者相似、他们也经历了羞耻、孤立和财务问题。军事人员的人口构成带来了额外的挑战，并可能使这些问题加剧。例如，军事相关人员必须每三年移动一次，这就对受害者造成了隔离，使得受害者无法从朋友和家人那里建立支持系统。另外，由于频繁的流动，配偶可能无法在除低级工作以外找到工作，这就使得财务问题难以解决。

大多数现役军人是男性（为 85.6%），其中许多是年轻人（25 岁以下），并且许多已婚并已育有子女（如图 10–3 所示）。

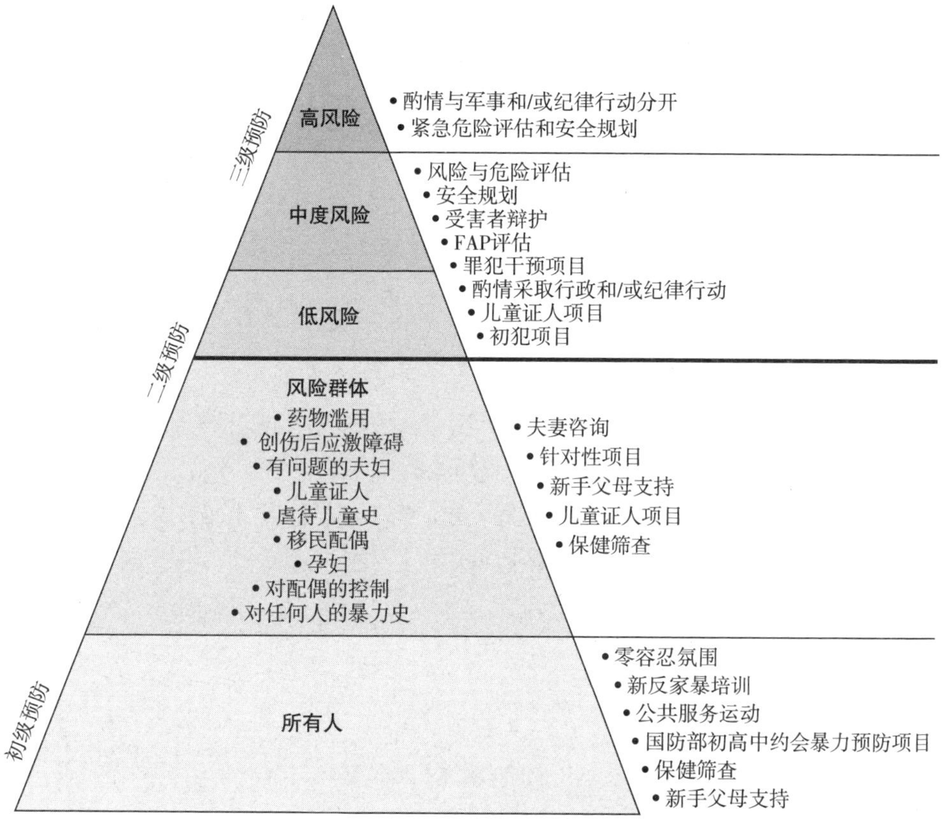

三级预防
高风险
• 酌情与军事和/或纪律行动分开
• 紧急危险评估和安全规划
中度风险
• 风险与危险评估
• 安全规划
• 受害者辩护
• FAP评估
• 罪犯干预项目
• 酌情采取行政和/或纪律行动
• 儿童证人项目
• 初犯项目
低风险
二级预防
风险群体
• 药物滥用
• 创伤后应激障碍
• 有问题的夫妇
• 儿童证人
• 虐待儿童史
• 移民配偶
• 孕妇
• 对配偶的控制
• 对任何人的暴力史
• 夫妻咨询
• 针对性项目
• 新手父母支持
• 儿童证人项目
• 保健筛查
初级预防
所有人
• 零容忍氛围
• 新反家暴培训
• 公共服务运动
• 国防部初高中约会暴力预防项目
• 保健筛查
• 新手父母支持

图 10–2　家庭暴力预防概念模型

注：美国国防部通过对标记的军事人员风险群体进行干预，对其家庭暴力预防概念模型进行了概述。

资料来源：基于美国国防部 2003 年的数据。

现役
• 军事人员 1 417 370人
• 妇女 14.5%
• 少数民族 30%
• 位于美国 84.8%
• 25岁或以下 44.2%
• 已婚 56.4%
• 有孩子 44.1%
预备役与警卫队
• 军事人员 857 261人
• 妇女 17.9%
• 少数民族 24.1%
• 位于美国 99.1%
• 25岁或以下 33.3%
• 已婚 48.2%
• 有孩子 43.2%

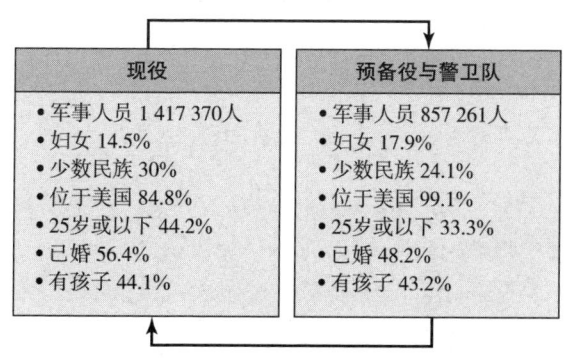

图 10–3　美国国防部 2010 年人口统计数据

注：美国国防部已经采取积极措施解决军队内部的家庭暴力问题。正如这些人口统计所指出的，成员大多是年轻的已婚男子，其中许多人有孩子。

资料来源：基于美国国防部 2010 年的数据。

一项关于军队士兵家庭虐待的研究结果显示：首先，大多数经证实的家庭暴力罪犯是没有虐待儿童行为的亲密关系罪犯（为61%）；其次是没有虐待亲密伴侣行为的虐待儿童罪犯（为27%）；最后是同时犯有配偶和儿童虐待罪行的罪犯（为12%）。他们的虐待行为的类型（遗弃儿童、精神虐待、身体虐待和性虐待）、他们作为配偶虐待受害者的经历以及不同罪犯的社会人口特征都各不相同。12%的亲密关系虐待者犯有多重罪行，10%的儿童虐待者犯有多起虐待儿童事件。

举报选项

过去，除牧师外，所有军事人员都必须对任何可疑的家庭暴力行为进行举报，无论这种怀疑是如何产生的，或者受害者是否希望将这一信息传达给指挥部和其他人。针对亲密关系暴力行为的举报会被施暴者的上级知晓。因此，受害者不愿意举报虐待事件，害怕对施暴者的职业造成负面影响。但是，受害者的辩护律师、社会工作者、治疗师或医生是不允许对此保密的。一项新政策于2007年8月生效，该政策试图平衡让施暴者对其行为负责和保护受害者及其子女这两者之间的利益冲突。美国国防部的这一政策为亲密关系虐待的受害者建立了两种不同的举报选择——有限制举报和无限制举报。

有限制举报

- 不启动调查程序。执法部门和指挥部都不会知晓虐待行为个人的身份信息。
- 允许亲密关系暴力的受害者向受害者辩护人、受害者辩护人主管、医疗保健提供者或牧师私下透露受虐信息。
- 有限制举报存在的局限是，犯罪者并不会被追究责任，因此虐待可能会持续。
- 受害者没有资格获得军事保护令，并且仍有可能继续与罪犯产生联系。
- 如果评估显示存在未来伤害或死亡的高风险，有限制举报可能不会被批准。
- 如果受害者向特定个人以外的人披露了虐待行为，这些动作可能会提醒指挥部或执法部门，并可能启动调查，举报行为将变为无限制报告。

有限制举报的好处是受害者能够获得伤害治疗、辩护和咨询。它为受害者提供了一些个人空间和时间来考虑他们的选择。受害者能够控制个人信息的发布和管理。这可能会增加受害者对整个系统的信任，也可能鼓励其他受害者站出来。

无限制举报

- 军事政策倾向于无限制举报。
- 指挥部门和调查服务部门会被通知。

- 允许受害者接受医疗、法医检查、辩护服务、临床咨询、牧师咨询和保护服务。

无限制举报的好处是受害者可以得到医疗、辩护和咨询。它还可以确保受害者享有最广泛的权利和保护，包括军事和民事保护令、指挥官支持和与罪犯的分离。全面调查提供了让罪犯对其行为负责的机会（犯罪现场、证人访谈和嫌疑人审讯）。但其局限性之一是一旦做出决定并开始调查，就不能将其更改为有限制举报了。受害者可能认为调查过程具有侵犯性，因为有关家庭虐待事件的信息将会被公开。它要求受害者在法庭上面对罪犯。此外，调查和法庭程序可能会很长，并且无法保证罪犯会在军事法庭或民事法庭被定罪。举报亲密关系暴力有可能对施暴者的未来职业产生负面影响。

> **了解更多** ●●●
>
> ### 1996 年劳滕贝格修正案
>
> 施暴者在军队中的亲密关系暴力的受害者可能不愿意报告虐待行为，因为这会对配偶的职业生涯产生影响。即使是涉及家庭暴力的轻罪刑事定罪也可能结束服役人员的军旅生涯。《1968 年枪支管制法家庭暴力修正案》(the Domestic Violence Amendment to the Gun Control Act of 1968) 即 [《1996 年劳滕贝格修正案》(1996 Lautenberg Amendment)] 规定，任何被判犯有家庭暴力轻罪的人拥有枪支都是非法的。法律平等地适用于所有人，包括执法人员和军事人员。定罪意味着施暴者将失去携带枪支的权利。这项修正案适用于世界各地的所有士兵，包括那些在敌对火力区的士兵。

有虐待行为的男性

以逮捕为标准所进行的政府研究显示，大多数亲密关系施暴者是男性。他们通常缺乏自信，过度依赖受害者。大多数人都有非常强的嫉妒心和占有欲。施暴者几乎总是将自己的行为归咎于他人，否认或尽量淡化暴力对受害者的影响。施暴者在公共场合所展现的姿态往往与在自己家中的姿态大相径庭。虽然外表看起来很迷人，但他们可以在家中对他们的伴侣进行恐吓。亲密关系暴力的风险因素包括以下个人因素：

- 好斗和怀有敌意的个性；
- 反社会人格；

- 抑郁；
- 情感依赖；
- 缺乏安全感；
- 冲动控制能力低下；
- 共情能力低下；
- 低收入；
- 自恋；
- 沟通和社交技能差；
- 有身体虐待史。

然而，专家同样也警告，不要对男性施暴者进行一刀切的描述。在对虐待配偶的不同类型的男性的回顾中，霍尔茨沃斯－门罗（Holtzworth-Monroe）和斯图尔特（Stuart）对三种类型的施暴男性进行了归类（如图10-4所示）。

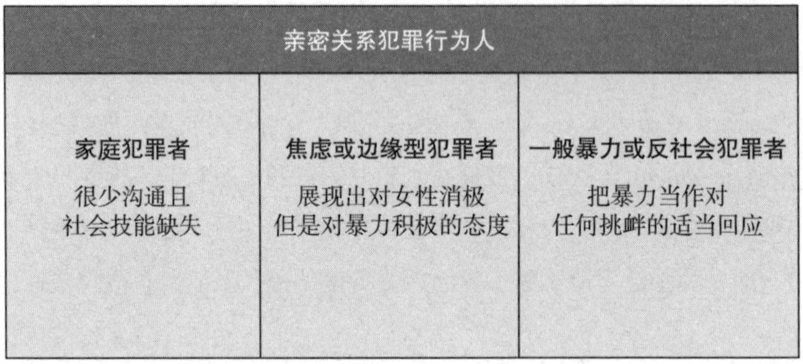

亲密关系犯罪行为人		
家庭犯罪者 很少沟通且社会技能缺失	焦虑或边缘型犯罪者 展现出对女性消极但是对暴力积极的态度	一般暴力或反社会犯罪者 把暴力当作对任何挑衅的适当回应

图10-4 最受关注的施暴男性类型之一揭示了三类亲密关系虐待者

数据来源：基于霍尔茨沃斯－门罗及斯图尔特1994年的数据。

1. 家庭犯罪者：这一类的犯罪者可能在其原生家庭中有遭受攻击的历史。他们比其他两类犯罪者更少出现冲动性、药物滥用和犯罪行为方面的越轨。这部分人表现出较低程度的愤怒、抑郁和嫉妒，并且最不可能在童年时受到严重虐待。他们声称他们的关系是最满意的、最少婚姻冲突的，以及最少心理虐待的。他们的暴力行为大约有一半都与酒精有关。
2. 焦虑或边缘型犯罪者：这些人被认为有虐待儿童和父母拒斥的历史。对这些人来说，有过失的行为是问题出现的早期征兆。他们的特点是对妇女的消极态度和对暴力的积极态度，以及不太会感到自责。此外，这个群体高度依赖他们的伴侣，社交和沟通能力差。他们通常心理上很痛苦。他们并不参与发生在家庭范围以外的暴力。

3. 一般暴力或反社会犯罪者：这一类的施暴者是最具攻击性的。他们在沟通和社交技能方面严重不足。这类施暴者已经发展出反社会的行为，并且因为社会化，他们把暴力当作对任何挑衅的适当回应。这些犯罪者中的大多数人在童年时都曾受到严重虐待，但他们所报告的抑郁和愤怒程度较低。他们较低的愤怒程度可能反映出一种"我不生气，我扯平了"的态度。他们的暴力通常与酒精有关，并且这部分犯罪者报告了最频繁的严重暴力率。他们对性别角色的态度比那些只关心家庭的犯罪者更加刻板。

罗伯特·J. 怀特（Robert J. White）和爱德华·W. 贡多尔夫（Edward W. Gondolf）根据性格类型对施暴男性进行了分类，旨在推荐适合每种类型的治疗方法。他们发现了人格病理学的三个层次，并将其描述为低、中、重度人格障碍。他们还发现，大多数施暴者属于两类性格类型中的一类：自恋型（过分关注自己）和回避型/抑郁型。研究人员认为，大多数施暴者没有严重的人格障碍，因此是进行认知行为团体治疗的良好候选人。这种治疗可以帮助有自我形象问题的施暴者，并提供反馈来纠正对关系的扭曲的思考。有着更严重性格问题的男性（多达 15% 的施暴者）需要在群体中得到额外的关注，并可能需要个性化的心理治疗。

旧事重提

专家告诉我们，在发生虐待的家庭中，可能存在不止一种形式的虐待。在这个案件中，托马斯对他的妻子极其暴力。暴力是身体上和情感上的。托马斯还打他的继女，导致这个孩子在 15 岁时离家出走。几年后，她告诉母亲，托马斯在她年轻的时候对她进行过性侵犯。这是施暴者居住的家庭中经常发生的暴力事件。

一些研究人员认为亲密伴侣间的暴力是由具有独特特征和结果的不同类型的暴力组成的。约翰逊（Johnson）和费拉罗确定了亲密关系暴力的两个类型：亲密恐怖主义（intimate terrorism）和普通夫妇暴力（common-couple violence）。亲密恐怖主义指的存在于伴侣之间的，其中一方是暴力的，并控制着另一方的暴力行为。它通常涉及严重的伤害，比普通夫妇暴力事件发生的频率更高。对于普通夫妇暴力来说，双方都没有试图控制对方，暴力发生的频率也很低。约翰逊进一步指出，调查研究能够更频繁地捕捉代表普通夫妇暴力的性别对称数据，而亲密恐怖主义则通常由机构数据（警察机构、法院、医院和庇护所）来证明。

> **旧事重提** ●●●
>
> 目击者称，弗兰克和玛莎的婚姻关系充满了争斗。弗兰克是一名警官。他的妻子打电话向警察局报告说，在一次争吵中，他用枪指着他们孩子的头。做出回应的警官没收了他所有的武器，并且他因袭击和使用危险武器殴打他人而被捕。在全面调查之前，他被停薪停职，并被禁止使用任何枪支。最终，他被解雇了。

婚内强奸的男性犯罪者

婚内强奸可被定义为通过武力、武力威胁或当妻子无法同意时实施的任何不想要的性行为。大多数的研究对象包括合法结婚、分居、离婚或同居的夫妇。要确定婚内强奸的程度很复杂，因为尽管强奸在所有各州都是法律所禁止的，但美国仍有 26 个州规定丈夫是可以免于起诉的。研究表明，婚内强奸会对妇女造成长期和严重的后果，而且通常都会伴随着其他形式的暴力。多达 10% 的妻子可能至少遭受过一次配偶的性侵犯。婚内强奸是一种极其普遍的性暴力形式。当妇女试图离开或与施暴者分开时，被迫发生性行为的风险会很高。

在亲密关系中，实施性侵犯的性犯罪者很容易被拿来与陌生的强奸犯进行比较。但是，他们并没有什么与众不同的个性或身体特征，而且这部分犯罪者也不是通过他们的社会地位、职业、种族或民族来识别的。强奸犯的动机可能是权力或愤怒，犯强奸罪的人是有目的的。这可能是为了确认他们的男子气概，或向受害者表达他们的男子气概，比如权力型强奸犯就是这样。愤怒的强奸犯被认为是极其危险的，因为他们可能从施加痛苦中获得快乐，并试图侮辱他们的受害者。

在一本论述婚内强奸的书中，作者形象地指出，强奸不是一场琐碎的关于性的家庭争吵，男人可以为所欲为。这是一种残忍的强迫行为，旨在羞辱和伤害妇女。受虐妇女报告称，虐待她们的男性伴侣迫使她们进行无保护的性行为，有时是为了让她们怀孕。

约会暴力的男性犯罪者

在家里看到或遭受虐待经历的男性在求爱期间更有可能对伴侣实施虐待、暴力和性侵犯。随着受害者或施暴者饮酒量的增加，与约会暴力相关的严重伤害率也会提高。研究发现以下因素与性侵犯有关：

- 有性攻击行为同伴的男性；

- 酗酒或吸毒；
- 男性对约会暴力的接受；
- 男性在约会中扮演重要角色，如开始约会、成为司机和支付约会费用；
- 关于性的误解；
- 之前与受害者的性亲密行为；
- 人际暴力；
- 传统的性别角色；
- 对关系的敌对态度以及对强奸的迷思。

与所展示的身体约会暴力画面不同，性侵犯几乎完全是由男性实施的。专家们一致认为，这一罪行被严重漏报了。一些研究表明，男性和女性通常都认为女性有责任刺激和满足男性的性欲，这一因素可能导致受害者不愿将该事件视为犯罪。对年轻男性的文化压力导致了他们对性关系的坚持，所以任何心理或身体强制的使用都是必要的。

针对美国校园性侵犯的研究显示，总的来说，19%的女大学生和6%的男大学生在进入大学后经历过试图进行的或已完成的性侵犯。调查发现，在大学校园里，针对女性的暴力和性侵犯非常普遍，然而，只有不到13%的大学校园性侵犯或性侵犯未遂事件被报告给了警方。大多数遭受性侵犯的女性都认识伤害她们的人。在已完成和企图强奸的事件上，近90%的受害者认识罪犯，罪犯通常是同学、朋友、前男友或熟人。

有虐待行为的女性

研究表明，女性在亲密关系中实施暴力的比率等于或高于男性。这些发现提出了许多关于女性在亲密关系中实施暴力的普遍性和严重性的问题。研究表明，男性对女性的暴力比女性对男性的暴力更有害。亲密关系暴力的女性受害者比男性更容易受伤，更需要医疗护理，并更可能因受伤而在工作中请假。

女性实施的亲密关系暴力是一个极具争议的话题。辩护人和实践者声称，在亲密关系中使用武力的女性是暴力的受害者，她们通过自卫和报复性使用武力进行回应。为了支持女性使用暴力作为自卫手段的说法，研究表明，女性亲密关系暴力行为通常没有其伴侣的暴力行为频繁或严重。

关于亲密关系暴力施暴女性的特征的研究很少。一项研究发现，因对男性伴侣实施亲密关系暴力而被捕的女性比普通人群中的女性患精神疾病的概率更高。在法院提到的家庭暴力干预项目的样本中，这些女性显示出创伤后应激障碍、抑郁症、广泛性焦虑症、惊恐障碍、物质使用障碍、边缘型人格障碍和反社会人格障碍的高发生率。这些女性也遭受了严重的暴力侵害。作者的结论是，女性罪犯的这些症状，与其说是犯罪者，不如说是受害者。

在争论的另一方面，某些研究人员声称，现在有一种趋势，即对女性对男性实施的伤害不做考虑，因为这种情况较少。但是，政府的研究却一致发现，存在大量的男性受害者。冲突研究得出的男女犯罪率也大致相等。达顿（Dutton）和尼科尔斯（Nicholls）认为，社会有责任保护所有的受害者，无论犯罪者或受害者的性别如何。

身体约会暴力的女性犯罪者

关于约会暴力的主要研究发现，女性既是身体约会暴力的受害者，也是施暴者，其比例与男性相同或高于男性。这并不意味着夫妻之间会争斗，而是关系中的任何一方都可能在某个时候开始暴力，作为对各种情况的回应，而不管性别如何。为了支持这一结论，梅黛洛（Medeiros）和斯特劳斯报告了大量研究证据，证实女性攻击男性伴侣的比率略高于男性攻击女性伴侣的比率。斯特劳斯和拉米雷斯（Ramirez）发现，女性自我报告对伴侣进行人身攻击的比例为32%，而男性为29%。

然而，个人暴力的后果在性别之间却存在很大差异。典型的情况是，当女性成为暴力受害者时，她们受到的伤害更加频繁和严重。

侵害老年人的犯罪者

虽然说针对老年人的虐待行为是复杂的，但是虐待老人行为在美国所有州都属于一种需要举报的情况，尽管各州对它的定义各不相同。如果犯罪者是家庭成员，则构成家庭虐待，是老年人虐待的一个子集。如果犯罪者是受害者的配偶或同居伴侣，这也是家庭暴力，更具体地说，应被称为亲密关系虐待。请记住，针对老年人的暴力形式有很多，可能需要多机构举报。

目前，关于虐待老年人的普遍程度和形式的数据表明，最常见的对老年人实施家庭暴力的施暴者包括受害者的子女、亲密伴侣和孙儿。儿媳和女婿也占了相当的数量。在纽约市，向当局报告的此类事件中，几乎有一半是涉及受害者的孩子为嫌疑人的。纽约州约25%的案件中存在被亲密伴侣冒犯的情况。一项关于纽约暴力侵害老年人的自我报告研究指出，最常见的施暴者是亲密伴侣。

与早期的研究一致，纽约的研究发现，大多数针对老年人的犯罪者是男性。一个例外是，当受害者是犯罪者的父母时，犯罪者的性别就没有明显的偏向了，男性和女性皆有可能。10起案例中大约有四起怀疑是孙女或外孙女所为。犯罪者的年龄因家庭关系的类型而异。亲密关系罪犯的平均年龄是67岁，大多数嫌疑人超过65岁。受害者的成年子女罪犯的平均年龄为41岁。

一些研究表明，晚年虐待的最常见原因是权力和控制力，这与年轻受虐妇女的经历相似。施暴者感到有权通过强制策略，并使用各种形式的虐待来获得和维持对受害者的权力和控制，比如隔离、恐吓和威胁；克扣食物、药物和睡眠时间。身体虐待和性虐待也同样是常见的虐待策略。一般认为，照顾者的压力和受害者的依赖程度是导致虐待老年人的因素，这种看法正在失去可信度。

2009年，全美老年人虐待研究使得关于虐待老年人的现有信息显著增加。其中，性别并没有被证实是任何形式虐待的重要预测因素。研究人员称，年龄在60岁至70岁的人被称为"年轻的老年人"，他们遭受身体和精神虐待的风险更高。略多于40%的情感虐待实施者是老年人的家庭成员；这包括现在的亲密伴侣或前伴侣（25%）和成年子女或孙辈（18%）。令人惊讶的是，70岁以下的人遭受情感虐待的风险是70岁以上的人的三倍。

毫无疑问，对老年人的暴力属于家庭暴力。阿塞诺（Acierno）等人发现，76%的针对老年人的身体虐待是由家庭成员实施的。他们建议，预防工作应该大量借鉴针对年轻人的家庭暴力研究。几乎60%的人身攻击实施者是老年人的亲密伴侣。从这些数字中还不能确定的是，老年人的亲密关系暴力是否是年轻时暴力的延续。其他可能性是亲密关系暴力是一方比另一方更有能力的结果。对老年人实施的身体暴力则需要进一步研究来检验。

财务滥用是针对老龄人口特有的一种犯罪行为。实施者主要是家庭成员，但也可能是熟人或陌生人。这些罪犯的共同点是利用不当影响来欺骗老年人，以获得对受害者决策的控制权。当人们通过其角色和权力来利用他人的信任、依赖和恐惧时，不适当的影响就产生了。财务剥削的发生率极高，每20名老年人中就有一人表示最近至少发生过一次家庭成员的某种形式的财务虐待。

犯罪者特征

霍利·拉姆齐-克劳斯尼克（Holly Ramsey-Klawsnik）提出了五类针对老年人的犯罪者以及他们的罪犯特征。她认为，罪犯可能是在照顾老年人的成年人，如果他们不能照顾这个人时就可能会感到内疚,所以索性就不干了。其他罪犯根本没有意识到他们正在做的事情可能被认为是不适当的,例如过度用药或不当使用约束手段。最后三类人都不是照顾老人的怀有善意的人;相反,他们可能是欺凌弱小者,可能喜欢伤害脆弱的人,或者在经济上剥削老年人。

根据2009年全美老年人虐待研究,可以得出以下结论。

1. 虐待老年人主要是亲密伴侣、子女、孙辈和其他家庭成员实施的家庭暴力。
2. 相当多的施暴者有诸如药物滥用、高失业率和精神健康问题发病率增加等障碍。
3. 施暴者倾向于依赖他们的受害者,而不是与受害者拥有共同的信念。
4. 对老年人施暴的人在社会上是孤立的,在已知施暴者的所有案件中,大约有一半案件中的施暴者只有不到三个朋友。
5. 成年子女的经济依赖可能是虐待的一个主要原因。
6. 大多数犯罪者是男性。

对老年人实施性虐待的犯罪者

在对284例老年性虐待受害者进行的开创性研究中,伯吉斯对230名犯罪者的特征进行了研究(如图10-5所示)。犯罪者的年龄从13岁到90岁不等,最大的群体在30岁到39岁之间(占总犯罪者的27%)。大约25%的犯罪者对受害者来说是陌生人,其余的是受害者的亲属或熟人。最大的性侵者群体包括家庭成员和受害者的配偶或伴侣。在10%的案例中,犯罪者是一个不相关的护理提供者。

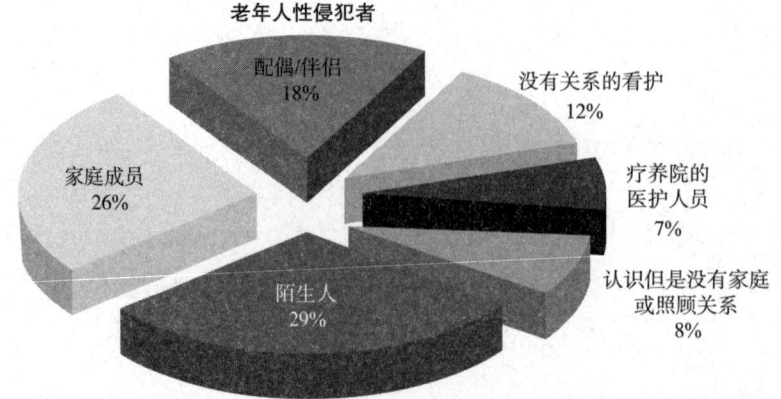

图10-5 配偶和其他家庭成员占老年人性侵犯者的44%

资料来源:基于伯吉斯2006年的数据。

不到 1% 的案件涉及对老年人的性虐待，这个比例被认为是对该问题的低估。2009 年全美老年人虐待研究发现，16% 的老年人家庭暴力受害者针对他们遭受的性虐待向警方报了案。在半数以上的案件中，施暴者是家庭成员。亲密伴侣和配偶约占已报案的性虐待案件的 40%，另有 10% 的犯罪者存在于各种家庭关系中。研究人员发现，老年人似乎比年轻人更有可能对自己的性受害情况进行报案处理。然而，依旧有超过 85% 遭受性虐待的老年人没有向警方或其他当局举报这一事件。将老年人的性暴力描述为一种家庭暴力是最恰当的。

虐待老年人治疗项目

与虐待年轻人相比，针对老年家庭成员的家庭暴力行为存在着独特的问题。法院将犯罪者转介到施暴者治疗项目，通常是对施暴者最常见的刑事制裁。该项目的发展已经扩大到包括追究老年犯罪者责任的服务在内了。停止虐待老年人（Stop Elder Abuse and Mistreatment，S.E.A.M.）是针对虐待老年人者的心理教育项目的一个例子。这是一个为期 12 周的教育和康复项目，它不仅教导施暴者对不可接受的行为有所认识，同时还教导他们认识其他可接受的行为。这不是心理健康、精神病学或药物滥用咨询，而是一个法院转介的虐待者项目。身体虐待者、财务剥削者、性虐待者和言语虐待者会参加由 Lifespan 创建的课程。Lifespan 是一家位于纽约罗切斯特的非营利机构，19 岁至 76 岁的男女都可以参加这个项目。

总结

异性恋亲密关系暴力的成年犯罪者主要是男性。然而，近年来，女性罪犯被捕人数的增加促使辩护人和研究人员重新思考亲密关系虐待者的特征。女人虐待男人是存在争议的。这导致了对不同类型的暴力行为（如高危罪犯）更深入的研究。对施暴者进行一刀切的概述变得不再适合。酗酒和吸毒肯定与男性和女性犯罪者的虐待有关，也可能在虐待老年人中发挥作用。

本章着眼于美国军事和准军事组织中的犯罪者。由于合法携带武器是警察和军官工作的一项要求，辩护人对这些人群的虐待行为感到担忧是有道理的。美国国防部已经对亲密关系暴力做出了有条理的回应，它为涉及军人配偶的案件提高了保密性。

犯罪者有年轻的也有年老的，有男也有女。约会关系中的身体虐待似乎是由两性实施的，但是性虐待却几乎完全是由男性实施的。对老年人的虐待是由两性共同实施的，包括性虐待在内都是。关于虐待和施暴者，我们还有很多要了解的东西，这样才能为每个受影响的人提供适当的干预。

HEAVYHANDS

简单场景

施暴警官

吉尔最近和她约会的艾尔警官同居了。由于艾尔的轮班工作和比较苛刻的加班工作性质，他给吉尔买了一部手机，这样他们就可以在白天保持联系。一天，吉尔去购物而忘了开机。艾尔回家时非常生气，开始指责她对他不忠。他在房子里大喊大叫，扔东西。

吉尔也变得非常愤怒，并对艾尔大喊大叫，要求他离开她的房子。艾尔把她推倒并开始反复踢她。艾尔离开后，吉尔去了医院，并接受了肋骨骨折的治疗。事后她感到很害怕，因为毕竟艾尔是一名警察！

思考：国际警察局长协会建议的政策是什么？

第 11 章

亲密关系暴力的警方响应

HEAVY

HANDS

警察在应对亲密关系暴力时扮演什么角色？越来越多的人要求在亲密关系暴力案件中使用刑事司法手段，并通过立法来处理新确认的暴力形式，但这并没有平息关于警官所扮演角色的辩论。如果说有什么不同的话，那就是它们加剧了针对亲密关系纠纷的适当干预策略所带来的争议。缺乏共识导致美国各州的做法大相径庭。如果没有一个如何处理这些复杂问题的明确方向，警察往往就会做出不适当的反应。关于亲密关系暴力的电话曾一度被认为是最具危险性的报警电话。尽管如今不再如此，但这肯定是警方经常接到的电话。事实上，亲密关系暴力是警察遇到的最常见的暴力。

接到家庭暴力报警电话的警察有多危险？对 1996 年至 2009 年间进行的回顾发现，有 771 名警察因公殉职。在这 14 年间，106 名警察被认定为在回应家庭暴力求助电话的执勤过程中被谋杀（占总数的 14%），半数以上被杀的警官在与嫌疑人接触前遭到伏击。这一发现促使人们呼吁对家庭暴力情况下警察被谋杀的背景进行更多的研究，以便开展培训和制定政策来确保警察的安全。

警方是如何介入这些案件的？在本章中，除了有可供警察考虑的替代方案之外，我们还对逮捕政策进行了讨论。乍一看，美国的民事保护法规和精神健康法规似乎使警察的反应复杂化，但其实它们是警察用来解决冲突的工具。确定合理依据对任何可能涉及逮捕的警察行动都至关重要。因此，警方必须收集证据并对嫌疑人进行审问，相关内容涉及施暴者自己所提供的信息。本章还对警察在收集信息和证据时必须遵守的宪法限制进行了讨论。

亲密关系暴力的刑事定罪

警察有责任对所报告的家庭纠纷做出回应。早期研究记录了家庭危机与犯罪的关系。在马文·沃尔夫冈（Marvin Wolfgang）1958 年的研究中，500 名凶杀案受害者中有 65% 被发现是主犯的亲戚、密友、情人或同性恋伴侣，只有 12% 的人是完全陌生的。于是，"家庭犯罪可能是致命的"这一认识就此诞生了。刑事司法界因对家庭暴力施暴者疏于管教而受到攻击，他们开始寻找一种符合犯罪执法政策的处理亲密关系暴力的方法。在所谓的家庭危机模型中，警察会接受相关培训，以便在调解过程中与各方进行谈判，并将当事人转交给社会服务机构。

到 20 世纪 80 年代初，家庭危机模型的有效性受到质疑。詹姆斯·Q. 威尔逊（James Q. Wilson）建议利用警察对家庭暴力的各种反应，围绕是否应该使用刑事处罚取代维持和平所做的努力这一问题进行一项研究。由于虐待配偶案件中的罪犯很少被逮捕，所以受害者辩护人声称，警察并没有将针对密友的暴力行为视为法律规定的犯罪。进行研究是为了从经验上检验逮捕是否比不太正式的替代方式更能阻止随后可能发生的暴力。解决这个问题最重要的研究工作是六个实验，它们被统称为配偶人身侵犯复证计划，这些实验是在 1981 年至 1991 年期间由六个警察部门和研究小组实地进行的。

> **了解更多** ●●●
>
> ### 家庭危机模型
>
> 家庭危机模型是由莫顿·巴德（Morton Bard）在 1968 年进行的经典研究发展而来的。意识到家庭骚乱是警察工作的一个主要方面，该项目对在"家庭危机车"中做出反应的警察进行了强化培训，为期一个月的课程之后是每周的在职培训。为了减少被派遣警察受到的伤害，项目中也会使用心理健康干预策略。与此同时，参加项目的警察也会接到电话——对专门的角色进行拒绝是培训项目的一个主要目标。项目的重点是建立警察机构与帮助系统中其他机构的关系。巴德报告说，这种方法确实减少了执法者遭受的伤害，社区对警察的态度也有了明显的改善。

明尼阿波利斯家庭暴力实验是第一个实验。这个实验要求明尼阿波利斯警察局的警官在有合理依据相信同居者或配偶之间发生了轻罪攻击时，采取以下三种应对措施中的一种：

1. 逮捕嫌疑人；
2. 命令一方离开住所；
3. 在现场针对这对夫妇如何解决他们的问题给出建议。

研究人员报告说，当嫌疑人被逮捕时，所有案件的官方记录和与受害者面谈的案件中的再次犯罪数量在统计上都有显著的减少。

许多部门迫切需要一个答案来对指导行动，并解决针对接受警察应对亲密关系暴力犯罪实施逮捕的想法所产生的复杂的问题。1984 年，社会科学研究人员发表在《纽约时报》上的一篇文章中首次公布了多学科发展价值的初步结果。在 10 天后，同一份报纸报道说，警务处处长沃德发布了新的命令，要求警察对家庭暴力犯罪实施逮捕，并将这一实验列为新规则确立的理由之一。结果是，人们急于建立强制性和预防性的程序，这完全背离了普遍采用的调解方法。在合理依据存在的情况下，逮捕罪犯是大多数司法管辖区的首选对策。对家庭暴力的刑事定罪已经开始。请注意图 11-1 中亲密关系暴力犯罪化的时间轴。

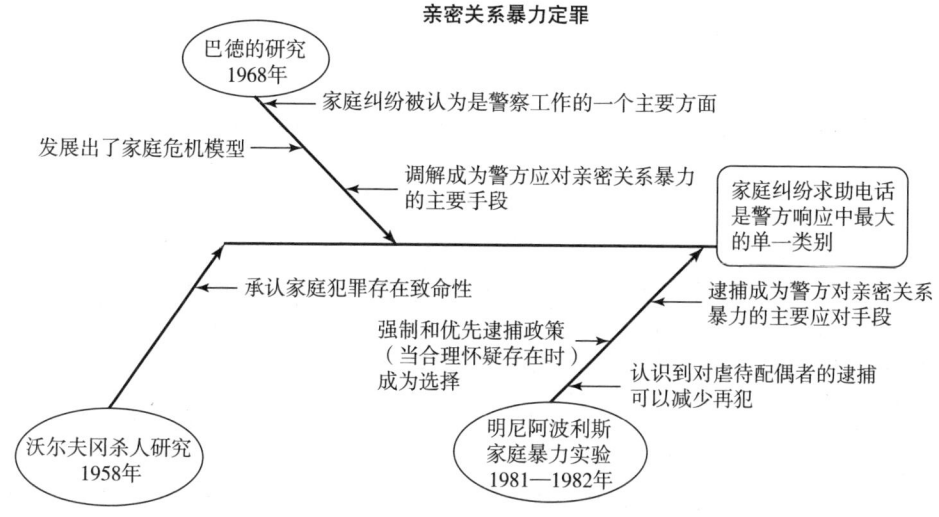

图 11-1　研究极大地影响了亲密关系暴力的定罪

警察角色

家庭纠纷案件需要大量的执法资源，如今它们是警方最大的单一响应类型。与家庭暴力相关的报警电话占所有电话的 15%~50% 甚至更高。在北卡罗来纳州的夏洛特市，警方每年要应对大约 30 000 个家庭纠纷电话，几乎占了所有求助电话的 60%，而警方的反应程度则因镇而异。

警官在应对亲密关系暴力方面担任何种角色，是一个极具挑战性的问题。法律反应与对警察满足受害者社会服务需求的期望之间的区别可能会导致角色冲突，这增加了警察的压力。法律和政策越来越要求警察在家庭暴力案件中实施逮捕，因为这是一种法律手段。另一方面，警察可能被要求承担社会服务的角色，例如在双方之间进行调解或为嫌疑人提供咨询。研究人员调查了警察对家庭暴力的态度，并确定了三种不同的警察应对角色。应对角色取决于警官个人的倾向。一类人认为，警察应该遵循法律的条文来执行务公；另一类人认为，警察应扮演社会服务的角色；而最后一类人认为，警察应把上述两种方法结合起来使用而成为一名调查员。我们认为，综合调查员是警察应该追求的角色，因为它是全面解决家庭暴力事件最有效的方法。

逮捕对亲密关系暴力的影响

被统称为配偶人身侵犯复证计划的研究机构不仅没有平息关于家庭暴力案件中逮捕的有效性的争论，反而对争论起了一定程度的推动作用。随着明尼阿波利斯家庭暴力实验的首次开展，20世纪90年代初，研究人员在奥马哈、夏洛特、密尔沃基、迈阿密和科罗拉多斯普林斯又进行了五次复制实验。在实验中，这五个管辖区使用了各种各样的事件和各种各样的结果衡量标准。因此，它们报告说，实施逮捕只是偶尔呈现出与随后重复犯罪的统计显著减少之间的相关性，实验结果因所使用的措施和所研究的管辖区不同而异。

2001年7月，对前述五项复制研究的一项新的分析报告称，已制定了一套一致的重复犯罪衡量标准，并对数据组合进行了适当的统计分析，且对前述研究也已重新进行了分析。麦克斯韦尔（Maxwell）等人的研究结果提供了证据，支持了逮捕男性施暴者可以独立于其他刑事司法制裁和个人程序之外，并减少随后的亲密关系暴力情况的观点。具体来说，无论司法管辖区如何，逮捕都与减少累犯的情况相关联。我们还发现，不管逮捕与否，还是有一些施暴者会继续施暴，但也有超过一半的人不会再次犯罪。警察是否实施逮捕取决于他们对法律的理解和对家庭暴力的看法。

旧事重提 ●●●

我曾经的一名学生来我办公室看望我，他说自己已经完成了警察学院一半的课程，他为自己被选中去辅导其他在培训学术部分有困难的新学员而感到自豪。当然，我询问了他在学习家庭纠纷处理相关的知识上花了多少时间，因为这最终将是毕业生们最常接到的求助电话内容。"四个小时，"他回答并补充说，"老师试图把我的学生在一个学期课程中所接触到的东西都塞进那个时间框架中。"

学院的学生被告知，法律要求违反保护令的人必须被逮捕，最好是对所有的纠纷都实施逮捕。未能实施逮捕将使该警察承担个人责任。教官们反复喊道："在家庭骚乱时我们该怎么办？""我们逮捕每一个人，让法庭来解决"其实是人们期待的一种作为响应的回答。但是这使我感到惊恐，因为该学院正在教新招募的警察去逮捕受害者。为什么这还在发生？

警察培训

对警察进行应对家庭暴力的培训势在必行，且不容忽视。在美国，近75%的警察部门要求对警察进行专门的反家庭暴力培训，63%的警察部门要求警察在在职培训和招募培训期间接受针对家庭暴力的培训。培训时间因部门而异。提供家庭暴力培训的学校通常会为新招募的警察和特殊单位部门的警察提供从两到三天上至一周的培训。汤森（Townsend）等人在他们对368个警察部门的研究中记录了反家庭暴力培训中通常涉及的主题。不到70%的警察正在接受有关家庭暴力的定义、法律或政策方面的培训，它们还会对样本培训主题以及在对新警察进行家庭暴力培训期间提供主题的警察部门的百分比进行了解（如图11-2所示）。

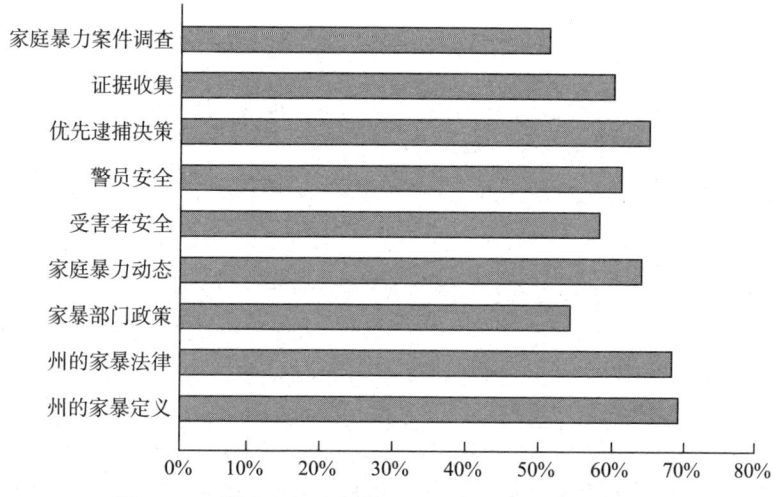

图11-2　警察部门在新警员训练中涉及主题的百分比

注：一项研究显示，只有不到70%的警察部门培训里包括了家庭暴力的定义或州法律。
资料来源：基于汤森等人2006年的数据。

反亲密关系暴力培训的重点是一个很少被讨论的重要问题。提高对家庭暴力问题的敏感性并不能确保起诉的成功。增加关于收集循证起诉标准的培训是很有必要的。研究表明，提高亲密关系暴力案件起诉成功率的方法是对警察进行有关证据收集方法的培训。研究还表明，家庭暴力逮捕决定更多地受警察对所涉法律变量的评估的影响，而不是受其态度的影响。

专家们知道，培训是正确执行家庭暴力法律和政策的重要组成部分。美国一些州执法培训学院和警察机构现在会提供更多的培训和具体政策，以确定主要的侵犯者。这些州培训学院和警察机构的例子包括加利福尼亚和平警察标准委员会、圣地亚哥警察局、华盛顿州刑事司法培训委员会和科罗拉多斯普林斯警察局。特拉华州、马里兰州、路易斯安那州、田纳西州和得克萨斯州的州立警察学院也提供识别家庭主要侵犯者的专门培训。人们普遍认为，如果没有广泛、充分的培训，警察将无法正确执行亲密关系暴力法。

专门的家庭暴力应对单位

在警察所调查的案件中，如果受害者无法出庭作证，就会出现有希望的结果，这是专门的家庭暴力应对单位的典型做法。为此，巡警会不断地参加专门的家庭证据收集培训，包括来自实际事件的受害者案例研究，以及警察在实施家庭暴力逮捕方面的具体责任，像处理陌生人袭击一样去处理家庭暴力案件，相关培训包括强制逮捕和主要侵犯者决策以及详细的案件准备。此外，致命性或危险性评估工具被用于确定处于最大风险但没有匹配到应有关注程度的受害者。

在一项关于对家庭暴力求助电话的执法响应的研究中，其作者报告说，大多数警察部门的书面政策包括关于逮捕决定的程序（为95%）、违反保护令的处理（为89%）和进行现场调查（为75%）。大多数部门还要求将嫌疑人与受害者的分开询问，并提供有关庇护所和其他服务的信息。根据汤森的报告，很少有部门专门设立了家庭暴力特别小组，设立的比例仅约占11%。有专门单位的部门在随后的起诉中会取得更大的成功。由定期巡逻发现并处理的受害者拒绝起诉的比例为30%，相比之下，由专门单位处理的受害者只有8%拒绝起诉。例如，在北卡罗来纳州的梅克伦堡县，专门机构收集了61.8%的案件证据，而巡逻警察只收集了12.5%。

一份关于执法部门应对亲密关系暴力的报告讨论了家庭暴力专门单位的有效性问题。它指出，强调反复接触受害者和收集证据的家庭暴力专门单位大大增加了起诉、定罪和判刑的可能性。专门的家庭暴力警察接受了更广泛的调查培训，包括就行为是否涉及武器进行询问。克莱因指出了以下四点。

1. 专门的家庭暴力单位会对虐待嫌疑人的起诉和定罪产生影响：专门单位更有可能收集证据并移交给检察官，受害者更有可能对虐待他们的人进行指证。
2. 专门的家庭暴力单位会对受害者的行为产生影响：当专门的警察反应发生时，受害者比那些接受传统警察响应的人更有可能尽快离开施暴者。
3. 专门的家庭暴力单位确实减少了随后出现的虐待行为：受害者自我报告的随后的虐待发生率较低，并且在发生再次虐待时更有可能就行为进行报告。
4. 专门的家庭暴力单位提高了受害者的满意度：警察能够向最大数量的受害者提供的

最受受害者欢迎的服务就是对虐待者实施的逮捕。

逮捕程序

对警察授权还有很长的一段路要走。虽然美国每个州都有法律规定警察有权在应对家庭暴力案件时实施逮捕，但是警察实施逮捕的条件差别却很大。例如，《密歇根法规》（*Michigan Statute Section*）第 776.22（3）(i) 条规定如下：

> 在大多数情况下，如果警察有合理依据相信某人正在实施或已经实施了家庭暴力，并且其行为构成犯罪，则警察就应该对这个人实施逮捕并进行拘留。

了解更多 ●●●

防止虐待法

美国每个州都在其防止虐待法中规定了警察的责任。《马萨诸塞州普通法》（*the Massachusetts General Laws*）209A 第 6 节的《虐待预防法》（*Abuse Prevention Law*）赋予警察的权利显示出，当马萨诸塞州警察对家庭虐待现场做出响应时，除了逮捕要求之外还需要的一些具体程序。

每当警察有理由相信家庭成员受到虐待或有被虐待的危险时，警察应使用一切合理的手段防止进一步的虐待发生。警察应采取但不限于以下行动。

1. 只要该警察有理由相信，在没有警察在场的情况下，所涉当事方中至少有一方会立即面临人身危险，就应留在所述虐待发生或有发生危险的现场。这应包括但不限于在住所停留一段合理的时间。

2. 立即充分告知此人其权利。该通知应包括将以下声明的副本交给上述人员，并向其宣读。如果该人的母语不是英语，则应尽可能以该人的母语提供声明。

马萨诸塞法律下的声明阐明了个人在家庭暴力保护方面所享有的权利。

请注意"应该"这个词，这可以被解释为一种积极的态度，或者逮捕是由警察决定的。逮捕程序方面的法律在不断地变化；通常，政策分为以下三类：

- 强制逮捕；

- 预防性逮捕；
- 警察自由裁量逮捕。

美国许多州已经采取了预防性和强制性的逮捕政策。涉及亲密关系暴力案件的第三种情况是，国家没有限制警察在是否实施逮捕决策上所享有的自由裁量权。全美至少有20个州和华盛顿特别行政区有针对某些攻击和殴打家庭暴力案件的强制逮捕法，9个州有相关规定，21个州有针对逮捕的自由裁量权。法律还可以规定在发生重罪的情况下，在事件发生后的特定时间内，或者在犯罪者和受害者之间存在特定关系的情况下，警官可以进行逮捕的情况。城市或城镇可能需要比州法律所要求的警察数量更多的警察。例如，州法律可能会在家庭暴力案件中更倾向于逮捕，但城市或城镇可能会选择将家庭暴力作为强制逮捕的情况。

预防性和强制性逮捕政策

如前所述，警察部门适用法律要求的逮捕政策的条件确实有很大不同。美国每个州的法律中都规定了与家庭暴力相关的逮捕政策。相关的政策也已经在联邦、军事和部落法律中进行了立法。但是，这些法律也确实经常发生变化。"强制逮捕"和"预防性逮捕"的定义分别是什么呢？

- 强制逮捕：要求警察在没有逮捕证的情况下逮捕一个人，其依据是存在合理的、可以确定犯罪已经发生的原因，并且被告实施了犯罪行为。
- 预防性逮捕：法规授权在没有逮捕令的情况下，在涉及家庭伴侣的案件中进行逮捕，这种逮捕是当下的首选决策，但不是必需的行动。未实施逮捕的警察可能需要提交书面事件报告，说明未实施逮捕的理由。

自从强制性和预防性家庭暴力法通过以来，未经许可的逮捕人数有所增加。研究人员发现，与那些有酌情逮捕法令的州相比，没有此规定的州亲密关系案件中的逮捕概率增加了97%。对于拥有预防性法令的州来说，与拥有酌情逮捕法令的州相比，逮捕实施的概率更高（大约177%）。根据赫谢尔（Hirschel）等人的观点，针对家庭暴力的逮捕数量增加的一个解释是，所有各州对家庭暴力的定义都有所扩大，都包括了更广泛的家庭关系。或者，也可能是由于妇女被逮捕人数的增加造成的。

近年来，美国因家庭暴力被捕的妇女人数大幅增加。在加利福尼亚州，1991年至1996年间，女性被捕率上升了156%。在同一时期，加州男性被捕人数上升了大约21%。在其他州，因家庭暴力而被逮捕的妇女人数也有所增加。新罕布什尔州和佛蒙特州是其中增长不那么显著的例子。有些人将女性被捕的趋势归因于强制逮捕政策,即如果存在合理依据导致某人实施家庭暴力,警方必须进行逮捕。在对家庭暴力案件中的逮捕进行性别分析时,杜菲(Durfee)得出结论认为,强制性逮捕政策似乎正在发挥作用。在那些授权警方实施逮捕的州,强制逮捕在各类中都显示出最高的逮捕率——男性逮捕(为7%)、女性逮捕(为5%)和双重逮捕(为43%)。总体而言,男性被捕率仅略微高于女性。

将家庭暴力定义为刑事犯罪所带来的一个意想不到的后果是,双方都因为卷入亲密关系暴力而被逮捕的案件数量增加了。当与家庭暴力相关的攻击双方都被逮捕时,这被称为双重逮捕。法院和立法机构都不鼓励双重逮捕的做法,因为这种做法不能保护受害者以及会进一步伤害不是施暴者的个人。同性关系特别容易遭受到双重逮捕,因为警方可能难以确定主要的侵犯者。

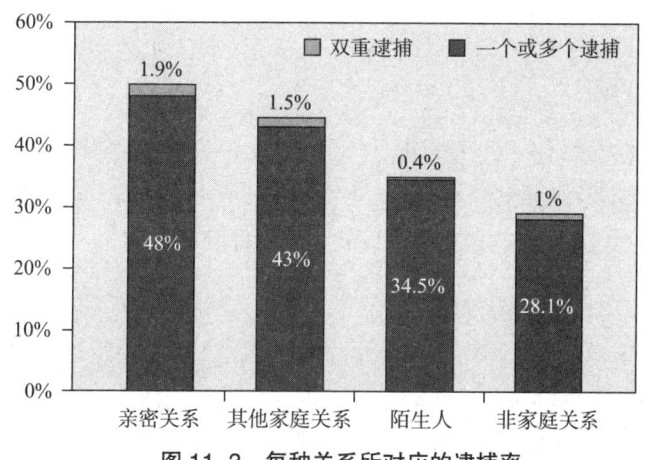

图 11-3　每种关系所对应的逮捕率

注:根据美国国家事件报告系统的数据,与没有家庭关系的案件相比,当受害者和罪犯之间有家庭关系时,警察会逮捕更多的人。

资料来源:基于赫舍尔 2008 年的数据。

对美国国家事件报告系统持有的 2000 年数据的分析表明,与不存在家庭关系的案件相比,当受害者和罪犯之间存在家庭关系时,警察更有可能会实施逮捕。图 11-3 显示了每种关系所对应的逮捕率。在罪犯和受害者属亲密关系的紧急求助拜访中,警察在 48% 的恐吓、企图伤害罪和有加重情节的攻击罪案件中实施了逮捕。当受害者和罪犯之间存在其他家庭关系时,逮捕率略低,为 43%。陌生人和非家庭关系案件的逮捕率较低,分别为 34.5% 和 28.1%。然而,如第 8 章所述,如果亲密关系发生在同性伴侣之间,警方逮捕这两个人的概率要高于涉及异性伴侣的案件。主要侵犯者法的通过，就是用来解决亲密关系暴力中出现的双重逮捕情况的。

主要侵犯者的确定

针对家庭暴力事件中出现的越来越多的双重逮捕，美国各州都陆续开始通过"主要侵犯者""优势侵犯者"或"重要侵犯者"条款。至少有24个州有包含了以上特殊侵犯者称呼的法律。亲密关系暴力的主要侵犯者是对暴力的持续负有责任的人，而不一定是某一特定事件的始作俑者。主要侵犯者的判定不应该包括谁挑起了口头上的争论，因为口头挑衅并不是攻击行为出现的正当理由。

主要侵犯者法为警察提供了指导，以确定谁是受害者、谁是罪犯，使用的标准不是性别或所涉及个人的身材大小。这个法律希望达到的总趋势是对警察逮捕行为进行指示，以避免双重逮捕的发生。一项关于亲密关系暴力案件中的双重逮捕情况的研究显示，在没有主要侵犯者法律的州，超过44%的被调查机构制定了部门政策，要求警察对主要侵犯者进行识别，并就如何进行这种识别给出了具体的指示。图11-4描述了主要侵犯者判定所涉及的决策过程。

警官在确定主要侵犯者时会考虑以下问题：在这种关系中，谁对另一方所构成的威胁最大？未来，谁最有可能受到伤害？对于看似相互争斗的情况，警察可以寻找三个与自卫相关的要素，这三个要素可能有助于确定主要的侵犯者。

- 使用武力的人是否有理由相信他有遭受身体伤害的风险？如果以之前所发生的事件为基础，那么当最近的暴力升级已经发生，或对自卫者的特定威胁导致防御姿态时，这种风险的考量即是合理的。
- 伤害风险是现存的还是即将发生的？
- 使用武力是否是防止或停止造成身体伤害的合理必要手段？例如，身材矮小的人可以使用武器来防止施暴者造成身体伤害。

刑事司法界所面临的挑战是如何追究责任。在刑事司法模式中，一方必须负责并被追究责任。但在这些复杂的犯罪情况下，确定谁是受害者、谁是罪犯是很有难度的。研究表明，在某些关系中会发生角色转换。例如，在夏洛特，19.8%的嫌疑人在之后发生的事件中被记录为受害者，17.8%的受害者在之后发生的事件中被视为嫌疑人。

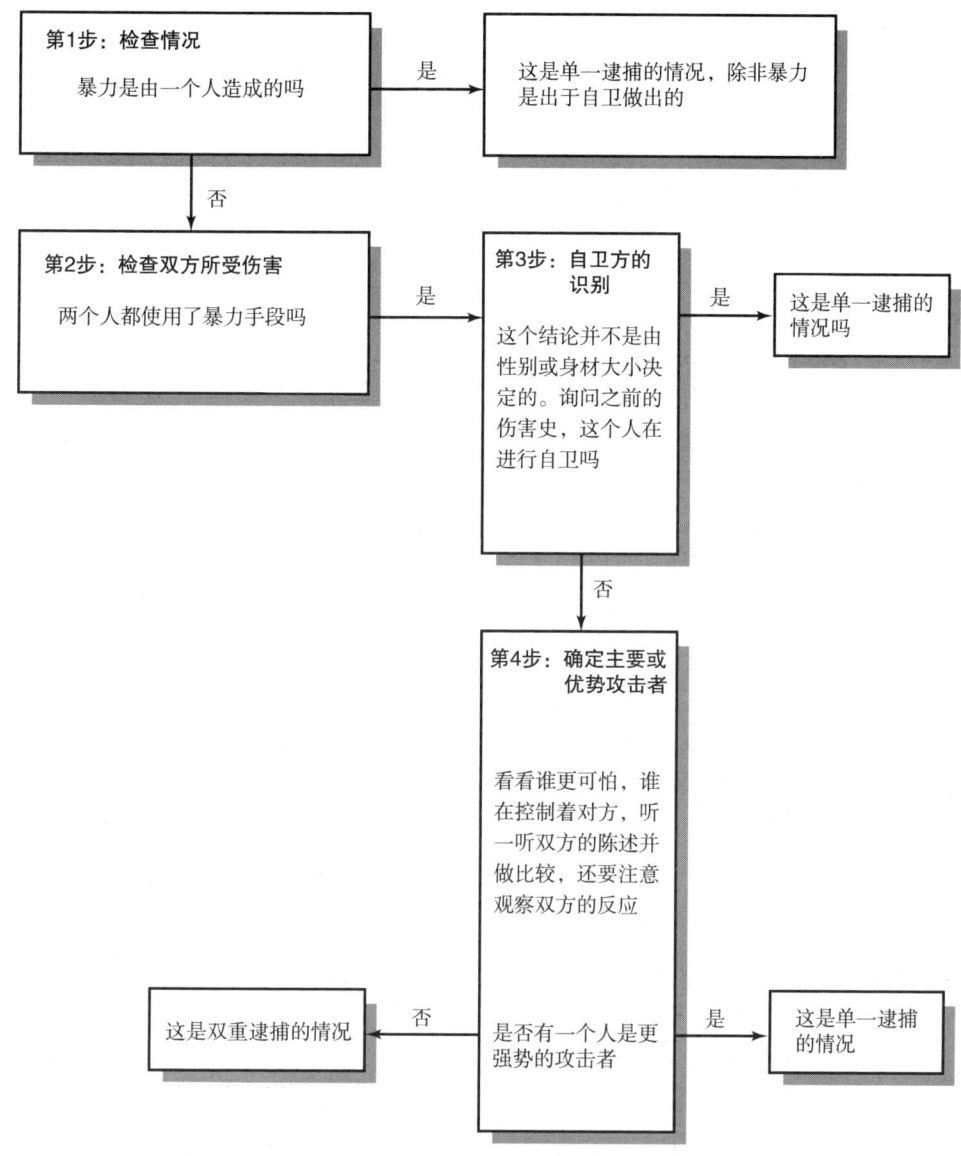

图11-4 主要侵犯者判定所涉及的决策过程

注：对警察来说，主要侵犯者的确定可能很困难，该图显示了这一决策过程。

一些警察为了避免不得不解决家庭暴力纠纷的问题，就以逮捕家庭暴力纠纷中的男女双方作为应对手段。专家们开始认识到这一困境，并就警察如何继续进行工作提供了指导。参与决策过程的一些常见标准如下。

- 不要总认为身材较魁梧的一方是主要的侵犯者。在逮捕之前，必须对涉事夫妇和任

- 瘀伤是需要注意的，因为它可能需要几个小时才会显现出来，而防御性暴力的迹象，如抓伤或咬伤会立即出现。对伴侣双方进行隔离询问，并确定可见痕迹是如何形成的及其原因。例如，受害者是否咬了压住他的手臂？
- 确定是否有虐待史。因为施暴者倾向于再次犯罪。更有可能的是，过去实施暴力的人再次实施了暴力。对最近暴力事件是否有所升级及其原因进行询问。
- 受害者可以自由地向警方表达他们对暴力的愤怒。愤怒或愤怒的表情不应被误认为主要的侵犯行为。
- 不要因为被激怒而对双方实施逮捕。愤怒的受害者的行为不能成为实施逮捕的理由。不"闭嘴"并非犯罪行为，也不能说明施暴者是谁。
- 确定谁是最初的侵犯者。当双方都有受伤的迹象时，需要对自卫的可能性进行考虑，并对所受伤害或所涉及的暴力的程度进行检查。

警察如何介入

大多数要求紧急介入服务的请求都来源于公民投诉的家庭纠纷应急求助致电。这些关于家庭暴力的举报都是暴力仍有可能发生的危机情况。大多数情况报告都来自致电。打电话的人可能在打电话时已经受到虐待，并感到生气、困惑或因虐待受伤；可能是一个孩子因为父母一方在隔壁房间被殴打而发狂；也可能是邻居或其他人因为隔壁打架的声音而感到害怕。调度员或主管警员应收集尽可能多的信息，为做出反应的警察做好准备。如果可能的话，打电话的人应该一直在电话上，直到提供帮助的人到达并针对事件的情况提供最新的信息为止。

传统上来说，警察会被派去对家庭求助进行回应，却没有足够的信息去针对他们要应对的事情做准备。知识就是力量，在这种情况下，对情况的了解可以防止焦虑并带来更好的反应。以下是处理家庭纠纷报告并将其发送给警察的人员提出的基本问题。如果虐待发生在当下，暴力程度的任何变化都必须传达给相应的警察。

- 谁是来电的求助者？
- 呼叫者的电话号码是多少？
- 虐待发生的地点在哪里？
- 有人受伤吗？
- 是否涉及任何武器（枪、刀、棍棒等）？

- 房子里有枪吗？
- 参与方是谁？
- 发生了什么？
- 任何一方是否喝醉或药物过量？
- 是否有有效的限制或保护令？
- 房子里有孩子吗？

在现场

警察必须时刻保持警觉，因为当警察到达现场时，暴力并不一定处于停止状态，所以警察必须对周遭情况保持观察和聆听。在警察介入并对涉事相关人员进行隔离后，愤怒的程度可能会持续在一个很高的水平。大多数家庭暴力求助都涉及轻罪或民事侵权。为受害者提供帮助和解除袭击者的武装是最先到达现场的警察的首要任务。在北卡罗来纳州夏洛特市，2003年的数据显示，当年大约一半的受害者在与家庭暴力相关的袭击中受伤或受到更严重的伤害。图11-5展示的北卡罗来纳州夏洛特市记录的伤害类型。

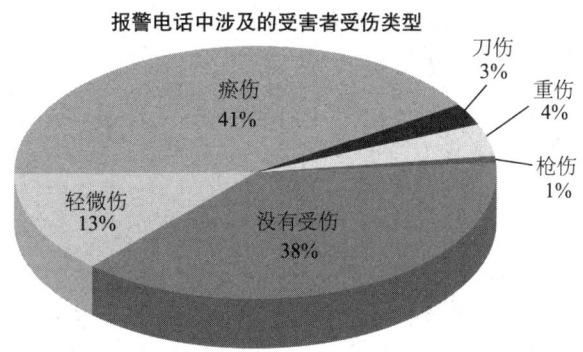

图 11-5　北卡罗来纳州夏洛特市记录的伤害类型

注：在北卡罗来纳州的夏洛特，大约 8% 的家庭暴力报警电话涉及有加重情节的攻击罪或使用武器。
资料来源：基于弗赖迪等人 2006 年的数据。

1. 响应警察的首要职责是确定是否需要紧急医疗护理。受伤者如何被送往医院取决于警察部门的政策。对于某些司法管辖区来说，警察和急救医疗运输是一体的。在其他情况下，警察被要求用他们的巡逻车将受害者运送到最近的医院。另外一些部门的政策则禁止巡逻车运送受害者，警察会呼叫救护车前来。呼叫救护车的主要原因是，在运输过程中，警察可能无法为受害者提供救生护理。
2. 当这样做是足够安全的，并且在受伤者接受了紧急医疗护理（如果需要的话）之后，警察将对事件进行调查，以确定谁是施暴者、谁是受害者。这个环节有时是解决任何家庭纠纷所做的努力中最困难的部分。配偶和同居的成年人会在争执中与警察产生最多的交谈——这个情况通常在紧急情况结束后就会发生变化。

3. 下一步是评估受害者受到伤害的风险程度。对于同居伴侣和处于恋爱关系中的人来说，所提的问题应该是很具体的。许多州要求警察首先对枪支或武器提出暂时保管的要求。如果不遵守，警察可能有权搜查和对枪支或武器进行接管，以减轻其构成的严重暴力威胁。如果确定武器是合法持有的，那么可能会归还。除非法律要求该警察立即归还武器，否则他有权在以后归还武器（不当场归还）。如果武器不能被合法没收，法官可以命令或在刑事诉讼等待期间命令被告交出他的枪支、持枪许可证和/或枪支识别文件。

4. 最后一步是收集证据。可以收集的证据类型分为真实（或有形）证据、书面证据和证词证据三种。第一种形式的证据，即真实或有形的证据就是实物证据，是你能获得的东西，如指纹或子弹就是这个类型证据的例子。第二类证据是文件证据，即记录的东西，如财务报表或"911"磁带。就其本身而言，这些物品并不能算作证据，但其在犯罪后可能具有重要的意义。第三类证据是证言，面谈和审讯都属于这个类型。在法庭引入的证据中，大约 80% 是证言。

逮捕还是不逮捕：这是个问题

警察如何做出逮捕的决定？罪犯的行为属于重罪还是轻罪？该罪行是否构成具有逮捕权的犯罪？预防性或强制的逮捕反应是否会限制现场的自由裁量权？换句话说，警察需要知道什么是必须做的，然后才是什么是可以做的，并以此来应对在其管辖范围内遇到的暴力。以下是警察在做决定时必须考虑的五个问题：

1. 该行为构成犯罪吗？
2. 犯罪存在合理依据吗？
3. 该罪行是轻罪还是重罪？
4. 该警察是否未经授权就有对该罪行实施逮捕的权利？
5. 是否有未决保护令被违反？

对州刑法进行一个回顾可以对明确的旨在解决家庭暴力犯罪的法律进行充分的理解。如果求助涉及老年人或儿童，除了警察更熟悉的刑法典之外，其他一些具体的立法还可以提供保护。当不当行为未达到犯罪的程度时，实施保护性拘留可能会有所帮助，并且警察拥有使用这一选项的法律权利。受害者受伤和未成年人的存在似乎是增加逮捕可能性的因素。

民事保护法规

尽管美国各州情况不同，但许多州都将违反禁止令定为刑事犯罪。当存在合理依据相信确实有违反禁止令的情况时，有至少33个州都授权警方可以在这种情况下实施逮捕。在一些州，违反民事限制令、禁止接触令或保护令是一项单独的罪行，与正在进行的虐待无关。通常，这是一种伴有法律所赋予的逮捕权的轻罪。

精神健康法规

在某些情况下，可能有必要将嫌疑人带走，并将他们非自愿性的关押在精神病院进行评估。每个州都有特定的紧急约束程序，在法庭听证之前允许有特定的时间。官员们应该熟悉每个州对非自愿约束和评估的精神健康规定。

可利用资源的使用

除了可能存在的、向其他机构报告虐待行为的任何法律要求之外，只要有可能，就可以通过利用地方和州的资源来简化对家庭暴力的应对。联网和开发法外干预来源对受害者和官员都有好处。如果犯罪涉及老年受害者，请联系当地老年人服务机构或成人保护服务机构寻求帮助和进行远期的后续行动。如果预计逮捕或导致家庭中的儿童无人看管，那么请联系当地的社会服务部或儿童保护机构，要求其接管。

每个州都有受害者证人计划，这有助于向家庭暴力受害者告知他们的权利以及对获得民事禁止令的程序提供帮助。当地危机中心在为受害者提供紧急避难所方面很有价值。将受虐妇女转介到其他机构被当作一种回避策略使用，但这不是我们这里所给出的建议。应对家庭暴力的协调一致的系统方法包括了对传统警务外的替代服务的利用。

合理依据

合理依据是任何搜查或扣押发生时必须满足的证据标准。逮捕在法律上被定义为扣押，因此与搜查在合理依据方面属于同一要求。《美国宪法》(the United States Constitution)第四修正案和州宪法中规定了这一要求："公民人身、房屋、文件和财物不受不合理搜查和扣押的权利不容侵犯，不得签发逮捕证，除非有合理依据。"

警察的任务是确定是否存在合理依据相信嫌疑人已经犯下了罪行，并且确定基于此实施的逮捕是正当的。确定合理依据的来源包括：

- 集体知识原则；
- 对嫌疑人的了解；
- 嫌疑人对警察的行为；
- 可靠的传闻；
- 警察的观察。

美国最高法院在格斯坦诉皮尤案中明确界定了合理依据的要求，同时提到了关于过去定义的实例："当警察知道的事实和情况足以使一个相当谨慎的人相信嫌疑人已经或正在犯罪时，就存在逮捕的合理依据。"这个标准是普遍的，联邦和州法律都要求证据须达到这一水平，以证明根据《美国宪法》第四修正案和第十四修正案剥夺个人自由是正当的。其他州的宪法规定也同样符合这一要求。

美国州和联邦的判例法和立法都明确了关于信息水平的确切要求，即信息水平要超越单纯的怀疑，但是并不会达到超出合理怀疑的证据的裁定标准。

逮捕所基于的合理怀疑（在马萨诸塞州）必须在逮捕行为实施当下存在。一个人被拘留后引起警察注意的事实和情况不得用于追溯证明逮捕是正当的。然而，警察并不需要在合理怀疑出现的时候立刻实施逮捕。不同于持续时间有限的可能的搜查原因，一旦逮捕的合理怀疑形成，在没有出现干预的开脱罪责的事实的情况下，它将持续地无限期存在。

当由于缺乏合理怀疑而无法实施逮捕时，警察可能还有其他额外的选择。许多机构赋予了警察其他的能力，比如扣押嫌疑人使用的武器、分离各方、扣押家中的武器和对一方进行隔离。其他额外选择的例子包括发出传唤或出庭传票或要求一方离开。

搜查和扣押

合理怀疑要求与政府官员进行的搜查和扣押有关。严格遵守联邦和州宪法准则是获得经得起法院审查的证据的必要条件。因此，在时间允许的情况下，最好使用搜查令进行搜查。在家庭案件中，使用有效搜查令进行搜查是有好处的，并应被视为对受害者陈述的证实途径。其使用不应仅限于死亡调查；有形的证据胜于雄辩。

没有搜查令的搜查本身就是不合理的。然而，关于搜查令的要求的确存在一些例外。其中不受第四修正案保护的地方，包括公共区域、入口、公共场所、半公共场所、露天场地和车道，可以在没有搜查令的情况下进行搜查。贴有"禁止非法侵入"字样的露天场地或车道不能援引宪法保护。警察可能因此犯非法侵入罪，并对该罪行单独负责，但仍可以在不违反搜查令要求的情况下进行搜查。

权证要求的例外

权证要求的一些相关例外如下，但这并不是一个详尽的清单。

同意搜查

这种形式的例外比其他形式更受关注，必须谨慎使用。同意必须是自由和自愿做出的，而不仅仅是对法律权威的默许或在受到恐吓的情况下做出的。尽管警察可能会提到获得搜查令的可能性，但他们不能要求、欺骗或强迫合作。同意进入住宅并不等同于同意搜查，即使同意了，也可能随时被撤销。发出同意的人只能对常用的区域发出同意。住在一起的人不能同意在他人的私人区域进行搜查。一个人如果有一张锁着的或私人的桌子、一个单独的壁橱，或者一间图书室，他就会有对隐私的期望，并且这个人必须是那个同意搜索这些区域的人。因为家庭暴力通常发生在拥有共同所有权或共同住所的地方，所以这种区别非常重要。

紧急情况与家庭暴力

警方通常会因为家庭紧急情况求助进入住宅，并可能根据搜查令要求的例外情况进行调查。这使得对武器和受伤人员的搜索成为可能。但这种情况并不允许警察对整个住宅进行长期和全面的搜查。

合法逮捕中搜查的附属权利

被合法逮捕的人可能会被搜查，搜查的范围包括了被捕者的身体与其直接控制的区域。搜查目的是允许警察对武器进行扣押，并且通过搜查保护他的安全，这不是对个人为了寻找证据而对房子或车辆所进行的一般搜查，搜查的范围和强度也是有限的。

明显扣押原则

在公共场所或警察有合法权利在场的地方，明显是违禁品或犯罪所得或工具的物品可以被扣押。这不属于搜查行为，也不需要搜查令。为了证明明显扣押是正当的，警察不能移动物品，以找到识别序列号来确认该物品事实上是违禁品。关键是，违禁品必须是显而易见的，如毒品、犯罪工具或武器。在没有隐私期望，并可以进行明显观察的地方，如公共浴室（不是隔间）、露天场地、公共空间或私人车道，使用可提高观察效果的手段，如双筒望远镜，对可疑的违禁品进行观察是可以接受的。在人们对隐私有合理期望的情况下，不能使用对听力有提高作用的技术，如某些州规定不能使用电话线。

明显扣押原则证明根据搜查令扣押搜查过程中没有预料到的物品是合理的。例如，对家庭暴力证据执行的搜查令可能会导致在搜查过程中发现非法药物。无须申请新的搜查令就可以对毒品进行扣押。然而，在一些司法管辖区，扣押必须与被调查的犯罪有关系，或者需要新的搜查令才可进行。

警察在找什么

核对表有助于提醒调查人员在现场的职责（如表11–1所示）。该清单可以调整和更改，以适应任何司法管辖区的需求和具体责任。只要有可能，与犯罪有关的证据都可以被扣押，这包括但不限于犯罪过程中使用的武器。如果虐待指控涉及身体虐待和伤害，必须对以下证据进行保留。

1. 关于攻击行为的额外证据，如血迹斑斑的物品和衣服，应被保存在现场并放在纸袋而非塑料袋中。
2. 可以对损坏的财产拍摄照片。这种损坏可能包括房屋或汽车的窗户被打碎、有弹孔和刀造成的破坏。
3. 还应该拍摄受害者受伤的照片，但这些照片通常是在警察局或医院拍摄的。受害者身上的瘀伤可能不会立即显现，所以在袭击后的几天里对受害者进行随访是很重要的。
4. 事发地点的照片可以代替草图，以记录袭击发生的位置，并描述袭击造成的财产损失。
5. 如果袭击发生在多个房间/地点，应记录每个地点的损坏情况和可能涉及的任何证据。

面谈

最好的面谈方法是在短暂的冷静期后将双方分开，然后分别进行提问。面谈应在对方听得见的范围之外进行，双方应得到同等程度的尊重。对于涉及亲密伴侣的犯罪，这个过程可能会很长。评估形势需要充足的时间，如果缺乏有技巧的面谈和透彻了解事件的渴望，家庭纠纷是无法迅速解决的。

面谈过程的三个基本阶段是准备、心理内容的确立和实际提问。从调度员处或现场警察处获得的信息满足了准备阶段的需求。如果面谈是在警察方便的时候进行的，而不是作为危机干预的结果出现，那么就需要进行额外的准备工作，这其中就包括了对以前

表 11–1　　　　　　　　　　　　　　家庭暴力调查清单

家庭暴力调查清单

受害者信息
　姓名＿＿＿＿＿＿＿＿＿＿＿＿＿
　出生日期
　到达时位置
　是否实施急救，注意以下情况：
　· 是否寻求医疗
　· 送医和到达时间
　· 当受害者说话的时候，记录受害者描述中显得激动的情况
　· 身高与体重
　· 描述身体状况
　· 记录报案细节
　· 描述伤害细节（伤口大小、位置、颜色）
　· 与嫌疑人关系的详细描述
　· 记录虐待史
　· 记录法庭裁定史
　· 解释所享有的权利
　· 提供关于权利的书面文件
　· 记录临时地址/电话（不要写在报告中！）
　· 告知嫌疑人有权保释

这个案子是否涉及
　虐待儿童　　　报告存档
　虐待老年人　　报告存档
　虐待残疾人　　报告存档

证人信息
　识别报警的一方
　与报警的一方进行面谈
　记录所有证人的姓名、出生年月、地址和电话号码
　与所有证人分别进行面谈
　列出在场儿童的姓名以及出生年月
　记录急救人员的姓名
　记录主治医生信息

　记录主管此案件和协调的警员

嫌疑人信息
　姓名＿＿＿＿＿＿＿＿＿＿＿＿＿
　出生日期
　到达时位置
　是否实施急救，注意以下情况：
　· 是否寻求医疗
　· 记录嫌疑人第一次说话的时间
　· 记录激动的话语描述
　· 身高与体重
　· 描述身体状况
　· 记录报案细节
　· 描述伤害细节（伤口大小、位置、颜色）
　· 记录临时地址（如果存在撤出令的话）
　· 注意任何存在的限制令

如果适用，遵循米兰达原则
　询问他是否想说点什么
　确定嫌疑人知道或理解禁制令
　事件的详细描述记录任何关系中存在的虐待史

证据
　对犯罪现场进行描述或拍照
　嫌疑人全身照
　受害者全身照
　受害者伤情照片
　嫌疑人伤情照片
　收缴所扔之物或破坏之物
　安全看见收缴枪支
　根据移交令收缴枪支
　提取医疗记录
　提取911报警电话录音

参与过面谈的机构进行联系。记录的检查和证人面谈也将被视为必要准备的一部分。

第二阶段包含了对形成融洽关系来说非常重要的因素,它描述了面谈实施者和被面谈者之间建立的关系。如果被面谈者对自己所面对的人表现出厌恶、不信任或谴责,这种关系可以在几秒钟内建立或摧毁。表现出明显的偏见,比如问女人她做了什么来挑起攻击,或者假设一个浑身是血的男人是施暴者,会破坏融洽的关系,并抑制有利于警察且有助于解决问题的信息。受害者的合作始终与警察的态度联系在一起。看看证据,不带偏见地询问双方。如果受害者不相信他会从警察那里得到公平的待遇,这个人就不会费心去尝试。如果受害者不提供信息,那调查也就无法继续下去了。

第三阶段是实际提问。除了关于正在调查的事件的问题外,还必须进行风险评估,以确定施暴者的危险程度。应解决以下关键问题。

1. 嫌疑人是否认为受害者试图结束这段关系?这是大多数杀戮发生的时间点。对受害者来说,最危险的时期是施暴者意识到这一次受害者真的在考虑分手的时候。
2. 嫌疑人有武器吗?这个问题在任何情况下都必须问。如果可能的话,枪支、刀具、双节棍和任何其他武器都应该被扣押,即使它们没有被用来对付受害者。如果他们以前用过,这对受害者的危险要大得多。威胁使用武器,即使没有实施,也和展示武器一样严重。
3. 嫌疑人是否酗酒或吸毒?如果施暴者同时也是药物滥用者,那么实施危险或致命攻击的风险就会增加。
4. 有威胁出现吗?必须严肃对待杀害受害者和/或儿童和/或自杀的威胁。施暴者通常不会在没有首先试图杀死至少一名家庭成员的情况下自杀。
5. 嫌疑人以前对受害者有过性侵犯吗?以前的性侵犯表明,施暴者对受害者实施危险暴力行为的可能性几乎是前者的两倍。
6. 嫌疑人有没有跟踪受害者?跟踪、阅读受害者的邮件、监听电话或其他监视行为应被视为隐含威胁。
7. 暴力的频率和严重程度如何?对随后可能发生的暴力的最佳预测是之前的暴力。频繁的暴力(每月两三次或更多)或严重的暴力(需要住院)将受害者置于高危类型。
8. 施暴者是否抑郁或有精神健康问题?一些精神健康问题与致命攻击倾向的增加有关。查看是否有妄想恐惧和严重的抑郁症。

> **旧事重提** ●●●
>
> 嫁给威廉的那些年爱丽丝遭受到了极其恐怖的家暴。她的女儿黛博拉为了躲避继父对她频繁的强奸和其他身体攻击，很小的时候就搬了出去。我之所以知道这些性侵犯，是因为成年后的黛博拉协助完成了关于威廉性侵犯的调查。这是一次令人沮丧的经历，大多数事件都已经超过了马萨诸塞州的诉讼时效。然而，这些罪行是如此令人发指，以至于负责此案的助理地方检察官愤怒地提出了新的立法建议，延长了针对儿童的犯罪在全州范围内被起诉的期限。我们依旧对虐待发生的条件知之甚少。
>
> 之后，我接到了黛博拉打来的电话。电话中她询问我是否能帮她一个忙，去医院记录一下她母亲的伤势。我拍的这张脸是如此肿胀、发黑和血腥，以至于有人看到之后会说这种伤在事故中几乎不可能生还。这不是威廉第一次打她，也不会是最后一次。我们确实就此进行了起诉，但系统却没有提供任何保护或建议。
>
> 大约10年后，我再次遇见了爱丽丝，她连看清我都很困难。她因脸部遭受了多次打击，一只眼睛的视网膜已经永久性地脱落了。她驼背很厉害，很难站直，这是她的后背被坚硬物体击打造成的。她的腿多次骨折，不得不拄着拐杖走路。我记得她说过威廉会把她打倒在地，然后绕着餐桌把她的腿向后扭。
>
> 她现在担任着类似受虐妇女辩护人的职位，并且觉得自己已经能够告诉我以前更多发生的事情了。她说，比殴打更糟糕的是失去了女儿。她仍然对自己无法保护自己或孩子感到痛苦，她和女儿的关系也很紧张。她住在该州的一个偏僻地区，通过照顾她养的一些小动物寻求安慰。但是，她的爱犬却一次又一次地被发现死于枪击。这些年来，她所有的快乐都被打破了，包括她的精神。我的干预是她离开这一局面所必需的众多干预中的第一个。苦难过后，她几乎没有力气了。发生了什么变化？刑事司法对策已经改变。一旦禁止令生效，她就可以利用禁止令。她可以向警方报告这些事件，尽管任何人都要花上好几年的时间去倾听，但是她勉强活了下来。

老年受害者面谈

赋予老年受害者的权力对受害者和警察来说都有帮助。通过称呼受害者的头衔来表达尊重（如小姐、夫人、先生或博士），这在建立面谈的融洽关系上会有所帮助。在任何时候，老年人的尊严都应该得到维护。面谈者应该慢慢来，应使用容易理解但不显傲慢的语言。

根据警察执行研究论坛的建议，对老年人进行面谈时应遵循以下准则。

- 调查应尽可能地与成人保护服务人员或监察员进行协调，以避免多次面谈。
- 在适当的时候，与公共卫生护士或其他治疗疾病的人进行联合面谈可能会对机构有所帮助。
- 面谈者应该尝试与被面谈者建立融洽的关系。
- 只要有可能，面谈者就应该在面谈中使用音频和视频技术。
- 警察应尽可能尊重各方的隐私。
- 为防止诬陷或串通，面谈者应避免向涉嫌犯罪的所有当事人披露案件信息。
- 面谈者应该问一般性的、而非引导性的问题。
- 警察应要求所有证人对掌握相关信息的其他人进行指认，并提供他们的联系信息。面谈者需要对受害者的医生、监护人、律师、社会工作者以及任何为受害者提供服务的机构进行确认。

犯罪嫌疑人审讯

嫌疑人的供词是针对犯罪最具伤害性的证据。按照法律要求正确进行，以确保自愿，这种情况下的供认提供了最好的证据。最高法院法官拜伦·怀特（Byron White）写道："被告自己的供词可能是对他最具证明力和最具破坏性的证据。"

受害者保护

保护受害者免受亲密关系施暴者侵犯的形式有很多，包括刑法（有法律制裁）和刑事或民事保护令（有些条款可能包括刑事/法律制裁）。警察有责任执行家庭暴力法和保护令的规定。在家庭暴力案件中，还需要没收属于家庭暴力限制令对象的任何武器。

保护令

为了阻止虐待和恐吓行为，民事和刑事法院有权发布禁止令。如前所述，警察有责任执行保护令。这些法院命令被称为限制令、禁止令或保护令，即限制或禁止一个人的行为以保护另一个人。它们通常包括：限制接触；禁止虐待、恐吓或骚扰；禁止持有枪支。保护条款还可能包括因伴侣暴力和未成年子女临时监护而产生的费用所涉及的财政资源。

枪支管控

确保正确拥有枪支的制度部分是通过美国国家即时犯罪背景调查系统（National Instant Criminal Background Check System，NICS）实现的，该系统是一个全国性数据库，包含根据州或联邦法律被取消拥有枪支资格的个人的记录。这些记录包括个人的姓名、性别、种族、其他个人描述性数据、出生日期、居住州，有时还包括唯一的识别号码。保存这些信息是为了让枪支经销商能够确定，向潜在购买者出售枪支是否违反联邦或州法律。国家即时犯罪背景调查系统的目的是确保及时向守法公民转让枪支，同时拒绝向《布雷迪手枪暴力预防法》（the Brady Handgun Violence Prevention Act）所禁止的接收枪支的人转让枪支。

在服从保护令的情况下拥有轻型武器

《美国法典》第 18 编第 922（G）（8）条：1994 年通过的《禁枪令》（the Protective Order Gun Ban）禁止任何因家庭暴力而受到限制或保护的人拥有枪支。保护令必须是在被告得到通知并有机会出席证据听证会之后发出的。保护令还必须包括一项具体的调查结果，即被告对受害者的人身安全构成了可信的威胁，或者必须包括明确禁止使用有理由认为会造成伤害的武力。

了解更多 ●●●

美国国家即时犯罪背景调查

从 1998 年 12 月起，美国联邦调查局使用了新的国家即时犯罪背景调查系统。在 14 天内，该系统对试图购买枪支的人进行了 372 565 次背景调查。在此期间，试图违反联邦法律购买武器的人被拒绝销售枪支 3348 支。家庭暴力罪犯失去了购买武器和弹药的权利，还有逃犯、精神病患者、不光彩地从军队退伍的人、非法外国人、吸毒者和那些受到家庭暴力限制令规管的人也失去了这些权利。

国家即时犯罪背景调查系统消除了《布雷迪法案》（the Brady Act）所要求的等待或"冷却"期。莎拉·布雷迪（Sarah Brady）是詹姆斯·布雷迪（James Brady）的妻子，枪支管制法就是以她的名字命名的，她对取消这项保障措施表示担忧。

家庭暴力轻罪定罪后拥有枪支

《美国法典》第 18 编第 922（G）(9) 条：1996 年的一项法律，即《劳滕贝格修正案》(the Lautenberg Amendment)，禁止任何被判犯有家庭暴力或虐待儿童轻罪的人购买或持有枪支。这一禁令适用于任何时候被判犯有此类轻罪的人，即使定罪发生在新法律生效日期之前。官方使用豁免不适用于第 922（d）(9) 条和第 922（g）(9) 条。这意味着被判犯有经确认的家庭暴力轻罪的执法人员或军事人员将不能因任何目的拥有或接收轻型武器，包括执行公务。

该法将家庭暴力轻罪定义为：

- 联邦或州法律规定的轻罪；
- 受害人的现任或前任配偶、父母或监护人使用或企图使用武力，或威胁使用致命武器；
- 受害者与其有共同子女的人；
- 作为配偶、父母或监护人与受害者同居或已经同居的人；
- 由与受害者的配偶、父母或监护人处境相似的人实施。

这项立法的适用具有追溯效力。它禁止被判犯有家庭暴力罪的人购买武器或弹药，即使犯罪发生在立法生效之前，也不论在家庭暴力中是否使用了武器。

对警察家庭中家庭暴力程度的具体关切推动了立法改革，但这并没有使他们免于枪支禁令。该法案被有目的地修改，禁止所有被判犯有家庭暴力罪（轻罪或重罪）的执法人员和政府雇员携带、拥有或持有出于任何目的的枪支。这一条款被称为《公法 104-208 的劳滕贝格修正案》(the Lautenberg Amendment to Public Law 104-208)，它在执法人员中引起了相当大的争议。没有能力携带武器执行任务的警察可能会失去工作。除了联邦政府的倡议，许多州和地方警察部门已经制定了符合劳滕贝格枪支禁令的政策。最近的州法律也反映了对孩子或配偶施暴的警察不可被豁免的趋势。一个明显的趋势已经出现，并将把犯有家庭暴力罪行的警察包括在内，这并不是一个施暴的借口。

跨州界的亲密关系暴力

美国州际家庭暴力和州际违反保护令是两种较新的联邦犯罪。如果施暴者穿越州界到达受害者处，或受害者被引诱穿越州界到达施暴者处，则本守则适用。法律是中性的，它适用于男性和女性受害者及其亲密伴侣。1995 年，第一次成功的州际家庭暴力联邦起诉发生在西弗吉尼亚南区。克里斯托弗·贝利（Christopher Bailey）在西弗吉尼亚州的家中将妻子桑娅·贝利（Sonya Bailey）打得昏迷不醒，然后花了几天时间驾车穿越俄亥俄州和肯塔基州，并且全程虐待她。尽管头部受伤流血，她还是被关在了汽车的后备厢里。几天后，他带她去了肯塔基州的一家医院。由于延误了治疗时机，桑娅·贝利现在处于永久性的植物人状态。贝利被判犯有绑架和州际家庭暴力罪，目前正在无期徒刑服刑中。1997年5月2日，第四巡回法院确认了贝利在美国诉贝利一案中的定罪，并刊载于《联邦判例汇编》（*Federal Reporter*）第112卷第3章第758页。

《美国法典》第28编第534条（1997）规定，为在全美国范围内相互执行保护令铺平道路，《国家跟踪者和减少家庭暴力法》（*the National Stalker and Domestic Violence Reduction Act*）授权将民事限制令和虐待保护令输入所有国家犯罪信息中心的数据库。但自1997年授权生效以来，只有19个州开始了数据的输入，只有不到估计的200万个合格保护令的5%。如果这些保护令不录入该数据库，那么现有保护令在全美范围内的有效执行就仍然令人怀疑。如果保护令得不到执行，数据库就会给受害者带来一种虚假的安全感。种种迹象表明，全美各地在执法中的做法并不一致；不到25%的州建立了简化的核实保护令的方法，或者在全州范围内进行保护令登记。

充分信赖

根据《反暴力侵害妇女法》，警察必须执行其他州的保护令（《反暴力侵害妇女法》）。《反暴力侵害妇女法》法案于1994年由美国国会通过，并于2000年和2008年重新获得授权，它为解决亲密关系暴力、性侵犯和跟踪做了全面的努力。《反暴力侵害妇女法》规定在全美范围内执行民事和刑事保护令。这种命令被称为充分信赖，这意味着一个州必须执行另一个州的保护令，即使执行州自己不会发布这样的保护令。各州通过在本州关于预防家庭暴力的法规和守则中纳入有关充分信赖的表达来执行这一规定。

新规定禁止各州和部落要求（向犯罪人）通知州外或部落保护令的登记，除非受害者要求通知。此外，不能要求受害者在新的州登记和/或提交保护令，作为执行州外或部落保护令的先决条件。虽然没有要求，但一些州有登记州外保护令的规定。为了在紧急情况下加快警方的反应，登记州外保护令的举措会将保护令存档到新的管辖区。

> **了解更多** ●●●
>
> **充分信赖**
>
> "充分信赖"这一措辞见于《马萨诸塞州普通法》209A,其中第 3.3 G 节明确了充分信赖原则:
>
> 在另一个司法管辖区发布的保护令应在联邦得到充分信赖。因此,官员应在没有授权的情况下对其目击或有可能有理由认为违反紧急状态的任何人实施逮捕,暂时或永久驱离,避免虐待,使远离,或发出禁止接触的命令或其他司法管辖区发布的判决。
>
> 在对合理怀疑进行评估时,官员可假定另一管辖区签发的保护令的有效性,条件是该官员已获得:(1)任何来源的保护令副本;(2)受害人针对该命令仍然有效的声明。管辖权从签发州转移的受害者应该知道他们的命令在另一个县或州有效。如果他们害怕继续被虐待,他们就应该随时准备好执行实际命令。

迷思与现实

当警察面对陌生人实施的暴力时,受害者是很容易被发现的。亲密关系犯罪并不属于这种情况。但是,人们依旧普遍认为受害者和犯罪者是很容易被识别的,并且这种想法很流行,关于证人可靠性的迷思也很常见。以下是一些误解。

针对受害者的迷思与现实

- **迷思**:家庭暴力的受害者是关系中比较被动的一方。
- **现实**:在进行干预时,夫妻双方都可能参与了互相的争斗。双方都可能对任何试图帮助他们的人进行抨击。为了确定谁是主要的侵犯者,有必要平息愤怒,不带偏见地对双方进行面谈。受害者想要有所行动,但苦于没有合适的方式。受害者可能是被动的,也可能是主动的。受害者通常表现出防御性。确定是谁第一个发起的攻击以及为什么发起攻击是一种责任追究的方式。
- **迷思**:警察会发现受害者比犯罪者更讨人喜欢。
- **现实**:虐待的受害者往往会在还处在危机情况中时接受面谈。挫折、愤怒、恐惧和羞耻只是他们可能经历的其中的一些情绪。情绪的混合可能导致受害者对试图实施干预的人大喊大叫。可以想象，在家庭暴力的情况下，受害者将是最不"可爱"的人。客观的面谈不会基于面谈者对任何一方的同情进行。

- **迷思**：女性永远是受害者。
- **现实**：家庭暴力受害者可以是任何性别和任何年龄的人。受害者通常是女性，但并不总是如此。伤害的确定可能很复杂，有时会超出简单的人身攻击。受伤也可能是由防御姿态带来的。警察受到立法的指引，其中规定了家庭暴力执法行动的方式和范围。你所在的州可能不承认同性家庭暴力或婚内强奸。政策和法律必须对警察起到指导的作用。

针对犯罪者的迷思与现实

- **迷思**：家庭暴力的施暴者是卑鄙下流之人。
- **现实**：对于家庭犯罪者来说，他们呈现在外界面前的面孔充满了魅力和幽默。这些罪犯通常擅长控制和操纵他人。他们可能会控制自己，并试图操纵警察。当面对警察时，这个罪犯很可能是两个人中比较冷静和温和的一个。二者择其一，一个通常具有攻击性的施暴者在干预期间更倾向于保持暴力。
- **迷思**：施暴者是低收入者和未受过教育的人。
- **现实**：犯罪者可能是社区的支柱，受过高等教育。这些施暴者会试图解释他们的行为，通常是在被动的受害者面前。施暴者知道与面谈者交朋友对他们是最有利的，而且他们确实倾向于以他们的最佳利益行事。
- **迷思**："她自找的。"
- **现实**：由于突发事件，犯罪者可能觉得有理由使用武力。除了自卫，这不能成为暴力的借口或理由。不管存在什么样的个人关系，对他人使用暴力都是犯罪。

总结

自 20 世纪 60 年代以来，针对亲密关系暴力犯罪的积极警务趋势一直伴随着各种例子出现。从不干预到调解再到逮捕，家庭暴力的刑事定罪已经实现，政策制定者有责任确保允许合法警察行动的立法通过。对戏剧性和刺激性的先入之见淹没了亲密关系暴力是许多司法管辖区最常见的紧急求助，这一现实虽然很奇怪，但它很少出现在警察的档案中。通常，有关部门无法通过培训或适当的激励来对这一重要职责进行验证。

在美国所有的州，警察都被赋予了对家庭暴力实施逮捕的权利。政策规定了逮捕的要求和可用于保护亲密关系暴力受害者的替代办法。除了对家庭暴力实施逮捕的权利外，许多州还规定对违反民事保护令行为所实施的逮捕。

证据收集，包括面谈和审讯，是亲密关系暴力调查的一个重要组成部分。搜查和扣押以及对搜查令要求的豁免是警察在调查期间可以使用的工具。调查清单可以在将这些犯罪视为其他重要犯罪进行调查时以供查阅，提供帮助。帮助受害者获得保护包括提供信息和确保枪支管制。警察现在有了在每个州都要执行民事和刑事保护令的额外要求，无论其发出州是哪里。

HE AVYHANDS

简单场景

警察的角色

周二晚上，琼斯警官在值夜班时接到一个电话，来电者称其所在城市的斯普林街 50 号有斗殴正在发生。在琼斯到达时，他听到一个女人大喊大叫，说着很多难听的话。他走进房子，发现那个女人站在一个明显喝醉的男人旁边。"她打了我！"醉汉说。那个女人大声喊着，骂着男人，并且指着自己的头："看看这个！"

思考：在这种情况下，警察的目标是什么？确认回答包括亲密关系暴力的迷思和现实。

第 12 章

跟踪和杀人

HEAVY

HANDS

跟踪不是一种新出现的行为，我们通常也称它为骚扰或一种让人烦恼的行为，现在我们意识到这也是一种家庭暴力犯罪。跟踪是一种重复的、不受欢迎的关注、骚扰、接触或任何其他针对特定人的会让一个理智之人感到恐惧的行为方式。加利福尼亚州开创性的立法行动创造了"跟踪"一词，并对一系列构成这种越轨行为的行为进行了定义，这些行为现在都被法律所禁止。人们对跟踪的各个方面都产生了前所未有的兴趣。从那时起，美国所有州和哥伦比亚特区都通过了反跟踪法案。

一直存在针对杀人和家庭暴力之间关系的假设，但却没有得到承认。多年来，美国凶杀案的统计数据都是从警方的报告中收集的，但直到最近，我们才对行凶者和受害者之间的关系进行了记录。杀人被定义为通过另一个人的作为、引诱或不作为而杀害一个人。"杀人"一词是中性的，也是大多数人认为的谋杀的必要组成部分。故意造成他人死亡可能是杀人，但不一定是谋杀。在这一章，我们将对跟踪和杀人、跟踪和杀人之间的关系，以及它们与亲密关系暴力的联系进行探讨。

跟踪

20世纪80年代，名人对被跟踪的恐惧的讲述提高了公众在这方面的意识。女演员特雷萨·萨尔达娜（Theresa Saldana）、朱迪·福斯特（Jodie Foster）和麦当娜都被跟踪过。马克·大卫·查普曼（Mark David Chapman）跟踪并杀死了著名的披头士乐队成员约翰·列侬。玛格丽特·雷（Margaret Ray）从1988年开始跟踪大卫·莱特曼（David Letterman），后于1998年自杀。在雷女士去世前，她还跟踪了宇航员斯托里·马斯格雷夫（Story Musgrave）大约四年。那些跟踪的人竭尽全力让受害者注意到他们。他们可能会做一些奇怪的事情来获得关注。特雷萨·萨尔达娜的袭击者通过私人侦探获得了她的地址，刺伤了她；小约翰·欣克利（John Hinckley Jr.）射杀里根总统是为了给朱迪·福斯特留下深刻印象；玛格丽特·雷自称是大卫·莱特曼的妻子，多次闯入他的房子并偷了他的车。当丽贝卡·谢弗（Rebecca Schaeffer）的跟踪者在1989年杀死她时，加利福尼亚州第一个了通过了反跟踪法作为回应。随后的研究表明，跟踪陌生人，无论是公众人物还是非公众人物，都不如对已经认识的人进行跟踪常见。跟踪一度被认为仅针对名人和政治家的犯罪，但后来却作为20世纪90年代的犯罪被人熟知。

除了跟踪行为所产生的恐惧，估计在 25%~35% 的跟踪时间里，跟踪者对他们的受害者是有暴力倾向或行为的。家庭暴力跟踪是最常见的跟踪类型，对受害者来说也最危险。最有可能实施暴力的群体是那些与受害者有亲密关系的人。研究者们对犯罪者的特征和动机及其与受害者的关系进行了研究。美国第一次全国性研究就出现在全美暴力侵害妇女行为调查中，以确定其发生率。调查中所使用的关于跟踪的定义，要求受害者因此行为感到高度的恐惧，全美暴力侵害妇女行为调查基于此定义所做的调查发现，跟踪行为比以前所想象的更加普遍。接受调查的人中，有 8% 的女性和 2% 的男性表示，他们在调查前的某个时刻曾被跟踪过。据估计，美国每年约有 100 万名女性和 37.1 万名男性被跟踪，该报告得出结论：跟踪应被视为一个严重的刑事司法和公共健康问题。

关于跟踪的最大规模研究——补充受害情况调查（Supplemental Victimization Survey）估计，一年时间里美国大概有 300 多万名受害者被跟踪。受害率在每 1000 名 18 岁或以上的人中为 1.5%。受害者报告说他们被跟踪了数月或数年，11% 的人说他们被跟踪了五年或更长时间。跟踪问题可能已经通过高度公开的案例进入公众意识当中，但它依旧每天对许多人产生着影响。这是一种不分性别的犯罪，由男性和女性共同实施，它跨越了所有的民族、社会、宗教、种族和经济界限。像所有的犯罪一样，它可以由陌生人或受害者认识的罪犯实施。当受害者和犯罪者处于法律认可的家庭关系中时，如婚姻、同居、亲密关系或约会关系，该犯罪行为也被归类为亲密关系暴力。

什么是跟踪

跟踪是一种独特的犯罪活动，因为它是一种旨在造成伤害或给人施加恐惧的行为模式。尾随或骚扰某人是这种独特犯罪的典型特征。它与大多数的犯罪行为不同，它是由一系列行为而不是单一行为组成的。当所发生事件被单独进行考虑时，它们可能不构成非法行为。例如，送花、发送情书和给某人打电话都是完全合法的活动。当犯罪者的重复行为使人产生对身体伤害或受伤的严重恐惧时，这种行为就构成了一种法律禁止的行为模式。因此，意图是跟踪的一个重要因素，然而在对犯罪进行指控时，跟踪者的动机或跟踪发生的背景是不应该被考虑的。试图通过威胁或恐吓迫使受害者顺从犯罪者的愿望，会使这种情况变成一场噩梦。所以如果追求者的行为具有严重的威胁性，则应被指控为跟踪，而不管被告的动机或与受害人的关系如何。

对全美暴力侵害妇女行为调查来说，只有那些声称非常害怕或害怕受到身体伤害的受害者才被视为跟踪受害者。该调查使用了以下问题来筛选跟踪受害者，受调查者不分男性或女性，但不包括收账员、电话律师或其他销售人员。他是否：

- 尾随或监视你？
- 主动给你写信？
- 主动给你打电话？
- 站在你家、学校或工作场所的外面？
- 没有正当理由出现在你所在的地方？
- 留下你并不想要的东西让你找？
- 试图违背你的意愿用其他方式与你交流？
- 破坏你的财产或毁坏你喜欢的东西？

跟踪行为

跟踪者的动机多种多样。罪犯通常试图恐吓和控制他们的受害者。一些人试图使他们的目标感到害怕，另一些人可能对目标有着狂热的爱情兴趣。一个重要的因素是跟踪者希望使受害者持续保持在私人关系当中，因为超过 50% 的跟踪者在亲密关系真正结束之前就开始跟踪行为了。暴力似乎发生在 30%~50% 的跟踪案件中，其中约有 6% 的案件记录了严重的暴力行为。在 20% 的情况下，武器被用来进行伤害或造成威胁。威胁和受害者与犯罪者之间先前存在的亲密关系是最一致的暴力指标。药物滥用历史则预示着跟踪犯罪者暴力行为的增加。

跟踪者的行为没有统一的模板。这种行为似乎与亲密关系暴力行为密切相关。研究证实，许多跟踪者与他们的目标有过亲密关系。这种关系在案例中的普遍程度为 50%~90%。超过 50% 的跟踪者在开始跟踪行为之前有过突发事件，最常见的是关系破裂或被拒绝。一旦跟踪开始，接触的模式就不同了。大约 67% 的跟踪者每周至少追踪受害者一次，还有许多人每天都在追踪他们的目标。跟踪行为通常涉及不止一种方法。在莫汉迪（Mohandie）等人的研究中，78% 的被试使用一种以上的接触形式。八种最常见的接触方式是亲自接近目标、打电话、进行监视、发送信件/卡片/传真、入室行窃、发送包裹或礼物、使用第三方联系以及在网络上跟踪。罪犯追踪受害者的方式和跟踪的发生率如图 12–1 所示。

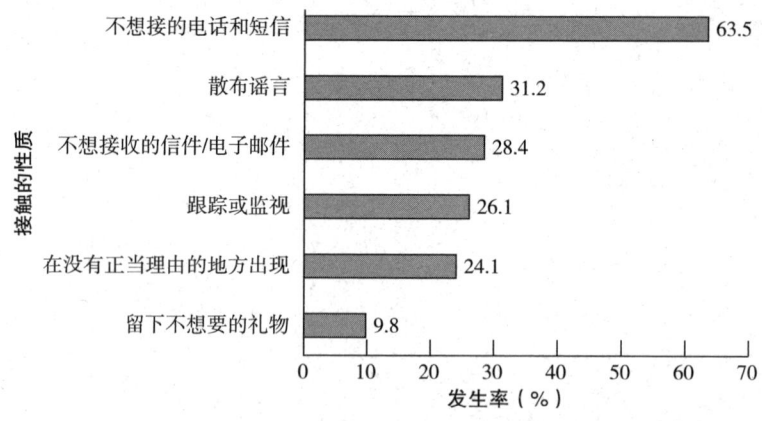

图 12-1　跟踪和骚扰行为的特征

注：跟踪者有许多不同的方式来追踪并联系受害者，这里有一些常见的跟踪方法。
资料来源：基于卡塔拉诺 2012 年的数据。

了解更多 ●●●

技术手段跟踪

　　利用技术进行跟踪的现象有了惊人的增长。一些施暴者会在亲密者的车里安装一个全球定位系统来跟踪那个人。2000 年，一名科罗拉多州的男子在他分居的妻子所持有的远离保护令下，在她的汽车引擎盖下安装了一个全球定位系统。他承认收集她的活动信息是为了吓唬她，并确保前妻知道无论她去哪里，他都能找到她。一名威斯康星州的男子在 2003 年全年给他的前女友发了 100 多封电子邮件，声称他会让她不快，他会随机出现在她所在的位置，让她防不胜防。2004 年，一名纽约男子在妻子对他提起离婚诉讼后，在妻子的车里安装了全球定位系统。使用父母的电脑，他可以从设备上下载信息。他还重新连接了她的家庭安全系统，这样警报就会随机响起。

　　随着痴迷和技术的结合，这样的事件变得越来越普遍。手机、无线摄像机和其他基于数字化的设备正在使潜在的跟踪者增加。美国国家安全网项目的专家建议，对受害者和辩护人进行教育，让他们了解施暴者是如何使用技术的。安全网对 12 000 多名辩护人、警察和检察官进行了关于如何掌握这项技术的培训，以改进对使用这些技术设备跟踪受害者的人的调查和起诉。

　　跟踪行为通常包括攻击受害者、违反保护令、对受害者进行性侵犯、破坏受害者的财产、入室行窃或从受害者处偷窃、威胁受害者以及杀死受害者的宠物。跟踪罪的共同

要素包括尾随受害者、对他们进行骚扰和威胁。威胁行为可能构成单独的刑事犯罪。这些行为不仅表明了一种单一的行为模式的多种事件的集合，而且它们还必须引起恐惧，是有意图的或故意的，以满足法律对跟踪的定义。

尾随

最常见的跟踪行为是尾随受害者。跟踪者可能站在目标家外面。然而，犯罪比简单地尾随或监视某人要复杂得多。尽管每个跟踪者都不一样，行为的范围也同样不可预测，但都是为了特定目的而实施的行为。获得受害者的反应通常是跟踪者的目的，跟踪者的动机决定了其所期望的反应。

通常，犯罪者会提醒受害者，确保他知道犯罪者的存在或其意图，这样做的目的是控制和恐吓受害者。例如，可能会发送一条短信或电话信息，提及受害者经常光顾的地方、他购物的商店以及他工作或居住的地方。跟踪者的这些行为确保了他们得到受害者的关注，并让受害者意识到他们正被尾随或监视。如果跟踪行为被受害者撞见，跟踪者可能会也可能不会与受害者谈话。尾随受害者是为了引起受害者的恐惧，增强犯罪者的自尊。

骚扰

很难列出所有可能的骚扰形式。骚扰是指在一段时间内，针对某一特定的人的一系列行为或明知和故意的行为模式，这种行为或一系列行为严重地使该目标感到惊恐或烦恼。理智的人会因为骚扰而遭受巨大的精神痛苦。

如果一个共同工作的人，始终站得离受害者很近，让受害者感到不舒服，并且伴有一些其他行为，这就可能会上升到骚扰的程度。一名跟踪者（用钥匙或武力）闯入受害者的家，留下证据证明曾经有人进过家里，这也是一种骚扰。跟踪行为的常见例子包括打不需要的电话、发送不需要的信件、给受害者留下物品以及财产破坏。

据报道，女性比男性受害者更频繁地接到骚扰电话。这些电话可能多次、重复，而且是在白天或晚上的奇怪的时间点打来。它们可能是一接通就挂断的电话，或者是传来急促呼吸声的电话。根据电话的模式和类型，在某些情况下可以确定其目的。例如，电话可能经常在半夜打来，这是为了剥夺受害者的睡眠。

跟踪者经常试图通过发送或留下不需要的物品或信件来接触受害者。无数次与受害者沟通的尝试通常都包含着一些隐藏的威胁。接到这些物品的当务之急，是不仅要仔细观察物品的物理属性，还要仔细考虑其预期的含义。鲜花或礼物可能会在周年纪念日或重要的日子送出，以此对现实中已经不存在的关系进行重申。

威胁

对受害者的可信威胁的法律要求可能是最难确定的因素。然而，并非所有法规都要求存在可信的威胁，因此对所在州的法律进行了解是很重要的。威胁并不需要通过书面或口头的形式来逐渐施加恐惧；将动物尸体送到门口或者将手指指向某人，就像是一把枪一样，都是威胁的例子。美国一些州要求在发出威胁后需要存在额外的行动，其他州则明确指出，威胁必须引起对严重伤害的恐惧。常见的威胁行为如图12-2所示。

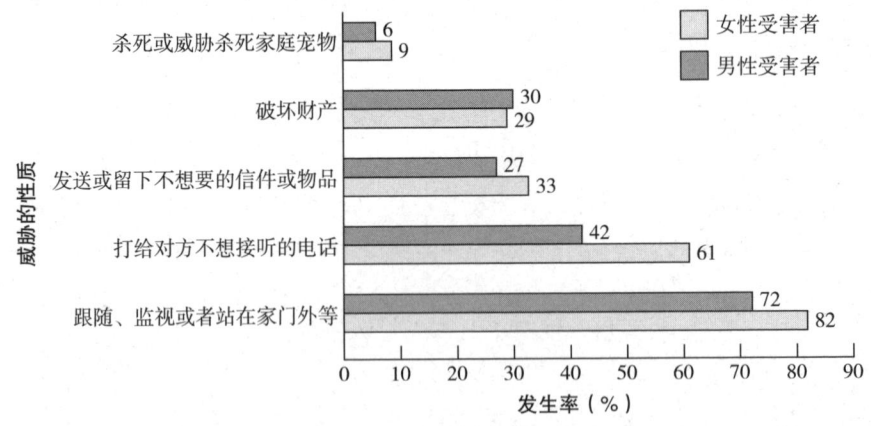

图 12-2 常见的威胁行为

注：常见的行为可能包含对跟踪受害者几乎不加掩饰的威胁。图中是五种常见的跟踪行为，以及它们在针对男性受害者和女性受害者时的不同之处。

资料来源：根据美国国家司法研究所1998年的数据。

这个要求似乎是一个不可能克服的障碍。在报告自己被跟踪的女大学生中，由于没有受到造成伤害的威胁，发生率从实际的13%下降到只有1.96%。总体而言，60%的受害者（男性和女性）曾经受到过跟踪者的公开威胁。跟踪者先前对受害者实施的暴力行为可能会被纳入考量，以证明进行威胁的意图是对受害者施加死亡或严重伤害的恐惧。一个以前在伴侣关系中受到伤害的人，在受到前伴侣的隐性威胁时，可能会以满足犯罪要素所需的恐惧程度做出适当的反应，即使当下面对的"威胁"本身并不严重。

几乎不加掩饰的威胁比公开威胁更常见，在面对过去或现在的虐待关系时，这些威胁可能就会上升到可信威胁的程度。但该行为是否满足制造恐惧的要求，则是由法院最终来决定的。威胁可能来自对跟踪者和受害者都有意义的不同寻常的包裹。询问受害者为什么他感觉受到威胁可以为其他人带来启发。送出被撕开、撕裂或残缺的物品意味着愤怒，意在对受害者进行恐吓。举几个例子，这些物品可能包括洋娃娃、照片或破碎的雕像等。送黑色的玫瑰或者一种叫作"刽子手"的游戏可能也是具有威胁性的，这会使得受害者更加害怕跟踪者或者认为这份礼物意味着之前伤害他的威胁可能会变成现实。杀死或威胁杀死家庭宠物对受害者来说是极其危险的情况。如果发生这种情况，应采取安全预防措施，并认为受害者处于迫在眉睫的人身危险中。

跟踪行为也可能涉及技术的使用（如图12-3所示）。"网络跟踪"（cyberstalking）一词已被用来描述各种行为：（1）涉及反复威胁和/或骚扰；（2）涉及使用电子邮件或其他基于计算机的通信；（3）会使一个理智的人对自身的安全感到害怕或担心。使用手机或用即时信息对受害者进行"狂轰乱炸"，用隐藏的照相机拍照，使用全球定位系统锁定位置，这些都是现代跟踪者不时会使用的手法，"窃听""身份盗窃"和"视频偷窥"等词都是用来描述基于技术所实施的跟踪行为的术语。网络骚扰包括与网络跟踪相关的行为，但与网络跟踪不同，因为它通常被定义为不涉及可信威胁的行为。其他形式的基于计算机和远程通信的骚扰和网络跟踪包括：

- 发送威胁、侮辱或骚扰的电子邮件；
- 直接或通过监视软件程序监控电子邮件通信；
- 通过在受害者的电子邮箱中塞满不想要的邮件或发送病毒来扰乱电子邮件的正常使用；
- 利用受害者的电子邮件身份向他人发送虚假信息或购买商品和服务；
- 利用互联网查找和搜集受害者的个人信息，并用于骚扰。

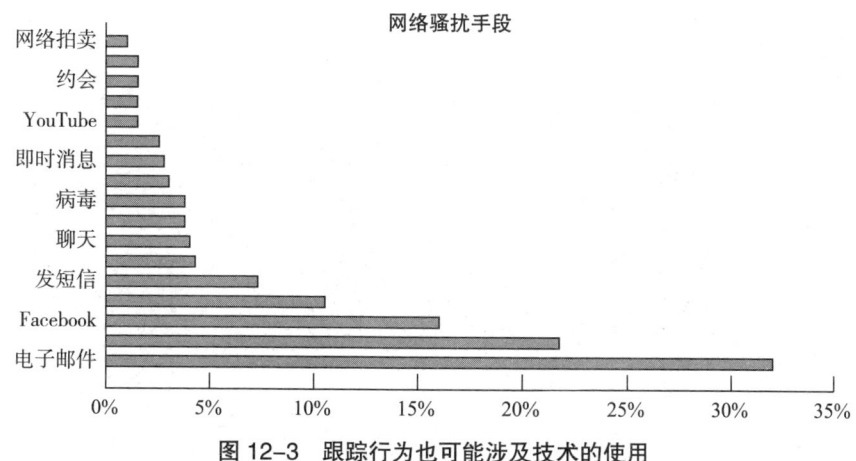

图 12-3　跟踪行为也可能涉及技术的使用

注：在询问网络跟踪受害者"骚扰从哪里开始"这个问题时，电子邮件通常是犯罪最常见的方式。
资料来源：基于世界卫生组织2012年的数据。

跟踪受害者

任何人，无论男女，都可能成为跟踪者的受害者。成为这个犯罪的目标的人，并不需要做任何事情来刺激罪犯做出跟踪行为。大约 1.5% 的 18 岁及以上人口都有过被跟踪的经历。然而，这些罪行往往没有被发现。这个结果可能是由于跟踪行为的伴生犯罪往往会成为警方努力的焦点所造成的。当家庭暴力和跟踪行为同时发生时，警察更有可能关注被认为是更重大的犯罪。对受害者的特征进行调查，是试图理解跟踪者和所发生现象的一部分。根据莫汉迪等人的研究，80% 的跟踪受害者是女性。在所有被调查的案例中，男性跟踪受害者大约占 20%。男性和女性同样可能遭受骚扰。亲密关系的结束与跟踪案件中的个人暴力行为密切相关。

年轻人是跟踪者的主要目标，超过一半的目标年龄在 18 岁到 29 岁之间。许多受害者是认识他们的跟踪者的。在校园里被跟踪的女大学生中，80% 的人认识跟踪者。55 岁及以上的女性比同龄男性更容易被跟踪。对老年妇女来说，跟踪通常是晚年生活中亲密关系暴力的一部分。补充受害情况调查发现，只有 9.7% 的跟踪是由陌生人实施的，而最大的跟踪者群体（为 39.3%）由现任或前任密友或家庭成员组成，其余 36.1% 为熟人。此外，调查表明，与遭受相同行为的非亲密受害者或陌生受害者相比，亲密受害者更有可能经历恐惧或会导致理智之人感到恐惧的行为（如图 12-4 所示）。

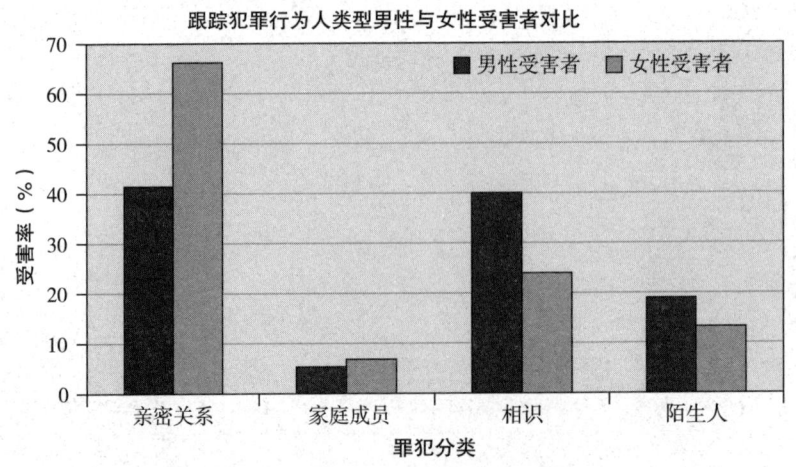

图 12-4　男性与女性跟踪受害者调查

注：大多数跟踪受害者都是他们认识的人的目标，男性比女性更有可能成为陌生跟踪者的目标。

资料来源：基于布莱克等人 2011 年的数据。

跟踪受害者的安全预防措施

《我知道你真的爱我》(*I Know You Really Love Me*)一书的作者多琳·奥利安(Doreen Orion)建议，被跟踪的受害者必须接受自己是这一罪行的目标的现实，并采取额外的安全预防措施。她为那些怀疑自己可能成为跟踪者目标的人提出了以下常识性的对应方法：

- 减少脆弱感的方法包括养狗或安装室内报警器；
- 对于那些担心被跟踪的人来说，通过应答机或手机来屏蔽电话可能很有用；
- 购物或工作时，总是把车停在一个开阔、光线充足的地方；
- 对可疑活动的记录也是非常重要的。

当行为以一种模式组合在一起时，那些通常被认为是合法行为的小动作会随着跟踪变得更加明显。调查人员和法庭人员需要对跟踪行为的完整描述，以便给出适当的安全策略建议。

被跟踪的受害者尝试着去评估即将发生的危险的可能性是很重要的。当情绪高涨时，让常识取代恐惧可能会有所帮助。与普遍的看法相反，大多数跟踪事件都是在亲密关系真正结束之前开始的。这里需要注意，暴力家庭关系也可能包括跟踪在内。

威胁评估

刑事司法所起到的作用，在传统上被视为一种回应，而不是预防。然而，这一趋势正在发生改变，尤其是在暴力犯罪方面。积极警务包括对最有可能实施暴力犯罪的人群所进行的进一步的了解。威胁评估就是针对跟踪公众人物行为的一个正在进行的项目，评估一般适用于跟踪者。特勤局(the Secret Service)提供了以下关于攻击者的历史和个人特征及其近乎致命的方法的调查结果：

- 几乎一半的人上过大学或研究生院；
- 他们经常拥有流动性和短暂性的记录；
- 大约70%的人被描述为社会孤立；
- 很少有人因暴力犯罪或涉及武器的犯罪而被捕；
- 许多人有骚扰他人的记录；
- 大多数人都有过情绪突然爆发、愤怒行为的记录，但只有一半人有过身体暴力行为的记录；
- 许多人有严重抑郁或绝望的记录；
- 众所周知，许多人曾试图自杀，或在袭击或使用近乎致命的方法之前的某个时候考虑过自杀。

这些信息表明，跟踪者通常是聪明的，有暴力或异常的过去，并患有情绪和行为障碍。复仇和对辩护的需要可能会使他们产生行为的动机。

跟踪行为的犯罪者

尽管跟踪被描述为一种不分性别的犯罪，但大多数犯罪者是男性。没有针对跟踪者的单一的侧写；相反，跟踪者被根据与受害者的关系与他们的行为进行了分类。所有跟踪者都有一个共同的特点，那就是他们都患有人格障碍或精神疾病，如果不是两者都有的话。尽管他们的人口结构各不相同，但数据显示，以下这些特征在跟踪者中比其他人更常见：

- 86% 是男性，14% 是女性；
- 50% 以上是高加索人，拉美裔、非裔美国人、亚洲人、土著美国人和中东跟踪者也有代表；
- 近 50% 的跟踪者是单身；
- 大多数是异性恋；
- 大约 33.3% 的人有成人暴力犯罪行为的前科。

犯罪者的特征

类似于发生在其他亲密关系暴力中的进展在跟踪中也很明显。如果跟踪者被拒绝，他可能会将行为升级为恐吓。在极少数情况下，跟踪行为会变成一种持续的行为模式，变得具有威胁性和暴力性。大多数跟踪者没有精神疾病，尽管他们的行为不正常或不恰当。在家庭暴力中，跟踪可能是致命的；研究表明，大多数被现任或前任亲密伴侣谋杀的女性在谋杀前的几个月里都有被跟踪过的情况。

理解跟踪者的其中一种方法是基于与受害者先前的关系对跟踪者进行分类。莫汉迪等人认为，存在先前关系的跟踪者可能是亲密跟踪者或熟人跟踪者。在亲密类案件中，约有一半案件存在家庭暴力史。熟人是受害者通过工作、邻居或友谊关系偶然认识的人。

关系型或简单痴迷型跟踪者

最常见和最著名的跟踪者是关系型跟踪者或简单痴迷型跟踪者。犯罪者和受害者之间通常存在一段先前的关系，可能包括婚姻、友谊或同事的关系。在亲密关系和约会关系的情况下，大多数跟踪者都是简单痴迷型跟踪者。使用简单作为描述是指这是一种常见的跟踪者,而不是指问题很简单或者受害者没有风险。简单痴迷型是最有可能导致谋杀的跟踪类型。30%的女性凶杀案是由亲密伴侣实施的。亲密关系暴力的受害者被其伴侣谋杀的风险要高出75%。"如果我不能拥有你,其他人也别想拥有你"已经成为暴力案件中最常见的一句话。许多这样的案件以谋杀受害者和跟踪者自杀而告终。

这一类人更经常成为那些施暴的人。这点毫不稀奇,他们的特征与亲密关系暴力犯罪者的特征相似,其特征一般如下:

- 情感不成熟;
- 社会无能;
- 无法维持关系;
- 过度嫉妒;
- 缺乏安全感;
- 低自尊。

爱情痴迷型跟踪者

这个群体中的跟踪者会产生对爱情的痴迷或迷恋,通常以名人和政治家为目标。受害者和犯罪者之间没有个人关系,因此,目标也可能是一个偶然相识的人。这些跟踪者倾向于坚持不懈地追求他们的受害者。他们幻想受害者是他们的爱侣,并可能采取激烈的手段来获得关注。他们怪异的尝试可能会对受害者造成致命的伤害,因为跟踪者并不在乎这种关注是消极的还是积极的。

与色情狂跟踪者不同,爱情痴迷型跟踪者不相信他们的目标爱他们。他们可能认为自己注定是要和受害者在一起的,但需要更加努力地说服他们才能成功。这些跟踪者经常编造一些基于不存在关系的详细幻想。

色情狂

术语"色情狂"通常与有严重精神问题或有妄想的跟踪狂联系在一起。犯罪者可能实际上相信受害者知道并爱着他。这些跟踪者期望目标扮演跟踪者确定的角色,当威胁或恐吓不起作用时,他们可能会诉诸暴力。这种类型的跟踪者可能会持续追踪受害者很长一段时间,长达八年或十年。尽管发生率相对较少(占所有案件的不到10%),但色情狂跟踪案件经常引起公众注意,因为目标通常是公众人物或名人。像爱情痴迷型一样,色情狂试图通过与拥有高社会地位的知名人士交往来获得自尊和地位。尽管许多色情狂的行为从未升级为暴力或暴力威胁,但伴随他们精神疾病的非理性,还是给受害者带来了特别不可预测的威胁。

复仇和恐怖型跟踪者

第四类跟踪与其他类型非常不同。复仇和恐怖型跟踪者试图改变他们的受害者的行为，而并不打算与受害者发展个人关系。复仇型跟踪者可能只寻求对他们的受害者进行惩罚，因为他们认为受害者对他们做了一些错事。典型的例子是被解雇后跟踪雇主的人。恐怖型跟踪者通常都有一个政治议题，并使用武力威胁阻止目标从事特定活动。对这类案件的起诉包括了跟踪实施堕胎手术的医生的反堕胎者。

跟踪相关法律

作为对女演员丽贝卡·谢弗谋杀案的回应，1990年加利福尼亚州成为第一个通过反跟踪法的州。随后在短时间内，美国所有50个州、哥伦比亚特区、波多黎各和维尔京群岛都纷纷进行效仿，联邦也进行了相关的立法。在14个州，跟踪初犯被列为重罪，其他35个州则将其列为情节严重的重罪，或把再犯作为一种加重情节。在马里兰州，跟踪一直以一种轻罪处理。罪行加重因素可能包括：违反法院命令或缓刑条件；涉及16岁以下的受害者；拥有致命武器；或者像之前的跟踪一样锁定同一个受害者。一些州法律只要求检察官证明受害者遭受了精神痛苦，其他州法律则要求受害者经历死亡恐惧或严重的身体伤害才能满足跟踪的要素。

由于跟踪是一种相当新的刑事犯罪，所以涉及跟踪的法律可能会令人困惑。一些州宽泛的成文法规给刑事司法实施带来了困难，同时也导致了对《美国宪法》的挑战。通常，法规将跟踪定义为故意的、恶意的、重复的跟随和骚扰他人。许多州还要求犯罪人有可信的暴力威胁出现。不涉及可信威胁的跟踪行为被定义为骚扰。纽约的法律使用了"威胁"（第353章）和"严重骚扰"（《纽约州刑法典》第240.30节）这两个术语，但同时，这两个条款又都提到了跟踪行为。在美国，阿拉斯加、康涅狄格、佛罗里达、艾奥瓦、路易斯安那、密歇根、明尼苏达、新墨西哥和佛蒙特这九个州允许对涉及未成年受害者的跟踪案件进行加重处罚。

1996年7月25日，美国参议院通过了《1996年州际跟踪惩罚和预防法案》(the Interstate Stalking Punishment and Prevention Act of 1996)，将跨越州界伤害或骚扰他人定为联邦犯罪。两个月后，克林顿总统签署了该法案。根据该法，受害者必须对自己或其直系亲属的死亡或严重身体伤害存在合理的恐惧。受害者的定义包括任何被跟踪的人，而不仅仅是亲密关系暴力的受害者。惩罚包括对跟踪行为处以最高5年的监禁，对使用危险武器的跟踪行为或严重身体伤害处以最高10年的监禁，如果出现永久性毁容或危及生命的伤害，处以最高 20 年的监禁，如果跟踪行为导致了死亡，则处以终身监禁。该法案还使得在一个州发布的禁止令在其他州也可以强制的执行。

无逮捕令逮捕

大多数州将跟踪行为列为重罪，尤其是当它是再犯或者存在加重情节时。加重处罚情节的例子包括违反禁制令，以及当"远离"是法院命令解除的条件但跟踪者并未遵守时。仅马里兰州将跟踪行为在所有情况下归类为轻罪。对重罪的无逮捕令逮捕权是基于合理怀疑产生的，这种情况下并不需要逮捕令。

在一些州，跟踪可能是重罪也可能是轻罪，这取决于行为的严重性、武器的使用或造成伤害的类型。当州将跟踪行为列为轻罪时，警察可能会被特别授权在没有逮捕令的情况下实施逮捕，不考虑跟踪者和受害者之间是否存在任何个人关系。如果跟踪是针对一个亲密的或其他法律认可的家庭伴侣实施，那么在存在足够合理怀疑的前提下，就不需要逮捕令。49 个州的警察被授权在没有逮捕令的情况下逮捕涉嫌实施包括跟踪在内的家庭暴力轻罪的人。

网络跟踪

能全面解决所有关于网络跟踪和网络骚扰问题的美国联邦法律是不存在的；相反，在不同的法律中，存在一些零散的保护。缺乏针对这种行为全面的立法，在保护方面留下了一些空白。例如，根据《美国法典》第 18 编第 875（c）节，在州际或对外商务活动中传递任何含有伤害他人的威胁信息都是联邦犯罪，最高可判处 5 年监禁和 25 万美元罚款。因此，可看到该法规的这一部分包括通过电话、电子邮件、传呼机或互联网在州际或对外商务活动中传播的威胁。但是如果没有可信的威胁，该法令就不适用。在公告栏或聊天室中发布的消息也不具体包含在本条款中。

不包含实际威胁的网络跟踪行为通常被称为网络骚扰。这种行为包括一种旨在骚扰或激怒他人的行为模式。如果电话或电信设备被用来骚扰、虐待或威胁任何人，那么《美国联邦法典》47 编第 233 节可能适用。然而，这项法律却要求该骚扰者不得透露自己的姓名。联邦法律显然需要更新，以应对州际网络跟踪和网络骚扰所带来的挑战。

各州反网络跟踪的法规存在很大的差异。所有的州都有一些条款禁止网络跟踪或网络骚扰，或者两者都禁止。根据州立法机构全美 2012 年的会议决定，马萨诸塞州法律并没有明确规定"电子"或"互联网"，而是规定了"通过任何行动、方法、设备或手段"，这一规定被解释为包括网络犯罪在内。阿拉斯加、密歇根、俄克拉荷马和怀俄明这四个州特别禁止通过电子邮件等电子手段进行跟踪。这些法规给执法部门在识别犯罪人、确定犯罪的管辖权以及满足跟踪罪的必要要件方面带来了巨大的困难。它们可能是不可执行的，或是因为其模糊性对《美国宪法》形成了挑战。尽管如此，它们还是代表了各州试图纳入所有可能的受害者骚扰模式所做的努力。密歇根州有一项法律规定，未经受害者同意，通过互联网发布与其相关的信息是非法的。内华达州更进一步，如果一个人利用互联网或电子邮件"发布、展示或传播信息，大大增加了受害者遭受伤害或暴力的风险"，他将被指控跟踪。在骚扰案件中或在符合州跟踪法规要素的其他行为之外进行考虑的话，网络跟踪条款可能是最有帮助的。立法打击个人网络犯罪的困难可能是由于犯罪的复杂性和实施这些犯罪的各种方法所造成的。

跟踪保护令

根据跟踪资源中心的相关数据，哥伦比亚特区和38个州都制定了专门保护跟踪受害者的民事法令。违反跟踪保护令通常属于刑事犯罪中的轻罪，可能会被处以监禁和/或罚款。佐治亚州和弗吉尼亚州没有具体说明违反保护令是民事藐视还是刑事藐视。纽约是独一份的、没有说明违反跟踪保护令的任何处罚的州。

民事骚扰

经历过与跟踪相关的行为的受害者可能并不会经历可信的威胁，也不会感受到某些跟踪相关法律所要求的那种恐惧程度。针对此情况，各州颁布了法律，明确将骚扰定义为一种较轻的、不会达到跟踪受害门槛的罪行。一般来说，民事骚扰是指，你没有约会过并且没有过亲密家庭关系的人所实施的虐待、虐待威胁、跟踪、性侵犯或严重骚扰，比如邻居、室友或朋友（你从来没有约会过的朋友）。

根据民事骚扰条款，如果实施虐待的人没有被法律明确认定为与受害者存在家庭关系，那么骚扰也可被视为一项单独的罪行。因此，如果骚扰罪犯是叔叔、阿姨、侄女、侄子或表弟，那受害者保护则可能来自民事骚扰条款的规定，而不是来自家庭暴力法。

民事骚扰法规定"骚扰"是：

- 非法暴力，如攻击、殴打或跟踪；
- 可信的暴力威胁；
- 暴力或严重恐吓威胁、激怒或骚扰某人，且没有正当理由。

可信的暴力威胁是指故意说或做一些会让一个理智之人担心自己或家人安全的话或行为。可信的暴力威胁包括在一段时间内（即使时间很短）尾随或跟踪某人、打骚扰电话或发送骚扰信息（通过电话、邮件或电子邮件）。

调查策略

根据全美暴力侵害妇女行为调查的结果，50%的受害者向警方报案，并描述了他们遭遇到的被跟踪行为。有些人认为他们没有得到警方的认真对待，另外有大约50%的人对警方的响应感到满意。我们当然理解认真对待这些案件的重要性。以下是调查跟踪投诉时需要考虑的几个要点。

受害者可信度评估

通过观察受害者在调查期间的行为来评估受害者的可信度，这一点是很重要的，因为曾经有施暴者自称是受害者的例子。受害者的表达能力如何？举报这种跟踪犯罪的动机是什么？他做了什么来寻求帮助，而且所做的这些是在合适的时间吗？报告人的心理健康情况和犯罪背景是什么？确定陈述是否与受伤情况或提供的文件一致。这名受害者是否是已报告过的其他家庭暴力相关犯罪的受害者？

虚假受害综合征

专业人士早就认识到，所举报的暴力犯罪中有一小部分似乎是虚假的指控。那些受孟乔森综合征和孟乔森症候群折磨的人提供了患有公认的疾病并做出虚假声明的人的例子。据信，执法部门遇到的跟踪投诉中，约有2%涉及虚假受害综合征。尽管这似乎是一个微不足道的数字，但即使是仅有一例涉及虚假投诉的案件，也会给想要保护受害者免受这一可怕罪行伤害的警察带来许多问题。当务之急是对可疑的虚假投诉进行彻底调查，并在认定这是一种幻想犯罪之前，尽一切努力寻找施暴者。在某些时候，温和地面对受害者可能是必要的。莫汉迪和他的同事进一步建议，为了受害者的利益，应该考虑心理健康干预，并确定今后是否会追究伪证罪或提交虚假警察报告的指控。

在一项关于虚假跟踪受害特征的研究中，研究者对以下五个不同的类型进行了调查：

1. 自称是受害者的跟踪者；
2. 患有严重精神障碍和包括跟踪在内的迫害或色情狂妄想的人；
3. 以前被跟踪过的人，由于害怕再次被跟踪，对他人完全无辜的行为变得非常敏感；
4. 通过采用受害者身份寻求依赖需求的满足的虚构的受害者；
5. 为了可理解的外部激励（如物质奖励）而故意捏造或夸大受害说法的装病者。

研究者的结果表明，大多数虚假的跟踪报告是由妄想者做出的。占比第二大的虚假报告是由人为受害者做出的，其次是涉及再次受害的虚假报告。

> **旧事重提**
>
> 　　三年来，警方终于对一名被跟踪的妇女的可怕控诉做出了回应。被跟踪的受害者遭受如此频繁的、多年的跟踪并不少见。她出示了一些信件，这些信件是由身份不明的袭击者从不同的地方寄给她的。信中内容多是对其本人性能力的生动描述，包括离奇性游戏和表白爱情时对受害者女性的详细描述。她在自己的工作单位和家里收到过鲜花，以及打到家里的无数次的一接就挂的电话。她两次来到警察局，手臂和脸上都有瘀伤和割伤，这是她与袭击者对峙的结果。警官觉得，一位美丽的25岁的女人，看上去的确是这个变态掠食者的完美目标！
>
> 　　但是，对于参与的警察来说，这是一次令人沮丧的经历。因为他们无法确定谁是跟踪者，从一开始，他们就担心她的安全。每次她打来紧急求助电话，他们都迅速做出反应并赶到她的住处，甚至在她的电话线上安装了窃听器，并对她的房子进行监视。但是他们的努力无济于事。唯一的接触发生在没有目击者的时候。
>
> 　　随着时间的推移，警察开始怀疑她在编造犯罪的"证据"。他们注意到她会要求她喜欢的特定警察提供帮助。他们到达她家时，她总是妆容精致，穿着华丽。她的举止经常会从极度恐惧转变成欣喜若狂。尽管如此，警察们仍不愿忽视她的抱怨，特别是因为曾有过人身攻击。
>
> 　　当我被要求向其他警察提供咨询与建议时，我查阅了该案件的所有证据。这些信中文字的语气向我暗示，它们是由一个女人而不是一个男人写的。用图画描述的行为包含了太多的细节，从现实角度来看，它们实际上是不可能的。与其说它们令人生畏，不如说它们似乎是本该如此的色情故事。她受伤的照片看起来也很可疑。面部受伤很轻微，脸颊上有浅伤口，但不在鼻子上。被打中的瘀伤看起来更像是化的妆，而不是遭到攻击后的结果。事实与证据不符。
>
> 　　当"受害者"被告知当地警察不会再回应她的求助电话，并指派一名女警官帮助她时，她很不高兴。当我见到她时，我的直觉反应和其他警官的感觉完全一样——她编造了整件事。最终，我和她进行了一番对质，她承认根本不存在跟踪者。当我告诉她她很有想象力并称赞她的写作能力时，她甚至笑得很开心。

犯罪者行为评估

犯罪者有精神健康问题或犯罪前科吗？犯罪者的雇用记录是什么？该犯罪者之前是

否实施过亲密关系暴力，或者是否有针对他的未执行的限制令？这些问题的答案有助于调查人员确定受害者对威胁的感知是否准确。一些受害者可能倾向于低估跟踪情况下存在的潜在伤害。

在可疑的跟踪情况下，对任何问题、冲突和精神健康问题历史的记录都是很重要的。为了"发泄愤怒"做出的威胁和实际"构成"的威胁之间是存在可被认识的区别的，执法人员应该通过嫌疑人过去的历史来评估暴力行为的可能性。调查员的任务是收集有关嫌疑人想法的信息。对嫌疑人进行面谈可能是有帮助的，因为这样可以让他将嫌疑人所叙述的与第三方联系起来。这使得调查员有机会去传达受面谈者的行为是不受欢迎的、不可接受的，以及必须停止的。

收集物证

调查跟踪投诉需要完整且通常冗长的行动记录，因为只有这样才能准确地描述跟踪行为。受害者应该意识到需要保存任何骚扰相关的有形证据，如被破坏的财产或伤痕的照片、答录机留言或书面记录；这种证据对形成针对已实施跟踪犯罪的合理怀疑是必要的。记日记是收集额外重要信息的另一种方法。

如果跟踪中的接触是通过电话实施的，那就应鼓励受害者获得搜查令或传票，以获取罪犯的电话记录。还应鼓励他们加装"来电显示"功能以锁定来电号码。如果使用的是电子邮件，调查人员应追踪到嫌疑人的地址，并考虑对所有指定发送给受害者的电子邮件进行拦截。

对之前执法响应的记录

调查人员应该获得先前暴力事件的真实报告，并应该对这些陈述进行仔细阅读，以确定它们是否准确地反映了当前的情况。

第三方面谈

调查人员应该与受害者的家庭成员、邻居和同事交谈，评估可能存在的危险程度，并确定受害者在特定时间站出来的原因。发生了什么可以用来解释跟踪者行为的升级或变化？警方是否应该认为这是一种将受害者置于可能的危险之中的持续跟踪行为，抑或者受害者正处于迫在眉睫的危险之中？能做些什么来保护受害者？

间接证据的考虑

任何东西都可以被认为是间接证据。跟踪者是否可以接触到发送给受害者的信息类型？例如，如果一些记录是通过电子邮件发送的，那跟踪者可以使用电脑吗？在哪里使用？不要忽视任何可能对受害者或犯罪者有重要意义的通信、行为模式或礼物。

协助受害者获得限制令或禁止接触令

虽然调查仍在进行，但如果可能，还是应该协助受害者获得限制令或禁止接触令。但是，请注意，这可能会给受害者一种虚假的安全感。全美暴力侵害妇女行为调查研究中，25%的妇女获得了限制令，但是绝大多数限制令在后来都被攻击者违反了。相信跟踪者不会就此罢手的受害者，不管法庭命令如何，都会谨慎对待。限制令或禁止接触令不能取代日常所做的降低自己脆弱性的努力。受害者不能因为这一纸法令就能获得百分百的保护而放松警惕。

因为所有的州都有违反禁止接触令或远离令的逮捕规定，所以这样的命令确实会为警察更快地做出反应带来便利。对于那些理性尚存的并能控制自己行为以避免法律后果的跟踪者来说，这些命令提供了让这个人承担责任的最佳方式。然而，如果跟踪者很少考虑跟踪行为的后果，并且痴迷于伤害或骚扰受害者，限制令就无效了。

警察应该试图对犯罪者可能对受害者构成的威胁程度进行评估。跟踪者不容易被吓退，而且往往倾向于被强迫停止跟踪。因此，包括法院命令在内的常规制裁不一定会产生影响。在周年纪念日之前，在一个紧张的事件之后，或者在许多突发事件的触发下，犯罪者停止或再次开始跟踪的情况并不罕见，因为这些事件会让跟踪者重新对受害者产生兴趣。采用多学科方法是确保受害者获得一致的专业支持服务的一个重要选择。应对跟踪可能需要的社会资源包括家庭暴力庇护所、心理健康治疗提供者、住房协会、学校和大学、基于信仰的项目、邻里监督组织和受害者权益组织，此外，警察应建议受害者采取进一步的安全预防措施，并与当地受害者援助单位联系，以制订安全计划。

杀人类型

亲密关系的本质为敌意攻击甚至是谋杀提供了行为实施的强度和机会。前亲密伴侣的跟踪行为被认为是谋杀和谋杀未遂的一个危险因素。"杀人"是一个更普遍的术语，指的是杀害一个人，不管这是否是犯罪行为。针对杀人形式的描述可以分为正当杀人（justifiable homicide）、可宽恕杀人（excusable homicide）和严重杀人（felonious homicide）三大类，所有这三类都与亲密关系暴力有关。

正当杀人

正当杀人是没有邪恶意图或犯罪意图的杀人，例如出于自卫保护自己或他人，或执法人员在履行职责时开枪，所以对此类型的杀人不能存在任何指责。执行一名囚犯的死刑和在战斗中杀人是杀人的其他例子，其中致死是故意的，但并不属于犯罪。这些杀戮行为是作为一个人职责的一部分去完成的。正当杀人被社会视为适当的行为，即使其行为结果导致了死亡。当杀人者没有过错时，该行为属于自卫。在确定被告是否应采取自卫行动时，事实调查者应就以下问题进行考虑：（1）被告是否有理由对他需要使用武力保护自己感到害怕；（2）对被告的威胁是否即将发生；（3）被告是否受到过度武力威胁；（4）被告是否有义务撤退。

可宽恕杀人

在进行合法活动时，意外或在充分挑衅下犯下的杀人被称为可宽恕杀人。例如，如果有人在停车场遭到人身攻击，并在自卫时杀死了攻击者，在实施攻击的受害者没有使用危险武器或以残忍或不寻常的方式杀人的情况下，这就属于可宽恕的杀人行为。可宽恕杀人辩护的例子还包括暂时性精神错乱和行为能力下降。可宽恕杀人通常被视为另一种形式的正当杀人，两种都免除了被告的刑事责任。犯有杀人罪且可被宽恕的人，必须在州检察官进行调查后，通过法院进行裁定，并在极少数情况下通过赦免，解除其对造成死亡所应负的责任。可宽恕杀人行为被社会认为是错误的，但是因为当事人的精神状态而被容忍。

精神病学家和心理学家经常在刑事和民事法庭上就被控犯有包括谋杀在内的重大罪行的人的心理健康问题作证，提出与人的精神状态有关的证据，并试图表明应对实施犯罪行为的罪犯减轻责任，这种情况并不少见。最广为人知的辩护手段是精神异常抗辩。随着行为科学的进步，其他精神健康障碍，如多重人格障碍、产后精神病和行为能力下降，也已得到承认。一个广为人知且备受争议的、针对亲密关系暴力的辩护理由是受虐妇女综合征（the battered women's syndrome）。

受虐妇女综合征

一个可宽恕杀人的例子是为基于称为受虐妇女综合征的所做的辩护。支持者认为，虐待关系中的连续暴力为杀死亲密施暴者的女人开脱。一些人认为，杀害压迫者的受虐妇女应该被认为是合法的，而不仅仅是可宽恕的行为。反对者对受虐妇女综合征是一个有效的辩护，还是试图逃避谋杀定罪的人的主张存在分歧。正如代表被告提出的任何辩护一样，有些情况可能是这一概念的合法应用，而其他情况则不是。任何辩护都有可能被非法使用。

受虐妇女综合征基于本书前面讨论的习得性无助理论和虐待循环产生。根据这些理论，受虐者开始相信自己无法影响施暴者或逃脱施暴者的暴力，所以在面对"现实"时，一种罕见的反应产生了，就是诉诸唯一可感知的选择，即杀死施暴者。这被认为是自卫，即使受害者在杀人发生的确切时间点可能没有承受濒临死亡或重大身体伤害的危险。

证据的主要来源是专家针对受虐配偶综合征（the battered spouse syndrome）所提供的证词。早期试图通过精神病医生引入这种综合征的尝试遭到了一些反对，其中就包括这种综合征不被接受为科学知识这一点。专家证人的证词解释了受虐妇女的心理状态，这在美国大多数州和哥伦比亚特区是被允许的。该综合征有以下四个一般特征：

1. 这个女人认为暴力是她的错；
2. 这个女人没有能力把暴力的责任推到别处；
3. 这个女人担心她的生命和/或她的孩子的生命；
4. 这个女人有一种非理性的信念，认为施暴者无处不在、无所不知。

关于虐待及其影响的专家证词，是作为一种针对妇女杀死其亲密攻击者的辩护方式引入的。这种辩护在至少一起同性伴侣杀人案中被成功地运用。罗伯特·麦克尤恩（Robert McEwan）在西澳大利亚的珀斯被捕，并被指控谋杀了与他相处14年的同性伴侣。随后辩护被接受了，其对较轻的过失杀人罪的认罪也被记录了下来。近年来，关于"受虐妇女综合征"一词的争议浮出水面，部分原因是该词忽略了家庭暴力的男性受害者。美国目前的趋势是放弃使用这个术语，转而使用虐待及其影响。目前的研究表明，每个人对家庭暴力受害的反应取决于多种心理和实际情况。根据一些专家的说法，使用"受虐妇女综合征"这个术语并不是形成专家证词适当基础。

赦免

"赦免"（clemency）是一个通用术语，指行政部门有权干预刑事被告的判决，以防止不公正的发生。这也是司法系统走到了尽头之后的一种解脱。《美国宪法》赋予总统赦免联邦死囚的权力。在30个州，州长可以直接做出赦免决定，或者与咨询委员会一起行使这一权利。除此之外，五个州的委员会做出赦免的决定。有33个州有死刑，17个州没有死刑。当一个州改变其死刑法律时，它会选择是否让这种改变具有追溯力。

随着受虐配偶综合征的辩护越来越被接受，一场关于赦免的运动也开始了。要求各州州长释放那些被判谋杀或袭击亲密伴侣的妇女的活动始于20世纪90年代初。俄亥俄州州长塞莱斯特（Celeste）和马里兰州州长谢弗（Schaefer）赦免了25名因杀害或袭击有虐待行为的丈夫或男友而被监禁的女性。其他各州的州长也紧随其后。大多数被释放的人都被剥夺了提供关于受虐妇女综合征证据的机会。媒体对赦免行动的关注加剧了这种辩解的争议，这种争论很可能会持续下去。

严重杀人

对一个人的错误杀害属于犯罪行为，通常这被称为严重杀人。另外，谋杀、非预谋杀人或过失杀人都指的是伴随不同程度罪责的、不同程度的死亡。"谋杀"一词指的是一个人出于恶意预谋杀害任何人。大多数州都存在刑事法规本身规定的不同程度的罪责，通常称之为非过失杀人。谋杀被认为是我们社会中最严重的犯罪。刑罚反映了这一信念：谋杀可以被判处无期徒刑或死刑。谋杀没有诉讼时效限制，一个人可以在有足够证据的任何时候在法庭受审，不管犯罪行为已经过去了多少年。

亲密关系杀人

美国司法统计局的数据显示，家庭杀人案最常见的受害者是配偶或前配偶。这类家庭杀人被称为亲密关系杀人，即杀害配偶、前配偶、男朋友或女朋友。亲密关系杀人、跟踪和亲密关系暴力之间有着不可否认的关系。50%以上的杀害女性行为的受害者和71%的杀害女性未遂的受害者在被谋杀前都曾遭到其亲密伴侣的袭击。杀害女性是指一个女人被她的亲戚、朋友或情人杀害。据记录，亲密伴侣的跟踪行为在杀害女性行为受害者中高达67%，在杀害女性未遂的受害者中高达71%。

由于美国约90%的谋杀都是男性所为，所以他们同时也是大多数亲密关系谋杀的罪魁祸首这一点，也就不足为奇了。一般来说，如果男性选择去实施行为，他们天生就有战胜女性伴侣的身体素质。加上对虐待的心理和社会解释，人们似乎更愿意参与到暴力冲突之中，以便在亲密关系中维持权力和控制地位。就所有年龄组而言，女性谋杀受害者比男性受害者更有可能被亲密伴侣杀害。

令人十分关切和具有争议的是，刑事司法系统是否能够保护妇女免遭亲密伴侣谋杀所害。一项研究显示，在被跟踪者杀害之前，54%的受害者曾经向警方报警并描述了跟踪行为，大约46%的杀害女性未遂的受害者同样也像警方报警并描述了跟踪行为。

新闻报道

舒尔基尔郡男人在圣诞节早晨杀死妻子并自杀

作者：弗兰克·安德鲁斯卡瓦奇

斯克兰顿时报论坛，2012年12月26日

可悲的是，在网上不难找到关于亲密关系杀人的新闻报道。它没有民族或种族界限……犯罪者来自各行各业。在这个特殊的圣诞节早晨，37岁的理查德·C.魏克尔（Richard C.Weikel）开枪打死了他的妻子斯蒂芬妮·L.魏克尔（Stephanie L.Weikel）。理查德打了一个电话承认开枪，然后把枪对准了自己。

这是一个杀妻的例子，"杀妻"是描述一个男人杀死自己妻子的术语。

亲密关系杀人受害者

亲密关系杀人行为的受害者约占全美国所有谋杀案的11%。在从1976年就开始记录的亲密关系杀人案件中，妇女占了受害者的绝大多数。例如，2005年数据显示，22%的受害者是男性，78%是女性。许多研究发现，通过实际离开或开始法律程序而导致的分居是亲密关系杀人的常见催化剂。最危险的时间是在分居后三个月到一年之间。

好消息是，自1975年以来，密友杀人的发生率已经下降。1976年至2005年间，被亲密伴侣杀害的白人妇女人数在20世纪80年代中期上升，然后在1993年后下降，在2002年达到最低纪录。2002年后，这个数字略有波动。被亲密伴侣杀害的黑人男性数量下降最为明显，下降了83%。从1976年到2005年，被亲密伴侣谋杀的白人男性数量下降了61%。被亲密伴侣杀害的黑人妇女人数也大幅下降，下降了52%。当亲密杀人按性别和种族分类时，最大的区别出现在黑人罪犯中。图12–5显示了按性别和种族划分的亲密关系杀人行为的下降情况。

研究者们对亲密关系杀人案的下降趋势进行了研究，并给出了解释。辩护人声称，家庭暴力热线、法律宣传和庇护所干预已经成功地降低了家庭凶杀率。1976年至1996年期间，随着对家庭暴力女性受害者服务的增加，亲密关系凶杀率下降。社会各阶层，包括刑事司法系统、社会服务、医疗保健和公众舆论，在应对亲密关系暴力方面取得了长足进步。

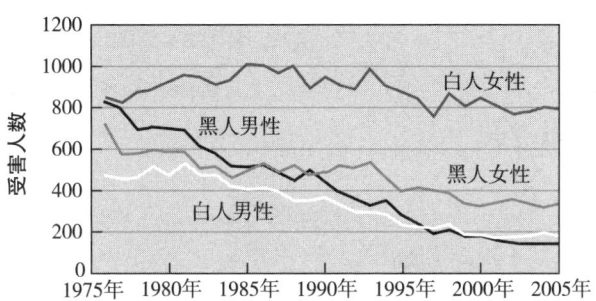

图 12-5　按性别和种族划分的亲密关系杀人行为分析

注：自 1975 年以来，男性和非裔美国女性的亲密关系杀人率大幅下降。
资料来源：基于福克斯和扎维茨 2007 年的数据。

杀人的风险因素

几项研究着眼于与配偶杀人相关的风险因素和死亡仪式，并试图理解其发生的原因。无论哪一方被杀，亲密关系杀人的最大风险因素都是记录在案的亲密伴侣对女性伴侣施暴的历史。枪支的可获得性是导致包括亲密关系暴力在内的各种杀人形式的一个常见因素。尽管枪支使用有所减少，但枪支仍然是亲密杀人案件中经常使用的武器。根据美国联邦调查局的补充杀人报告，超过 67% 的配偶和前配偶受害者是被枪杀的。男朋友比其他任何类型的密友都更容易被刀杀死，女友比其他类型的密友更有可能被暴力杀害。

根据坎贝尔的研究，多种因素的结合，而不是单一因素，增加了涉及有虐待的行为男性杀害其女性伴侣的亲密关系杀人行为的可能性。研究表明，如果施暴者失业，亲密伴侣被杀的风险会增加四倍。危险评估研究发现，受到枪支威胁或袭击的女性被谋杀的可能性是其他女性的 20 倍。被伴侣威胁要杀害她们的妇女，其被杀害的可能性是其他妇女的 15 倍。

施暴者失业、获得枪支和致命的暴力威胁是杀害女性的最强预测因素。其他人口统计学和关系风险因素包括施暴者年龄较大时伴侣之间的年龄差异；精神疾病；以及非法药物使用和有犯罪前科，这也增加了女性亲密伴侣被杀的风险。经过广泛的咨询和持续的有效性支持，坎贝尔与其共同研究者开发出了危险评估工具，以评估亲密关系暴力案件中致死或接近致死的可能性。

"死亡仪式"（death ritual）一词指的是可能导致杀人的虐待模式。它开始于施暴者谈论武器，然后展示武器，然后挥舞武器。这发生在他对受害者进行威胁的时候。犯罪者实际上可能会把伴侣带到一个僻静的地方，并威胁说，如果伴侣试图离开，就在那里杀死他。这种动作进行得越多，施暴者实施威胁的可能性就越大。

亲密关系凶杀案被告

很少有研究考察亲密关系杀人案被告在刑事司法程序上的差异。在 1995 年至 2000 年期间，在费城进行的一次此类案例比较中，发现法院判决结果存在显著差异。女性被告更有可能被判犯有较轻的杀人罪，受到的处罚也比男性轻。男性被告比女性被告受到更严厉的对待，比被判犯有非亲密关系杀人罪的男性被告受到更严厉的制裁。研究者的结论是，调查结果证实了一个现实，即大多数女性实施的亲密关系杀人是防御性的，并且发生在存在家庭虐待历史的背景下。似乎女性被告被定罪的频率不如男性被告，而且她们获得的刑期比杀人的丈夫少得多。一个可能的解释是在这些案例中注意到的高受害者挑衅率，这可能为受虐妇女综合征辩护提供了依据。一小部分配偶谋杀案没有被起诉；这种情况下，通常攻击者都是亲密关系暴力的受害者，他们出于自卫杀死了施暴者。

杀人－自杀

直到最近，美国还没有一个能够追踪自杀－杀人（suicide-homicide）事件的系统。为了满足这一需求，美国建立起了美国暴力死亡报告系统。我们对这些悲剧事件所知甚少的是，大多数杀人－自杀发生在亲密的伴侣关系中。在美国，大约 2% 的凶杀案被归类为谋杀－自杀案件。通常丈夫会杀死他的妻子或亲密伴侣，然后在几分钟或几小时内自杀。在涉及自杀的杀人案件中，与没有自杀的杀人案件中的个体相比，犯罪者与受害者是现任或前任配偶关系的可能性是前者的两倍。射击是最常见的杀人方法。在用轻型枪支杀害女性亲密伴侣的男性中，杀人－自杀是常态。大多数死亡都是在受害者主动提出分手、嫉妒或争吵之后发生的。

在一项对美国 17 个参与美国暴力死亡报告系统的州进行的研究中，作者确定了 2003 年至 2005 年间发生的 408 起杀人－自杀死亡事件。超过 50% 的男性杀人－自杀行为人和 26% 的男性自杀者有过与亲密伴侣的冲突。占比较多的事件是：

- 使用轻型枪支犯罪（占 88.2%）；
- 男性犯罪（占 91.4%）；
- 19 岁以上的男子犯下的罪行（占 97.6%）；
- 白人男子犯罪（占 77%）。

家庭灭绝

作为一种极其罕见的家庭致命暴力形式，家庭灭绝（familicide）被定义为一种存在多受害者的杀人事件，其中可能会存在凶手的配偶或前配偶以及一个或多个孩子被杀害的情况。一项研究发现，尽管家庭灭绝本身很罕见，但在大约25%的父母杀人－自杀案件中也有一名或多名儿童被杀。该研究还发现，绝大多数在家庭灭绝中丧生的儿童（近90%）都是实施者的亲生子女。西利托（Sillito）和萨拉里（Salari）研究所得到的一个意外结果是，完整的婚姻会比疏远的关系导致更多的孩子死亡。作者认为，婚姻中暴力关系的破裂可能会影响孩子的存活。

研究人员威尔逊（Wilson）和戴利（Daly）使用来自加拿大、英格兰和威尔士的信息对家庭灭绝现象进行了检验。他们发现大多数（93%~96%）的家庭灭绝事件是由男性所为。受害儿童中儿子和女儿的占比几乎是平均的。1965年至1989年间芝加哥相关数据的记录使得对该市的家庭灭绝进行分析成为可能。在25年间发生的15起家庭暴力事件中，仅有一起是由女性所为。

此外，威尔逊和戴利还报告说，自杀在家庭暴力案件中尤其普遍。访谈显示，行凶者（一些自杀未遂者）在杀死家人时往往会感到沮丧。最近可能经历的一次毁灭性的个人和经济失败，纠结于对妻子和孩子产生的可能的耻辱，被视为结束他们所有人生命的理由。悲伤而不是愤怒似乎是这些杀戮行为的动机。

男女同性伴侣杀人

同性亲密伴侣实施的杀人行为数量未知。在这些案件中，通常也不包括关系信息。一般来说，人们认为同性恋群体中的亲密关系暴力反映了异性恋群体中的亲密关系暴力。2007年，全美反暴力计划联盟记录了五起在实际或疑似同性亲密关系暴力背景下的谋杀案。隶属于全美反暴力计划联盟的组织，是收集他们所知的同性亲密关系暴力死亡信息的少数组织之一。这些数字可能只是冰山一角。在一项研究中，当伴侣的年龄相差很大或者罪犯有暴力犯罪的被逮捕史时，家庭同性恋关系中杀人风险的增加引起了注意。

在一项针对50 000起杀人案进行的分析中，证据表明同性夫妇的亲密凶杀率高于异性夫妇。研究中的女同性恋者比异性恋者杀死伴侣的比率更高，为每年百万分之九比百万分之七点九七。同性伴侣杀害亲密伴侣的比率也高于异性亲密伴侣。对这些差异的清晰的理论解释并没有得到进一步的发展，但却给这一领域的未来研究留下了依据。

晚年杀人

当对老年人的谋杀是由家庭成员所为时，80 岁以上的人的配偶在几乎 40% 的案件中是实施者，其次是儿子（占比为 33%）。在他们根据美国暴力死亡报告系统收集的数据对看护者杀害老年人的特征进行的研究中，作者发现在 50 岁至 79 岁的人群中如果存在以下特征，就可以识别出凶手：

- 丈夫是最常见的杀手，占死亡案件的 30.9%；
- 紧随其后的是妻子，在 17.2% 死亡案件中是凶手；
- 儿子在 13.8% 的案件中犯有杀人罪；
- 10.3% 的凶杀案是女儿所为；
- 在 10% 的死亡案例中，护理人员并不是很亲密的室友。

枪杀、故意遗弃、下毒、窒息和使用钝器是杀害老年人的常见伤害手段。看护者杀人存在着不同类型的事件和动机证明，包括经济收益和吸毒。通常，死亡发生在受害者家中。在 2005 年的 15 000 名杀人案受害者中，总共有 2531 名年龄在 50 岁及以上。不知道有多少老年人口中的杀人受害者是由照顾者或家庭伴侣造成的。

科恩（Cohen）报告说，老年人的自杀率是年轻人的两倍。老年人自杀率造成每年约 1000 人死亡，这意味着每周有近 20 名美国老年人死于自杀。作者认为，与普遍看法相反，这些事件中的大部分并不是安乐死或爱的行为；相反，这些是老年人绝望和抑郁的表现。佛罗里达州的一项研究发现，55 岁及以上的人的自杀率几乎是 55 岁以下的人的两倍；大多数（为 75%）人是涉及在自杀前杀死妻子的丈夫。杀害妻子后自杀的丈夫是老年人杀人后自杀的最常见特征。

至少有三种涉及老年夫妇的配偶杀人 – 自杀类型已被确定。

1. 依赖保护型。 大约一半涉及老年人杀人 – 自杀的事件被归类为依赖保护型。在这一类型中，这对夫妇已经结婚很长时间，并且高度依赖对方。男人害怕失去对自己照顾或保护妻子能力的控制，因为他的健康状况发生了真正的或已被确认的变化。

2. 攻击性。 在大约 30% 的老年人杀人 – 自杀案件中，攻击性类型涉及婚姻冲突或亲密关系中的暴力。这种类型在 55 岁至 65 岁的较年轻夫妇中更常见。犯罪者通常比受害者年龄大得多。悬而未决的或实际的分居、发布限制令和威胁行为是常见的诱因。

3. 共生。 在共生类型的案例中，一种极端的相互依赖是这种关系的特征，大约有 20% 的夫妇发生了他杀 – 自杀。其中一人或两人都病得很重，导致了丈夫被安乐死。男性犯罪者通常是主导的角色，女性受害者通常是顺从的。

> **了解更多**
>
> ### 明西搜查令要求
>
> 一个常见的误解是，如果警察在调查一起凶杀案，那他们就不需要搜查令来搜查和扣押证据。尽管《美国宪法》第四修正案的搜查令要求有诸多例外，但不允许仅仅因为住宅是凶杀现场而对其进行无证搜查。在明西诉亚利桑那州案中，美国最高法院特别指出，搜查令要求的例外不符合《美国宪法》第四修正案和第十四修正案。该案件涉及一名便衣警察，他在明西的公寓购买毒品时被杀。谋杀发生后，警察保护了现场，然后对公寓进行了为期四天的搜查，他们随后扣押了数百件物品。法院认为，对明西公寓的彻底搜查是不合理的，侵犯了他的隐私，尽管警察合法地在公寓里。
>
> 没有搜查令，警察也许可以合法地在现场进行"紧急"反应，例如搜寻其他受害者和凶手。对人紧追不舍和迫在眉睫的危险是公认的紧急情况的例子。存在销毁证据的可能性也被认为是一种紧急情况。警察只能寻找可证实死亡情况或与动机、意图及知情有关的证据。
>
> 一个人可以放弃他的第四修正案所保护的个人权利，并同意对他的财产进行搜查。这种同意必须在搜查开始之前给予，并且必须由个人或适当的第三方自由和明智地做出。同意搜查是最常受到质疑的例外，应该在凶杀案调查中做司法使用。根据明西的决定，在没有其他公认例外的情况下，对于凶杀犯罪现场调查来说，搜查令是必要的。

调查策略

自1976年以来，超过64 500名男女被与他们有亲密关系的人谋杀。然而，家庭关系对女性谋杀受害者的影响远远大于男性谋杀受害者。男性通常是杀人案的实施者和受害者，并且他们实施谋杀的可能性是女性的九倍；男性和女性罪犯都更有可能选择男性为目标，而不是女性。

大约50%的杀人案受害者认识袭击他们的人，可能是密友、家庭成员，或者是熟人。由于家庭关系而可能存在的对隐私的期望强调了在杀人案调查中搜查令的必要性。没有搜查令而扣押的证据可能会成为排除规则的牺牲品。排除规则对在侵犯犯罪者宪法权利下收集，并用来证明一个人罪行的证据进行了排除。

指导方针已经被制定出来，以协助警察，并确保明西诉亚利桑那案裁决中所确定的固有的权利可以得到保护。表 12-1 提供了一个符合明西要求（Mincey requirements）的证据搜查令宣誓书和申请的例子。宣誓书中所包含的信息必须是所犯罪行的具体信息，必须给出证据的准确位置，并对警察想要搜集到的东西进行详细说明。

表 12-1　　　　　　　　符合明西要求的证据搜查令宣誓书和申请样例

根据明西诉亚利桑那州案美国裁定所做的证据搜查令宣誓书和申请书

1. 血液、精液、唾液、生理液体和分泌物、毛发纤维、指纹、掌纹、脚印、鞋印、武器和轻武器（包括手枪、步枪、左轮手枪、猎枪）、斧头、切割装备和切割工具、钝器、射弹、弹药、子弹壳和碎片；污垢、灰尘、油漆样本、玻璃和塑料碎片、用于进入上锁场所或空间的工具，以及含有上述任何物品痕迹的物品

2. 构成犯罪的证据，或某人参与犯罪的证据，即谋杀

3. 写明要搜索的地点的描述

4. 以下段落应添加到宣誓书末尾的搜查令申请中

（1）当事人＿＿＿＿＿＿＿＿＿＿＿是＿＿＿＿＿＿警察局的正式成员，并且在过去＿＿＿＿年中一直是该警察局的成员。目前被分配到侦缉处的重案组现场处理组，并在过去＿＿＿＿年中一直在该组工作。我调查和处理了包括谋杀在内的许多严重暴力犯罪，并在收集物证、犯罪现场处理和调查此类案件方面接受了专门培训，具有经验。由于我自己的努力调查以及向我报告调查结果的警员的努力，我个人对以下相关事实和情况有所了解

两名成员之一应该是犯罪现场处理单位的成员，第二名宣誓人应该是一名调查员，并应包括这名调查员平常使用的介绍

（2）宣誓人确实认为上述罪行发生在被搜查的地点，因为：（具体说明在被搜查的地点犯罪的情况：包括首次报告罪行的时间、首先到现场的警官在现场观察到的情况、对现场的描述等。这些信息可能需要几个段落）

（3）根据他们的经验和所接受的培训，宣誓者个人了解暴力犯罪涉及抵抗、进攻、使用武器和其他工具和/或不可预测性因素。参与暴力犯罪的一个人或多个人以强有力或其他可察觉的方式与物理环境接触。经常有人试图改变、破坏、移走、清理或掩盖犯罪证据。这些痕迹可能以血液、精液、唾液、生理液体和分泌物、毛发、纤维、指纹、掌纹、脚印、鞋印、武器和火器的形式留下，包括手枪、步枪、左轮手枪、猎枪、斧头、切割装备和切割工具、钝器、射弹、弹药、子弹壳和碎片；污垢、灰尘和污垢、油漆样本、玻璃和塑料碎片、用于进入上锁场所或空间的工具，以及含有上述任何物品痕迹的物品。上述许多项目都是微小的，因此需要通过法医实验室技术进行额外的专门检查

（4）宣誓人根据其经验和培训所掌握的个人知识，确认犯罪现场，如上文所述，将包含实物证据，在此逐项列出，这将有助于确定犯罪者的身份、犯罪的情况和/或一般有助于发现相关事实；并且这种证据需要系统的搜索来定位、扣押、记录和处理

（5）基于上述事实和信息，宣誓人有充分的理由相信并且确实相信谋杀的证据将在现场内和场外部周围被发现（具体说明要搜查的地方）

注：这是一份明西授权申请的样本，用于收集与一起凶杀案有关的证据。请注意，1~3 部分描述了凶案现场要扣押的物品和要搜查的地方。第 4 部分提供了警官将在附于搜查证申请的宣誓书中包括的信息。

凶杀案的调查从检查尸体周围开始。死亡圆圈中的线索是有助于确定死亡是由于他杀、自杀还是自然原因所造成的第一步。死亡圆圈的图解如图 12-6 所示。在没有明显的盗窃、帮派或毒品相关谋杀迹象的情况下，调查人员从亲密关系开始调查并向外延展到陌生人。寻找凶手的工作也是从受害者周围的圆圈开始的。可能的嫌疑人也是从核心密友向外进行考虑的。核心亲密关系是指受害者的丈夫、妻子、男朋友或女朋友。如果被害人是女性，嫌疑人是陌生人以外的人的可能性会大大增加，因为女性最有可能被她们认识的人杀害。

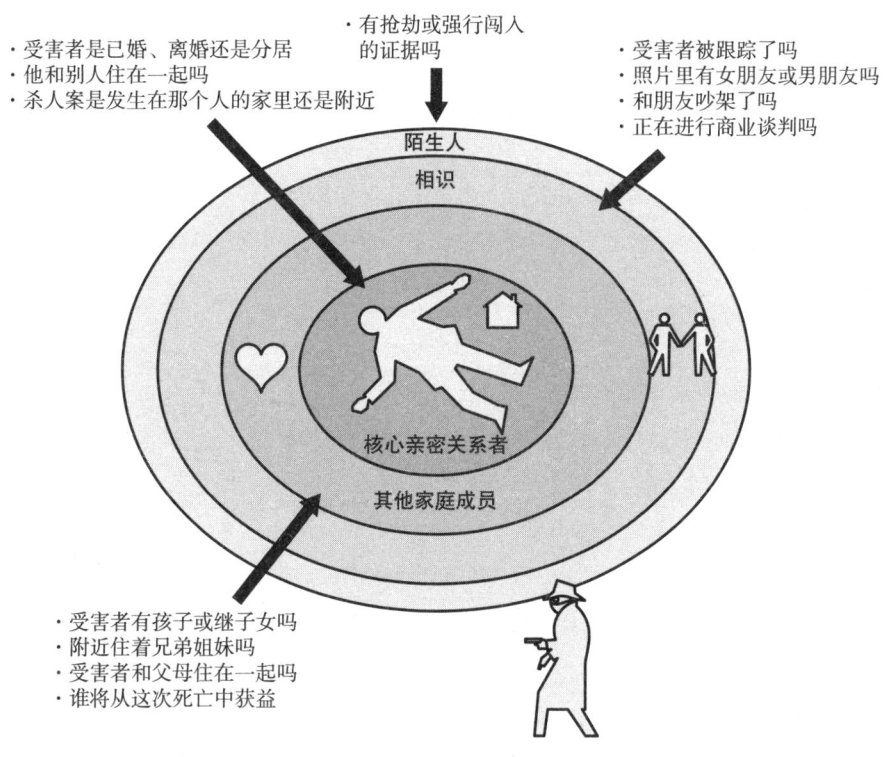

图 12-6　杀人调查

注：死亡圈围绕着凶杀案受害者的身体。亲密关系是调查的核心，在考虑与受害者的其他关系之前，应迅速将其先进行调查排除。

证据的收集也从圆圈内开始，并向外移动。受害者的尸体也会对案件进行"描述"，如尸体被发现的地方、受害者的性别、受伤情况甚至尸体的位置都与死亡的环境等。一些警察部门雇用专家，这些专家会被立即召集来收集证据，一些部门也会训练他们自己的警察来实施这一步骤。警方是否召集法医专家取决于犯罪的严重程度、死亡原因的明显迹象以及犯罪管辖区的政策。除了执法部门之外，弹道学、头发和纤维分析、DNA 分析、指纹分析和摄影方面的专家是参与最初谋杀调查比较常见的法庭科学专家。随着对死亡的了解越来越多，可能会召集其他人来协助主要调查人员。

如果受害者被枪击或身体受伤，死亡原因可能就不言而喻了，但在法医尸检完成之前依旧不能被认为是决定性的。警察与病理学家（有时被称为验尸官），密切合作，确定死因。如果该人因已知的致命疾病在医生的护理下死亡，可能就不需要进行尸检了。对于没有其他人目击的暴力或突然死亡，尸检通常是标准程序。另外，无论死者的年龄或性别如何，确认是否遭受性侵犯都是必要的。验尸官是医生，他接受过进行法医尸检的额外培训。正式宣布受害者死亡并说出死因是验尸官的责任。

死亡审查小组

1978 年，洛杉矶县虐待和遗弃儿童问题机构间委员会（Inter-Agency Council on Child Abuse and Neglect）在美国成立了第一个儿童死亡审查小组。多学科小组的目的是对儿童死亡法医调查的资源和信息进行分享。如今，在美国所有 50 个州、澳大利亚和加拿大都有儿童死亡审查小组。他们审查各种原因造成的儿童死亡，通常侧重于审查涉及看护虐待和/或遗弃行为造成的儿童死亡。

在与虐待和遗弃儿童问题机构间委员会相同的前提下，第一个老年人死亡调查审查小组（elder death investigation review team）于 2000 年在加利福尼亚州的萨克拉曼多成立，其目的是协助识别和起诉与虐待老年人有关的死亡，并提高医疗专业人员确定死亡原因的技能。法医调查可能有助于评估长期护理机构中的自杀–杀人。类似的小组正在全美范围内组建，以解决老年人死亡调查的复杂法医需求。根据特定地区的需要，这些所做的多学科努力的典型成员包括验尸官、医学检查人员、精神卫生专业人员、执法人员和检察官。

总结

本章首先对跟踪罪进行了介绍。这种罪行被认为是不分性别的，尽管大多数受害者是女性，但是它还是会对女性和男性受害者造成同样的影响。跟踪和其他犯罪的一个主要区别是，跟踪是由一系列行为组成的，而不是单一的行为。如果不是在其他犯罪行为的背景下实施的，它可能涉及其他合法的活动。以这种方式受害的人常常感到极度恐惧。

尾随或骚扰受害者是犯罪的一个主要因素。这些行动是有目的的，会有一个特定的人成为不必要关注的目标。跟踪者可以是任何人，如以前的密友、熟人或完全陌生的人。

每一份报告都应该认真对待，因为众所周知，在大约 25% 的案例中，这种行为会演变成暴力行为。与执法作用相关的一个重要问题是，警察的作用正在发生变化，除了应对犯罪之外，还包括犯罪的预防。这意味着警察应该对受害者进行威胁评估，以了解受害者是否处于迫在眉睫的危险当中。亲密关系暴力跟踪和亲密关系谋杀之间的强有力关系已经被确立。

最近的统计数据表明，亲密关系杀人率有所下降，最明显的是被亲密伴侣杀害的男性人数。这可能是因为虐待受害者可获得的信息、服务和选择增加了。涉及老年人的自杀-谋杀情况是未来应该关注的一个类型。由于这一类型的比率似乎是年轻人的两倍，所以我们可以预计这些比率将随着美国人口老龄化的增加而上升。

死亡圆圈用于说明针对杀人案受害者的调查策略。通过这种方法，受害者的家人和朋友被排除在嫌疑人之外。证据也位于身体周围的区域。出于这些原因，犯罪现场必须得到保护，并且需要进行保护家庭杀手的合法权利的搜查。由于受害者和凶手之间可能存在某种关系，所以应尽可能地申请搜查令。

HEAVYHANDS

简单场景

跟踪和杀人风险

你的朋友私下告诉你，她认为她的前男友在跟踪她。她描述了在校园各处见到他的情景，但他并不和她上同一所大学。最近她一直在半夜接到一接就挂的电话。

在她和朋友前一天出去的晚上，她前男友的车就停在她们去的酒吧外面。整件事让她觉得有点毛骨悚然。她说他们两个月前就分手了，因为他嫉妒心太强了。他脾气暴躁，但从未打过她。

思考：这是什么类型的跟踪者？她应该报警吗？

第 13 章

亲密关系暴力的法庭回应

HEAVY

HANDS

我们有必要对美国法院系统的复杂性和家庭暴力立法的定位进行了解。随着最近对家庭暴力的刑事定罪，刑事诉讼和民事诉讼之间的界限越来越模糊。家庭暴力的保护和救济既是刑事性质的，也是民事性质的。家庭法现在同时处于联邦和州法院管辖范围内。

在最后一章中，你会了解到执行保护令是警察的责任。保护令源于法院系统。本章讨论获得保护令所需的条件以及申请人可以获得的救济形式。如果对施暴者的犯罪行为提出刑事指控，那么在保护令发布后，受害者依旧有可能被卷入刑事法庭系统中。如果夫妻关系中育有子女或婚姻关系即将破裂，受害者也可能会参与到家庭法庭或民事法庭当中。这对寻求法律援助的个人来说可能非常混乱，有时服务会重叠。美国各地的法院都以专门的回应日程表和程序做出回应。许多管辖区的家庭暴力和综合专门法庭试图简化和规范应对家庭暴力的措施，以加强受害者的安全。检察人员也变得专业化，通过加强培训和多学科团队做出积极回应。

在法庭上被指控犯有涉及亲密关系罪行的人，如果被判有罪，可能会受到许多惩罚。根据罪行的严重程度，惩罚从缓刑到监禁不等。在法庭上，对亲密关系暴力最常见的反应是要求罪犯参加施暴者治疗计划。施暴者治疗计划将在本章稍后的部分进行解释。保护令和施暴者治疗计划是对涉及家庭暴力案件的法庭程序产生最大影响的两项举措。

许多专家参与到提供受害者服务的行列中来。这些人包括可能间接参与法院系统的辩护人，他们帮助受害者获得支持，并且帮助受害者处理诉诸法院系统时的安全问题。一些辩护人可能直接受雇于法庭，主要是为了在处理安全问题时简化准入和协调服务。

辩护人角色

恐惧是受害者抗拒起诉的主要原因。首先是害怕施暴者，其次是害怕出庭作证。保护工作关注通过增加受害者的安全和赋权来减少这两方面的恐惧。辩护人通过提供信息和支持，帮助亲密关系暴力受害者克服恐惧障碍。通过政府和民间组织在全美范围内的联合努力，对诉诸法院系统的受害者的保护以及援助有所增加。家庭暴力辩护人可以帮助受害者申请这些保护和资源。下面简单列举几个例子。

- 受害者服务。这一类是热线、支持团体和咨询资源。美国第一个强奸危机中心于

1971 年成立，到 1976 年，已有 400 多个针对受虐妇女和强奸受害者的项目。1985 年，支持女同性恋受虐妇女的团体首次出现在西雅图。每个州每周 7 天、每天 24 小时都有热线电话。全美家庭暴力热线以英语和西班牙语提供信息和转介，同时还支持 170 多种不同的语言。

- 受害者庇护所。美国第一个受虐妇女庇护所于 1974 年在明尼苏达州圣保罗市成立。自那以后，对紧急避难所的需求得到了证实。为受虐妇女建立庇护所得到了立法资助的部分支持。对于那些能够使用这种紧急措施的人来说，它提供了一个暂时的安全避难所，以免被虐待。只有为数不多的庇护所为受虐的异性恋或同性恋男子提供庇护。
- 武器没收和枪支禁令。劳滕贝格枪支禁令于 1996 年作为综合支出法案的一部分获得通过。它禁止任何被判犯有家庭暴力轻罪或重罪的人拥有或携带枪支。根据该法的规定，警察有义务没收所有被判犯有家庭暴力轻罪的人的枪支和枪支许可证。

家庭暴力辩护人

受害者援助计划由执法和检察官办公室进行统筹。这些由各州负责运营的项目由全职、兼职和志愿工作者组成，并接受包括联邦政府在内的各种来源的资助。这些项目提供的服务存在很大的差别，工作人员接受的培训也是如此。辩护人主要提供关于法律权利和刑事司法程序的信息。申请州受害者赔偿援助和转介到社会服务机构的援助也是关键的服务。

家庭暴力辩护人是具有家庭暴力和/或为犯罪受害者辩护方面的经验和接受过相关培训的个人。他可能被要求出席支持受害者的法庭听证会，协助提交家庭暴力刑事和民事禁制令表格，对医院或执法机构的转介做出响应并提供辩护。家庭暴力辩护人提供法律辩护服务，如通知和陪伴受害者参与法庭听证；进行法庭系统和家庭暴力方面的教育；协助获得保护令；协助与检察官、缓刑监督官和法庭人员的联络，以及进行安全规划。安全规划是增强受害者权能的重要组成部分，其希望达到的目的会被告知受害者。由于对辩护服务的需求增加，一些司法管辖区在安排协助提出虐待投诉方面面临着困难。受虐妇女庇护所的志愿者和有偿专业人员可以用他们自己的工作人员来对辩护服务进行补充。大学实习计划可以安排合适的本科生和研究生在自愿的基础上提供服务。

法庭支持

对于犯罪受害者来说，法庭是一个令人生畏的地方。请求民事或刑事保护或限制令的必要形式令人困惑。除此之外，许多受害者无力聘请律师来帮助自己完成这个流程。

受害者/证人援助计划就是为了满足这些需求而制订的。受害人/证人辩护者通常被称为辩护人，他们不是为法庭工作，而是为受害者服务。受害者/证人助理可能是也可能不是反家庭暴力方面的专家，但他在法庭程序方面一定是很有经验的。向被判犯有罪行的人收取的罚款用来支付辩护人的工资。从事这方面工作的人员可以在全美大多数法庭找到。辩护人提供了以前被忽视的各种与受害者相关的服务。他们会向受害者或证人对程序本身进行说明，告诉他们什么时候需要出庭。辩护人也经常陪同受害者出庭，并跟踪案件，为受害者提供最新消息。

受害者隐私保护

亲密关系暴力的受害者在申请法庭保护令时，可以要求不将他的姓名、电话号码和地址作为公开记录的一部分，这被称为保护令保密。对于那些担心自身安全的人来说，法庭保密是标准程序。

联邦一级正在做出一致的努力，为亲密关系暴力的受害者提供保护，这些受害者担心虐待者或跟踪者会获得其个人信息。1997年9月13日生效的《驾驶员隐私保护法》(the Driver's Privacy Protection Act)就是一个例子。根据该法案，驾照证上的个人信息只能向特定类型的申请人披露。个人信息被定义为包括姓名、地址和驾照号码的任何信息。将机动车辆登记处记录中的个人信息重新公布给授权人员将记录在案并保留五年。

保护虐待受害者不被发现的另一项措施是社会保障局宣布的政策变化，即允许受害者更改其社会保障号码。因为雇主、银行、信用卡公司、医疗保健提供者和许多其他组织经常使用这些号码，家庭暴力受害者几乎不可能改变自己的身份。对于那些逃离虐待者的人来说，难以获得新的社会保障号码曾经是一个无法解决的问题。现在，一名逃离虐待者的人可以改变他的名字，并申请一个社会保障号码来获得一个新的身份。如果需要这样做，就要求受害者提供当前所经历虐待行为的证据，通常只需出示保护令或执法官员或其他知情人士的声明就可以。

由各州运作的地址保密计划为家庭暴力受害者提供了一个合法的替代地址，以防止施暴者利用公共记录对他们进行追踪。全美终止家庭暴力网络的数据显示，有28个州开展了地址保密计划。在一些情况下，实际地址可能会被披露给那些对实际地址有需求的执法官员、政府官员和其他第三方等。这些例外由那些允许地址保密的州的法律进行定义。许多州要求，如果需要登记成为该计划的参与者，就需要通过家庭暴力庇护所、执法办公室、注册的辩护团体或受害者援助计划提出申请。

根据选民登记保密方案，家庭暴力和性侵犯的受害者可以要求在某些公共名单上对他们的姓名和地址进行保密，该方案在 13 个州实施。警察局长或其他指定的执法官员必须向受害者提供一份宣誓书，声明该人有资格将其从街道花名册和年度选民登记册中删除。受害者填写完宣誓书后，提交并生效。这使得受害者能够参与投票过程，而不必担心他们的重要信息会被攻击者获取。

法庭角色

对家庭暴力案件的起诉不再是例外的或罕见的，尽管起诉的普遍程度依旧会因管辖区的不同而不同。根据对 120 项研究的分析，克莱因报告称，平均逮捕起诉率为 63.8%。有专门的家庭暴力起诉方案的司法管辖区通常有最高的起诉率。圣地亚哥的一所法院记录显示，70% 由警察带来的案件都做了起诉处理。

然而，并非所有由检察官提起的案件最终都会进入审判。正如在任何其他类型的案件中一样，大量家庭暴力诉讼是通过辩诉交易和判决谈判来解决的。许多研究发现，定罪是一定会出现的结果。受害者往往对施暴者的起诉和判刑展现出矛盾。然而，在审判后的面谈中，大多数人支持起诉，尤其是支持强制转介到施暴者治疗项目中去。

对亲密关系暴力的起诉在最近的最高法院判决中似乎受到了打击。克劳福德裁决（克劳福德诉华盛顿案）以及戴维斯和汉蒙裁决（戴维斯诉华盛顿案、汉蒙诉印第安纳案）对家庭暴力案件的影响仍在辩论中。克劳福德案的判决认为，只有当控方表明声明人当下不能，且之前有机会对声明人进行交叉质证时，传闻证词才是可被接受的。克劳福德案没有解决的问题是，什么是"证词"？在戴维斯案和汉蒙案中举行的听证会决定，陈述既证词，并因此触发了克劳福德分析（当下不能加上事先交叉询问的机会），如果：

- 情况表明，声明期间没有持续的紧急情况；
- 审讯的主要目的是帮助起诉。

在警方审讯过程中，在客观地表明审讯的主要目的是使警方能够应对正在发生的紧急情况所做出的陈述是非证明性的。根据怀特所述，检察官必须证明被告的行为导致证人或受害者无法出庭。没收听证会（forfeiture hearing）可以对任何证据进行审查，包括先前的虐待、朋友或家庭律师的证词、先前的记录或撤销指控的证据。

贾尔斯案的判决对所需意图的问题进行了澄清。最高法院认为，不法行为没收论并不是《美国宪法》第六修正案对抗要求的例外。被告必须有意阻止证人在没有交叉询问机会的情况下为他自己或陈述作证。法院确实指出，家庭暴力行为往往旨在阻止受害者求助于外部帮助。未来的案件可能会对被告基于先前的虐待或虐待威胁，阻止受害者寻求外部帮助的意图进行考虑。

这些案件的主要影响是增加了各方面的压力，比如要求受害者在刑事诉讼中对虐待他们的人进行举证，要求警察以不同的方式收集证据，并要求检察官更有效地审理案件等，包括面谈和询问在内的证据收集对于亲密关系暴力的起诉来说会变得越来越重要。受害者向第三方所做的陈述一般来说是非证据性的，因此在审判中可以被接受，儿童可能被证明是潜在的证人。此外，如果在家庭攻击中有儿童在场，那么即使对主要受害者提出的指控无法推进，检察官也可以对危害儿童福利的虐待者提出额外的指控。

了解更多 ●●●

克劳福德诉华盛顿案

迈克尔·克劳福德（Michael Crawford）因袭击并企图谋杀一名男子而受审，他声称该男子试图强奸他的妻子西尔维娅（Sylvia）。本案中的争议涉及警方在审讯西尔维娅时录下的一份证词，这份证词被用作对她丈夫不利的证据。录音被认为是"可靠"的证据，因此是声明人证明该声明可用作证明证据的一个例外。西尔维娅因为州婚姻特权而没有作证，该特权通常禁止配偶一方在未经另一方同意的情况下作证。迈克尔被判犯有伤害罪，并提出上诉，理由是使用西尔维娅向警方提供的录音侵犯了他在《美国宪法》第六修正案中与反对他的证人对质的权利。

该案件经过华盛顿州的上诉，定罪被推翻，然后又在最高法院审理之前恢复。最高法院认为，第六修正案的对抗条款保证了迈克尔有权对抗对他不利的证人。法院推断，迈克尔也有婚姻特权的权利，他没有通过援引这一特权来放弃对抗的权利。法院改变了几十年来通过可靠性测试来接受某些传闻证词的做法。随着这个案件的变化，"可靠的"传闻证词的例外被确立。

这一决定的影响虽是深远的，但仍旧不清楚。由于美国最高法院改变了对对抗条款的解释，家庭内部问题的证词证据、双方自愿的配偶、记录在案的911电话的证据以及其他日常传闻情况现在都处于变化之中。法院特别拒绝提供"传闻证词"这一关键概念的定义。

> **了解更多** ●●●
>
> ### 贾尔斯诉加利福尼亚州案
>
> 2002年9月29日，德韦恩·贾尔斯（Dwayne Giles）枪杀了他的前女友布伦达·阿维（Brenda Avie）。没有人目击到枪击案件，但房子里有人听到阿维喊了几声"奶奶"，接着是一连串的枪声。贾尔斯的侄女和祖母跑出去，看见贾尔斯站在阿维身边，手里拿着枪。阿维没有携带武器，身上中了六枪。
>
> 在审判过程中，贾尔斯辩称，他是在对他的前女友采取自卫行动，他知道前女友曾向一名男子开过枪；他还看到她用刀威胁过他人；她以前曾破坏过他的家和汽车。一名警官作证说，三周前他接到并处理过一个因遭受骚扰的紧急求助电话，那时贾尔斯打了阿维并威胁要用刀杀死她。贾尔斯被判犯有一级谋杀罪。
>
> 最高法院再次认定，《美国宪法》第六修正案的对抗条款保证被告有权对抗对他不利的证人——他并没有因为被指控的不当行为而丧失这一宪法权利。警官的证词在审判时显示，贾尔斯的错误行为是为了阻止阿维在法庭上指证他。

起诉结果

虽然专家们一致认为，鉴于最近最高法院的案件，起诉环境发生了一些变化，但对成功起诉的特点进行考虑依旧是有帮助的。美国司法统计局进行了一项研究，以审查司法系统如何处理家庭暴力案件。从2002年5月开始，在法院记录中显示，被指控犯有家庭或非家庭暴力的人会被追踪观察，直到最后的法庭判决做出。在大多数案件中，70%的指控是有加重情节的攻击罪或性侵犯。这些重罪攻击指控中有33.3%被归类为家庭暴力。家庭暴力的定义包括家庭成员、亲密伴侣和家庭同居者之间的暴力。

在被控有加重情节的攻击罪的被告中，家庭暴力的案件处理结果与非家庭暴力案件的结果相同或更严重（如图13-1所示）。家庭暴力被告比非家庭暴力被告更有可能被定罪和判处更长的刑期。该研究还发现，与非家庭暴力有加重情节的攻击罪案件相比，涉及家庭暴力有加重情节的攻击罪案件的被告不太可能获得审前释放。在那些获得审前释放的人当中，法庭也更有可能发布针对有家庭暴力有加重情节的攻击罪行为的被告的保护令。大约15%的家庭暴力性侵犯被告的刑期超过10年，但是却没有一个非家庭暴力性侵犯被告的刑期有那么长。

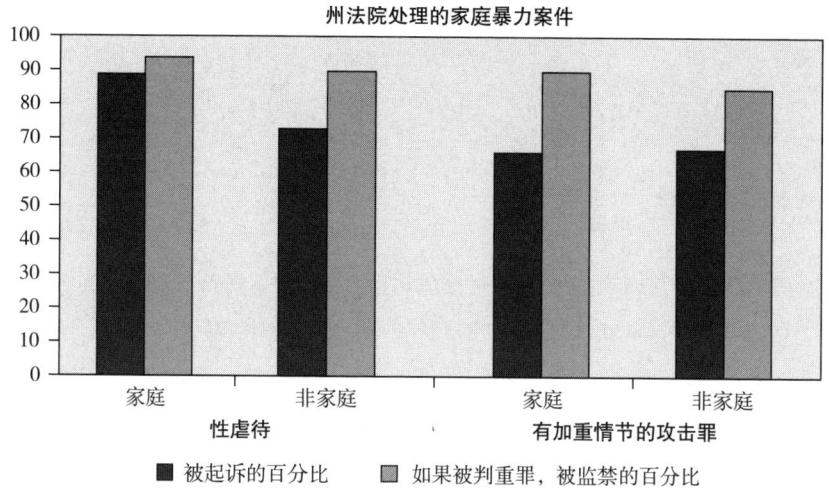

图 13-1 家庭暴力的案件与非家庭暴力案件处理结果对比

注：与非家庭暴力案件中的被告相比，被指控犯有家庭暴力、有加重情节的攻击罪和性侵犯的被告可能会受到相同或更严重的处罚。

资料来源：基于史密斯等人 2008 年的数据。

专门起诉单位

研究证实，组建专门机构是成功起诉亲密关系暴力的关键。检察官、社会服务提供者、受害者辩护人和受害者之间所进行的更大机构间的合作，是组建专门起诉单位的一个主要好处。这些单位中包括律师和受害者证人协调员，他们在获取证据、起诉性侵犯者和虐待他人的罪犯方面受过特殊的培训，具有特殊技能。跨机构反应小组可由一名倡议者、一名警察和一名缓刑监督官或检查护士组成，他们一起进行培训，并在亲密关系暴力袭击被报告后立即在指定设施中会见受害者。专门的起诉单位与快速处理家庭暴力案件相关联，这可以降低受害者面对威胁的脆弱性以及在审判前与施暴者和解的可能性。

对犯罪者的起诉能阻止再次虐待的发生吗

据克莱因称，与对亲密暴力罪犯实施逮捕不同，单纯起诉而不考虑罪犯所构成的具体风险，并不能阻止进一步的刑事虐待发生。关于起诉是否能阻止未来可能发生的暴力的研究得出了相互矛盾的结论。克莱因报告说，对三个州被起诉和定罪的人进行的一项大型研究发现，被起诉和定罪的罪犯比未被定罪的罪犯更有可能再次被捕；相反，一些研究却发现起诉可以减少随后的逮捕和暴力。

威慑的关键不在于案件是否被起诉，而在于是否有强制处置。那些被判有更强侵入性刑罚的罪犯，包括监禁、白昼离狱假（work release）、电子监控和/或缓刑的人，与那些被判较低侵入性刑罚，如罚款或无缓刑期缓刑的人相比，亲密关系暴力的再次犯罪率明显降低，但其他研究显示了相互矛盾的结果。

法院管辖权

整个美国的法院网络构成了其司法系统。每家法院的范围和权限被称为它的管辖权。可行使司法权的宪法或法定因素将法院限制在一个地理区域和特定的事项上。该系统中的一组法院维持着联邦管辖权：它会在联邦法律被违反的情况下，对犯罪行为进行审判并对在全美任何地方发生的争议进行审理。最高法院是美国境内级别最高的法院，它有权听取下级联邦法院的上诉。当出现与美国宪法有关的问题时，它也会审理来自最高州法院的相关上诉。联邦法院系统由美国最高法院、美国上诉法院和美国地区法院组成（如图13-2所示）。

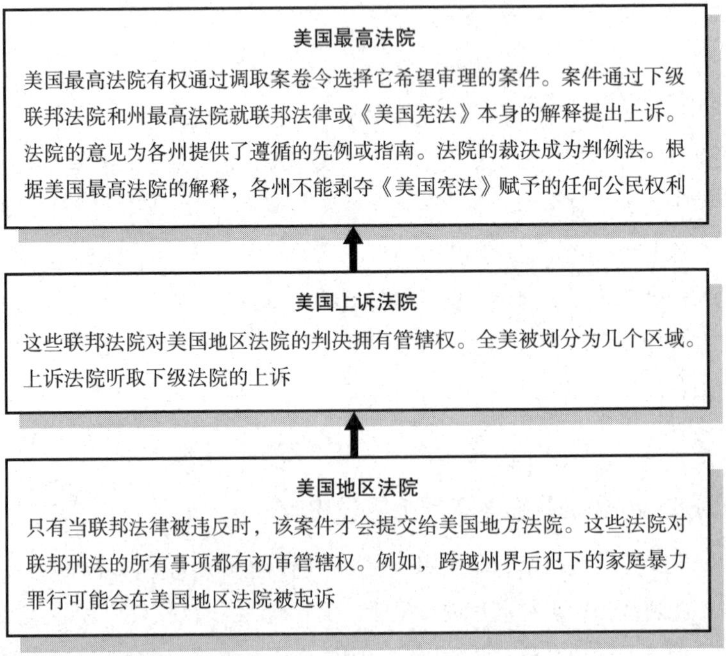

美国最高法院
美国最高法院有权通过调取案卷令选择它希望审理的案件。案件通过下级联邦法院和州最高法院就联邦法律或《美国宪法》本身的解释提出上诉。法院的意见为各州提供了遵循的先例或指南。法院的裁决成为判例法。根据美国最高法院的解释，各州不能剥夺《美国宪法》赋予的任何公民权利

美国上诉法院
这些联邦法院对美国地区法院的判决拥有管辖权。全美被划分为几个区域。上诉法院听取下级法院的上诉

美国地区法院
只有当联邦法律被违反时，该案件才会提交给美国地方法院。这些法院对联邦刑法的所有事项都有初审管辖权。例如，跨越州界后犯下的家庭暴力罪行可能会在美国地区法院被起诉

图13-2 联邦法院系统的示意图

每个州都有一个或多个联邦司法区，每个司法区都有一个美国地方法院。哥伦比亚特区还有一个美国地方法院。这些都是初审法院，对涉及违反联邦法律的案件、在联邦

财产上犯下的罪行以及不同州公民之间的纠纷具有一般管辖权。一般管辖权是指法院有权审理提交给它的不完全属于另一个法院的任何案件。初审、审判和对法律和事实做出判决的权利始于这些具有初审管辖权的法院。

地区法院也是各州和波多黎各联邦的下级法院的名称。这些普通管辖法院有时被称为高级法院或巡回法院。具有一般管辖权的州法院有权审理所有民事和刑事案件。例如，当法院被赋予有限的初审管辖权时，它可能只审理轻罪案件。下级法院可以将重罪案件交由上级法院去处理。美国的大城市通常有专门处理不同类型案件的部门，如青少年或家庭事务。通过图13-3，我们可以对美国典型的法院流程进行了解。美国各州的法院职能相似，但法院的名称差别很大。图13-3可以作为理解每个法院功能的指南，并对你所在管辖范围内的法院名称进行研究，以确定那些具有相同作用的法院。

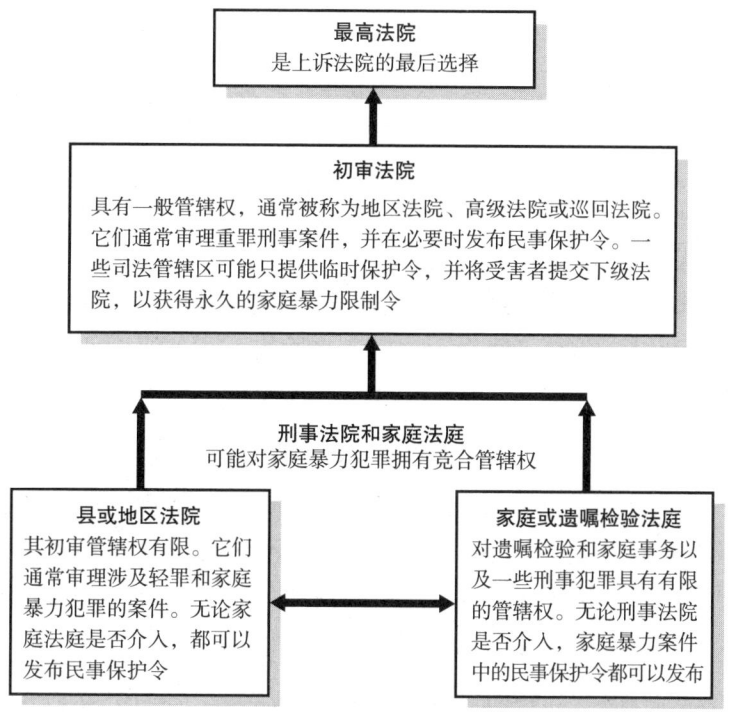

图 13-3　典型的州法院程序

管理家庭关系的法典属于民法的一部分。与刑法相比，这些法典涉及公民或私人的权利和相关补救措施。家庭和遗嘱检验法庭通常对离婚、监护权和监护人责任拥有管辖权。在一些州，这些法院对民事和刑事家庭暴力案件的管辖权有限。那些有上诉管辖权的人对这些下级法院的判决进行审查。禁止家庭暴力的法律属于原管辖法院的管辖范围。

例如，地区或下级法院拥有审理事实和对违反刑法行为做出判决的初审管辖权。

联邦与州管辖权

直到最近，家庭暴力行为还没有被纳入联邦管辖范围内。在联邦一级将家庭暴力定为犯罪的早期尝试未能成功。1906 年，美国国会否决了一项对殴打妻子者施以鞭刑的法案。此后直到 20 世纪 70 年代，联邦家庭暴力立法才再次被提出。在 1978 年和 1979 年，两次联邦政府的努力都失败了，这两次努力本可以向各州提供联邦政府的拨款，用于配偶虐待庇护所的建立。但是由于家庭关系属于州法院的专属管辖范围，因此没有针对在联邦财产上实施的家庭暴力的保护措施。即使在没有家庭暴力法的情况下，如果这些行为引起警方的注意，针对个人的犯罪也可能会受到起诉。然而，居住在军事基地或部落保留地的家庭无法获得家庭暴力保护令。十多年后，联邦立法者再次考虑对家庭暴力进行联邦立法。

1984 年，美国国会颁布了《家庭暴力预防和服务法》(the Family Violence Prevention and Services Act)，为受害者提供服务，并开展预防家庭暴力的公共教育。该法案继续对各州提供联邦资金，帮助各州为家庭暴力受害者提供庇护所、教育、研究和犯罪受害者赔偿。1984 年的《犯罪受害者法》(the Victims of Crime Act of 1984, VOCA) 是受害者，包括家庭暴力受害者的另一个主要资金来源。由《犯罪受害者法》设立的犯罪受害者基金每年从美国各办公室、法院和监狱收取的刑事罚款、没收的保释保证金、罚金和特别评估中获得数百万美元。根据 2001 年的《美国爱国者法案》(the USA Patriot Act of 2001)，将私营实体的捐赠存入该基金的行为也得到了授权。

直到 20 世纪 90 年代，家庭暴力仍然属于各州的专属刑事管辖范围。1990 年的《反暴力侵害妇女法》是有史以来首次把要求联邦起诉跨越州界旅行并故意伤害或性虐待其配偶或亲密伴侣的人引入立法的法案。该法案最初被否决，后来几年又被重新提出，直到一些条款被纳入 1994 年《暴力犯罪控制和执法法》(Violent Crime Control and Law Enforcement Act of 1994)，即《反暴力侵害妇女法》第四编。

在大多数情况下，美国各州继续立法和控制与家庭暴力相关的刑事和民事诉讼，联邦立法并不是要剥夺各州在这些问题上的管辖权。通过图 13-4 可以了解州和联邦司法机关在处理家庭暴力案件方面的主要差异；相反，联邦立法是联邦政府和州政府共同努力的法律体系，旨在查漏补缺，为家庭暴力受害者提供更全面的保护，就像跨越州界的罪犯一样。由于存在了联邦起诉的可能性，所以因司法管辖区不同而逃避家庭犯罪责任的可能性现在减少了。

州法院管辖	联邦法院管辖
家庭暴力犯罪一般来说属于州犯罪。州法令和民法保护其管辖范围内的公民	新出现的联邦犯罪确定了跨越州界实施家庭暴力犯罪或违反保护令是非法的。联邦法规禁止在联邦财产上实施家庭暴力犯罪
《反暴力侵害妇女法》的充分信赖条款要求其他州的保护令在每个州都得到承认和执行，就像在原本的司法管辖区一样。一些州已经用自己的法规来确保这一要求实施了，另外一些州则要依赖联邦授权	在下列情况下可以使用联邦法规 1. 州际犯罪使得当地执法部门难以收集证据 2. 对家庭暴力的惩罚，因为旧的法规或提前假释而不能完全与所犯罪行匹配 3. 被告的保释遇到问题 4. 犯罪行为涉及联邦财产，如部落土地或军事设施 5. 一项以性别为动机的侵犯公民权利的行为受到指控

图 13-4　联邦法院对州法院在家庭暴力案件中的管辖权

州司法系统中的民事与刑事法庭

对违反刑法的指控可以在州一级具有一般管辖权的法院进行审判。一些州会就行为发布刑事保护令。存在家庭关系时的民事保护令规定见于州法典。家庭暴力案件中存在刑法和民法的重叠。传统上，拥有有限管辖权的家庭法庭负责处理关系问题。因此，一个人除了向下级刑事法庭提出保护申请之外，还可以在家庭法庭或遗嘱检验法庭获得民事保护令。此外，一些刑事犯罪已经通过州法令被纳入家庭法庭的管辖范围，这被称为竞合管辖权（concurrent jurisdiction），当不同的法庭各自被授权在相似的地理区域内处理相同的主题时，就会发生这种情况。通过图 13-5，可以对决定竞合管辖权的步骤进行了解。

由于各州之间的差异很大，所以并不存在一个明确的准则来说明一项罪行是属于家庭法庭还是刑事法庭。决定一个案件属于家庭法庭还是刑事法庭的要点包括以下几点：

- 犯罪类型；
- 受害者与罪犯的关系；
- 犯罪者的年龄。

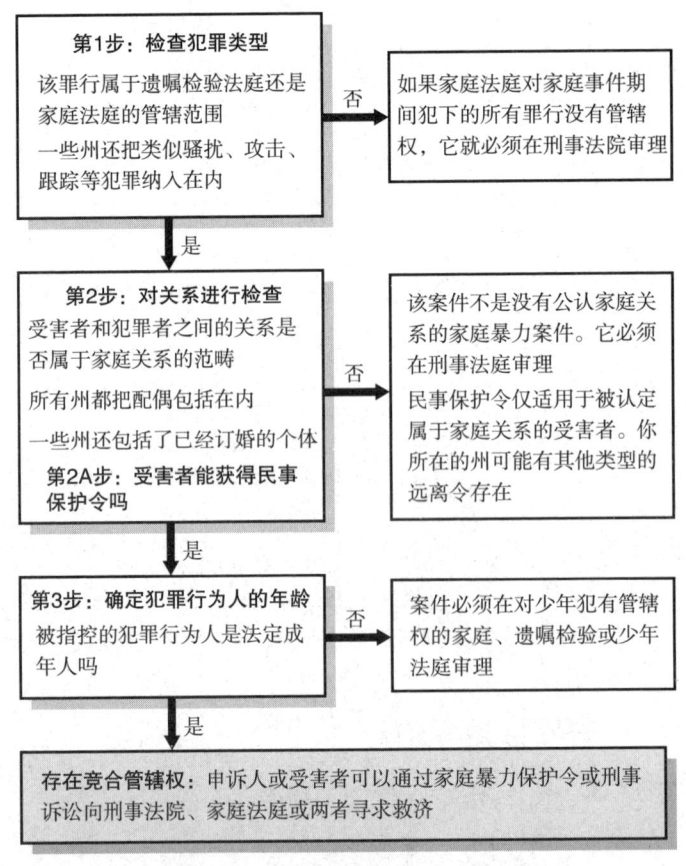

图 13-5　决定竞合管辖权的三个步骤

资料来源：根据首都区女律师协会法律项目1998年的数据。

受害人选择向民事法庭提起诉讼；检察官在刑事法庭上做出选择。在家庭暴力案件中做出这一选择并不排除同时向刑事法庭和民事法庭提起诉讼的可能性。例如，一个人可以在初审法院提出刑事指控，并在家庭法庭获得民事禁制令。

法官的角色

法官在涉及家庭暴力或亲密关系暴力案件中的作用由法官所居住的法院管辖区决定。刑事法庭的法官除了审理与家庭暴力无关的犯罪外，还将审理与家庭暴力有关的犯罪。如你所见，审理案件的权利各不相同，受害者的需求有时会在法庭之间重叠。

法官在发布家庭暴力民事禁制令方面的作用不可低估。法官可以通过他的态度和行为在听证会上提供帮助并确保成功签发保护令的可能性。同样至关重要的是，法官对《反暴力侵害妇女法》有一些工作上的了解，使他们能够向受害者和施暴者传递信息。在发布命令时，法官应口头和书面通知双方，保护令在所有 50 个州、哥伦比亚特区、部落土地和所有美国领土有效。如果在发布命令时没有经过认证，法官应建议受害者获得一份经认证的副本，并始终携带该副本。

法官负责通知受害者，有一条全美家庭暴力热线可以帮助提供关于受害者可能前往的司法管辖区的信息。这条热线还可以提供最近的庇护所的信息和最近的家庭暴力辩护人的电话号码。法官应告知，在一个充分信任和相信该命令的州或部落违反该命令可能会导致联邦处罚，包括罚款和长期监禁，以及任何州或部落可用的补救措施。法官还应告知犯罪人，一旦受到保护令的约束，购买、接收或拥有枪支或弹药都属于联邦违法行为。进行家庭暴力听证的审判法官不仅应该表现出强有力的领导素质，以确保他们的命令在自己的管辖范围内得到遵守，而且还应该向受害者和施暴者提供关于《反暴力侵害妇女法》的规定和后果的信息。

家庭暴力专门法庭

在专门法庭，法官有更多的可用资源和调用受过反家庭暴力相关培训的工作人员。1966 年，第一个家庭暴力法庭在纽约布鲁克林成立，它旨在提高受害者的安全等级，并追究被告的责任。法庭配备了法官，并与刑事司法和社会服务机构建立了广泛的伙伴关系。缓刑部门指派了几名来自"强化监督计划"的官员处理亲密关系暴力案件。在过去的几年里，专门法庭的缓刑违反率几乎是典型的缓刑犯的一半。该方案的成功使得它被复制并适用于其他法院。如今，全美有近 300 家法院设有专门处理家庭暴力案件的机制。

"家庭暴力法庭"一词是指那些指定司法官员审理特殊家庭暴力案件的法庭，无论他们是否专门审理这些案件。随着人们认识到家庭暴力案件中的非陪审团案件往往被"更严重的犯罪"抢了风头，而不管是否有可能升级为严重伤害或杀人案件之后，这种专门法庭得到了发展。这些法院的管辖范围、结构和程序各不相同。许多家庭暴力法庭对发布民事保护令拥有管辖权，但也有少数法院对家庭暴力刑事案件拥有管辖权；反之亦然。其他家庭暴力法庭对刑事案件有管辖权，但对保护令没有管辖权，并且还存在一些其他的变化。

在过去的几年里，专门法庭逐渐出现。不愿司法参与的部分原因是担心他们的中立地位会因联合程序而受到损害，这种程序会对一方有利，并造成另一方的不利。其他法院专业化的发展，如毒品法庭和平衡的司法倡议，有助于克服这些障碍。出现家庭暴力法庭的原因如下：

1. 尽管家庭暴力率有所下降，但法院系统中的家庭暴力案件数量大幅增加；
2. 人们越来越认识到需要专门的服务和应对措施；
3. 当被留在传统法庭上时，那些伤害低或无陪审团的案件往往会被更严重的犯罪抢了风头，而不管这些犯罪是否存在潜在的暴力可能。

研究表明，干预有可能有助于增强受害者的权能和对法律制度的满意度。这种法学手段似乎促成了家庭暴力受害者的"一站式购物"概念、一种服务协调方法。法院的主要重点是保护受害者，而不是传统上对犯罪者改造的关注。辩护人提到的家庭暴力法庭的一些重要好处包括：

- 辩护服务；
- 加强案件的协调；
- 法官对案件动态有更好的理解；
- 改善施暴者对命令的服从性。

综合家庭暴力法庭

解决亲密关系暴力最具创新性的模式被称为综合家庭暴力法庭（integrated domestic violence court），或简称 IDV 法庭。在综合模式下，一名法官处理家庭暴力刑事案件和相关的家庭问题，包括监护权、探视权和民事保护令，以及婚姻问题。当法院寻求处理所有与单一家庭相关的案件时，就会采用这种方法，当然，其根本问题肯定是亲密关系暴力。佛罗里达州的戴德县和马里兰州的巴尔的摩建立了综合家庭暴力法庭。这种方法想达到的目标是对法院程序的简化和集中，消除相互矛盾的命令，并提高受害者的安全等级。综合家庭暴力法庭认识到一个家庭纠纷可能同时引发民事、刑事和家庭法庭的诉讼，因此干脆就在同一法庭对刑事指控、离婚申请、民事保护令、儿童监护事项和探视纠纷进行集中审理了。

除了 30 个专门的家庭暴力法庭外，纽约于 2001 年宣布成立第一个综合家庭暴力法庭。由于该州存在大规模的家庭暴力问题，成立综合家庭暴力法庭的举措被认为是非常必要的。仅在纽约市，就有超过 20% 的刑事案件属于家庭暴力案件（如图 13–6 所示）。纽约州超过 75% 的居民居住在有这些法院服务的县。综合家庭暴力法庭致力于"一个家庭一名法官"的模式，试图在家庭暴力受害者在多个法院有未决案件的情况下作为替代的协调应对措施。该选项允许受害者将所有事项合并到一个法院，而不是在家庭法庭、刑事法庭和婚姻法庭分别出庭。综合家庭暴力法庭的使用提供了更大的一致性和司法决策的知情性，同时也减少了法院探访的次数。仅在纽约州的 42 个综合家庭暴力法庭就已经审理了超过 137 000 起案件。

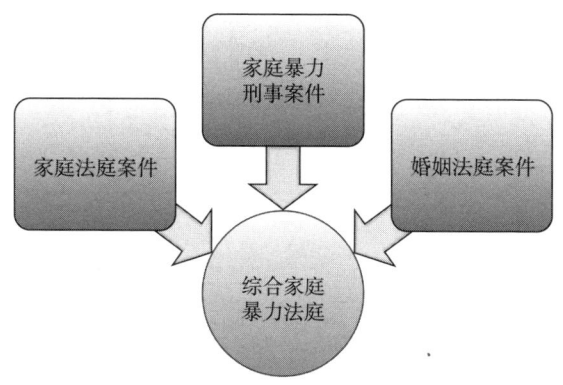

图 13-6　综合家庭暴力法庭

注：案件如果要进入综合家庭暴力法庭审理，其中必须既有刑事部分，又有民事或家庭法庭部分（包括离婚、监护和保护令）。所有的事情都可以在一个法庭上审理。受害者保护、罪犯责任和案件处理方式的改进是这一创新方法成功的原因之一。

民事保护令

防止家庭暴力最重要的立法变化是民事保护令。但是直到最近，保护令的使用还仅限于保护犯罪受害者和证人免受被告的骚扰。1976 年，宾夕法尼亚州成为第一个颁布法律允许亲密关系暴力受害者获得民事保护令的州。现在每个州和哥伦比亚特区的成年人都可以获得民事保护令。这些命令通常被称为禁制令，因为它们的目的是阻止犯罪者进一步的虐待行为并对受害者施予救济。

妇女是最常见的寻求保护令的个体。民事禁制令是识别和保护家庭暴力受害者的重要工具。向民事法庭报告亲密关系暴力的受害者比向警方报告的要多。要获得申请这种禁制令的资格，虐待行为必须是已经发生的，并且虐待行为是会让受害者对即将受到的严重身体伤害感到恐惧的。违反民事保护令是一种刑事犯罪，通常是一种轻罪，会受到一些惩罚。

民事保护令是家庭关系限制令，法院发布保护令或限制令，旨在限制或消除两个或两个以上个人之间的接触。民事保护令不同于非家庭关系限制令（民事案件），因为民事保护令适用于处于家庭关系中的个人。

为了使保护令有效，法官、书记员或被授权发布此类命令的法官必须在命令上签字，保护令载有被管辖人员的姓名以及申诉人或受害者的姓名。另外，必须尝试向罪犯送达此命令。在某些情况下，如无法找到罪犯或不接受命令的送达等，并不会使该保护条款无效。在一些司法管辖区，存在在法院不开庭的情况下获得紧急司法命令的规定。该系统在马萨诸塞州被称为紧急司法反应系统，当法官出于某些原因不能在当下出庭时，它会通过电话联系法官，并可以通过电话发布临时保护令，指示警官采取保护措施。然后，受害者必须在下一个工作日去法院获得书面命令。

对于处于困境的人来说，保护令的获取可能是一种挑战和负担。除了需要在法官面前证明该命令的必要性之外，还需要做超过六页的大量的文书工作。即使受害者知道她有权获得保护令，关于如何在没有法律顾问的情况下获得保护令的误解仍然存在，经济和文化障碍可能是造成此场面的因素。

与任何法院命令一样，民事保护令只会限制或指示一个人遵守其中的规定，这一点经常会引起误解。例如，指示巴尼远离贝蒂的命令意味着巴尼一个人要负责保持自己和保护令对象之间的距离。如果贝蒂打电话给巴尼，邀请他去吃饭，她并没有违反保护令的规定，因为命令不是针对她下的。但是如果巴尼接受了她的邀请，并且在保持距离命令之下赴约吃饭，那他就违反了法庭命令，必须独自面对后果。邀请并不会使保护令无效。在许多州，巴尼会因其行为而被逮捕，但贝蒂不会！违反民事保护令中的某些规定可能是刑事犯罪。无论贝蒂做了什么，该命令在到期或法官对其进行改变之前都一直有效！

各州的刑事和民事家庭暴力法各不相同。对于民事保护令，每个州都通过了立法，并对可通过刑事诉讼强制执行的保护令部分进行了描述，还规定了适用于违反保护令的刑事处罚。例如，在马萨诸塞州，禁制令可能包含对罪犯远离受害者的指示，还可能包括探视未成年儿童的规则，并提供临时儿童抚养支助。如果罪犯违反了远离令，他将被强制逮捕。然而，违反保护令中规定的儿童抚养和监护安排却不属于刑事犯罪的类型。在一些州，如果受害者鼓励罪犯违反保护令，那么她或他可能会被指控犯有刑事罪。由于这里存在许多可能的变化，所以学生在他们居住的州对《家庭暴力和家庭法》(the Domestic Violence and Family Law)进行查阅是很重要的。

保护令标准

要获得民事保护令，受害者必须符合以下标准。

1. 受害者和施暴者必须是特定州法典所定义的相关家庭或家庭成员。在所有的州，这包括曾经有过合法婚姻或已经合法结婚的人。虽然通常都会有婚姻这个因素，但关系可能还包括同性或同居伴侣。被定义的家庭关系可能非常广泛，甚至包括过去有过大量约会关系的人，关系的强度比长度更重要。了解你所在的州的法律！
2. 刑事法规或家庭暴力保护法禁止的虐待或威胁行为必须是针对申请保护的受害者或成年人负责保护的儿童实施的。一般来说，任何非法行为都是被禁止的，比如家庭暴力。被禁止行为的具体例子包括试图造成或造成身体伤害、强迫性关系、跟踪或威胁受害者。
3. 受害者必须书面申请保护令。这份申请被称为请愿书，相关表格可以在法庭上获得，有时也可以在警察局或受虐妇女庇护所获得。请愿书必须包括寻求保护的人（称为原告）的姓名和地址；被诉方（被告）的姓名和地址；发生暴力的具体行为，以及导致申请人寻求救济的暴力行为发生日期。通过对受害者的住所、学校、就业和儿童保育信息的保密来保护虐待受害者的规定已经存在。
4. 请愿书必须提交给州或联邦法院，该法院对虐待发生地或受害者可能面临风险的地方有管辖权。在大多数州，受害者在遗嘱检验法庭或家庭法庭法官面前出庭。然而，有几个州规定了与地区法院的竞合管辖权。大多数州为获取保护令的行为提供 24 小时诉诸法院的机会。有时，当法院不开庭时，警察可以通过电话为受害者提交请愿书，然后法官发布口头保护令。这有时被称为紧急司法反应系统，当一名警察在晚上或周末打电话给值班法官时，该系统就会启动。

请愿书内容

美国许多州允许受害者在请求保护免受家庭暴力的民事命令时进行自辩。"自辩"一词意味着受害者可以在没有律师协助的情况下出庭并为自己辩护。虐待受害者必须到他的居住地的法院或虐待行为发生地的法院填写请求民事保护令的表格。保护令请求中要求的典型信息包括但不限于以下内容：

- 受害者的姓名、地址、电话号码和案情描述；
- 被告（犯罪者）的姓名、地址（如果知道）和案情描述；
- 受害者的年龄，或者如果受害者是未成年人，则需要受害者监护人的姓名；
- 被告可能拥有的任何武器；
- 任何涉及受害人和被告的先前发生的或待决的法院诉讼；
- 所请求的救济形式。

大多数州都会根据防止虐待令对未成年儿童的临时监护权进行任命。这些州还将处理关于双方可能共有的任何未成年子女的问题。法院除了要求填写完整的表格之外，还要求一份关于虐待情况的宣誓书，这种要求并不罕见。当受害者在填写表格方面需要帮助时，通常可以从法院书记员或受害者证人律师处获得帮助。一些司法管辖区由受虐妇女庇护所或警察部门提供援助。

可获得救济的形式

保护令中的规定被称为"救济"。违反民事保护令的行为可能是轻罪、重罪或藐视法庭。所有保护令都授权对家庭暴力的受害者给予某种形式的救济。通常，保护令会阻止被告后续的暴力行为实施，将受害者的住所授予受害者独自占有和/或驱逐施暴者，授予某人对普通儿童的临时监护权，并提供儿童和配偶支持以及远离或不接触命令。保护令发布可能需要两次或两次以上的庭审。通常，发布临时命令需要一次庭审，而发布永久命令则需要另一次庭审。一些司法管辖区要求没收被告的财产，如武器、共同住所的钥匙、支票簿和汽车。最近在禁制令的补救措施清单中又增加了一项命令，即远离属于受害者的宠物。通过图 13–7，可以了解哪些州有此规定。常见的救济形式包括但不限于以下几种。

1. **限制令**。所有的州都有限制令条款作为一般形式的救济。
2. **独自使用住宅或从受害者家中驱逐施暴者**。所有州都有某种形式的这一规定。一些州规定，即使犯罪人已根据保护令被驱逐，被告仍需要继续支付被告和受害者曾经共用的住宅或公寓的费用。
3. **监护权或探视权**。大多数州都承认家庭暴力给儿童带来的风险。那些在禁制令中提到监护权或探视权的人将指定谁将被授予监护权。保护令的发布并不意味着对遗嘱检验和家庭法庭的监护令的取代，因为这通常是临时性的，其目的是为了在等待考虑儿童最大利益的单独听证开始前过渡。亚利桑那州、印第安纳州、内布拉斯加州、俄克拉何马州、弗吉尼亚州和威斯康星州在保护令中没有涉及探视或监护。在这种情况下，除了保护令之外，还可以通过家庭法庭或遗嘱检验法院另外举行监护权听证会。
4. **支付子女或配偶抚养费**。许多州法院现在都授权在保护令中确定子女或配偶抚养费的支付条款。

每个州都对法院命令发布后的不同有效期有所规定，从三个月到两年多不等。此外，只有在保护令中被指定为被告的人才能被追究违反保护令的责任。被告必须遵守保护令中的每一项规定，才能被称为遵守保护令。如果命令的一部分被违反，就意味着命令本身也被违反了，没有必要为了违反命令而再次发生侵权行为。

民事保护令	关系										救济方法							违规处罚			保护令时长		
	配偶或前配偶	怀孕或孩子	继父母或继子女	父母和孩子	*父母或前家庭成员*仅限异性	血缘关系	成人约会关系	青少年约会关系	*婚姻关系*仅在法律上有效	其他	离开共同住所/限制/不接触	监护	子女抚养	咨询	拥有枪支	*禁止或*可选	动物保护	轻罪	重罪	蔑视法庭	六个月或以下	一年	*两年或以上*法官决定时长
亚拉巴马	x	x		x	x	x					x	x	x	x				x		x		x	
阿拉斯加	x	x		x	x	x	x		x	x	x	x	x	x	x	*x		x				x	
亚利桑那	x	x		x	x	x			*x	x	x	x				*x		x		x		x	
阿肯色	x	x		x	x	x	x				x	x	x	x				x		x			*x
加利福尼亚	x	x		x	x	x	x	x	x	x	x	x	x	x	x	x	x	x					*x
科罗拉多	x	x		x	x	x	x		x	x	x	x	x				x	x		x			x
康涅狄格	x	x		x	x	x	x	x	x	x	x	x	x				x		x	x	x		
特拉华	x	x		x	*x	x	x	x	x	x	x	x	x	x	x	*x		x		x		x	
哥伦比亚特区	x	x		x	x	x	x			x	x	x	x	x	x			x		x		x	
佛罗里达	x	x		x	x	x	x			x	x	x	x	x	x	x		x					*x
佐治亚	x	x	x	x	x					x	x	x	x	x	x			x		x		x	
夏威夷	x	x		x	x	x					x	x	x		x			x					x
爱达荷	x	x		x	x	x	x	x	x	x	x	x	x		x			x			x		
伊利诺伊	x	x	x	x	x	x	x	x	x	x	x	x	x	x	x	*x	x	x		x			x
印第安纳	x	x		x		x	x	x	x	x	x	x		x		*x		x				x	
艾奥瓦	x	x		x	x	x	x		x	x	x	x	x	x	x					x		x	
堪萨斯	x	x		x	x	x				x	x	x	x	x	x			x		x		x	
肯塔基	x	x	x	x	x	x				x	x	x	x	x	x			x		x			x
路易斯安那	x	x	x	x	x		x	x		x	x	x	x	x	x			x		x	x		
缅因	x	x		x	x	x	x		x	x	x	x	x	x	x	*x	x		x	x			x
马里兰	x	x	x	x	x	x			x	x	x	x	x	x	x	*x		x		x	x		
马萨诸塞	x	x		x	x	x	x	x	x		x	x	x	x	x	x	x	x		x		x	
密歇根	x	x	x	x	x		x	x				x				x	x			x	x		
明尼苏达	x	x		x	x	x	x			x	x	x	x	x	x			x		x			x
密西西比	x	x		x	x	x	x			x	x	x	x	x						x			x
密苏里	x	x			x	x	x				x	x	x	x	x			x	x			x	
蒙大拿	x	x	x	x	x	x	x		x	x	x	x	x	x	x	x		x				x	
内布拉斯加	x	x		x	x	x	x		x		x	x						x				x	
内华达	x	x		x	x	x	x	x	x	x	x	x	x	x	x	x	x	x				x	
新罕布什尔	x			x	x	x	x	x			x	x	x	x	x	x		x		x		x	
新泽西	x	x			x		x	x			x	x	x	x	x	*x	x	x		x		不清楚	
新墨西哥	x	x	x	x		x	x		x	x	x	x	x	x				x		x	x		
纽约	x	x		x		x	x		x		x	x	x	x	x	*x	x			x			x
北卡罗来纳	x	x		x	x	x	x		x		x	x	x	x		*x				x		x	
北达科他	x	x		x	x	x	x		x	x	x	x	x	x	x	*x		x	x	x		未声明 '	
俄亥俄	x	x	x	x	x	x			x	x	x	x	x	x	x			x		x			x
俄克拉何马	x	x	x	x	x	x	x	x	x	x	x	x			x			x					x
俄勒冈	x	x		x	x	x	x		x	x	x	x	x		x	*x				x		x	
宾夕法尼亚	x	x		x	x	x	x		x	x	x	x	x	x	x	*x	x			x			x
罗得岛	x	x	x	x	x	x	x	x	x	x	x	x			x		x	x		x			x
南卡罗来纳	x	x		x	x*	x					x	x	x	x	x			x		x	x	x	
南达科他	x	x			x	x	x	x	x	x	x	x	x	x	x			x		x			x
田纳西	x	x		x	x	x	x	x	x	x	x	x	x	x			x			x		x	
得克萨斯	x	x		x	x	x	x		x	x	x	x	x	x	x	x		x	x	x		x	x
犹他	x	x		x	x	x					x	x	x	x		x		x			x		
佛蒙特	x	x			x	x	x	x			x	x	x	x				x		x		未声明	
弗吉尼亚	x	x	x	x	x	x			x	x	x	x	x	x	x		x	x					x
华盛顿	x	x	x	x	x	x	x	x	x		x	x			x			x	x	x		x	
西弗吉尼亚	x	x	x	x	x	x	x	x	x	x	x	x	x	x	x	*x		x		x	x		
威斯康星	x	x		x	x	x	x					x	x	x		x	x			x	x		
怀俄明	x	x		x	x		x				x	x	x	x	x			x				x	

图 13–7　美国州常见的救济形式

注：由于不同的家庭暴力关系定义和补救措施，各州的民事保护令各不相同。这是一个逐州分析表格，包括保护令的典型时长和违规处罚。

资料来源：基于莱曼 1997 年、哈特 1992 年、德容和伯吉斯 – 普罗克特 2006、阿罗 2007 年和美国律师协会 2008 年的数据。

> **旧事重提** ●○○
>
> 佩妮回忆说，有一天晚上，她大概傍晚回家时，在人行道上发现了她饲养的那匹马的头。她被吓得蜷缩在一起，不断地问自己："沃尔特为什么要做这么可怕的事？"许多年后，沃尔特仍然不时在她乡间住宅周围对着树开枪射击，因为根据一项永久的法庭命令，他被禁止进入住宅范围。一些州规定了限制令的期限。永久保护令很少，可能只有在极端情况下才有效。

保护令的局限性

专业人士警告说，获得保护或远离令有其局限性，不应取代其他安全预防措施的实施。尽管这些命令确实为家庭暴力的受害者提供了即时救济，但它们可能只是一种临时措施。一些专家引用限制令颁布后两年内频繁出现的再次受害情况进行了阐述，认为限制令为受害者提供了一种虚假的安全感。

刑事司法界经常关注的一个问题是，获得临时禁制令的受害者，在临时禁制令到期时，并不会回来申请永久保护令。一项专门针对这个问题研究指出，40%的受害者没有返回申请永久保护令。研究者的结论是，大多数寻求保护令的女性都有程度非常严重的虐待投诉，但她们却选择不返回申请永久保护令。她们的理由包括以下几个：

- 虐待她们的人已经不再骚扰她们；
- 虐待她们的人对她们施加压力，迫使她们放弃投诉；
- 如果她们坚持投诉，她们害怕遭到施暴者报复；
- 她们在获得对施暴者的临时命令方面遇到了问题，而这是永久命令听证的先决条件。

研究强烈表明，民事禁制令确实降低了施暴者对受害者实施身体暴力的风险，但在仅获得临时命令的情况下，可能会增加心理虐待发生的风险。一项研究显示，永久保护令有效实施后，与警察相关的身体暴力减少了80%。在随后的一项研究的结果显示，与没有保护令的妇女相比，有保护令的妇女不太可能被施暴者接触、遭受伤害或武器威胁，以及接受与虐待有关的医疗护理。研究人员得出结论，永久保护令可能比以前所认为的更能阻止再次虐待的发生。

禁制令的执行

刑事制裁通常被用作执行保护令的方法。各州法律对违反家庭暴力限制令的人可能提出的指控各不相同。违反命令的人可能会被指控轻罪、重罪或藐视法庭。在某些州，这些选项可以进行组合适用，这取决于提交命令的原始犯罪或违反命令的次数。例如，在犹他州，违反保护令可能是轻罪，也可能是重罪，这取决于最初犯罪的分类。

在某些州，违反保护令可能会被视为一种新的违法行为。其他相关处罚也可能适用于违反保护令的行为，包括保释金没收、撤销缓刑和被判监禁。

一些州会要求违法者进行最低刑期的监禁。通常，强制监禁发生在多次违反命令之后，从 24 小时监禁到连续 7 天不等。强制咨询和电子监控是违反保护令的额外制裁的例子。如果一个人违反了保护令的规定，这种违反保护令的行为通常会被认定为刑事犯罪。然而，很少会有利用法院对违反保护令的行为进行强制执行的情况出现。

亲密关系暴力的同性恋受害者

美国只有少数几个州在法律上承认男女同性恋者的同性关系。家庭虐待法规提供了各州不同的定义。双性恋和女同性恋妇女是否受到保护免受亲密关系暴力，取决于国家对家庭伴侣的定义。援引刑事司法干预的家庭关系类型可能包括已婚和未婚者、作为丈夫和妻子生活在一起的人、有共同子女的人以及同性关系的伴侣。一些州通过对不论其隶属关系，并生活在同一屋檐下的人的承认，扩大了"家庭"的传统含义。实质性的约会关系也可能符合家庭关系的法律定义。上升到刑事司法干预水平的亲密关系暴力也可称为家庭暴力或虐待。

有五个州专门将同性伴侣排除在亲密关系暴力保护之外，将家庭暴力的定义仅限于发生在异性伴侣之间的暴力，它们是亚利桑那州、特拉华州、印第安纳州、蒙大拿州和南卡罗来纳州。特拉华州将家庭虐待定义为有以下行为构成的行为：故意或不顾后果地造成或试图造成身体伤害，或第 11 条 C. §761 中定义的性侵犯。故意或不顾后果地让或试图让另一个人合理地担心对该人或另一个人的身体伤害或性侵犯；故意或轻率地损坏、毁坏或拿走他人的有形财产；从事令人震惊或痛苦的行为，并可能引起恐惧或精神痛苦，或引起暴力或混乱的反应；侵入他人的财产或法院命令禁止侵入的财产；第 11 编中定义的非法监禁、绑架或干涉监管和胁迫；并且在这种情况下，一个理智之人会认为有威胁或有害的任何其他行为。特拉华州第 10 条 C. §9109 规定的虐待保护，同样适用于前配偶、同居或无子女的男女，或分居或有共同子女的男女。根据特拉华州对亲密关系暴力的定义，同性受害者不会得到家庭暴力保护。

没有将亲密关系暴力定义为包括同性关系在内的暴力行为，意味着其受害者没有权利得到家庭暴力保护。民事和刑事法院都证明了这种缺乏法律保护的情况。例如，女同性恋者可能无法获得针对施暴者的民事限制令。在全美范围内，华盛顿特区和波多黎各，以及至少21个州的法规专门授予同性虐待受害者亲密关系暴力保护令。在其余的司法管辖区，只有在法规对性别采取中立的语言的情况下，受害者才可以获得保护。有四个州（蒙大拿州、路易斯安那州、北卡罗来纳州和南卡罗来纳州）在法律语言上并不承认同性伴侣，那些寻求禁制令的人可能被要求在申请保护时承认存在非法性关系。缺乏法律补救措施使受害者容易受到进一步的虐待。

不幸的是，专门将同性伴侣排除在法律保护之外的亲密关系暴力定义催生了一类不被承认的关系，尽管它们确实是存在的。根据克诺尔（Knauer）所述，亲家庭力量反对将家庭暴力保护扩大到同性伴侣，因为这将使同性关系合法化，并将特殊权利扩大到同性恋者。明确排除同性伴侣的州对家庭暴力的定义不仅限制了这一人群获得法律保护的机会，还限制了其获得家庭暴力治疗、服务和进行关于双性恋和女同性恋伴侣暴力的研究的权利。许多州的现行法律通过性别而不是犯罪来定义伴侣暴力。

施暴者干预计划

强制罪犯参加虐待者治疗项目是法院对亲密关系暴力行为最常见的回应，无论这些案件是被转移审理，还是被告被证明有罪，甚至是被判入狱。大约90%的施暴者干预计划是基于第10章中讨论的权利与控制女权主义模式建立的。图13–8概述了目前使用的家庭暴力干预计划的三种主要模式。20世纪80年代中期，作为对政治活动家认为的干预措施的回应，将重点放在标准化施暴者治疗项目上，使该问题远离了对妇女受压迫情况的预期关注，以及对矫治可能掩盖受害者安全问题的担忧。到1997年为止，美国45个州已经制定了或正在制定施暴者干预计划的标准。

心理健康和法律界的一些专业人士认为，将亲密关系暴力干预标准化侵犯了他们根据专业培训进行实践的权利，他们对在缺乏支持特定干预措施的经验证据的情况下禁止这种做法进行了强烈的批评。关于传统施暴者治疗方案的有效性的争论仍在继续。

德卢斯课程：基于女性主义理论产生；把权力和控制问题作为主要目标

项目结构：八个主题中的每一个主题都会附带两到三次会议，八个主题分别为非暴力、无威胁的行为、尊重、支持和信任、诚实和责任感、性尊重、伙伴关系、谈判和公平

EMERGE：女性主义教育方法与更深入和密集的小组工作相结合

计划结构：48周的计划可分为8周的定向和40周的小组工作两个阶段。大约30%的施暴者需要额外的时间

指导主题包括：定义家庭暴力；消极与积极的"自我对话"；暴力对妇女的影响；心理、性和经济虐待；辱骂与以尊重为基础的交流；伴侣虐待对儿童的影响。

小组每周开会两小时。会议通常包括：
1. 一个简短的签到，对一周内发生的任何冲突进行记录；新成员要花很长时间来详细描述上一次的虐待事件，并关注施暴者应承担的责任
2. 对参与项目期间发现的问题进行更长时间的讨论，重点放在暴力的替代方案上
3. 基于当下和过去的虐待行为制定个性化目标

AMEND 模式：将女权主义教育方法与更深入和密集的小组工作相结合

项目结构：如果难度较大，项目时常就可以被从36周到5年不等进行调整。AMEND模式采取了以团体治疗为中心的"多模式"方法，但也可能包括一些个人或夫妻咨询

方法：AMEND模式的七条原则
1. 女权主义者提出的关于殴打的"权力和控制"理论是核心
2. 对施暴者的干预不能建立在价值中立的基础上——明确暴力是一种犯罪
3. 咨询的目的是教导人们改变行为来停止暴力和虐待并且扭转施暴者偏差的心理特征
4. 暴力和虐待是一种选择，受害者不应对其暴力行为负责
5. 结束暴力是一个长期的过程，从一年到五年不等
6. 结束暴力是复杂的，需要"多模式"干预
7. 对虐待者进行治疗需要特殊的技能和训练

图 13-8 三个主要的干预项目：德卢斯课程、EMERGE 和 AMEND 模式

资料来源：基于希利等人1998年的数据。

专门的施暴者干预

专门的施暴者治疗项目的趋势是承认施暴者的社会经济地位、种族或民族身份、原籍国和性取向等因素会影响干预。基于对多样性的关切，制定了文化上可实施的干预措施，以利用罪犯家庭或社区社会系统的力量。针对非洲裔男性、近期的亚洲移民和讲西班牙语的非英语背景拉丁美洲人的项目是基于文化的干预项目的例子。

在课程规划中，对种族和人种的差异进行足够的认识是专业方法的核心。非裔美国人团体使男性能够专注于他们所做的事情，而不是只关注社会不公或种族歧视；亚洲相关的项目反对私人暴力的社会可接受性；大男子主义的概念在拉丁美洲群体使用的策略中受到挑战。尽管采用了善意的方法，但几项研究发现，施暴者治疗项目的类型对再虐待情况并没有造成影响，其中也包括以文化为重点的项目。

男性犯罪者项目实施步骤

施暴者治疗项目通常由五个阶段组成：纳入与评估、定向、受害者定向、项目和项目结束。

纳入与评估

在犯罪人见过缓刑监督官后，可能会在法院进行一个是否可以纳入项目的面谈。在一些司法管辖区，该项目的代表参加民事法庭听证会。在法官发布命令后，工作人员将会见施暴者并解释程序。在某些司法管辖区，发起联系和安排评估面谈是施暴者的责任。在纳入项目的过程中，面谈者需要寻求关于对现在和过去的伴侣、孩子和其他人的虐待的模式和严重程度的信息。在这个阶段，并不是所有的施暴者都会被纳入项目。这在很大程度上取决于罪犯是否有药物滥用或精神疾病问题，这些问题可能会匹配给他一个更适合他来解决这些需求的不同的项目。许多项目不接受否认暴力或看起来有可能扰乱团体的人。

定向

在情况介绍会上，会进行新项目参与者的见面并被告知项目的规则和目标。定向的目的之一是在参与者和顾问之间建立融洽的关系。大多数项目参与者会被法庭命令出席庭审，这也是为了减少他们的防御性。重要的是要尽可能多地了解所犯下的虐待行为，以便能够进行有效的干预。除了举行小组会议之外，顾问们还会进行一对一的会面，以评估该项目如何最大限度地造福每个人。

受害者定向

许多项目为被虐待的人提供了与工作人员见面的机会。一些州要求在不同的干预点必须通知其伴侣。会见受害者有三个目的。首先，它让顾问有机会解释项目目标和理念。其次，这是一个获得受害者对关系中虐待行为的评估的机会。最后，可以对安全问题和保护选择进行讨论，以便被虐待者清楚在需要服务时可以利用的资源。庇护所的位置和保护令是可能讨论的话题之一。

项目

强调关于权力和控制问题的教育以及批判性思维技能的发展，以帮助施暴者理解和改变他们的行为。团体环境中的愤怒管理技能训练是施暴者治疗项目中一个常见的组成部分，尽管愤怒管理不是该方法的核心。一些项目还提供深度咨询，旨在促使施暴者为自己的行为承担责任。其他人关注施暴者和受害者之间的关系，以促进尊重和积极行为的发展。

小组会话可能包括基于个人经验的角色扮演，以此方式教授适当的方法来处理施暴者感到沮丧的家庭情况。他们可能会讨论导致男人或女人实施虐待的情况，并提供暴力的替代方法。从受害者的角度来看，关于虐待的视频和故事旨在让施暴者了解虐待对其伴侣的影响。

项目结束

出于多种原因，项目可能会在一系列程序完成之前被终止。其中包括撤销缓刑、酗酒和吸毒、扰乱会话、对虐待行为不承担责任以及不定期参加集体会话。项目的成功完成可能涉及一个退出计划，例如一封关于项目参与者如何受到流程影响的信。一些项目还在客户从项目中退出后的特定时间段提供跟进服务。

女性犯罪者项目实施步骤

研究人员并不同意女性作为施暴者的存在。另一方面，临床医生不得不面对越来越多需要治疗的女性。尽管亲密暴力的发生率有所下降，但近年来因家庭暴力被捕的女性人数却有所增加。对这些罪犯给予的回应通常是男性干预的女性化版本，但是其策略是不一致的，并且女性化版本的干预在美国的许多地方是不存在的。

家庭虐待项目（domestic abuse project）汇集了第一份专门针对女性罪犯问题和行为的出版手册。其方法对与性少数群体相关的促进者的需求进行了强调。该项目为遭受殴打的女性提供了治疗指南，其理念基于暴力行为是后天习得的，并且是一种选择性的行为这一观点。家庭虐待项目的女性施暴者方案是一个由四个阶段组成的过程，包括为受害者提供转介选择的纳入与全面评估、后续会话评估、心理教育治疗小组和个性化治疗。

- 纳入与全面评估。这一阶段的主要重点是评估罪犯是否准备好改变其虐待行为，包括彻底的筛查，以确保被介绍的女性并不是进行自卫的受害者。
- 后续会话评估。在准备小组会话时，这个阶段被用来与项目参与者建立融洽的关系，并为女性在承认她们的虐待行为和制订自我控制计划的艰难过程中提供帮助。
- 心理教育治疗小组。在 20 周的时间里，涵盖了大约 16 个教育主题。相关主题涉及羞耻与责任、沟通技巧、愤怒管理、暴力的代价和回报以及暴力对儿童的影响等。
- 个性化治疗。该项目的最后一个阶段集中于自我控制计划的发展。核心是暴力升级前的线索和避免暴力的计划。压力管理和预防是想要达到的理想结果。

程序干预能停止虐待吗

把被告转介到施暴者治疗项目正在迅速成为法院的常规程序。这些项目在降低累犯率方面的效果如何呢？根据克莱因的说法，超过 35 个对施暴者治疗项目的评估产生了不一致的结果。其中最好的情况是，出现了轻微的治疗效果和最低限度的累犯减少率，而剩下的大多数研究则表明，根本没有积极的效果存在。研究者得出结论，施暴者治疗项目本身不可能保护大多数受害者或新的亲密伴侣免受高风险施暴者的进一步伤害。

该计划的时间长度（26 周，而不是 8 周）是一个可能对防止再次虐待发生产生影响的因素。愤怒管理项目不同于施暴者干预项目。愤怒管理程序通常比施暴程序更短。愤怒管理项目并不解决亲密关系和家庭暴力特有的问题。经认证的施暴者干预项目包括以下许多特征：

- 这些项目的主要参与者是亲密关系暴力的施暴者；
- 项目长度至少为 80 小时；
- 这些项目中有受过反家庭暴力和施暴者干预培训的工作人员；
- 项目必须尝试联系受害者和那些成功离开施暴者的人；
- 这些项目必须对项目参与者进行药物滥用筛查；
- 干预项目必须接受公共卫生部的年度审查。

传统上，法院转介的施暴者存在着很高的项目未完成率，这可能导致在他们身上看不到什么干预效果。缓刑研究发现这里面技术违规的比例为 34%~61%。与那些不参加、不顺从或退出施暴者治疗项目的人相比，完成项目的施暴者不太可能再次实施虐待。

总结

尽管许多个人都积极参与到受害者保护的行列中来，但家庭暴力法庭的主要参与者是辩护人、检察官和法官。法院系统存在于联邦和州两级，尽管它们的管辖权差别很大。这对于寻求帮助的人来说可能非常混乱，服务可能会重叠。专门的起诉单位和专门的家庭暴力法庭是近期最大限度地提高受害者安全和罪犯责任的对策之一。

人们已经注意到了，那些处理个人信息的政府机构做出的前所未有的、一致的努力，如允许机动车登记处和社会保障局为虐待受害者提供个人信息隐私保护，各州比以往任何时候都更加积极主动地确保受虐待者的隐私安全。

受害者救济可能来自刑事或民事法庭。无论是否受到刑事起诉，民事保护令都可以成为一种帮助受害者的有效的紧急措施，它们可以在民事或刑事法庭获得。虽然可利用的补救措施因州而异，但总的来说，它们为暴力受害者提供了大量救济。最近，一些州已经将动物列入禁制令所保护的名单。

法庭对亲密关系暴力行为最常见的反应是，罪犯被强制纳入州政府批准的施暴者治疗项目，但是研究却对这类项目的有效性提出了质疑，尽管参与者对项目的未完成可能是导致其无效的原因。

HEAVYHANDS

简单场景

在一次特别激烈的打斗中，詹姆斯打了贾尼斯的肚子，并威胁要杀了她。贾尼斯相信他会这么做，她非常害怕他会兑现这个威胁，于是报了警。詹姆斯在警察到达之前就离开了。詹姆斯离开后，贾尼斯松了口气，没有对他申请限制令。一周后，贾尼斯被枪杀，警察认为詹姆斯是凶手。詹姆斯因谋杀而被捕。

思考：史密斯警官能在詹姆斯的审判中证明贾尼斯告诉过他，她认为詹姆斯会杀了她吗？说一说你的答案。在这种情况下，警察有什么选择？

Authorized translation from the English language edition, entitled Heavy hands: An Introduction to the Crimes of Intimate and Family Violence, 5th Edition by Denise Kindschi Gosselin, published by Pearson Education, Inc, Copyright ©2014, 2010, 2005.

All rights reserved.No part of this book may be reproduced or transmitted in any form or by any means, electronic or mechanical, including photocopying, recording or by any information storage retrieval system, without permission from Pearson Education, Inc.

CHINESE SIMPLIFIED language edition published by CHINA RENMIN UNIVERSITY PRESS CO., LTD., Copyright ©2021.

本书中文简体字版由培生教育出版公司授权中国人民大学出版社在中华人民共和国境内（不包括台湾地区、香港特别行政区和澳门特别行政区）出版发行。未经出版者书面许可，不得以任何形式复制或抄袭本书的任何部分。

本书封面贴有 Pearson Education（培生教育出版集团）激光防伪标签。无标签者不得销售。

版权所有，侵权必究。